这才是真正的诸葛亮

这才是
真正的
诸葛亮

朱晖 著

团结出版社

图书在版编目（CIP）数据

这才是真正的诸葛亮 / 朱晖著 . -- 北京：团结出
版社，2025. 2. -- ISBN 978-7-5234-1320-3

Ⅰ . K827=362

中国国家版本馆 CIP 数据核字第 2024616JP7 号

责任编辑：郭　强
封面设计：谭　浩

出　　版：团结出版社
　　　　　（北京市东城区东皇城根南街 84 号　邮编：100006）
电　　话：（010）65228880　65244790
　　　　　（010）65238766　85113874　65133603（发行部）
　　　　　（010）65133603（邮购）
网　　址：http://www.tjpress.com
E-mail：zb65244790@vip.163.com
经　　销：全国新华书店
印　　装：天津盛辉印刷有限公司

开　　本：170mm×240mm　　16 开
印　　张：23.5　　　　　　　　字　　数：390 千字
版　　次：2025 年 2 月 第 1 版　　印　　次：2025 年 2 月 第 1 次印刷

书　　号：978-7-5234-1320-3
定　　价：68.00 元
　　　　　（版权所属，盗版必究）

前言

我读诸葛亮，只有一个感觉。

孤独。

这是一个孤独的灵魂，这是一次孤绝的奋斗，这是一路悲壮的逆行。这，才是一个更加真实的诸葛亮形象！而那个在《三国演义》中多智近妖、好似神仙老道般的传奇形象，只是中国人的美好想象罢了。大家都觉得圣人不应这么苦，应当谈笑间运筹帷幄才对。其实诸葛亮是真的苦，虽然他确实是天才，但他选择了最难走的路，并将一个貌似没有任何希望的国家扛在肩上，所以即便他最后走上了神坛，但那台阶上流淌着的，满是触目惊心的血汗与泪水。

可是，诸葛亮又有什么办法呢？"季汉"是刘备集团的最高事业所在，[①] "汉有天下，历数无疆"则是他们最坚定、最崇高的理想与信念，[②] 所以即使刘备、关羽等人都先后献身、献祭于斯，最后只剩诸葛亮一人，他也要坚定地高扬北伐旗帜，奋斗到此生最后时刻。

于是，自季汉以后，从东晋到刘宋，从晚唐到南宋，从明末到近代，每逢国家危难之际，总有仁人志士咏怀孔明，歌诗不已。大家与其说是敬仰丞相的品德与才华，不如说是把一种身处逆境而冀图复兴的希望投注在了诸葛亮身上。正如

---

① 在从前，人们通常称这个政权为"蜀"或"蜀汉"，但其实它的正式国号就是"汉"，其内部为了与东汉、西汉区分，则往往自称"季汉"，以有"季兴"之志也。《三国志·蜀书·吕凯传》载吕凯答檄："今诸葛丞相，英才挺出，深睹未萌，受遗托孤，翊赞季兴。"《三国志·蜀书·诸葛亮传》载后主悼诸葛亮诏书："(诸葛亮)神武赫然，威镇八荒，将建殊功于季汉，参伊、周之巨勋。"另，季汉大臣杨戏撰有《季汉辅臣赞》。季汉还有最后一个汉朝的意思，故杨戏还将"东汉"称作"中汉"，其文曰："自我中汉之末，王纲弃柄，雄豪并起，役殷难结，生人涂地。"

② 《三国志·蜀书·先主传》载刘巴撰《为先主即皇帝位告天文》。刘备集团这是拿光武中兴的历史，论证汉室再度复兴的天命。其努力虽未能成功，但其政治信念仍感染了后世史家。东晋习凿齿作《汉晋春秋》，以晋承汉，而撇开了曹魏。南朝沈约作《宋书》，也把刘裕与汉室联系起来，宣称人心其实从未忘记刘氏，尽管刘裕建立的那个政权叫宋而不是汉。沈约甚至暗示魏和晋都并未真正得到天命。南宋朱熹编《通鉴纲目》，亦沿用习凿齿的史观，以晋继汉。参阅饶胜文：《大汉帝国在巴蜀——蜀汉天命的振扬与沉坠（修订本）》，北京联合出版公司，2022年，第425页。

民初史学家李岳瑞所言，一个英雄，"其出师不必有赫赫之功，然实能转移一国之风俗，使懦者立而勇奋，使国虽小而不可侮，其众虽寡而不可败也。"

可以说，诸葛亮身处逆势而生死以之，致力于北伐讨贼复兴汉室的卓绝身姿，已逐渐凝结成一个不屈的民族精神的图腾，读者们若是将诸葛亮简单地理解为一个智谋与忠君的形象，那就把历史读得太简单了。

所以，在写作此书期间，每每掩卷沉思，我的脑海中都会出现这样一个画面：一个孤独的老人，双眸在暗夜中发出虽然微小但强烈的光芒，以至于那无边的汉末暗夜，竟然也无法遮蔽其灿烂，实在令人惊叹。

天不生孔明，季汉如长夜。

本书便是以这样一种心情，带领大家走进诸葛亮的内心，并通过对各种脱漏的线索与史料进行检验分析，为大家全面展示这位大家熟悉而又陌生的历史人物的一生秘辛，比如：诸葛亮深度参与荆州宫斗的隐秘，与丑女黄氏婚姻的背后考量，刘备携民渡江的高明部署，赤壁之战曹操主动献祭八万兵，诸葛亮对荆州的人口经营与对天下的货币战争，还有雄才伟略的刘璋与益州复杂情况，刘备取汉中与孙权取荆州的巨大失败，刘备夷陵之战惨败的秘密，白帝城托孤时刘备的无奈乞求，诸葛亮七擒孟获的高明演技，魏延子午谷奇谋的深度辨析，季汉街亭惨败的深层次原因，八阵图与木牛流马的真实细节，等等。

目录

第一章　琅琊诸葛氏的五百年悲歌　-001

第二章　愤青诸葛亮　-007

第三章　学生领袖诸葛亮和他的豪华朋友圈　-012

第四章　千万不要和诸葛亮做朋友　-015

第五章　诸葛亮的神仙婚姻　-019

第六章　刘备、徐庶与诸葛亮　-022

第七章　刘备为何能在屡败之际突然走向成功？关键在于他人才
　　　　观念的转变　-025

第八章　刘备魄力太小，浪费了诸葛亮这么好的隆中对　-031

第九章　宫斗大师诸葛亮　-040

第十章　一念之差，刘备永远失去了襄阳　-046

第十一章　刘备携民渡江的真相：蜀汉政权奠基于此　-053

第十二章 | 真正的三国长坂坡之战，一点儿都不激烈，总共也没死几个人 -059

第十三章 | 弃剑从文的三国大谋士，诸葛亮一生怀念之人 -063

第十四章 | 三国第一纵横家鲁肃 -066

第十五章 | 孙权，最像商人的帝王 -071

第十六章 | 周瑜的野心与秦始皇的预言 -078

第十七章 | 为了曹魏的大业，曹操主动向周瑜献祭了八万荆州兵 -084

第十八章 | 破解荆州人口密码 -091

第十九章 | 刘备借荆州的真相 -098

第二十章 | 他在则刘备难逞其志，他亡则孙权再无雄心 -104

第二十一章 | 暗黑版成人童话：孙权劝学的真相 -109

第二十二章 | 在史书中失去踪迹的蜀汉神秘谋士 -114

第二十三章 | 益州牧刘璋，雄才伟略的创业之主 -118

第二十四章 | 三国第一间谍 死在了亲哥哥的屠刀下 -127

第二十五章 | 庞统有何突出之处，能与诸葛亮齐名？ -130

第二十六章 | 暗弱刘璋为何能把刘备打得如此悲惨？ -135

第二十七章 | 刘备为谁流了最多的眼泪？ -139

第二十八章 | 投降蜀将严颜：千古川军的忠烈偶像 -143

第二十九章　刘璋的心理防线终于崩溃　-146

第三十章　诸葛亮的直百帝国：一场吊打全世界的货币战争　-150

第三十一章　三十岁诸葛亮的领导协调艺术　-163

第三十二章　诸葛亮入蜀的工作重点：蜀汉派系问题　-168

第三十三章　刘备的两大能力短板注定了蜀汉集团的天花板　-176

第三十四章　刘备汉中之战打赢曹操，是他一生中最大的失败　-181

第三十五章　刘备关键时刻任人唯亲　让蜀汉前途尽毁　-189

第三十六章　斩杀关羽并全取荆州是孙权一生最大的失败　-197

第三十七章　刘备为何不趁曹操死后北方大乱而大举北伐？　-203

第三十八章　刘备为何会犯下连营七百里的低级错误？　-209

第三十九章　白帝城托孤没有刀斧手，只有刘备对诸葛亮的苦苦哀求　-216

第四十章　益州士人的降魏情结　-224

第四十一章　诸葛亮骂王朗，是骂给孙权听的　-234

第四十二章　魏晋史家对诸葛亮的种种污蔑　-241

第四十三章　诸葛亮到底是不是架空刘禅的权臣？　-247

第四十四章　诸葛亮征南中，季汉与南中汉人豪强的丝绸战争　-251

第四十五章　成都与诸葛亮的千古情缘　-259

第四十六章 | 天不生孔明，季汉如长夜！ -263

第四十七章 | 魏延为何会提出如此不靠谱的"子午谷奇谋"？ -270

第四十八章 | 诸葛亮第一次北伐为何失败？ -280

第四十九章 | 季汉街亭惨败的深层次原因 -288

第五十章 | 诸葛亮挥泪斩马谡为何全军跟着痛哭？ -294

第五十一章 | 他用一千人保住曹魏江山 却在光芒最闪耀时病亡 -299

第五十二章 | 曹魏四路大军伐蜀却被诸葛亮完美反杀 -306

第五十三章 | 诸葛连弩与八阵图中的惊人秘密 -311

第五十四章 | 卤城大捷：诸葛亮一生最辉煌也最隐秘的胜利 -322

第五十五章 | 诸葛亮和司马懿的权臣之路 -331

第五十六章 | 木牛流马：冷兵器时代后勤补给的巅峰之作 -338

第五十七章 | 曹魏最被低估的名将水平在司马懿之上 -342

第五十八章 | 平淡无味的巅峰对决 -347

第五十九章 | 为什么千古流芳的是诸葛亮而不是司马懿？ -352

第六十章 | 诸葛亮的千古流芳与遗恨千古 -358

第六十一章 | 靠着敌国宣传，他成了中国名气最大的历史人物 -363

第一章
琅琊诸葛氏的五百年悲歌

诸葛亮有一句经典名言，同时也是他的座右铭"鞠躬尽瘁，死而后已"。[①]

他一生是这么说的，他一生也是这么做的。

事实上，从秦末到西晋五百年的时间里，整个琅琊诸葛家族每代人都是这么做的。

诸葛家族的祖先叫作葛婴，本是安徽符离人，听到这个地名大家第一时间想到的就是烧鸡，但在中国历史上，这个地方更有名的是大泽乡。

没错，公元前209年七月，一支被征发前往渔阳戍边的九百人小部队在路过符离镇大泽乡时突遇暴雨，沼泽难行，秦法暴虐，误期当死，于是大家在陈胜吴广的带领下打响了反抗暴秦的第一枪，史称"大泽乡起义"。彼时，当地人葛婴听闻消息，立刻率领族人起兵响应，陈胜见葛婴足智多谋，英勇善战，便让其独当一面，率军南征九江郡（治今安徽寿县）。葛婴不辱使命，一直打到东城（今安徽定远），遇见楚国后裔襄疆，大概当初陈胜也表示过要拥立楚国后裔的意思，葛婴便率众拥襄疆为楚王。

但葛婴没想到，随着陈胜势力壮大，他竟有了称王的意思。而且这个陈胜虽然在教科书上被称为农民，但很有可能是古陈国的贵族后裔，[②]所以陈县的豪杰们也愿意拥立他为王。消息传来，葛婴愕然，所谓一臣不事二主，他也只得杀掉

[①] 出自诸葛亮《后出师表》，载于三国时期吴国张俨《默记》。

[②] 据史书记载，陈胜字涉，而当时下层民众姓氏意识极其淡薄，很多秦末汉初贫民的墓志与契卷中都有名（往往是俚名）无姓，更别说字了。另据《仪礼·士冠礼》，"字"必须是士以上家庭，由有权穿朝服的贵族父兄与宗族父老协商后共同授予的，所以一般平民是不可能有字的。与陈胜同时期的韩信、曹参、刘季、萧何等平民都没有字。而且陈胜是陈郡阳城（今河南省商水县）人，阳城原属陈国，陈国于公元前478年为楚所并，所以陈胜很可能是陈国公族后裔。

襄疆，返回陈县拜见陈胜以示忠心，但陈胜还是认为葛婴背叛了他，而将葛婴处死。

看来，葛婴的忠心用错了地方，陈胜这个人，性情忌刻，骄而无谋，在用人方面也是一塌糊涂，屈原所谓"黄钟毁弃，瓦釜雷鸣"（《楚辞·卜居》）简直就是在说他。所以，一个人，特别是一个忠诚的人，最开始的择主最重要，若是身家错付，则再无回头之路。

好在汉家重功念旧，西汉初年，汉文帝追录葛婴反抗暴秦的功劳，赐封葛婴之孙为琅琊郡的诸县（今山东诸城西南）侯，并世居于此。葛氏遂将"葛"姓与地名合并改称"诸葛"，后又因故失爵，逐渐迁徙到了阳都（今山东沂南县砖埠镇孙家黄疃、里宏、大小汪家庄一带），这就是琅琊大姓诸葛氏的由来。[1]

西汉末年汉元帝时，诸葛氏又出了一位牛人，此人便是司隶校尉诸葛丰。诸葛丰是有名的刚直之臣，从不徇私情，司隶校尉又乃汉帝国最高监察官，专门负责对京城以及三辅、三河、弘农七郡的监察，皇太子、三公以下的朝中百官亦全在他的"火力范围"内，[2]所以公卿贵戚们对他又恨又怕。京城坊间还送给他一句俗语："间何阔，逢诸葛。"意思是，由于司隶校尉诸葛丰维持京师秩序，京城的豪强们畏惧他，都断绝了来往。

然而，诸葛丰这次又错付了身家与忠心，因为汉元帝刘奭柔仁好儒，实非明君，而是一个耳根子很软的书生皇帝。当初汉宣帝重用文法吏，以刑名绳下，时为太子的刘奭就跟父亲说："陛下持刑太深，宜用儒生。"汉宣帝听了这话脸色大变，心急之下不由怒道："汉家自有制度，本以霸王道杂之，奈何纯任德教，用周政乎！且俗儒不达时宜，好是古非今，使人眩于名实，不知所守，何足委任！"然后看着刘奭一脸懵的样子，不由恨铁不成钢地一声长叹道："乱我汉家者，太子也！"

汉宣帝对儿子很失望，对大汉前途也深深担忧，但他最终没有改立太子，因为他对太子死去的母亲许平君"故剑情深"，又怕废长立幼乱了法度，结果最终

---

[1] 出自东汉末年泰山太守应劭（诸葛亮父亲诸葛珪的同事）所著《风俗通义》："葛婴为陈涉将军，有功而诛，孝文帝追录，封其孙诸县侯，因并氏焉。"

[2] 关于汉朝司隶校尉的职权，《北堂书钞·设官部》云"纠皇太子、三公以下及旁郡国，无所不统"，蔡质《汉仪》云"职在典京师，外部诸郡，无所不纠"。可见司隶校尉的监察级别与范围皆远大于各州刺史。刺史仅能监察一州二千石郡守及六百石以上县令，且"不察黄绶"（四百石至二百石的"黄绶"县长、丞、尉，由郡守监管，刺史不问）。参阅阎步克：《中国古代官阶制度引论》，北京大学出版社，2010年，第49页。

把大汉帝国带上了绝路。

太子刘奭即位后，果然重用腐儒，纯任德教，治国也完全以经学为指导，结果整个朝廷充斥着尸位素餐的书呆子、老夫子，以及骄横不法的外戚勋贵，而对此稍能遏制的，也只剩司隶校尉制度以及刚直不阿的诸葛丰这最后一道防线了。

然而，幼稚柔懦的汉元帝连这最后一道防线竟然也不要了。有一次，诸葛丰持节逮捕奢淫不法的外戚许章，许章竟然拒捕逃窜，却不是逃到深山或国外，而是逃到了汉元帝的皇座前寻求庇护。诸葛丰追进宫里，向汉元帝历数许章之罪，没想到汉元帝不但没有交出许章，反而痛斥了诸葛丰一顿，然后收走了诸葛丰的符节。

从此，西汉朝的司隶校尉便不再掌握符节了。

符节，是司隶校尉这个职务的关键，没有符节，司隶校尉就等于没牙的老虎，根本起不到震慑豪强勋戚的作用，与摆设无异。诸葛丰痛心疾首，遂上书辞职以表抗议。此文全文收录在《汉书》之中，其中有一句经典名言："夫以布衣之士，尚犹有刎颈之交，今以四海之大，曾无伏节死义之臣，率尽苟合屈从，阿谀奉承，官官相护，互相包庇，念私门之利，忘国家之政。"可见汉元帝时政治腐败到了何种程度！

然而，汉元帝收到诸葛丰的辞职信后，根本不予理会，甚至也不批准辞职，就把诸葛丰晾在那里任人取笑。过了一段时间又将他贬为城门校尉，本以为这会让他消停些，不料这老家伙还是一个劲地上书弹劾这个弹劾那个，汉元帝生性柔惰也懒得处理他，便干脆将诸葛丰免官贬为庶人，图个耳根清净。诸葛丰政治生命终结，最后抑郁地老死在琅琊老家。

诸葛丰可以说是西汉历史上最后一位司隶校尉，自他被夺去符节，之后的司隶校尉便愈发虚弱，以致名存实亡。先是被去掉校尉头衔而单称司隶，而后哀帝时权臣王莽干脆杀掉了最后一位司隶鲍宣，并取消了该官职的设置。看来西汉王朝实是自毁长城，又能怪得了谁？要是西汉末年能有几个像诸葛丰这样忠心耿耿、威风凛凛的持节司隶校尉，王莽想篡位恐也要掂量掂量。

诸葛丰之后，诸葛氏在琅琊仍是官宦世家，书香大姓，只不过达官显贵并不多，大多数只担任一般的地方官，如诸葛亮的父亲诸葛珪乃泰山郡丞，后遭逢泰山之难，曹操父亲曹嵩在泰山郡被陶谦部将追杀而死，泰山太守应劭与郡丞诸葛珪都受到牵连，诸葛珪只得带着一家人狼狈逃命。诸葛珪或许身体本就不太好，结果在逃亡途中病逝，临死前将诸葛亮等一堆儿女托付给弟弟诸葛玄抚养。①

诸葛玄本是荆州刺史刘表的属吏，后因豫章（今江西南昌）太守周术去世无人接任（适逢董卓执政，朝廷一片混乱而无暇顾及），刘表便任命诸葛玄为豫章太守，以抢夺江东地盘。过了一段时间，由凉州军把持的汉朝政府又派了朱皓来当太守，两守相争，结果诸葛玄大败被杀。十七岁的诸葛亮遂担起了一家的重任，带领兄弟姐妹们跑到荆州投靠了叔父诸葛玄的故主刘表（《三国志·蜀书·诸葛亮传》注引《献帝春秋》）。

与孙策、孙权兄弟一样，诸葛亮也是十几岁就早早地担负起了一家的重责，扛起了整个家族的未来，他到达荆州后，一面读书，一面交游，还一面种地，躬耕于南阳，养活一个弟弟和两个姐姐。并且，随着诸葛亮在荆州上层名流之中的名气越来越大，诸葛瑾又在孙权那里混得风生水起，荆州各大豪门望族遂争着与诸葛氏交好。于是，诸葛亮的长姐嫁给了襄阳第一大豪门望族蒯家的公子蒯祺（后任曹操手下房陵太守，被孟达所杀），二姐嫁给了襄阳名士庞德公的儿子庞山民（庞统的堂兄，后任曹魏吏部郎），诸葛亮自己则娶了襄阳名士黄承彦的女儿黄氏。这黄氏虽然号称丑妇，但温柔贤淑，才华过人，更重要的是，荆州的一把手刘表，乃是黄氏的姨夫，二把手蔡瑁，乃是黄氏的舅舅。

诸葛亮通过与荆州的豪门望族结亲，非常顺利地与刘表、蒯越、蒯良、蔡瑁等高层人物搭上了线，那他为何不出仕于刘表阵营，为刘表出谋划策呢？很显然，诸葛亮已然吸取了几位先祖的经验教训，不愿将自己的一片忠心轻易托付，所以在他二十岁及冠之年，自我取字孔明：孔者，洞也；明者，察也。诸葛亮这是希望自己能擦亮慧眼，洞察一切；而他后来将自己儿子取名为诸葛瞻，字子思，亦是取《诗·邶风·雄雉》："瞻彼日月，悠悠我思。"希望自己儿子能看得远一些，想得多一些，而不要被眼前之事所迷惑。

因此，诸葛亮早已洞察：那刘表性疑多忌，好于坐谈，立意自守，而无四方之志，根本不是一个好主公，结亲可以，效忠就算了。归根结底，诸葛亮和刘备一样，都拿刘表当一块成功的踏脚石罢了，登高望远，方知去路，也方能成就这鱼水相契、君臣一体的千古佳话。

---

① 诸葛珪另有一长子，时年二十岁的诸葛瑾早已分路逃往吴中避乱，故未托付于诸葛玄。诸葛瑾到吴中后交游名士，声名鹊起，遂被孙权聘为长史。

只可惜，刘备与孔明这对千古君臣相遇太晚，十余年后，刘备驾崩，刘禅即位，诸葛亮鞠躬尽瘁，死而后已，也未能让刘禅成为一代明君，反而在诸葛亮、董允等老臣死后便任性妄为，宠信奸佞，祸乱国事，终致季汉灭亡，诸葛瞻父子也壮烈殉国。最终，诸葛家的一片忠贞，还是错付给了刘阿斗。

另外，诸葛亮从兄长诸葛瑾那边过继而来的长子诸葛乔，贵为丞相公子，却同士兵们一起参与督运军粮的工作艰苦，[①]后来在北伐过程中因公殉职，英年早逝。

季汉灭亡之前，成都一片亡国论调，诸葛瞻父子却斩使拒降，死守绵竹，最终皆以身殉国；另外张飞的孙子张遵，李恢的侄子李球，黄权的儿子黄崇，赵云的次子赵广也在此战中激励将士，赴汤蹈火，死不旋踵，为国捐躯；还有刘禅的儿子北地王刘谌誓死不降，在昭烈庙大哭一场之后自杀；与此同时，刘禅后宫的李昭仪也自杀殉国。甚至季汉亡后，诸葛亮的弟子姜维与蒋琬之子蒋斌、张良之后张翼等人仍不死心，竟想再通过兵变"使社稷危而复安，日月幽而复明"，只因计划不周，最终以身殉难（《三国志·蜀书·姜维传》注引《汉晋春秋》）。但凡大厦将倾的政权，臣子都比主君更先放弃，毕竟投降仍可不失封侯之位；只有季汉，旧臣们还在复汉的理想中挣扎，主君已经躺平——邓艾离成都还有百里，刘禅就冲出去投降了，而当年刘璋情况比他还差都困守了孤城数十日。

正如《三国志·蜀书·谯周传》注引东晋史家孙盛所言："春秋之义，国君死社稷，卿大夫死位，况称天子而可辱于人乎！……是时罗宪以重兵据白帝，霍弋以强卒镇夜郎。……若（后主）悉取舟楫，保据江州，征兵南中，乞师东国，如此则姜、廖五将自然云从，吴之三师承命电赴，……此越王所以败阖闾，田单所以摧骑劫也，何为匆匆遽自囚虏，下坚壁于敌人，致斫石之至恨哉？"

这就是诸葛亮祖孙三代鞠躬尽瘁、忠贞托付的刘阿斗——江山社稷，忠臣猛将，全是他换取安乐生活的筹码！轻轻松松一句乐不思蜀，不仅有愧于诸葛亮三代英魂，有愧于牺牲的季汉将士与英烈后人，亦有愧于他的父亲刘备，有愧于他的儿子刘谌，甚至有愧于李氏这个深宫妇人！

更值得一提的是，哪怕整个季汉朝廷都死光降光了，蜀地的老百姓却依然没

---

① 据《诸葛亮集》诸葛亮写与兄诸葛瑾书信："乔本当还成都，今诸将子弟皆得传运，思惟宜同荣辱。今使乔督五六百兵，与诸子弟传于谷中。"

有死心。晋泰始四年（268），也就是季汉灭亡足足五年后，还有蜀人打着诸葛亮儿子诸葛瞻的旗号反抗晋朝的统治。

> 初，诸葛孔明有盛德于蜀土，子瞻又身死王事，蜀人思之。为瞻不死，故将谓王富曰："君状貌甚似诸葛亮，君因此思克复以霸巴蜀。"故中军士王富，有罪逃匿，密结亡命刑徒，得数百人，自称诸葛都护，起临邛，转侵江原。（《臧荣绪晋书补遗》）

而讽刺的是，诸葛亮的哥哥，一生碌碌无为的诸葛瑾倒是在东吴当上了大将军，成为诸葛家族中唯一没有忠心错付之人。

不过，诸葛瑾的儿子，后任东吴丞相的诸葛恪，却又因独断专行、力主伐魏而卷入了东吴的宫廷斗争之中，结果惨败，全家都被吴主孙亮所杀。

另外，在魏国也有琅邪诸葛氏的一个旁支，名诸葛诞，在曹魏晚期当上了征东大将军，执掌十余万淮南大军，当时司马昭已有篡魏之心，乃遣心腹贾充去见诸葛诞，借机探其口风道："洛中诸贤，皆愿禅代，君以为如何？"诸葛诞厉声道："卿非贾豫州（曹魏名臣贾逵）之子乎？世受魏恩，岂可欲以社稷输人乎！若洛中有难，吾当死之。"

一年后，司马昭篡魏之举愈发急迫，诸葛诞遂联结吴国发动叛乱，司马昭率领二十六万大军亲征淮南，诸葛诞坚守一年最终还是兵败被杀，实现了自己两年前的诺言。

之后，诸葛诞全族被诛，只有其次子诸葛靓逃到东吴，任后将军，后官至大司马。然而天下归晋已是大势所趋，诸葛靓几番伐晋，仍是无力回天，最终东吴灭亡。晋武帝司马炎与诸葛靓小时候曾是好朋友（诸葛靓的妹妹嫁给了司马炎的叔叔），如今时过境迁，于是劝他归顺："卿故复忆竹马之好否？"诸葛靓哭道："臣不能吞炭漆身，今日复睹圣颜，诚为惭恨！"为自己不能报父仇、殉旧国而深深惭恨。司马炎不死心，还是一次次来找他劝他，诸葛靓只得躲到厕所，吃喝拉撒睡一起解决，全身臭翻天了也不肯出来。司马炎没辙，只得放他回乡。诸葛靓于是回到琅邪老家，惭恨而死。

第二章
愤青诸葛亮

从王莽执政天下大乱时开始，在士人间渐渐刮起了一阵隐逸不仕的风潮，表现在史书中，《后汉书》有《逸民传》，《史记》与《汉书》中却没有，这说明士人的价值观与道德观正在发生转变，他们认为天下是大于国家、大于政治的，《礼记》曰："儒有上不臣天子，下不事诸侯。"你要让我从政，我不一定答应，除非受到天下大道的感召与仁君圣主的礼敬，否则免谈！东汉画像石中有一位乘牛车的处士，县功曹居然向其跪拜，著名艺术史家巫鸿先生评论说："它暗示了一个超越这个事件的一般性的政治思想，即皇帝应该尊敬并任用有德行的儒生。否则，这些儒生应该保持精神的独立，在政治上隐退。"汉桓帝时，有个著名的隐士叫黄叔度（黄宪），认为朝廷政治黑暗，竟然屡征不就，时人号之"征君"，以至于陈蕃成为三公，却临朝而叹："叔度若在，吾不敢先佩印绶矣！"

而诸葛亮隐居在隆中时，^①大概就抱着黄叔度这样的想法，据史书记载，他当时日常做的事有四件，其中两件比较正经，两件比较不正经。

第一件正经的，躬耕陇亩。当年中兴大汉的世祖皇帝刘秀就喜欢种田，^②诸葛亮以复兴汉室为己任，自然也要仿效这位大汉先祖，在稼穑之中体味人生，淡泊以明志，宁静而致远。顺便也可以搞搞农家乐，接待一下他们的荆州士人朋友。

第二件正经的，就是读书。据《魏略》记载：诸葛亮"以建安初与颍川石广

---

① 隆中在今湖北省襄阳市，东汉末年属南阳郡邓县，位于邓县与襄阳交界之处。东晋襄阳人习凿齿《汉晋春秋》："亮家于南阳之邓县，在襄阳城西二十里，号曰隆中。"
② 见《后汉书·光武帝纪》："光武年九岁而孤，养于叔父良。身长七尺三寸，美须眉，大口，隆准，日角。性勤于稼穑，而兄伯升好侠养士，常非笑光武事田业，比之高祖兄仲。"

元（石韬）、徐元直（徐庶）、汝南孟公威（孟建）等俱游学，三人务于精熟，而亮独观其大略。"为什么同在一个读书小组，别人要专精学问，诸葛亮却独独观其大略呢？这在于每个人志向不同，如要读书做官，那么当然要精熟儒家经学，甚至很多名门士族累世以家法传经，垄断文化，因为东汉乃察举制与征辟制，如果你在经学上有很高深的造诣，你的仕途将非常顺利。如公元前165年，汉文帝"诏有司举贤良文学士"，结果"对策者百余人，唯（晁）错为高第，由是迁中大夫"（《汉书·晁错传》）。大家总以为汉代的察举制是搞关系的，其实并非如此，孝廉茂才们也是必须考试的（对策），而且还有等第区别，基本上就是科举制的雏形。

然而，诸葛亮却志不在此。时值天下大乱，如果想要出将入相，兴复汉室，他就必须摆脱琐碎的章句之学，转向博学兼通，去研习大量兵家、法家、纵横家、史家、道家乃至发明家的书，所以要追求广度而不追求深度，正所谓人生有限，学海无涯，吸其精华弃其烦琐，①才能迅速成长为一个实用型的乱世全才！

说完了正经的，下面来说说不正经的。史书记载，诸葛亮在隆中乡下，喜欢一边种田，一边唱一首叫《梁父吟》的歌。大家是不是觉得一边劳动一边唱歌乃放松心情之举很正常呢？除非这首歌不正经。

诸葛亮当然不会唱不正经的歌，但问题是，这首歌太正经，正经得让人不寒而栗——因为这是一首挽歌，也就是一首送葬的歌曲。

原来，所谓"梁父"乃泰山脚下的一座山，古代帝王封禅，有"封泰山必禅梁父"，封是祭天，禅是祭地，于是梁父山就被当作地府的所在。古人认为，人死后，魂魄要离开身体，去往不同的地方，其中魂去梁父山，魄归蒿里山（蒿里也是泰山脚下的一座山），故而在《汉乐府》中便有两首挽歌，一首称《梁父吟》，一首称《蒿里行》，曹操有一首经典诗篇《蒿里行》，就是用汉乐府的旧题与旧曲填词改编的。

历史就是这样的巧合，我心目中三国之历史，魂去诸葛亮，魄归曹操，一如他们喜欢的挽歌，充满了悲剧色彩。

总之，《梁父吟》可不是一首劳动号子，而是一首流传在诸葛亮山东老家，

---

① 宋人朱熹《朱子语类》说诸葛亮"学不甚正（非专研儒家学问），资质好，有正大气象"，就是这个意思。

流淌在诸葛亮童年记忆里（诸葛亮父亲曾任泰山郡丞）的古乐府挽歌，其内容讲述了一个关于死亡的悲剧故事，二桃杀三士。

> 步出齐城门，遥望荡阴里。
> 里中有三墓，累累正相似。
> 问是谁家墓，田疆古冶子。
> 力能排南山，文能绝地纪。
> 一朝被谗言，二桃杀三士。
> 谁能为此谋，国相齐晏子。

身为愤青，诸葛亮在哀叹，身在乱世，就如同飘零的浮萍，毫无安全感可言，一个人，如果缺乏保全自己的谋略，缺乏对时局清醒的认识，即使"力能排南山，文能绝地纪"，也可能被他人所害。这种对于乱世的恐惧，在诸葛亮后来的《出师表》中也有表达："臣本布衣，躬耕于南阳，苟全性命于乱世，不求闻达于诸侯。"诸葛亮幼失怙恃，少年时代又随叔父颠沛流离，连续经历了老家琅琊（曹操屠徐州）与豫章的战乱，在战乱中他老家的小伙伴估计都死了，他的兄长诸葛瑾与他们离散，他的叔父也在豫章战死。也就是说，诸葛亮在少年儿童时期，就已经无数次直面生离死别与战争创伤！每当午夜梦回，诸葛亮从噩梦中惊醒，他总会想起那徐州原野上遍地的荒草与白骨，苍蝇飞舞，尸体与血肉阻塞了河道，一个一个村庄荒无人烟，到处都弥漫着荒败与死亡的气息……

一个人有多痛恨乱世，就有多渴望治世；诸葛亮有多痛恨曹操屠城，痛恨军阀武夫争权夺利，就有多渴望文景之治，渴望汉武盛世，渴望昭宣中兴，所以他才会一次次地向刘禅呼喊："亲贤臣，远小人，此先汉之所以兴隆也！"

另外，诸葛亮的《梁父吟》中的齐相晏子，不仅智谋高超，而且"以节俭力行重于齐。食不重肉，妾不衣帛"。在朝廷上，国君说话涉及晏子，晏子就正直地陈述自己的意见；国君的话不涉及他，就正直地去办事。国君能行正道，就依照他的命令去做，不能行正道时，就对命令斟酌办理（《史记·管晏列传》）。诸葛亮后为季汉丞相，也是这条路子，可见这些政治的种子，在他年轻时就已种下。

诸葛亮做到第二件不正经的事儿就是"抱膝长啸"。据《魏略》记载，每当黎明或夜晚，伴着凄厉的北风，青年诸葛亮都会抱着膝盖，[①]满脸苦闷地枯坐在茅庐门口，面对着无垠的旷野，面对那厚重、固执而令人绝望的长夜，朝着乌云与明月声声长啸，吓得路过的农人落荒而逃，还以为遇上了山间的野兽，怪瘆人的。

农人不知道"长啸"乃是魏晋士人借以宣泄内心情感的一种方式，[②]就像呐喊，就像嘶吼，它没有歌词，却能吹气如歌，因情创声，唱引万变，曲用无方，在百转千回中直抒胸臆，给听者以莫大的震撼。据说阮籍长啸，声闻数里；刘琨乘月清啸，贼闻之亦凄然长叹；孙登之啸，如百部鼓吹，林谷传响。[③]

而诸葛亮之长啸，与众人皆不同，它既无阮籍、孙登之隐士风流，亦无刘琨清啸退敌之慷慨悲怆，诸葛亮的心中，只有苦闷。[④]诸葛亮怪只怪自己生得太晚，汉室已倾颓，奸臣已窃命，天下名流，大多已随波逐流委质魏氏，他要如何才能兴微继绝，光复大汉？

值此乱世喋血，大汉将倾之际，诸葛亮已然无言，他不愿沦为生活的奴隶，俗世的囚徒，故他只有长啸，发出一些没有意义的声音，以解心中苦闷……

我们可以想象，在南阳乡间，大家对这么一个白天哭丧、晚上叫魂的家伙会怎么看，[⑤]但诸葛亮不在乎，因为作为一个小众的愤青，他不屑于外界凡俗的看法，只要荆州的名士圈子能认同他就可以了。

荆州的名士们当然是认同诸葛亮的，不仅认同，而且崇拜。不然庞德公、蒯祺、黄承彦等名门望族也不会与他这个山野村夫结亲，水镜先生司马徽更不会盛

---

① 对于习惯跪坐的古人来说，抱膝而坐是一种放荡不羁的不雅坐姿，正经士人很少这样坐。

② 所谓"啸"，《说文解字》的口部中有"啸，吹声也。"《诗经·召南·江有汜》篇的郑笺中明确解释为"啸，蹙口而出声"，其实就是一种口哨。

③ 孙登乃西晋时期隐居于苏门山的道教隐士，阮籍和嵇康都曾求教于他。著有《老子注》《老子音》，亡佚。另外汉代刘向《列仙传》中的"啸父"及唐代封演《封氏闻见记》中的陈道士之典故，都说明了"啸"与道教的渊源。唐人孙广《啸旨》则全面地披露了啸与道教的密切关系。看来，《三国演义》中将诸葛亮描写为一个道士的形象，也未尝没有根由。

④ 据日本汉学家青木正儿考证，在魏晋以后，"啸"大多含有超脱的心情，如晋朝谢鲲因调戏织布的女孩而被她用织梭打断了牙齿，仍然"犹不废我啸歌"；事实上，两晋时期的著作中有大量"啸傲""舒啸""吟啸"等词汇，其意大多为狂放不受拘束，意趣恬适。但是，在魏晋以前，"啸"则大多表达的是悲声，如《后汉书·隗嚣传》王遵写给隗嚣的信中说："前计抑绝，后策不从，所以吟啸扼腕，垂涕登车。"东汉马融的《长笛赋》也说："山鸡晨群，野雉朝雊。求偶鸣子，悲号长啸。"

⑤ "啸"的另外一个用途，就是招魂。《楚辞·招魂》篇有："招具该备，永啸呼些。"王逸注："该，亦也。言撰设甘美招魂之具，靡不毕备，故长啸大呼，以招君也。夫啸者，阴也；呼者，阳也。阴主魂，阳主魄，故必啸呼以感之也。"而晋朝葛洪的《神仙卷》中也可以看到方士赵根用啸招鬼的故事。看来，啸即是楚人"鬼俗"之一，且常被道教、方士用于巫术的施展。诸葛亮在楚地夜啸，恐难免被襄阳楚人误认为巫鬼方士之流。

赞他为卧龙，马良等荆州的青年才俊也不会视诸葛亮为他们的精神领袖。

总之，凭着出众的才华与特立独行的举止，二十出头的诸葛亮虽隐居在隆中这个城乡接合部，却已然名扬荆襄，成为天下热捧的新一代杰出青年。时值天下大乱，群雄逐鹿，郭嘉已死，卧龙未出，他最终会被感召出山吗？他又会选择辅佐何等主公来实现自己的人生理想呢？答案让荆州人大感意外。

第三章
学生领袖诸葛亮和他的豪华朋友圈

在东汉时期刘表治理下的荆州，总共有八大家族，分别是庞、黄、蔡、蒯、马、习、杨、向，这是刘表统治的基石，也是荆州的根基所在。得此八大家族者，则得荆州也。

当初，刘表以老党人、老宗室的身份，在年近五十的时候，接受了董卓荆州刺史的任命，去荆州收拾烂摊子。

为什么说是烂摊子？因为原荆州刺史王睿被愣头青孙坚杀了，荆州北方的南阳郡也被袁术占了，荆州各地的豪强与乱民见州郡无主，天下大乱，于是纷纷割据自保，刘表根本无法上任，于是他单骑进入宜城，准备找八大家族来帮忙解决此事。

原来，这八大家族居然全部住在距襄阳不过百余里的宜城，而且都住在同一个地方，叫作冠盖里。宜城本为战国时楚国陪都鄢城，也就是曾被秦国名将白起挖渠淹掉的那个悲惨之地，但经过几百年的发展，至东汉末年，这里逐渐成为南方的文化中心。据多部方志记载，在东汉末年，从襄阳岘首山至宜城百余里间，一座座庄园、塔楼依山而建，其中富商、豪强无数，并有两千石以上官员数十家定居于此，真可谓朱轩华盖，连绵不绝，故名冠盖里。[1]

这冠盖里中的顶级豪门，就是所谓荆州八大家族了，而荆州八大家族中的领袖，便是蒯良、蒯越、蔡瑁三人。所以刘表单骑来到宜城后，便前去问计于此三人，得到了他们的支持。其中蒯越更是献上毒计，亲自出面，派人许以重利，将

---

[1]　据南朝宋盛弘之《荆州记》："襄阳至宜城间有卿士、刺史二千石数十家，朱轩骈辉，华盖连延，掩映于太山庙下，道为冠盖里。"车上立盖，这是古代士大夫才有的待遇，故古人常以"冠盖"称呼高官。班固《西都赋》："冠盖如云，七相五公。"

荆州的宗贼首脑五十五人诱来参加"鸿门宴"，趁机将其一举诛杀，收编其部属。刘表于是威震荆襄，整个荆州传檄而定。长安朝廷收到了刘表的捷报与贡奉，乃大力表彰了刘表，不仅拜他为镇南将军、荆州牧，封成武侯，还给了他开府设置长史、司马、从事中郎的权力，礼仪如同三公，后来又授假节，并都督交、扬、益三州军事。可以说在孙刘之前，刘表才是东汉末年南方第一大佬；而从他的官职来看，也许长安朝廷还想要让刘表来整合荆、交、扬、益四州的力量，毕竟李傕、郭汜的凉州军与袁绍、曹操关系并不好，他们需要一个强大的刘表来牵制北方的力量。

然而，刘表这年已经五十一岁了，并没有什么平定天下的雄心壮志，所以他在荆州站稳脚跟后便改弦更张，提出"爱民养士"，兴文教，抑武事，并不像曹操、袁绍、袁术那般上蹿下跳打地盘，反而专心致志地保境安民，重教兴学去了。

而且刘表本身也拥有多重身份，他是宗室，是军阀，但同时也是著名的学者与儒士，他出身太学，师父是当时的经学名家王畅（同为山阳郡高平县人），王畅不仅官至司空，而且是位易学大师，刘表师法此道，亦著有《周易章句》，见解很独特，对魏晋玄学的鼻祖王弼（王畅的曾孙，刘表的曾外孙）解读《周易》起到不小的影响。王畅也是一位党人，与桓帝时党人鼻祖陈蕃、黄琬是一起战斗的战友，刘表受老师影响，也曾多次参加太学生运动，是东汉末年士人运动中的政治明星与学生领袖，同时名列八及、八顾、八俊，蜚声学界，举足轻重，所以在得知荆州情况后，关中、兖州、豫州、南阳很多文人学士纷纷跑去荆州发展，短短五年就有数千人来投，[①]刘表于是在襄阳城南二里开设学业堂，[②]相当于"荆州官立儒家大学"，广招全国各界学者名师，为荆州子弟开班授课，其学风之浩荡，其人文之荟萃，绝对不在当年洛阳太学之下。此外，刘表还开展了一系列系统性的学术文化工程，命大儒宋忠组织儒生对各种烦琐的经注加以删节，去芜存菁，撰成《五经章句后定》，这也是古文经学的综合性教本第一次立于官学。[③]可

---

① 《后汉书·刘表传》："关西、兖、豫学士归者盖有千数，（刘）表安尉赈赡，皆得资全。"

② 据南宋王象之《舆地纪胜》："孔明读书之所，谓之学业堂，在江之南。"及明万历《襄阳府志》："学业堂，遗址在城南二里。诸葛亮在此求学。"

③ 据《三国志·魏书·刘表传》注引王粲《英雄记》："表乃开立学官，博求儒士，使綦毋闿、宋忠等撰《五经章句》，谓之《后定》。"及刘表祠庙《刘镇南碑》："吏子弟受禄之徒，盖以千计。洪生巨儒，朝夕讲诲，闿闿如也，虽洙泗之间，学者所集，方之蔑如也。"

以说洛阳遭董卓荒毁之后，新的全国学术中心已经来到了荆州，对于乱世中的文化保护与传承，以及对魏晋新学风的萌芽，都作出了重大贡献。

乱世之中，往往摆不下一张安静的课桌，好在三国时期有刘表，抗战时期有西南联大之群贤，才为中华保存了一片学术的世外桃源。

看来，刘表虽然五十多岁才开始打天下，年老图安，早没了统一天下的雄心壮志，但比起曹操，他不仅可为治世之能臣，甚至还成了乱世之能臣，也实在难能可贵。如果每个乱世都能多些刘表这样老实厚道的地方领袖，中国历史当温情美好得多。

事实上，作为一个在党锢之祸中流亡天下近二十年的老党人，刘表的最大理想或许只是建立一个安定祥和的儒家乐园。读史者常常诟病他没有称霸天下的进取心，但你怎么知道刘表要的到底是什么呢？

而对于荆州八大家族来说，襄阳学业堂的开办，就是刘表送给他们的最好福利啊。没想到在这乱世之中，竟然还有一个地方能搞起全国一流的"大学"，而且这"大学"，居然就开在家门口！于是八大家族纷纷将子弟送进学业堂之中进修，其中培养了大批顶尖的军政人才，包括刘表手下头号大将黄祖，曹魏的吏部郎庞山民、南阳太守蒯钧、房龄太守蒯祺、巨鹿太守庞林，以及蜀汉的黄忠、习祯、马良、马谡、庞统、杨颙、杨仪、向宠、向朗等人。

除了襄阳本土的豪族，大批躲避战乱的流寓人士的子弟也在学业堂求学，其中包括建安七子之中的王粲，还有诸葛亮的四个好朋友崔钧、石韬、孟建、徐庶，以及后来投归刘备手下的尹默、李仁（这两位本就是益州涪县儒生，因向慕荆州学风而求学于襄阳）等人。

当然，学业堂培养出的最顶尖的人才，当属诸葛亮。诸葛亮当时在襄阳学业堂，大概就是学生领袖般的存在，手下有四大死党崔钧、石韬、孟建、徐庶，另有四大铁杆小弟马良、马谡、杨仪、向朗，还有八大家族中的庞家、黄家和蒯家也与他结亲，看来"诸葛村夫"的名头在襄阳那可是响当当的，能与他一争风头的恐怕也只有庞氏家族中号称"南州士之冠冕"的庞统了。

第四章
千万不要和诸葛亮做朋友

据史书记载，诸葛亮年轻时在荆州有四个好朋友，号称"诸葛四友"，他们分别是崔钧、徐庶、石韬、孟建。这四人中除了徐庶，其他三人名气都不大，表现也庸庸，不见有何出众之处，似乎若不是做了诸葛亮的好友，他们都没有资格在史书上留下名字。

这样的想法，看似合理，其实大错特错。事情的真相，其实是反过来的。

可以想见，能被诸葛亮看上并成为死党，那自然不是普通人。第一水平得和他差不多，第二要理解他，第三还要能诤谏他。多少年后，诸葛亮还时常怀念他与崔钧崔州平、徐庶徐元直交往的日子，说："昔初交州平，屡闻得失，后交元直，勤见启诲。"（《三国志·蜀书·董和传》之《又与群下教》）徐庶的学问智谋自然比不得诸葛亮，但他早年曾仗剑游侠天下，社会经验与人生阅历要比诸葛亮丰富得多，这就是诸葛亮要向他学习的地方。而崔钧则是出身博陵崔氏的世家子弟，其父崔烈曾官居太尉，堂叔崔寔乃东汉顶尖的学者（著有《政论》与《四民月令》），曾祖崔骃亦是与班固齐名的辞赋家与学者。崔钧出身顶尖文学世家，水平那肯定不是一般的高。另外，崔钧年轻时曾任虎贲中郎将，迁西河太守，还曾跟袁绍起兵山东讨伐董卓（还因此害得父亲太尉崔烈被董卓下狱），也就是说，崔钧一家曾亲身见证过东汉朝廷是如何一步步走向衰亡的，这些政治得失与制度优劣，可不是谁都能在书本上学会的，所以诸葛亮对崔钧无比敬重，每每请教，这对他日后改良汉政、治理巴蜀都是极为宝贵的知识。

现在大家明白了吧，诸葛亮常年隐居隆中，却为何能熟知天下局势，洞察吏治人心？这都靠徐庶与崔钧帮他补上了"江湖课"与"官场课"啊！

诸葛亮和崔钧、徐庶、孟建、石韬这五人组，或许就是中国历史上最有名的"读书小组"了！他们一起读书，一起进步，亦师亦友，成长飞快。而诸葛亮在与大家读书讨论的过程中，也渐渐找到了自己这一生该走的路——他从史书中找到了两个古人当偶像，这两个人在历史上或许不是最牛的，却是诸葛亮最好效仿的。

这两个人，就是管仲和乐毅。为什么说这两位诸葛亮最好效仿呢？

其一，诸葛亮与管仲、乐毅生活的时代非常相似。他们都是生活在中央政权衰微、诸侯争斗不休的乱世。所以三人后来都寻得明主，得以大展拳脚，成就一方霸业。

其二，诸葛亮与管仲、乐毅的知识结构也很相似。管仲是先秦法家的先行者，是提出国家管控经济的先驱人物，是贸易战的鼻祖，还是尊王攘夷的奉行者，而这些在诸葛亮日后联吴抗曹、治理蜀汉中都用到了。乐毅则不仅是军事家，更是一位外交家（合纵家）；联众弱而攻一强，正是乐毅与诸葛亮的拿手好戏。

其三，诸葛亮与管仲、乐毅一样都拥有非常强大的独立人格，且皆非愚忠之辈。当初，公子纠与公子小白争夺君位失败而死，他的老师召忽为之殉死，管仲却坚持不死，结果最终辅佐齐桓公成就霸业。而乐毅是个纵横家，纵横家的特点就是为天下而不为一家，所以乐毅于燕赵皆可为臣，这是先秦遗风。然而，随着秦汉专制集权的发展，这种思想越来越难以生存，所以汉代硕果仅存的两位纵横家蒯通与主父偃在读到乐毅的《报燕王书》后，"未尝不废书泣也"！两个大男人为何会被一封君臣间的书信感动成这样呢？钱穆《国史新论》解释说："其文章中透露的君臣知遇，出处去就，功名恩怨，他个人所抱持的高风亮节，大义凛然，为千古莫及的人格表现。"诸葛亮一生所追求的亦是这种在秦汉以后越来越稀少的珍贵品质与独立人格，所以他才不去许都效愚忠于汉献帝，而要去西南跟随刘备开创大汉的新局面。更巧合的是，乐毅的主公与诸葛亮的主公谥号相同（燕昭王与昭烈帝），籍贯相近（皆幽燕之人），这就是缘分哪！

其四，诸葛亮与这两位古人的出身也非常相似。他们都出身于没落的贵族家庭，都拥有显赫的先祖，都拥有颠沛流离、落魄穷困的青年时期，后来又都因为获得了明主的信任与重用而开创了一番大事业，并都扶助己方弱小的政治势力击败强敌成了一方霸主。

其五，诸葛亮与管仲、乐毅的命运也非常相似，他们都遇到了有知遇之恩的先主，也都遇到了能力平庸的后主。所以，乐毅的《报燕王书》有十四处提到先王，诸葛亮的《出师表》就有十三处提到先帝，两位老臣对两任君王的感恩让人唏嘘。当然，齐桓公没有听从管仲的遗言而导致悲剧，乐毅也倒霉，遇到了小气狭隘的燕惠王，只有诸葛亮，幸运遇到了倾心托付的后主；结果齐国人亡政息，乐毅远走赵国不复愚忠，而诸葛亮最终却能鞠躬尽瘁，死而后已。

　　总之，在千古士大夫之中，诸葛亮是幸运的，也是逆天的。他竟然在二十出头的年纪就已经为自己定好了整个人生规划——首先要成为像管仲、乐毅那样的实用主义军政大才，其次要在乱世中找到虽然势力弱小但雄心万丈的明主，再次要帮助明主打败强敌，称霸天下，最后要在取得巨大成功的同时仍然保证自己身后的控制力与影响力，避免管仲、乐毅人亡政息，功亏一篑的悲剧结局。最后这一点最难，因为这不仅需要能力，也需要一点运气；但幸运的是诸葛亮做到了，做的不仅比管仲、乐毅要好，而且做到了人臣的极致，直达圣贤境界。

　　"追星"有四重境界。第一重是"崇拜偶像"，一如我们大多数；第二重是"效仿偶像"；第三重是"成为偶像"，这似乎已经成功了；但还有第四重境界，那就是"超越偶像"，甚至把偶像远远甩在后面！正如孔子超越了偶像周公，刘邦超越了偶像信陵君，苏轼超越了偶像韩愈，爱因斯坦超越了偶像麦克斯韦，诸葛亮也最终超越了偶像管仲、乐毅，在历史上留下了自己的传奇与辉煌，似可称为三代而后第一人！[①]

　　因此，假设三国时有微信，每当诸葛亮"发朋友圈"将自己比作管仲、乐毅的时候，荆州士人无不感叹其爱吹牛，会炒作，却只有崔钧与徐庶深以为然，频频给他"点赞"。而当大家在"群里"畅想未来、谈论毕业后出路时，诸葛亮总是意气昂扬地表示："卿三人（徐庶、孟建、石韬）仕进，可至刺史郡守也。"三人反问诸葛亮，诸葛亮却发了一个"表情包"，那是一个邪魅的笑容，垂首间满是骚气，三人心领神会，于是各浮一大白，拍手大笑。

　　多少年后，荆州八大家族的子弟们大多跟随他们的老大诸葛亮在蜀汉效力，反而诸葛亮最铁杆的四大死党没一个跟着他混，其中崔钧因年纪偏大没有再入

[①]　如孙权说诸葛亮"受遗辅政，国富刑清，虽伊尹格于皇天，周公光于四表，无以远过"。朱熹说诸葛亮"天资甚美，气象宏大……孟子以后人物，只有子房与孔明"。清人毛宗岗也表示诸葛亮"比管、乐则过之，比伊（尹）、吕（尚）则兼之，是古今来贤相中第一奇人"。乾隆说："诸葛孔明为三代以下第一流人物。"钱穆说："有一诸葛，已可使三国照耀后世，一如两汉。"

仕，^①徐庶、孟建、石韬则全部投入与诸葛亮敌对的曹魏阵营。没办法，正所谓物以类聚，人以群分，这三位皆是汝南颍川名士，与曹魏的基本盘、中原士族集团有着千丝万缕的联系。诸葛亮虽苦劝："中国饶士大夫，遨游何必故乡邪！"但三人还是只能毅然北归，那个时代毕竟是宗族社会，没那么容易摆脱！何况在当时人的眼中，中国（即中原之意）才是事业的正途，即便只做个刺史郡守，也比把自己的命运押在一个创业集团赌博强。^②这就像如今名牌大学的研究生，大多还是选择去了北上广的大企业就职，本地小企业，还是留给本地的出色人才吧！

总之，很早以前，诸葛亮的人生规划就是管仲、乐毅，荆州四友的人生规划就是刺史郡守，大家都心照不宣，所以才会心大笑。

果然，多少年后（曹丕与曹叡期间），石韬在曹魏历任郡守、典农校尉，徐庶则当上了御史中丞，这时我们的诸葛丞相只有一声长叹："魏殊多士邪！何彼二人不见用乎？"

其实，五人组之中，另一位老友孟建的官位最终竟超过了郡守刺史这一级别，诸葛亮失算了。

据史书记载，孟建大概在曹丕的黄初年间担任凉州刺史，并在曹叡的景初年间升任征东将军，接替满宠镇守扬州，成为曹魏对吴战线的总司令。

看来孟建在凉州刺史的任上干得挺好，所以才会升任征东将军，与满宠、张郃平起平坐，可惜诸葛亮北伐后他得避嫌，其仕途也不免受到一定影响。^③

魏太和五年（季汉建兴九年，公元231年），诸葛亮第四次北伐，兵出祁山至陇右，还特意写了一封信给魏国主将司马懿，请司马懿的军师杜袭替他向孟建致意，似乎唯恐魏国方面不知道孟建与自己曾是铁哥们儿。^④

这就是与诸葛亮做朋友的代价，他的光芒太盛。可怜的孟建，他已经很努力了，却仍然只能成为历史的配角。

---

① 据《后汉书·崔骃传》，崔钧在汉灵帝中平二年（公元185年）曾批评其父买官，后来又担任西河太守，参加反董起义，可见他是比诸葛亮年长一辈的历史人物。所以诸葛亮在预测大家官职时也没捎他。

② 在这些曾避乱荆州而又回归中原的北方士人之中，还有杜袭、赵俨、杜畿、荀攸等曹魏名臣，其中最有名的是荀攸，他在李傕郭汜之乱后也曾短期避乱荆州，但早在建安元年便被曹操招纳，任命为汝南太守，入为尚书，出为军师，后官至尚书令，封陵树亭侯。而徐庶、孟建、石韬等人只做到刺史郡守一级，也许与他们观望太久以至"从龙"太晚有关。

③ 见《三国志·魏书·温恢传》："（温）恢卒后，汝南孟建为凉州刺史，有治名，官至征东将军。"

④ 见《三国志·魏书·温恢传》注引《魏略》："（孟）建字公威，少与诸葛亮俱游学。亮后出祁山，答司马宣王书，使杜子绪宣意于公威也。"

第五章
诸葛亮的神仙婚姻

史书记载，诸葛亮年轻时躬耕于南阳，有一天，荆州八大家族中的领军人物黄承彦来访，表示要把自己的丑女儿嫁给诸葛亮："闻君择妇；身有丑女，黄头黑色，而才堪相配。"

诸葛亮一时愕然，按说黄承彦出身江夏黄氏，乃战国四公子中春申君黄歇之后，是荆州有数的名门望族，且又是荆州牧刘表的连襟，他能主动提出把女儿嫁给一介村夫诸葛亮，也算是对这个前途远大的青年才俊的一种提携。但问题是，他这个女儿不是黑头发黄皮肤，而竟然是黄头发黑皮肤，这模样放到现在其实很时尚，有人还特意染黄头发晒黑皮肤呢！但问题是在古代这就是一个正宗的丑女，如何能配得上"身长八尺，容貌甚伟，时人异焉"的超级大帅哥诸葛亮？

然而，诸葛亮竟然同意了。黄承彦乃大喜，立刻驾车把他女儿送到了隆中诸葛家，推入洞房完婚；看来是生怕诸葛亮反悔，连送聘、迎亲等仪式也免了。乡人不懂黄氏"金发黑珍珠"之"美"，皆以此事为笑谈，甚至还有闲汉编出了谚乐"莫作孔明择妇，正得阿承丑女"，到处传唱。

现在问题来了，大帅哥诸葛亮为何要娶大丑女黄氏？这里面除了想结亲名门望族以获其政治资源与人脉外，还隐藏着他内心何等深层心理原因？

我们都知道，诸葛亮幼失怙恃，父母双亡，家乡又遭到曹操屠城，为躲避战乱，少年诸葛亮颠沛流离，历尽惨烈，他掩埋过同伴的尸骸，见惯了崩塌如流的死亡，也看到太多的美好被撕碎，所以他一生无比缺乏安全感。在这种情况下，诸葛亮是不可能娶一个娇滴滴的美女的，因为他明白越美的东西越脆弱，也越容易失去。

而且，诸葛亮一生志存高远，为了兴复汉室鞠躬尽瘁，他也不允许自己在女色上花费太多的精力，这从他四十七岁才生下儿子诸葛瞻也可揣知。

诸葛亮这么晚才有儿子，很可能黄氏是没有生育能力的，但他四十六岁时却为何突然有了呢？可能这时黄氏已经死了，所以他才纳了个妾来传宗接代，比如诸葛亮曾写信给李严说："吾受赐八十万斛，今蓄财无余，妾无副服。"（见《诸葛亮集》之《又与李严书》）诸葛亮受赐这么多，却家无余财，妾都没有多余的衣服，刘备、刘禅赏赐给他的这些钱粮，恐怕都被分赏给英勇的北伐将士们了。从这也可以看出诸葛亮对于女色与财富都不怎么上心，娶妻只为求贤，纳妾只为传宗接代，而再多的财富也都是为了北伐事业服务。

所以，做诸葛亮的老婆，也是一件很伟大的事情，要能和丈夫一起吃苦受累，也能在辉煌时谨小慎微，既要忍受独守空房的寂寞，也要待人接物滴水不漏。众所周知，诸葛亮是个工作狂，多少年来他都是兢兢业业，事无巨细，事必躬亲，恨不得每天都住在办公室里，所以死也要死在五丈原的中军帐，葬都要葬在北伐的大本营定军山上。可以说，诸葛亮用一生实践了"为天下者不顾家"这句话。而诸葛亮不顾家，谁来顾家呢？只有交给貌丑的贤妻黄氏。

所以，古代虽没有官员一定要申报私人财产的规定，但诸葛亮却主动上报后主刘禅说："臣家成都，有桑八百株，薄田十五顷，子弟衣食，自有余饶。至于臣在外任，无别调度，随身衣食，悉仰于官，不别治生，以长尺寸。若臣死之日，不使内有余帛，外有赢财，以负陛下。"诸葛亮说自己吃的、用的、住的都由公家承担，所以一定要做到死无赢财。

诸葛亮为何敢这么保证？因为他相信给自己管家的妻子黄氏。

果然，诸葛亮死后，如其所言。

这就是中国士大夫的传统精神，吃公家饭就要为公众服务，而不能经营自己的私产。所以钱穆先生说："在一方面讲，中国的士是半和尚，因其不事生产而有家庭。从另一方面讲，又是双料和尚，负了治国平天下的大责任，因而又不许他经营私人生活。"（《中国历史精神》）当然，很多中国官员都做不到这样纯粹的"双料和尚"，但诸葛亮竟做到了，这还是因为他有这么一个贤妻黄氏。

另外，诸葛亮娶妻黄氏，还因为黄承彦所言"才堪相配"。原来黄氏虽丑，却是个大才女，据南宋范成大所著地方志《桂海虞衡志》记载：诸葛亮在隆中时曾招待宾客，"友人毕至，有喜食米者，有喜食面者。顷之，饭、面俱备，客怪其速，潜往厨间窥之，见数木人椿米，一木驴运磨如飞。孔明遂拜其妻，求传是术，后变其制为木牛流马。"看来这黄氏居然是个古代极客与机械天才，[①]不仅木牛流马，恐怕那鼎鼎大名的诸葛连弩也有黄氏的功劳。[②]

[①]　我国的木制机械技术在中古时代是一个爆发期，黄氏不过是这众多科技人才中的一个。据统计，汉末魏晋南北朝时期，各类见于记载的机器木人共有九十一个之多。经证实，这些机器木人的活动原理，主要靠人力、水力、风力，同时还借用弹力、惯力、重力、摩擦力等，再经过用链、钩键、卧式齿轮、凸轮、轮轴、曲柄和连杆等各种传动机械，将动力传给机械木人，使木人做出各种模仿真人的活动。详见朱大渭《中国古代机器木人创始年代及其机理考实》，《黎虎70寿辰纪念论文集》，北京师范大学出版社2006年。

[②]　诸葛亮精于发明器械，大概因为他还是个颇有名气的画家，所以很容易画出设计图。唐·张彦远《历代名画记·论名价品第》："今分为三古以定贵贱，以汉、魏三国为上古，则赵岐、刘褒、蔡邕、张衡、曹髦、杨修、桓范、徐邈、曹不兴、诸葛亮之流是也。"

第六章
刘备、徐庶与诸葛亮

若论三国群雄中志向最远大的，其实是起点最低的刘备，少时便表示"吾必当乘此羽葆盖车"，立志要当皇帝；后来又表示，要"欲信大义于天下"，要在乱世之中践行仁德，并引以为毕生追求，无论遇到多少挫折都不曾动摇。

然而从建安五年到建安十二年，刘备在刘表手下待了七年，也就原地踏步了七年，从四十岁到四十七岁，正是英雄大干一番事业的好时候，刘备却只能做一个依附于刘表的寓公，哪怕壮志凌云，也只能发一声"髀肉之叹"。[①]如果这是一场游戏，从来没人打成这么差的中盘还坚持着，对手已占领了天下三分之二、有兵马三十万以上，而你奋斗了二十年，却只有一座小城、数千兵马，且敌人马上就要攻过来了，身边盟友（荆州豪族们）很多都已做好了投降的准备，换谁恐怕都要放弃了，但刘备仍是百折不挠，如暗夜之星火，在狂风暴雨中燃烧不息，他才是三国历史上最努力、最坚持的老男孩励志哥啊！

而就在这时，刘备的手下迎来了一个叫徐庶的高人，这徐庶本名徐福，乃一单家子（指出身寒微，并非高门大族），因感念天下大乱，百姓无福，故而改名为"庶"，庶民的庶。

刘备很高兴，因为他也是个心怀庶民之人，而且徐庶与自己及关羽经历相似，殊为同类，也少时家贫，也曾是豪侠剑客，也因一时意气而流亡江湖（刘备鞭打督邮，徐庶为友报仇，关羽亡命奔北）。另外，与刘备一样，徐庶也是性格坚毅、百折不挠，后来还弃武从文，跟随名师苦读儒家学问，水平一日千里，诸

---

① 《三国志·蜀书·先主传》注引《九州春秋》载刘备上厕所时看到自己的大胖腿，悲从中来，不由哭叹道："吾常身不离鞍，髀肉皆消。今不复骑，髀里肉生。日月若驰，老将至矣，而功业不建，是以悲耳。"

葛亮都说自己认识了徐庶后，经常受他开导教诲，受益良多。

大概是《三国演义》的反作用，现在很多三国迷低估了徐庶。其实此人虽然事迹不显，但能力和水平还是很高的，不然怎能以一介寒微之身，在士族当道的曹魏朝廷当上御史中丞，得与司马懿、崔林、陈群等人在朝堂上独坐一席？[①]很显然，徐庶是曹丕非常宠信的亲近重臣。是金子，在哪里都会发光的。

所以，刘备当时还是非常器重徐庶的，以为此人便是自己的张良、邓禹。不料这时徐庶却给他推荐了另一个人："诸葛孔明者，卧龙也，将军岂愿见之乎？"

其实徐庶如此极力向刘备推荐诸葛亮，或许是因为他也想离开了。古代交通不便，乡土意识与宗族观念极重，强悍如项羽，也说"富贵不归故乡，如锦衣夜行"，而徐庶虽是单家子，但仍可算是颍川士人，家中又有老母在堂，如今北方已定，要他继续跟着刘备东奔西走四处流浪也不现实，所以总想找个好机会离开。但徐庶毕竟豪侠出身，那是相当讲义气。江湖中人，不在乎欢聚或离别，他只希望离开的时候，对方已有更好的人，自己便可以从容而去。于是，徐庶特意推荐了诸葛亮来代替自己，因为他觉得诸葛亮比自己强。

刘备愕然，诸葛孔明这个名字他早听说过，前两年他曾拜会荆州儒林领袖水镜先生司马徽，向他请教荆州的儒林人才，司马徽说："此间自有伏龙、凤雏。"刘备听说这荆州竟然藏有人间龙凤，大喜，赶紧问这两位高人是谁，司马徽说："诸葛孔明、庞士元也。"刘备听了，却并未上心，因为据说这两位青年才俊只有二十出头的年纪，太年轻啦，想要和曹操手下的荀彧、郭嘉、贾诩等牛人抗衡，似乎有些勉强。

如今，徐庶竟然也向他推荐了诸葛亮，那不如就见一下吧，刘备便道："君与俱来。"徐庶见刘备诚意不够，于是一笑："此人可就见，不可屈致也。将军宜枉驾顾之。"刘备听了，大不以为然，他再怎么落魄，好歹也是一方枭雄，堂堂的大汉左将军、豫州牧、宜城亭侯，与天下大佬们称兄道弟，如今怎么能自降身份，跑几十里路去拜会一个从来没有接触过的乡下小青年呢？若他有真才实学还

---

① 所谓御史中丞，又称"御史中执法"，西汉时作为御史大夫的副官驻扎在宫禁之中（殿中兰台）。古代凡具有"中"字的官，都指驻扎在皇宫的。可见这是一个皇帝近臣，其主要执掌包括百官监察工作（外督部刺史，内领侍御史员十五人）及国家藏书档案（兼典兰台秘书，领兰台令史十八人）。另外，百官有什么重要事情想要与皇帝沟通（反之亦然），都得先通过御史中丞来中转（受公卿奏章，纠察百僚）。东汉光武帝执政后，改御史大夫为大司空，监察工作全面由御史中丞负责，其地位又大大提高，故《后汉书·宣秉传》载："光武特诏御史中丞与司隶校尉、尚书令会同，并专席而坐，故京师号曰'三独坐'。"可见其职重。司马懿、陈群等人在提升为内朝尚书与将军前，也都担任过这个职务。

好办，若只是个欺世盗名夸夸其谈之辈，那刘备的面子岂不是丢光了？还是再多打听多考察一下吧！

既然刘备暂时不打算见诸葛亮，诸葛亮便准备亲自去见一下这个刘玄德，看看他是否是一个值得投效的明主。乱世之中君择臣，臣亦择君；而君择臣就像娶媳妇，不满意最多休妻再娶；可臣择君那好比嫁老公，若是嫁错人了也不是不能再嫁，但名声已经毁了，轻则被说"没眼光"，重则被骂"没节操"，最可怕的是那些接二连三换主公的人，哪怕再有才都会被人看不起。比如担任曹魏重臣的徐庶竟在史书中事迹不显，这或与其早年曾竭诚效力刘备有关；还有三国名将张郃，也因曾先后投效过韩馥、袁绍、曹操，所以一生都摆脱不了信任危机，只能给夏侯渊、曹真、司马懿当副手，真是悲剧。

所以，诸葛亮虽然很想效法管仲、乐毅，于乱世中干一番大事业。但他越是想，就越慎重，决不轻易托付自己的一片忠贞。否则以他的关系网，想要当个官儿那还不容易？要知道他哥诸葛瑾可是江东之主孙权的长史，[①]他姨夫更是镇南将军、荆州牧刘表，放现在早就飞黄腾达了，哪里会像诸葛亮这样二十七岁了还在乡下种田？

---

① 《汉官仪》："长史，众史之长。"《通典》卷二十一：长史"众史之长，职无不监"。足见诸葛瑾此时在孙权那里并非一个清客，而是握有实权的大吏。

第七章

刘备为何能在屡败之际突然走向成功？
关键在于他人才观念的转变

　　早年的刘备，虽然读书资质平平，但特别喜欢附庸风雅，与学问渊博的儒学宗师、名士们交往；后来他当上了徐州刺史，成为一方诸侯，更是极力延揽儒家名士进入其政治集团。当然，刘备在本质上是落魄宗室与闾巷豪杰出身，能跟儒生们拉上关系，全靠他少时曾在范阳卢氏的创始人、儒学大师卢植门下读过几年书。汉代经师授徒，都要"编牒"（登录于名册），如此老师与师兄弟们就会结成一个学术政治联盟，日后混官场，都好有个照应。

　　所以，当年刘备在青州任平原相时，孔子后裔、儒家大名士、北海相孔融一被黄巾军围攻，就立刻想到了刘备而去向他求援，刘备惊喜万分，深感荣耀："孔北海乃复知天下有刘备邪？"后来孔融避难徐州，也投桃报李，支持并力劝刘备接受徐州牧的职位（《后汉书·郑孔荀列传》）。另外，卢植的师兄、刘备的师伯，一代儒宗郑玄正是北海人；孔融为北海相时，对其特别尊崇，还举郑玄之子郑益恩为孝廉。孔融被黄巾所困时，益恩往救，进而战死（《后汉书·张曹郑列传》）。

　　后来，郑玄也随孔融避难徐州，得到刘备的庇护。刘备集团早期的重要骨干孙乾就是郑玄推荐给刘备的。①

　　另外，颍川儒学世家陈纪、陈群父子也曾避难徐州，成为刘备极力招揽的对象，陈群还曾担任刘备手下的豫州别驾与柘县令。

　　另外，下邳儒学世家陈珪、陈登父子也曾效力刘备。而郑玄也曾授业于陈珪

---

① 见《三国志·蜀书·孙乾传》注引《郑玄传》："玄荐乾于州。乾被辟命，玄所举也。"

的伯父陈球。这些千丝万缕的联系，一时让刘备感觉很好，还以为自己深受世族拥戴，即将开创人生巅峰。

结果，吕布一来，就把他的美梦打碎了。郑玄跟着孔融回到了老家北海郡；两对陈氏父子则投降了吕布，后又投靠了曹操。归根结底，刘备无论出身还是学识都不如曹操、袁绍，武力更是不如他们，甚至还不如吕布；儒学名士们又怎会真正看得起一身江湖气的刘备？不过暂时需庇护于他之下，不得不虚与委蛇罢了。到最后，追随刘备不离不弃的，还是关羽、张飞这帮老兄弟，以及糜竺、糜芳这样的土豪。这才叫不是一家人，不进一家门。

后来，刘备流落到了荆州，成为刘表手下的客将，他又想用从前的套路，去招揽荆州当地或流寓在此的儒生，却发现这套怎样都行不通了。原来，刘表本身就是儒家名士与老党人，又在荆州经营甚久，此处的儒生名士早都尽在他的囊中，又哪里有刘备插手的空间。经营数年也只在刘表幕府中挖了一个名气不甚大的伊籍而已。

官渡之战后，刘表的身体与荆州外部形势都不太妙，这时情形才有了点松动。原来，荆州有一批民间名士，因感叹世道纷乱而不愿入仕，但他们也不希望曹操攻来生灵涂炭，于是这帮名士的首脑水镜先生司马徽终于决定帮帮刘备，给他指一条明路！

司马徽对刘备说："儒生俗士，岂识时务？识时务者在乎俊杰。"意思说刘备你不要去找那些儒生俗士，他们只懂寻章摘句、一味求仁，根本不懂时代潮流所在，乱世当用霸王道杂之，奈何纯任儒家德教呢？卧龙、凤雏这两位，便是司马徽所看好的即将引领时代潮流的年轻人。这些年轻人，不再以精熟儒学为入仕的敲门砖，而是通晓各家学问，博览群书，观其大略，以求经世致用。相对于儒士，这种人在古代有一个专有名词，叫奇士。

为了更好地让刘备感受一下当代奇士的魅力，司马徽还特意派了卧龙诸葛亮去接触一下刘备，先"相亲"，等看对眼了，再"入洞房"。

于是，在一个明媚的午后，二十七岁的乡村青年诸葛亮进城了，并顺利见到了正在接待宾客的左将军刘备；诸葛亮也不插话，只是静静地坐在一旁，看刘备与众宾客交谈；天色已晚，众宾客都告辞离去了，只有诸葛亮还留在原位，一点儿不耐烦的表情都没有，只是微笑不语，显然是想请刘相公先说话。可刘备此时似乎有点害羞，竟低下头，独自摆弄起一根白色牦牛尾，沉迷手工，不可自拔。[1]

刘备少时家贫，曾与母亲贩履织席为业，所以闲来无事也喜欢折腾手工艺品，熟识他的人便投其所好，常赠送他珍贵的白色牦牛尾。刘备就将这些牦牛尾像从前编草席那样编成白毦饰物。这种白毦饰物在古代通常用于武士头盔和武器的装饰，也用于制作符节。刘备收藏了一定数量的白毦后，便用它们装饰自己的近卫部队，称为"白毦兵"，由心腹大将陈到统领，是三国时代最神秘的一支精锐特种部队。[2]

其实刘备这么做，也是在考察诸葛亮，这叫互相考察。刘备是极有城府之人，一向寡言少语，喜怒不形于色，他知道诸葛亮是个高人，也清楚对方是来跟自己"相亲"的，所以最好的办法就是装老实，然后以沉默的方式等对方先说。

诸葛亮是何等人，他一下就看穿了刘备的心机，竟上前告辞道："明将军当复有远志，但结毦而已邪！"

刘备一听急了，赶紧将手中的白毦一扔，大声辩驳道："是何言与！我聊以忘忧耳。"

"将军有何忧？"

"先生有所不知，从前我南征北战，身不离鞍，体形堪称完美。如今闲居日久，不事锻炼，于是四肢不勤，身材走样，脑满肠肥，臃肿油腻。故常叹岁月蹉跎，日月如飞，老将至矣，而功业不建，混吃等死，此乃中年危机，是以忧耳。备若有基本，天下碌碌之辈，诚不足虑也！"

诸葛亮点头心许：这位汉室宗亲，十几年来虽历经挫折，时时被命运暴击，无数次刀口活命，[3]一败涂地，但仍能坚守初心，咬牙硬撑，心雄万夫，与强大的曹操锲而不舍地争斗，此等超高逆商，[4]真有当年高祖屡败屡战而终灭项羽之风也，这便是雄主、明主之大气度！他始终不能成功，不过欠缺一位高明的战略

---

① 此段与"三顾茅庐"截然不同的故事出自《三国志·蜀书·诸葛亮传》注引《魏略》。

② 见《诸葛亮集》之《与兄瑾论白帝兵书》："兄嫌白帝兵非精练，（陈）到所督，则先帝帐下白毦，西方上兵也。"

③ 根据史书统计，刘备一生五易其主，四失妻子，十起十落，至少十三次战败逃亡。

④ 逆商（Adversity Quotient，简称AQ）全称逆境商数，心理学名词。它是指人们面对逆境时的反应方式，即面对挫折、摆脱困境和超越困难的能力。刘备的前半生赌赌屡输，筹码越输越少，却能一直赖在赌桌上，从没被彻底打趴下，反而混成了一个颇受欢迎的"反曹明星"与"反曹泰斗"，这就是其逆商极高的体现。

指导罢了，且让我点他一点！

于是诸葛亮摇扇笑道："将军何忧？当年高祖兴兵反秦之时，与将军年齿相同，皆已四十七岁，然大器晚成，仅八年便灭秦亡楚，五十五岁终登至尊，成就帝业。今将军虽困顿于此，然大风将起，机会已至！吾闻曹操已大破袁绍余子，又北征乌桓大胜，想他不日便将挥师南下，荆州正当其冲，将军度刘镇南孰与曹公邪？"

刘备叹道："不及。"

诸葛亮又道："将军自度何如也？"

刘备又叹："亦不及。"

诸葛亮道："刘表性缓，不晓军事，故使将军北驻南阳，屏蔽荆州；然将军亦不及曹操，且手下兵众不过数千人，以此待敌，得无非计乎！"

刘备道："我亦愁之，当若之何？"

诸葛亮道："今荆州非少人也，之前北方兵乱，处处麋沸，刘镇南招诱游民，得众十万数，^①然而著籍者寡，今按现有编户征兵征税，明显不公，人心亦不悦；可语镇南，令国中凡有游户，都上户籍，如此兵源充足，必可扩大军队。"

刘备听了顿时如醍醐灌顶，对诸葛亮佩服得五体投地。这样一来，便能绕过荆州的户籍体制，招募流民军屯，以耕养战，既悄悄扩充了自己的实力，又不会损伤荆州豪强的既得利益，真乃高招也。水镜先生所推荐的高人奇士，果然不同凡响，比那些儒生书呆子厉害多了！

于是，刘备依计行事，很快便在南阳游户中招募到了一万水军，这才有了刘备在赤壁之战中得与孙吴合伙的本钱。当然刘备势力壮大也有一个副作用，那就是引起了刘表的怀疑和不满，双方的裂痕加大，曹操也加快了南征的步伐。在建安十二年前后，刘备的危机和转机同时爆发，值此关键时刻，他对战略人才的需求已经到了求贤若渴的地步。

刘备很早就招募了关张这等猛将，他自己也颇有兵谋，所以在军事战术上，刘备集团并不缺人，其唯一短板便是缺少战略指导型政治人才，而这十几年来，刘备一直在寻求这等人才，也曾极力招揽过袁涣、陈群、陈登、田豫、牵招

---

① 与孙权、刘璋、张鲁的扬州、益州、汉中一样，刘表荆州之迅速强大，也与大量北方难民涌入有关，《三国志·魏书·卫觊传》亦言："关中膏腴之地，顷遭荒乱，人民流入荆州者十万余家。"

等牛人，但是很可惜，这些人虽然与刘备关系极好，有的甚至结成刎颈之交，[①]但他们在老家家大业大，没办法跟着刘备四处漂流，只能选择更强大的中原曹老板。

可以想见，当刘备发现了诸葛亮这个荆州奇才的时候有多狂喜，所以即便关羽、张飞等睡在一起的老兄弟对此表示了嫉妒，但刘备还是饥渴地说道："孤之有孔明，犹鱼之有水也。愿诸君勿复言。"[②]

然而诸葛亮在小露一手后，却开始大吊刘备胃口，当下便回到隆中乡下躲起来。草堂春睡足，大梦我先觉了。

诸葛亮很清楚，凡是越重要的事情，就越要矜持越要有仪式感，否则若一见面就简单直接谈成了，会降低人的心理满足感，不仅不会珍惜，甚至会产生吃亏被骗的感觉。所以买贵重物品一定要签合同定协议货比三家，娶大家闺秀一定要三媒六证八抬大轿，拜得名师则一定要磕头下跪上香敬茶……这就是仪式感的重要性。

刘备都快疯了，总算确认过眼神，遇见对的人，可上天为何如此爱捉弄人：先左右开弓抽你一顿嘴巴，待你神志不清眼冒金星，又掰开你的嘴往里面塞块糖，然后接着抽你。总之，受尽伤害的刘备好怕再次失去，好怕诸葛亮也像田豫、陈群、陈登那样离他而去，所以立刻展开倒追攻势，打起十二分的诚意，不顾舟车劳顿，不辞风雪，不顾关羽、张飞等老兄弟的争风吃醋，三次前往隆中拜访诸葛亮，向其讨教方略，与其情好日密，将诸葛亮感动得不要不要的，终于答应出山，助实力微弱的刘备从势不可当的曹操手中硬挤出一片江山来。看到这一幕，就让人不由想起当年汉高祖登台拜将的情形。当年汉高祖刘邦也如刘备这般困顿，这般百折不挠，当年韩信也如诸葛亮这般年轻，这般风华绝代！

只不过，韩信选刘邦不选项羽，是因为项羽不用他；而诸葛亮选刘备不选曹操，却是为了自身的道德理念与政治理想，所以他明知不可为而为之，逆天而行，非去选那最难走的一条路！从这点来看，诸葛亮比韩信伟大。

这个世界，果然是年轻人的。当年韩信初生牛犊不怕虎，狂贬项羽，提出汉中对，奠定了大汉四百年江山；而诸葛亮未出茅庐而有隆中对，虽最终未能完

---

① 见《初学记·第十八》引晋孙楚《牵招碑》："君与刘备少长河朔，英雄同契，为刎颈之交。"

② 罗贯中妙人，后来写刘备要张飞去迎敌，张飞便使小性子说："哥哥何不使水（诸葛亮）去？"真笑煞读者。

美执行却也不失为中国历史上一个经典战略；那些皓首穷经的儒生名士决计无法提出如此实用的战略规划。正所谓"听君一席话，胜读十年书"；卢植虽是刘备的授业恩师，却对他帮助不大；真正拯救刘备命运的，其实是水镜先生的一句话啊！后来刘备招人用人，便再未以儒生名士为主流，如许靖名气极大（月旦评的主持人），年高德劭，但刘备也只是尊以高位而并不重用；能真正进入他战略核心层的还是诸葛亮、庞统、法正这帮学问博杂的奇士。

第八章
刘备魄力太小，
浪费了诸葛亮这么好的隆中对

刘备三顾茅庐，终于感动了诸葛亮，愿意出山为刘备效力。接下来他们便屏退左右，展开密谈，商讨刘备军事集团此后的战略方向。由于此次会谈涉及密谋夺取刘备同宗刘表与刘璋的地盘，故保密等级极高，多年来不为人所知，直到当事人刘备与诸葛亮都死了，季汉官方才对其进行了一定程度的解密。到了三国晚期，季汉档案典籍库的官员"观阁令史"陈寿已经可以看到其全文了，于是将其收录于《三国志·蜀书·诸葛亮传》中。因此次会谈发生在诸葛亮所居住的隆中草庐里，故史称"隆中对"。

会谈开始后，刘备首先提出了自己的政治主张，以及目前面临的困难：

"汉室倾颓，奸臣窃命，主上蒙尘。孤不度德量力，欲信大义于天下，怎奈智术浅短，力有不逮，奸雄其势更加猖獗。然吾志向一如当初，今日有幸请教先生，计将安出？"

诸葛亮这些年来虽蜗居于草庐，但毕竟是荆州牧刘表的外甥女婿和荆州年轻士子的领军人物，他的情报收集与分析能力可不是普通人能比的。所以这些年来，他对天下大势早已洞若观火，胸中韬略出口成章——

咱们这么多年来创业不成功，就是缺乏一个易守难攻的稳固根据地，一个可以让我们不断回血的水晶；而如今各大势力已基本定型，这个根据地就得从别人手里抢了。去哪儿抢呢？

首先，曹操这个人，惹不起！

其次，孙权势力虽稍弱，但手下人才库之强大深不可测，咱也惹不起。那么谁惹得起呢？一个是刘表。刘表有一块肥肉荆州，但以刘表的水平肯定守不住，咱们近水楼台，要趁着曹操、孙权还没来，赶紧占了这便宜，吃干抹净，落肚为安。另一个是刘璋。刘璋有一块肥肉益州，但以刘璋的水平肯定也守不住，更重要的是，他手下很多人早就想换主子了。[1]总之，废物们既然守不住荆益这大好河山，那不如给我们来实现理想！如此，有了基本盘后，接下来才是重点。

第一，要联合孙权势力，以及西方羌氏与南方夷越等少数民族，共同抗击曹操。当然，孙坚死于刘表部将黄祖之手，孙策和孙权为报杀父之仇，也曾数度进攻荆州，双方都流了很多血。也就是说，孙权集团与刘备集团并没有什么交情，甚至还一直在觊觎荆州，在这种情况下想要和对方结成忠实盟友，这里面还有很多外交工作要做。这就是先秦合纵之术。诸葛亮居于隆中之时每自比于管仲、乐毅，而管仲九合诸侯，乐毅联合五国伐齐，都带有浓重的合纵色彩。看来诸葛亮对打败曹操，早有定见，那就是合纵，只有合纵！若偏离此法，刘备与孙权、马超等集团只有一个结局，那就是像六国一样被团灭，无非撑多久而已。

第二，待"天下有变"（这一前提非常重要），分东西两路北伐，发动钳形攻势。东路由荆州出发，西路由益州出发，使曹操东西不得相顾，则霸业可成，汉室可兴矣！

诸葛亮的隆中对，向来为古今诗人所称道。李白诗曰："赤伏起颓运，卧龙得孔明。当其南阳时，陇亩躬自耕。鱼水三顾合，风云四海生。武侯立岷蜀，壮志吞咸京。"（《读诸葛武侯传书怀赠长安崔少府叔封昆季》）杜甫诗曰："诸葛大名垂宇宙，宗臣遗像肃清高。三分割据纡筹策，万古云霄一羽毛。"（《咏怀古迹五首·其五》）今人亦作诗歌曰："束发读诗书，修德兼修身。仰观与俯察，韬略胸中存。茅庐承三顾，促膝纵横论。半生遇知己，蛰人感兴深。明朝携剑随君去，羽扇纶巾赴征尘。"（电视剧《三国演义》插曲《卧龙吟》）

然而，笔者却有些不一样的看法。隆中此对，确实给了迷茫的刘备一个高瞻远瞩、丝丝入扣、天衣无缝、近乎完美的长远规划与总体指导，展现了诸葛亮极其高深而严密的战略修养。然而，正因为它太完美，完美得近乎虚幻，所以很难实现。而一个再好的战略规划，如果无法执行也是没有用的。当然，以刘邦开国集团或能实现此战略，但刘备集团根本不具备这个人才配备。诸葛亮千算万算，

---

[1] 此后的天下形势，一步步验证了诸葛亮这个分析，其预见能力令人叹为观止。故清代史家赵翼有诗曰："武侯事先主，身任帷幄筹。草草隆中对，后来语皆酬。"（《古诗二十首之九》）

也没法给刘备空降一个韩信，所以最后就是无解的，其无解有三：

首先，如前所述，觊觎荆州的并不只是刘备，还有孙权。事实上，孙权近年对黄祖连战连捷，费了这么大功夫，肥肉最后却让给刘备，孙权岂会甘心？就算迫于形势让了，他晚上又如何睡得着觉，肯定时时刻刻想要回来啊！

不肯让，那就只有争了。但诸葛亮又说了，隆中对的关键就是结好孙权共抗曹操，既要争，又要结好，这完全是矛盾的，何解？

我倒认为有两个办法可以解决。这两个办法虽依然难度很大，且充满了变数，但总比坐视孙权背盟要好得多，具体我们后面再分析。这里我们先说说孙吴集团对荆州的图谋。

事实上，孙吴集团对荆州的图谋不仅早于刘备，甚至还早于曹操。早在十几年前的初平四年（193），东吴战略家张纮就给十九岁的初生牛犊孙策定下了未来的战略规划，那就是收兵吴会、吞并袁术、消灭刘表，占领荆扬二州之地，据长江天险，称霸天下。[①]

而此后鲁肃的"榻上策"[②]与周瑜的"两分天下计"，以及甘宁的"据楚望蜀"战略也都提到了谋取荆州的重要性，只不过提法不同，战略执行略有差异而已。

这是因为，从战略地缘上来看，江南政权想要立足乃至称霸天下，前提条件必须全据长江之险，只占江东则恐难以得志，这也就是项羽宁做鬼雄也不肯过江东的原因之一。

从历史上来看，蜀、吴、楚从来都是势不两立，历数楚国八百年历史，最凶险的敌人不是占据了长江上游巴蜀的秦，就是长江下游的吴国，而从来不是北方的齐晋！

从春秋中晚期吴国开始崛起，吴楚之间便争斗不断，陆陆续续长达百年之久，直到公元前505年，三万吴军长驱直入，大破二十万楚军，并一举攻破了楚国首都郢都，也就是日后的荆州首府江陵。两百多年后秦国又沿汉水攻下了南郡，并倚仗江汉平原发达的水系，源源不断地朝楚国派兵，直到灭亡楚国。

---

① 见《三国志·吴书·孙讨逆传》注引《吴历》载张纮所言："今君绍先侯之轨，有骁武之名，若投丹杨，收兵吴会，则荆楚可一，雠敌可报。"

② 即鲁肃在建安五年初见孙权时，二人合榻对饮所提出的对策，详情后叙。所谓榻即是一种比床要小要矮的坐具，服虔《通俗文》："床三尺五曰榻，板独坐而曰枰，八尺曰床。"用今天的度量计算，榻的长度约为84厘米。孙权与鲁肃在这么小的榻上促膝对饮，可见亲密。

另外，还有一位与孙权同称吴王的夫差，更是傻傻的不灭越也不削楚，反跑去北方与齐晋争霸，结果竟被楚越联手搞死。还有项羽西楚政权的失败，也跟没能控制住东楚之地有关（当时王陵占据南阳，共敖占据南郡）。这些惨痛的历史教训，对孙权而言难道还不够深刻吗？

相信熟读《左传》《国语》《史记》的孙权、吕蒙君臣，[1]绝对不会想做下一个夫差、项羽。他们对荆州是志在必得，因为局势他们可以放弃一时，但一旦有机会出现，他们绝不会错失。

其次，从曹魏方面来看。

曹操在赤壁之战惨败后，就果断放弃了荆州之地，赶紧先去把关中拿下，以免刘备变成刘邦；同时命曹仁据襄樊之险，坐看孙刘两家为荆州争斗不休。

看来，曹操对长江以南的战略地缘洞若观火。此人不愧为汉末最伟大的军事家，识进退之道，明必争之地，其战略高度远在刘备、孙权之上。

事实上，荆州位于江汉平原，四通八达，水网密布，驿路宽大，正如诸葛亮所言"北据汉、沔，利尽南海，东连吴会，西通巴、蜀"，明显是《孙子兵法》中所说的"衢地"，即"诸侯之地三属，先至而得天下之众者"，故其关键在于"合交"。

所以说，按照《孙子兵法》，荆州这个"衢地"虽然有枢纽作用与中心岛功能，便于发展经济和获取支援，然而宜守不宜攻，且因防御成本太大，故又需结好诸侯，巩固联盟，以逢时变，此实非用武之地。

比如战国时代的魏国，也是四战之地，所以只有做好外交，联合三晋共同向东或西发展，才有初期之霸业；而一旦自毁联盟，四面出击，则只有死路一条。

正所谓"金角银边草肚皮"，这荆州之地就像春秋时候的郑国、战国时的魏国、欧洲的巴尔干半岛、亚洲的中东地区，虽然是枢纽，却也是火药桶，没有强大的实力与天才的外交协调能力，千万不能染指，必须避而远之，坐观愚昧者争斗，而自去边角做局，静静等待机会，以收渔翁之利。战略形势的此消彼长是需要几十年的忍耐的，不可急于一时，否则必坏大事，欲速则不达。

---

[1] 《三国志·吴书·吕蒙传》注引《江表传》载孙权曾劝学于吕蒙说："孤岂欲卿治经为博士邪？但当令涉猎见往事耳。卿言多务孰若孤，孤少时历诗、书、礼记、左传、国语，惟不读易。至统事以来，省三史、诸家兵书，自以为大有所益。如卿二人，意性朗悟，学必得之，宁当不为乎？宜急读孙子、六韬、左传、国语及三史。孔子言'终日不食，终夜不寝以思，无益，不如学也'。光武当兵马之务，手不释卷。孟德亦自谓老而好学。卿何独不自勉勖邪？"

最后，更糟糕的是，刘备并没得到整个荆州。

由于种种方面的原因，刘备并没能得到整个荆州，其北面的险要襄阳在曹魏手中，东面的险要夏口（即今汉口）和樊口（今湖北鄂州西）则在孙吴手里，而蜀汉[①]虽然拥有荆州的核心地区南郡，但无险可守，只能靠修烽火台来巩固江防，其地缘之劣势，其战略之被动，可想而知。也就是说，后来关羽看似强大，其实手里一把烂牌，攻又攻不得，守又守不住，还要负责他并不擅长的外交工作，这也太难为他了！

可是，刘备除了关羽，也实在无人可派。荆州与益州远隔山水，可自成一国，无论派谁，刘备都不会放心，所以也只能是关羽。而为了取益州，刘备又将荆州人才与大族豪强全都抽调走了，以致吕蒙偷袭之时，整个荆州立刻土崩瓦解，丝毫组织不起半点抵抗，也根本来不及救援！刘备这手棋，真是下得奇烂无比。

所以还是那句话，刘备的人才配备并不足以支撑诸葛亮的隆中对，硬要实行只能是悲剧。

总之，诸葛亮的隆中对，前半阶段——先取荆州，与东吴联盟抗曹，再取益州——这都没问题的，且一度实现；问题是后半阶段——若跨有荆、益而天下有变，则汉室可兴——这就太难了。

从地理形势来说，荆、益两州中间隔着大巴山、巫山，交通极为不便，一条长江三峡水路，也极其狭窄，难以行船，[②]秦将司马错曾三次浮江伐楚都受阻，最后还得白起从上庸南下才搞定。所以，后来刘封、孟达所占据的上庸这个地方其实相当重要，从此行船沿汉水经襄樊可以迅速到达江陵，但这又必须先拿下曹操重兵防守的汉水重镇襄樊。可这就太难了，关羽刚一动手，就被曹操孙权联手绞杀。事实上，直到季汉灭亡，荆、益、汉水一体化格局都未能实现。

从历史上来看，从来没有一个政权是跨有荆、益而得天下的。唯一一个公孙述，妄图跨有荆、益，结果很快就被东汉名将岑彭逆江而上，直接打爆。事实上，益州与关陇才是一个地缘整体，秦、汉、唐，包括李自成，皆由此而取天

---

① 本书将刘备称帝前的政权称为"蜀汉"，称帝后的政权为"季汉"。

② 郦道元《水经注》曰："自三峡七百里中，两岸连山，略无阙处。重岩叠嶂，隐天蔽日，自非亭午夜分，不见曦月。"所以后来刘备攻打夷陵时大军还需要"缘山截岭"，从三峡南岸爬山过去。事实上，直到三峡大坝建成之前，即便都是机动船，三峡某些地段还是需要依靠纤夫，且入晚皆等待天明，行船中还要时刻小心河中礁石与崖壁崩塌，足见三峡之险。

下；而荆州与江东才是一个地缘整体，六朝与南宋据此而割裂天下，明据此而得天下。故诸葛亮提出之跨有荆益，实乃割裂地缘的战略，此两大战区孤立分割，首尾遥隔，相互之间难以支援，季汉想要以此立国，实在太难了。还是那句话，人才储备根本跟不上。

而单独据有荆、益而取天下的，也几乎没有。只有西汉刘邦（据益州而由汉中）和更始刘玄（据荆州而由南阳）两个特例而已，但刘邦、刘玄都有大量强势盟友的配合，刘备却没有，有也被自己给作没了。

事实上，荆州之不可守，刘备悔之已晚，庞统却早有预见，他曾对刘备说道："荆州荒残，人物殚尽，东有吴孙，北有曹氏，鼎足之计，难以得志。不如权借益州以定大事。"庞统认为荆州经连年战乱，已民生凋残，又强敌环伺，难以据守，不如放弃，以益州定大事；法正也认为刘备应将战略重点放在汉中，以"蚕食雍凉，广拓境土"为要；①可惜庞统、法正加入刘备阵营时间过短，又英年早逝，没来得及将此间道理与利弊阐释明晰，从而导致了蜀汉后来在错误的道路上越走越远，等到夷陵之战后才追悔莫及。

庞统、法正都看到了，诸葛亮不应该看不到。既然局势发生了变化，那就需要给隆中对打点补丁。可惜，与我们的印象不同，在正史中刘备并不是对诸葛亮言听计从的，甚至根本就不是个虚心接受意见的人，他有很多根深蒂固的执念，这些执念是他成功的基石，也是他失败的根源，详细情况我们后面的章节会多次提到。

事实上，我们伟大的战略家毛泽东也看出了隆中对的不足，他就说过："始误于隆中对，千里之遥而二分兵力。其终则关羽、刘备、诸葛亮三分兵力，安得不败？"②

那么，回到我们前面的问题。我前面说，"跨有荆益"和"结好东吴"这个矛盾，其实有两个办法可以解决，哪两个办法呢？

其实很简单。第一个办法，让东吴不必图谋荆州。第二个办法，让东吴不敢图谋荆州。

第一个办法，如何让东吴不必图谋荆州呢？其实也很简单，让出去就是了。

---

① 见《三国志·蜀书·庞统传》注引《九州春秋》及《三国志·蜀书·法正传》。
② 毛泽东读姚鼐《古文辞类纂》"论辩类"苏洵《项藉》的批语（见《毛泽东读文之古籍批语集》第106页）。

这个办法，最关键的就是建安二十年"湘水划界"之时，当时孙刘矛盾已然恶化，刘备方面应主动放弃荆州，只保留易守难攻的宜都郡以安置亲刘的荆州士民，遣黄忠、马良、廖化守之，防备东吴。然后刘备便可全力与曹操争夺汉中了。

当然，这世上没有免费的午餐。蜀汉给了这么大一块地盘给东吴，东吴必然要给予一部分经济补偿。刘备正好可以此来补贴那些迁入宜都的荆州士民，让孙权来个"得地不得人"。

注意，这个补贴是很有必要的，毕竟人家抛弃了家乡的祖业和田地。否则，即使没有关羽败亡，荆州豪强们还会撺掇刘备去打另一场"夷陵之战"。

另外，如果宜都不够安置这么多百姓的话，刘备打下汉中后还可以再迁一部分荆州人过去（当然，还要再给一部分经济补贴），汉中沃野千里，却人丁稀少（被曹操迁到关中去了），正好可以借此提升汉中这个北伐基地的经济实力，以支持刘备接下来全力北上与曹魏争陇右，争凉州，争关中。

一个好的战略就是不断变化的，根据形势做部分调整，这很正常。既然跨有荆益难度太大，那就干脆点，好好地联合东吴打曹魏。

当时，曹操刚打败马超这帮人没多久，在关中的统治并不稳固，更别说鞭长莫及的凉州了。事实上，经过上百年的西羌之乱和董卓之乱，上百万西北塞外的羌胡被迫或主动迁往汉朝境内，至东汉末年，关西的人口已是汉胡各半，这些汉化的蛮夷与蛮夷化的汉人对曹魏政府好感欠奉（如董卓、韩遂、马腾、姜维），对曹魏的基本盘也就是关东中原那些世家大族更是相看两相厌。事实上，五胡乱华时匈奴人刘渊建立的汉赵政权，与氐人苻洪建立的前秦政权，便是利用了关西地区与中原政权的离心力，而得以占据关陇，进而统一北方的。刘渊甚至还尊季汉后主刘禅为孝怀皇帝，自称汉室外甥，打起了"兴复汉室"的旗号。另有氐族首领李雄建立的成汉政权，也把刘禅的曾孙刘玄找出来，封为安乐公，并在成都昭烈庙旁给诸葛亮建了武侯祠，可见羌氐民众对季汉政权的怀念。

由此亦可见，季汉政权的基本盘绝不应只是荆州帮，还应加上关陇士族与豪强，而只有这样才能彻底压住益州土豪，大家团结一心，全力与曹魏争雄。

如此，我的计划就呼之欲出了！刘备在建安二十年搞定与东吴的关系后，应立刻攻入汉中，同时让东吴猛攻襄阳，以分曹魏之势。而曹操败走之后，刘备稍做筹备，便要趁着曹操在关中立足未稳，命诸葛亮、马超、赵云出祁山而攻略陇右、凉州，联合羌胡，摇荡民夷。这三人组中，马超"甚得羌、胡心"，诸葛亮也志在"西和诸戎，南抚夷越"，赵云则有勇有谋，这个团队拿下凉州应该难度不大。

而与此同时，刘备率法正、关羽、张飞等主力部队，避过曹洪与曹真重兵把守的故道与陈仓，而由褒斜道入渭滨，然后跨渭登原，连兵北山，切断陇道与渭水，阻截援兵；同时联合东吴让其从襄阳猛攻宛、洛，并令刘封、孟达出上庸加以配合，以分曹魏之势。待凉州已定，陈仓等地孤立无援而投降，则蜀汉军队就可以沿渭水直取长安与潼关，这才是"霸业可成，汉室可兴矣！"

当然，让出荆州牺牲太大，肯定很多人无法接受，那有没办法保住荆州呢？毕竟诸葛亮最想要的，还是跨有荆益，这其实跟追求地利关系不大，更多的是为了更好地打造忠汉抗曹统一战线。毕竟自董卓之乱以来，帝国最忠汉那部分人口都迁徙到了荆益；比如皇族根据地南阳人，就一部分南下荆州，一部分向西去了益州；而被董卓裹挟着西迁长安的百万洛阳人口，则很多都在李傕之乱中逃往汉中。所以，刘备想要借助自己大汉宗亲的身份兴复汉室，最重要的还是要保住荆益。

这就需要考虑我的第二个办法了，如何能让东吴不敢图谋荆州呢？很简单，不要定都成都，而是定都江州，也就是重庆。

首先，明朝陈建《建都论》说："夫建都之要，一形势险固，二漕运便利，三居中而应四方，必三者备，而后可以言建都。"顾祖禹《读史方舆纪要》又说："据上游之势，以临驭六合。"《史记》上也说："古之帝者，地方千里，必居上游。"综上所述，江州有大巴山与三峡之险，有漕运之便，又居长江上游，离军事要地上庸和江陵都不远。如此，蜀汉既可以从江州对江陵形成高屋建瓴之势，从而使东吴束手；又可以有效支援上庸刘封，使其敢于配合关羽拿下樊城，从而打通经由汉水连接巴蜀与荆襄的通道，这才算是真正实现了跨有荆益，而得以从荆州、上庸、汉中三方向对南阳、洛阳和长安形成问鼎之势。

其次，与成都平原相比，江州倚山河之险，易守难攻，为久攻而难见其利的天险之地。一千年后，蒙古大汗蒙哥挟西征欧亚凯旋之威势，入蜀伐宋，轻取成都后，却困于重庆，并最终钓鱼城遭遇滑铁卢，蒙哥殒命，蒙古大帝国也由此分裂。而蒙哥死后，重庆又抵抗了忽必烈二十年，直到南宋灭亡后，大势已去，忽必烈又答应绝不伤害城中百姓，守将王立这才弃城投降。江州（重庆）战略地位之牛可见一斑。

事实上，夷陵惨败之后，刘备亲自留驻白帝城，部署江州防线，就足以让大胜之后的东吴反过来求和；若刘备早日定都江州，欺软怕硬的孙权哪里还敢向西图谋？其实就算季汉已经灭亡，东吴派了数万人进入三峡攻打永安，却仍奈何不了季汉旧臣、巴东太守罗宪。

最后，江州地处长江与嘉陵江汇合处，为四川水系之枢纽，人员物资都可以迅速地南达南中，西达西川，北达汉中，东达荆襄。这种水路政权比成都的蜀道政权岂不更容易进取？

总之，建都江州虽不一定必能实现隆中对，但建都于川西边陲的成都则只能使季汉更加边缘化，最终必败无疑！宋人苏洵说："吾常观蜀之险，其守不可出，其出不可继，兢兢而自完，犹且不给，而何足以制中原！"大概刘备一生困顿，好不容易来到天府之国，便成了骤富的老翁，要死死握住钱袋，偏安于蜀道剑阁之内，只让关羽、刘封去拼命，并且完全遗忘了昔日的盟友孙吴，自以为大业轻松可成，结果果真拼死了二弟和干儿子，又痛失了荆州和上庸。至此，季汉就注定只能被封死在三峡与蜀道之内，只好让诸葛亮誓死北伐、鞠躬尽瘁一生去弥补这个错误。

在这一点上曹操就做得比刘备好很多，他要迎天子便由鄄城迁许昌，要平定北方则迁邺城，要平定南方则筹备迁都洛阳，要与孙权合作打关羽就立刻撤回了徐州所有魏军。因为曹操非常明白，争天下者必须不惜成本，比如刘备的老祖宗刘邦，在这方面就有杰出的表现，可惜他的子孙远不如他那样有魄力。

当然，我的这两个办法，都是属于两千年后的事后诸葛亮罢了。我们看到了后来的历史并拿来检验那个原初的构想，诸葛亮却只能站在建安十二年往前眺望，他必须在充满不确定性的未来勾勒出清晰的远景，而任何一个变数都有可能推翻一切。所以，诸葛亮是在一片迷雾中摸索前行，而我们是开了上帝视角在玩纸上谈兵。况且，如同下围棋，当时刘备只有一县之地，比孙权、曹操落后了太多目，诸葛亮中盘入局，能够做活的眼位已经不多，能够将棋局拖入官子，已经属于逆天改命了。更厉害的是，这份诸葛亮宅在家里制作出的战略规划即便到了刘禅时期，局势虽已大变，但大方向上仍对季汉北伐有极大的战略指导价值。事实上，直到姜维时期，季汉朝堂仍然恪守着《隆中对》之"保其岩阻，西和诸戎，南抚夷越，外结好孙权，内修政理，待天下有变"的指导方针而坚持到了最后。

总之，在先贤面前，笔者不过是萤火之于皓月罢了。

第九章
宫斗大师诸葛亮

诸葛亮在"隆中对"给刘备提出的一揽子战略计划中，第一步就是趁北方曹操尚未攻来，取刘表而代之，占据荆州这个"用武之国"，以此联孙抗曹。

如果在几年前，刘备绝对不会听从诸葛亮这个计策，一则他与刘表有同宗之谊，而且在刘备最落魄的时候被他收留，并以上宾之礼相待，还给他兵给他粮，让他驻扎在新野，若鸠占鹊巢，多少于名声有损；二则刘表经营荆州十八年，其势力盘根错节，宗族、同乡、门生、姻亲遍布郡县，想把他拉下台谈何容易；三则刘备之前还对刘表抱有幻想，毕竟刘表是党人、名士，与宦官之后曹操是政治的对立面，且又是汉室宗亲，与自己一样都是西汉景帝之后，他们二人联手，必能打败曹操，兴复汉室。

然而，这三条障碍在这几年间，已一一破灭了。首先，刘备在荆州厚树恩德、广布信义，又听从诸葛亮之计，在南阳游户中招兵征税，操练水军，实力日增，引得刘表甚为疑忌，二人表面虽维持亲密，实则剑拔弩张，郭颁《魏晋世语》所述刘表设鸿门宴加害刘备、刘备乘的卢马逃脱一事虽然可信度不高，但也从侧面说明了二刘当时面和心不和，乃众所周知之事。另外，这些年来，刘备多次劝刘表趁曹操征伐北方之时偷袭许昌，刘表皆不听。最可惜的是建安十二年曹操北征乌桓，身陷塞北之地近一年，刘表竟始终不敢袭许。刘备没来荆州之前，已在曹操身边听说过大家对刘表的评价，比如贾诩就说刘表乃"平世三公之才，然不见事变，多疑无决，无能为也"。但直到此时，刘备才深刻体会到了这点。而当曹操北征乌桓凯旋，刘表竟又向刘备表示了悔恨："不用君言，失此大机会矣。"（《三国志·蜀书·先主传》裴松之注引《汉晋春秋》）

刘备对刘表的"多疑无决"已然无语，但也只能无奈地安慰他道："今天下分裂，干戈日起，事机之来，岂有终极乎？若能应之于后者，则此未足为恨也。"

看来，正如诸葛亮"隆中对"所言，靠刘表是绝不可能守住荆州的。能抓住机会的人永远都有机会，不能抓住机会的人永远都只能后悔！为今之计，刘备只有取而代之，但唯有一点，刘表毕竟经营荆州十八年之久，这些年来投归刘备的荆州豪杰虽日益多，但最强大的两个豪族蒯氏与蔡氏仍尊奉刘表，并对刘备防备甚深，这件事，不好办。

然而，诸葛亮却表示：这件事，不好办，但也不是完全办不了，既然是我提出来的，那就交给我吧！

刘备一时愕然。这诸葛亮再厉害再聪明，也毕竟只是隆中乡下一个二十七岁的农夫，他如何有能量，能为刘备这个寄人篱下的客将，夺来荆州最高领导权呢？

诸葛亮笑了：我是农夫，但我可不是个普通的农夫，别忘了，刘表是我妻子的姨夫，蔡氏家族是我妻子的母家，蒯氏家族是我姐姐的婆家，我与荆州高层有着千丝万缕的联系，这件事不交给我，还能交给谁呢？

刘备狂喜：看来先生是胸有成竹了？但具体我们要怎么做呢？

诸葛亮于是给刘备分析：这件事的关键还在刘表，如今刘表虽对将军既防备又忌惮，但我只要稍使手段，就可以让刘表改变想法，最终哭着将荆州托付给将军。

啊，这怎么可能呢？

现在当然不可能，但我们只要抓住一个突破口，就一定能突破刘表的心理防线。这个突破口，就是刘表的长子刘琦。

刘备似乎感觉到了什么，顿时茅塞大开：原来如此，原来如此啊，先生真乃高人也，备心服口服了。

刘备真的是震惊了，他请诸葛亮出山本是看重其战略规划能力，没想到，这小伙子对于权谋宫斗也有一套，看来，这位深不可测的卧龙先生还有很多能力没展现出来，只有期待了。

原来，刘表有两个儿子，长子刘琦，次子刘琮。最初刘表更喜欢刘琦，也早将刘琦预定为自己的接班人，原因跟袁绍差不多，袁绍更喜欢和自己一样帅的三子袁尚，刘表也更喜欢长得跟自己一样帅的刘琦（史书说刘表身高八尺，姿貌温伟）。但后来，虽然不够帅，但能说会道、很有女人缘的次子刘琮，想方设法搭上了继母蔡氏这条线，形势立刻发生了变化。

当初，年轻貌美的蔡氏嫁给垂垂老矣的刘表做续弦，目的就是巩固荆州头号豪族蔡氏家族在荆州的权力与地位。如今刘表日益衰老，说不准哪日就归天了，蔡氏自然要为自己找后路，所谓出嫁从夫，夫死从子，她既然是继母，自己没有儿子，那么只能依靠两个继子了，而刘琦身为嫡长子，接班在望，自然疏忽了与蔡氏搞好关系，结果被刘琮乘虚而入，大献殷勤，赢得了蔡氏的垂青。蔡氏遂将自己的侄女（也就是蔡氏家族当家人、刘表军师蔡瑁的女儿）嫁给了刘琮。如此一来，若刘琮上位，则"太后"和"皇后"都属蔡氏家族，蔡氏家族的地位必然稳如泰山。[①]

于是，两位蔡氏联合蔡瑁、张允（刘表外甥）组成夺嗣集团，每天轮流在刘表耳边吹嘘刘琮，诋毁刘琦，搞得就连敌国曹丕都知道当时"刘琮有善，虽小必闻；有过，虽大必蔽。蔡氏称美于内，瑁、允叹德于外。"（曹丕《典论》）

如此，刘表可能为蔡氏家族所裹挟，又可能为其所迷惑，总之，刘表日益疏远了刘琦，并开始偏向立刘琮为储。刘琦生性慈孝，根本玩不来这种"宫斗戏码"，身边也没有一个得力的"保嗣"班底，甚至连一个可商量的智士都没有，如今又亲爹不喜，后娘不爱，危机四伏，正不知如何是好，这时他听说表妹黄氏嫁给了一个号称"卧龙"的高人，几番接触发现确是一个智谋之士，于是多次向诸葛亮讨教"自安之术"，却每次都被诸葛亮托辞拒绝。

当时，诸葛亮并不想蹚这趟浑水，蔡氏家族不但势力强大，而且是他妻子的母家，面子上磨不开，况且事情万一传出去，不但刘琦危险，他自己也难在荆州立足。再说了，这种事情只有刘琦被逼到一定份儿上，自觉危险至极，时不我待，他才会听得进诸葛亮的以退为进之计。

然而，事到如今，刘表已年老体衰，时日无多，曹操又厉兵秣马，随时南征，诸葛亮也正式投入刘备麾下，现在若继续观望，只恐让荆州所托非人，到时只会白白便宜了曹操。

所以，隆中对之后，诸葛亮便再未躲避刘琦，并爽快接受其邀请，来到襄阳刘琦府邸，与其游观后园，登上高楼饮宴，刘琦见诸葛亮言语之间似有松动，便

[①] 见《后汉书·魏书·刘表传》："二子：琦、琮。表初以琦貌类于己，甚爱之，后为琮娶其后妻蔡氏之侄，蔡氏遂爱琮而恶琦，毁誉之言日闻于表。"

命人将楼梯撤去，确定不会隔墙有耳了，这才哀求道："今上不着天，下不接地，旁无他人，言出子口，只入吾耳，决然不会泄露，先生可以言否？"

诸葛亮心想这刘琦也不傻嘛，孺子可教也，于是点拨他道："君不见申生在内而危，重耳居外而安乎？"

春秋时期，晋献公的宠妃骊姬欲立其幼子悉齐为嗣，于是联合亲信，发动内乱，太子申生不愿逃亡，结果被害；而公子重耳带了一群大臣顺利逃走，而后流亡列国十九年，最终在秦穆公的帮助下，回到晋国拨乱反正，即位为晋文公，创立晋国霸业。

刘琦一听，立刻感悟：诸葛亮这是叫他学习重耳，离开政治漩涡，去外面发展势力，自主创业，结交外援，等待机会回来拨乱反正啊！

诸葛亮又告诉刘琦，重耳的外援是秦穆公，你的外援就是左将军刘备。

刘琦当下大喜，刘备乃当世枭雄，有他相助，蔡瑁、张允之辈有何惧哉！

于是，在诸葛亮的牵线下，刘备与刘琦暗自结成政治同盟，等待时机，共抗蔡瑁、张允。

而就在这时，江东孙权突然发威，率军攻入荆州东面门户江夏郡，屠洗夏口（今湖北汉口，为长江与汉江交汇处），将其仇人黄祖枭首，并虏其男女数万口，威震江南。刘表吓得病倒，遂紧急召集群臣商量应对之策，在此关键时刻，孝顺的刘琦来给父亲分忧了，他竟主动要求率军前往残破的江夏，以抵御孙权，屏藩荆州。

蔡瑁等人正发愁不知如何应对内忧外患，现在"内忧"竟然主动上门，要求去对付"外患"，这可真是求之不得的好事，于是力劝刘表让刘琦代黄祖为江夏太守，结果刘琦如愿来到江夏。此时孙权因后方山越作乱已退回江东，[①]刘琦遂得以监军于外，手握万余江夏水军，与樊城刘备暗通款曲，静待时机。

蔡瑁觉得自己好像失策了一回，但没关系，毕竟刘表快死了，曹操也快来了，在绝对实力面前，一切都是徒劳罢了。

果然，不久，建安十三年七月，刘表病重，各大势力乃蠢蠢欲动。山雨欲来

---

① 孙权出征前，江东老臣张昭便提醒孙权："今吴下业业，若军果行，恐必致乱。"（《三国志·吴书·甘宁传》）看来，江东此时尚无足够的力量兼顾两面，孙权只好等日后搞定山越再图荆州。事实上，孙权最终不惜背盟杀害关羽、全取荆州的谋划，就是在建安末年陆逊打败丹杨山越贼帅费栈，并"部伍东三郡，强者为兵，羸者补户，得精卒数万人，宿恶荡除，所过肃清"之后（《三国志·吴书·陆逊传》）。

风满楼。

首先，曹操展开应对，他立即召开军事会议，准备伐荆事宜。

与此同时，刘备与刘琦也接到消息，他们立刻放下军中事宜，星夜赶往襄阳，准备面见刘表，亮剑出鞘，摊牌决胜。

蔡瑁、张允等人当然不可能让刘琦见到刘表，在这关键时刻，万一刘表又想起刘琦的好来，回心转意立其为接班人，那他们可就惨了。于是二人拦在病房门口，坚决不让刘琦进去探望，并准备了一大套说辞："将军命君抚临江夏，守荆州东面门户，其任至重。今弃众擅来，江夏若有险，主公必怒责于你。你号称慈孝，岂能破坏尊亲之情绪，加重其病情，此非孝敬之道也。"刘琦说也说不过他们，打也打不过他们，只好哭着离开了。①

襄阳百姓看着悲伤的刘琦在大街上哭啼，都觉得蔡瑁、张允太过分了，竟然不让儿子见父亲最后一面，还好意思提"孝敬之道"？

刘琦此行，虽未能得到他想要的东西，但总算在舆论上获得了一定的支持。

另外一边，刘备却见到了刘表。大概蔡瑁、张允他们以为刘表一向疑忌刘备，所以放他们见面，又有何妨。

可是他们万万没有想到，刘表一见刘备，竟然哭着托起孤来："我子皆不成器，而诸将并零落（如黄祖），我死之后，卿便摄荆州，我那不肖二子，也一并托付予卿了。"话虽突然，但言语间不似试探，倒是有万分的无奈。②

刘备听了这话觉得好耳熟：哦，当年陶谦将徐州让于我，说的也是类似的话。

想到这儿，他不禁太佩服孔明了，一句"重耳居外而安"，就让刘琦掌握了江夏重兵，得与自己的南阳兵联手，兵力加起来超过两万，比襄阳城内的荆州兵还要多出将近一倍。如今刘表命不久矣，曹操又已攻来，他自然得掂量掂量后果了！

确实，刘表这下傻眼了。就在前几年，袁绍的长子袁谭也是占据了青州，与继承了袁绍之位的三子袁尚发生火并，刘表还特意各写了一封信劝他们兄弟齐

---

① 该段记载出自《三国志·魏书·刘表传》注引《典略》。

② 《魏书》《英雄纪》《汉魏春秋》三书皆记载此事，特别是《英雄纪》的作者，乃时任刘表幕僚、后任魏王曹操侍中的王粲，乃事件亲历者，可信度极高。

心，共抗曹操，不要让亲者痛，仇者快。[①]不料二袁已杀红了眼，根本听不进去，结果被曹操渔翁得利，终将二袁赶尽杀绝。刘表虽然"多疑无决"，但也不是脑残，二袁之败，殷鉴不远，为今之计，还不如将荆州和两个儿子都托付给刘备，也免得兄弟阋墙，手足相残，又白白便宜了那个曹操！

然而，旁边的蔡氏姐弟与张允、蒯越等人听到这句话，顿时大惊，他们怎么也没想到，刘表居然要把荆州托付给刘备，这荆州可是能说送就送的吗？经过我们同意了吗？但没办法，刘表话已说出口，现在就看刘备怎么应对了，如果刘备敢答应，蔡、蒯二人绝不会让刘备全身而退。

其实，就算蔡、蒯二人也附和刘表，刘备也会像当年徐州那样谦虚个几回合，最后拗不过去了再答应，这样才保险；何况现在蔡、蒯二人面色阴沉，眼冒绿光。刘备察言观色，于是赶紧拒绝："诸子自贤，君不用担忧，可安心养病。"说完便推脱军务告辞退出，回去再和诸葛亮从长计议。

刘表的同乡兼幕僚伊籍向来与刘备相善，他见此情景颇为刘备可惜，于是追出府去劝刘备答应刘表，刘备头也不回地说道："此人待我厚，今从其言，人必以我为薄，所不忍也。"

其实哪有什么忍不忍，只有不能罢了。当年，没有蒯氏与蔡氏的支持，刘表根本不可能拿下荆州；[②]所以如今，荆州也绝不是刘表说送就能送，刘备说接就能接的。伊籍，幼稚！

荆州，刘备做梦都想要，但绝不是现在。成大事者，必须能等。要隐藏自己的欲望，等待最好的时机，千万不要被眼前利益迷惑了心智。这世界上最危险的东西，往往是最诱人的，切记，切记。

---

① 该书信载于《三国志・魏书・刘表传》注引《魏氏春秋》。
② 蒯、蔡二大家族助力刘表取得荆州之事载于《三国志・魏书・刘表传》注引司马彪《战略》。故有学者认为刘表政权具有寄生性和依附性，可参阅：王永平《汉末士人之流动与刘表政权之兴衰》，收录于氏著《中古士人迁移与文化交流》。

第十章
一念之差，
刘备永远失去了襄阳

建安十三年（208）七月，荆州牧刘表病重，曹操乃听从荀彧的建议，率大军"显出宛、叶而间行轻进，以掩其不意"。

所谓"间行轻进"，即隐秘行军，轻装前进，以便达到攻其不备的效果。西汉名将陈汤曾答汉元帝曰："且兵轻行五十里，重行三十里。"可见曹操将此次南征，乃不宣而战，而且将辎重部队留在后面，部队轻装疾进，使行军速度翻倍，迅速由许都过昆阳，经方城隘口，从伏牛山脉与桐柏山脉间进入南阳盆地，西南过叶县而直达宛城。

山雨欲来，快收衣。

然而，在宛城以南三百里外的襄阳城，荆州牧刘表却再也不用头疼如何收衣了，因为他死了，享年六十七岁。留下两个茫然无措的儿子。

看来，刘表真是个"好疑无决"之人，这么老了都不确定接班人，甚至临死也还不确定，结果便让荆州豪强蔡瑁、蒯越等人趁他病重赶走长子刘琦，拥立幼子刘琮继位。

如此一来，蔡瑁就从荆州牧刘表的妻舅，变成了新任荆州牧刘琮的岳父（蔡瑁之女嫁给了刘琮），从而也就可以顺利将荆州拱手送给曹操。

原来，蔡瑁父亲蔡讽、姑父张温都与曹家是世交，而蔡瑁和曹操在年轻时就是兄弟，有通家之好，当年举孝廉后，还曾一起在洛阳跑官。所以从始至终，蔡瑁都不敢，也不想和曹操对抗。后来曹操到襄阳，也直接到蔡瑁家中，跟他妻儿打招呼，与他拉家常，谈往事；我们后人受《三国演义》影响，总以为蔡瑁投降曹操的行为非常可耻，但在他看来这是再理所当然不过的事情。

另外，据《襄阳耆旧记》载，"汉末，诸蔡最盛"。蔡家在襄阳是头号大地主、大豪强。他们在城外汉江江中的"蔡洲"上，建了一片巨大而奢华的庄园，庄园内有江景别墅多达五十多座，房子盖得相当精美奢华，围墙都是用青石砌成，光使唤的奴婢就有数百人。这巨大的产业，一旦遭遇兵燹，他可就亏大了。所以，蔡瑁其实很早就开始在荆州士大夫中发展"降曹派"了，至今已形成了一个十余人的小圈子，其中包括章陵太守蒯越、东曹掾傅巽、从事中郎韩嵩、别驾刘先、治中邓羲，以及名士宋忠、王粲等人。

事实上，不仅蔡瑁，其他荆州大士族们也从一开始就是不想介入中原纷争的，因为他们知道在那种残酷的搏杀中，自己掌控的这点资源根本经不起消耗。事实上，荆州北部的南阳郡，就是因为过早倒向袁术，结果被割光了韭菜，现在非常惨。也正是这个前车之鉴，让荆州士族最终选择了刘表。刘表是一个完美的士族代言人，他拥有高贵的血统、美好的声誉、不错的行政才能，甚至还有出众的学术水平与极高的颜值，却唯独没有自己的宗族势力与嫡系人马，所以只能依靠荆州士族，而无法擅自做主北上争雄。

总之，荆州的大士族们从来不曾追求建立一个自己的国家，他们只期待北方早日恢复稳定统一，之后这个新强权匡扶汉室也好，改朝换代也罢，并不重要，他们只需要向这位胜利者俯首称臣即可。

所以，等曹操一来，刘表一死，蔡瑁等人就迫不及待地开始执行自己的计划，让大家轮番劝刘琮投降。刘琮荆州牧的位置屁股还没坐热，当然舍不得投降，便道："今与诸君据全楚之地，守先君之基业，以观天下之变，有何不可？"

东曹掾傅巽却表示："抗王兵之锋，乃必亡之道！将军自料何如刘备？若刘备亦不足御曹公，则将军必不能自存也；若刘备足御曹公，则刘备必再不为将军之下也。"刘琮这才发现自己已经被荆州豪门大族抛弃了，再坚持也是枉然。可怜刘琮，机关算尽也只当了一天领导，只开了一场会，还是讨论自己投降的事情。

从这段话可以看出，荆州虽拥有十万大军，且人才济济，却普遍认为只有客将刘备才能跟曹操斗一斗。而他们自己连抵抗一下的勇气都没有，真是丢人到了极点。

其实，据周瑜后来对孙权所言，曹操此次南征所率兵马不过十五六万；而荆州也有带甲十万，又有汉水长江之险、襄阳坚城之固，哪里就一定会输给曹操？

但是没办法，刘琮身边都是投降派，他也只能随波逐流，牺牲自己，成全大家。于是，这帮投降派封锁消息，派使者北上，前去投降曹军。曹军诸将还不信，怀疑有诈，只有南阳人娄圭大笑，说这刘琮连荆州牧的符节都送来了咱有啥好不信的？曹操脑中也浮现出了蔡瑁那副软骨头，心想这刘琮要是投降了，刘备岂不是被卖了吗？好机会啊！于是命大军加快速度南下，要赶在刘备发现之前攻到樊城，那么刘备可就插翅难逃了！

而刘备此时正在樊城接见刘琦派来的使者。原来，刘表死后，他的三大政治遗产：荆州牧、镇南将军、成武侯，前两个都归了刘琮，最后一个"成武侯"刘琮决定把它送给刘琦，也算是利益均沾人人有份了。刘琦却不是个没肉有汤也行的人，当场便将侯印扔在地上，然后整顿兵马，准备以奔丧为名，杀到襄阳去讨公道，出发之前还特意遣一使者来告知刘备，诉说嫡长之委屈，并请求叔父和自己南北夹击，把刘琮赶下台，以拨乱反正。

刘备看着刘琦的使者苦笑，说，你们这闹的不是时候啊，因为曹操已经打过来啦！

刘琦的使者一听，顿时变了脸色，于是立刻告辞，回去通报消息。那刘琦的水军或许已从汉口沿着汉水杀上来了，现在得赶紧去叫他退回去！

其实，刘备早知道曹操会南征，但没想到来得这么快，毕竟老曹年初才从辽东征乌桓回来，三个月前又刚死了爱子曹冲，怎么也得缓一缓。然而，经斥候回报，如今曹操大军确已杀至宛城，刘表安排在北线也就是南阳郡伏牛山南麓一带御敌的文聘部队也已溃败。为今之计，还是得赶紧联系刘琮、蔡瑁他们坐下来好好商量一下该如何共抗曹操。说来也奇怪了，曹操大军压境，情势如此危急，刘琮方面怎么一点动静都没有？刘备之前派出的使者孙乾前日来信说，刘琮竟各种推脱不见他，他没办法已准备硬闯。

就在这时，孙乾终于回来了，跟在旁边的，正是刘琮派来的使者、襄阳学业堂里的学官、南阳大儒宋忠。

刘备心里奇怪，我要和你刘琮商量抵抗曹操的军事部署，你刘琮咋派了一个不通军事的老学究来，到底怎么回事儿？

宋忠不好意思地说道："主公早已归降曹公，特遣老夫前来宣旨。"

与大家的既定印象不同，刘备其实是个很暴躁的豪侠脾气，一言不合就要鞭打督邮、摘戟飞人的，①当下遂一把抓住这个名字超不吉利的老儒，怒道："卿诸人作事如此，不早相语，今祸至方告我，不亦太剧乎？"汉朝人都知道我与曹操早就结下了深仇大恨，天下谁都能降曹，只有我刘备死也不能！就算你们要投降也行，为何不早点通知我，哇呀呀，我刘备被你们给卖了！

说完，刘备大吼一声把刀拔出来，架在了宋忠的脖子上。（你没看错，我也以为刘备是耍剑的，结果，他竟然是用刀。至少这时，他还是用刀。）

宋忠一看自己得给自己送终了，当下身体一软瘫在地上，半句话也说不出来。刘备刀扬了扬，最终还是放了下来，叹道："今断卿头，不足以解忿；亦非大丈夫所为！"说完无力地挥挥手，放宋忠落荒而逃。

刘备总算明白刘琮为何派宋忠来了，这位宋忠，乃荆州儒林的领袖，在古文经学界威望巨大，荆州名儒子弟大多是他的学生，②刘备就算再怒火攻心，也不可能动宋忠半根毫毛，换别人可就不一定了。

放走宋忠后，刘备满肚子邪火无处释放，整个脑袋也嗡嗡作响不知如何是好，只得紧急召集众人商量对策。诸葛亮心里明白，蔡瑁、蒯越、刘琮与自己是姻亲，竟也对自己封锁了消息，显然他们是铁了心要降曹了。为今之计，不如趁曹操大军未到，赶紧攻取铁打的襄阳，否则就我们这点人和这纸糊的破烂樊城，曹操一套军体拳就给我们打趴了。

糜竺却不同意诸葛亮的看法，说曹操曹操就到，咱们还是先跑为妙，迟了那可就直接被包饺子了。不如马上收拾包袱跑路，向南撤退到江陵，凭借其充足的军械、粮草与曹军相持，待机反攻。

原来，当初刘表平定荆州后，便将其治所从江陵向北迁移到了江汉平原北端的军事重镇襄阳，"以观时变"。但该地距离曹魏边陲宛城太近，为了安全起见，遂将荆州的重要军资囤聚在位于后方的江陵。此等万全举措，大概就是专门为今天这种危急情况准备的。

诸葛亮却一声长叹，刘备集团里有勇士，有辩士，有义士，却竟然没有一个通晓军事地缘的人才，怪不得屡战屡败。这襄阳就是荆州的命根子啊，怎么能说

---

① 见《三国志·蜀书·赵云传》注引《云别传》："初，先主之败，有人言云已北去者，先主以手戟摘之曰：'子龙不弃我走也。'"

② 宋忠是东汉末年与郑玄齐名的一位儒学大师，特别是他对《易》学以及扬雄《太玄》的玄学理论研究，阐明义理，援道入儒，不拘流俗，颇有新意。其学术精神后来被其弟子王肃与玄学家王弼等人继承，促进了王肃官学与魏晋玄学的发展，对汉魏之际中国思想文化的内在变革影响巨大且深远。

丢就丢！

因为懂得，所以珍惜。诸葛亮不舍得襄阳啊！众所周知，襄阳乃天下交通之枢纽，也是统一天下之兵家必争之地。顾祖禹《读史方舆纪要》云："所谓上可以通关陕，中可以向许洛，下可以通山东者，无如襄阳。"又云："湖广之形胜在武昌乎？在襄阳乎？抑在荆州乎？曰：以天下言之则重在襄阳，以东南言之则重在武昌，以湖广言之则重在荆州。"东晋庾翼亦云："襄阳，荆楚之旧，西接益梁，与关陇咫尺，北去洛河，不盈千里，土沃田良，方城险峻，水路流通，转运无滞，进可以扫荡秦赵，退可以保据上流。"（《晋书·庾翼传》）

而且，襄阳地处鄂西北山区，其南凭岘山，北临汉水，东北有桐柏山，东南有大洪山，西北为武当山，西南为荆山，四面八方都是屏障，来犯之敌的优势兵力根本难以展开，而对岸的樊城与襄阳仅一水之隔，既能分散敌人的进攻部队，又可以相互支援。《左传》云："楚，汉水以为池"。由于北方南阳盆地的湍河、白河、唐河等几条河流皆在襄阳汇入汉水，故汉水至此波涛激射、川流湍急，难以泅渡，曹操北来，并无水军，刘备只要占据襄阳与樊城，并以战船封锁汉水，往来支援，曹操兵力虽众，却也只能望河兴叹。在"隆中对"中，襄阳也是最重要的一环，因为要"命一上将将荆州之军以向宛、洛"，必须要掌握汉水和襄阳，否则恐怕连自保都做不到。

《读史方舆纪要》又谓"荆楚之有汉，犹江左之有淮，唇齿之势也。汉亡江亦未可保矣"。而这是因为"有襄阳而不守，敌人逾险而南，汉江上下，罅隙滋多，出没纵横，无后顾之患矣"。意思是，若保不住淮河流域就保不住江东，若保不住汉水流域就保不住荆楚，这在古代是兵家的基本常识。而从襄阳以南至江陵，都是地势平缓的江汉平原，利于步骑驰骋，根本无险可守。故宋代史家李焘之《东晋论》亦云："襄阳者，江陵之蔽，襄阳失，则江陵危。"也就是说，刘备即便拿下了江陵，也根本守不住！如果说荆州从地形上来看像个大口袋，那么襄阳就是这个口袋的出入口，除了东西两边沿长江各有一个小出口，其他地方全被大山包裹得严严实实——这也就是当年刘表平定荆州后，不久便将荆州治所从江陵北迁到襄阳的原因。

综上所述，襄阳是兵家必争之地，在没有襄阳的情况下，想要守住江陵，简直是痴人说梦！

至于糜竺所言"恐尚未攻下襄阳而曹军已至"，这诸葛亮也自有考量：襄阳城中，并不全是"投降万岁"，事实上，除了蔡瑁、蒯越这十几位顶级豪族为了保住既得利益而铁了心要降曹，襄阳其他的二流士族，如马家、习家、杨家、庞家、向家，乃至刘琮手下的一些幕僚、大将，如王威、伊籍、文聘等人，都不想就这么窝囊地投降。曹魏的基本盘是中原士族，荆州士族过去了也是低人一等，与其投降过去混日子给人打下手，不如趁着还有机会再搏一把！① 所以，诸葛亮相信，只要刘备猛攻襄阳，襄阳城内的反曹势力必然会群起响应，到时候有人偷偷把城门一开，刘备大军一拥而入，事情就搞定了！有时候，危机即转机，现在正是实现"隆中对"中占据荆州的绝佳时机，机不可失时不再来，咱们得感谢曹操才对。

然而，对于诸葛亮的建言，刘备有顾虑——诸葛亮之计，固然照顾了眼前利益，但对于刘备的长期政治形象有损——如今刘表新丧，自己此时袭击刘琮，不免给世人以趁丧打劫之嫌，到时候不明真相的群众到处一传，刘备百口莫辩，变成欺负晚辈、恩将仇报的小人，那可就得不偿失了。

所以，襄阳不可攻，哪怕再可惜，也得放弃。

这就是刘备与诸葛亮的分歧所在了。诸葛亮一生谨慎，行事必遵从军事原则，理智至上，很少冒险；但刘备是个冲动派，为了人心，为了自己的政治形象，或者说只为了一时的情绪，他可以什么都不管！就算以后倚靠东吴才夺回部分荆州，又借地，又耍赖，惹来无穷纷争，刘备也不曾后悔。

于是，刘备既无奈又沉重地说道："刘荆州临亡托我以孤遗，背信自济，吾所不为，死何面目以见刘荆州乎！"

换而言之，在刘备眼里，地盘、财富这些有形资产远不如品牌、声誉、人心这些无形资产重要。这，就是刘备混江湖的根本，不管从前，还是以后，就凭这幌子吃饭，不然刘璋哪里来的勇气请刘备这支外来力量去益州？所以，襄阳他想要，荆州他想要，但都不能从刘琮手里抢，就算以后难度百倍地从曹操、孙权手里夺，那也只能如此。后来刘备能反客为主吞并刘璋，那也是张松用性命换来的借口，否则刘备也不会轻易动手。

看来，刘备虽然口口声声对关羽、张飞说他遇诸葛亮"如鱼得水"，但其实

---

① 后来建安二十四年（219）的邺城魏讽案，就是降曹的荆州士族在失意后的一次反击，可惜太晚了，只能给曹丕送人头。

并不像《三国演义》里说的那样言听计从，甚至是相当固执。况且，诸葛亮这时还年轻，论军事经验、政治经验都远不如老江湖刘备。刘备一没爹拼，二没地盘，白手起家混到如今这个地步，自有其一套行事准则。诸葛亮可以给战略、给方向，但是具体怎么操作，刘备还是自己说了算。诸葛亮也明白，自己刚加入团队，团队之间还需要很多理解、磨合，在此之前，他还有很长的一段路要走。

于是，诸葛亮放弃了自己意见，决定支持刘备，弃守樊城，放过襄阳，南奔江陵！

然而，刘备和诸葛亮并不知道，他们在这一刻所下的决定，将让蜀汉政权永远地失去樊城，失去襄阳，就算拼掉关羽的性命，也夺不回来。

第十一章
刘备携民渡江的真相：
蜀汉政权奠基于此

建安十三年（208）七月，曹操大军大举南征荆州，新任荆州牧刘琮不战而降，并对外封锁了消息，准备等曹操到了再宣布，以免节外生枝。此时刘备正驻扎在樊城，发现曹军大军压境刘琮却毫无反应，忙派人逼问，这才发现真相，又急又怒，忙率军弃守樊城，渡过汉水，沿着荆襄大道一路南撤，欲占据南郡郡治江陵，凭借其充足的军械、粮草再来与曹军周旋。这叫以空间换取时间，持久战的精髓所在。

樊城以北的南阳民众中有很多和诸葛亮一样都是琅琊、徐州一带的移民，他们曾亲身经历过当年曹军屠城之恐怖，如今哪怕曹操已经"从良"了，但那些恐怖已然深入骨髓，每每在噩梦中侵袭而来，加上刘备、刘表多年来刻意的宣传，更是推波助澜，蔓延成群体恐慌，带动所有百姓都患上了严重的"恐曹症"。于是全民一时陷入疯狂，大家都携家带口，扛着锅碗瓢盆，欲随刘备一起渡江南逃。

说起来，乱世百姓真是可怜。当初黄巾、董卓、李傕之乱，百姓像被割韭菜一样一茬一茬被灭，关中与中原一塌糊涂。大家只能往南方跑，有的跑到益州，有的跑到荆州，有的跑到徐州。本来徐州的日子最好过，《三国志·魏书·陶谦传》说："是时，徐州百姓殷盛，谷米封赡，流民多归之。"可惜没过几天安生日子，屠伯曹操来了，来了就大屠特屠，结果，"初，三辅遭李傕乱，百姓流移依谦者皆歼。"（《后汉书·陶谦传》），流民们没办法，只好又逃往荆州，大家好不容易在荆州安生了十几年，以为终于没事儿了，结果又得跑，惨哪！

刘备看着这群难民，心中相当焦虑。兵贵神速。曹操已在宛城，离樊城只剩下两百多里，若想赶在曹操之前拿下江陵，带上这么多民众是不可能的。怎么办呢？诸葛亮就建议让关羽水军接受大部分民众（南阳人傅肜、陈震、魏延、宗预、黄柱、郝普大概就在这个时候加入刘备麾下），并负责运送辎重物资（这可是刘备七年来攒下的老本），沿汉水南下，经宜城、钟祥至扬口（今湖北潜江西北，又称汉津），再由扬口进入古扬水运河，向西航行便可直抵江陵，与刘备、诸葛亮的陆军会合。关羽的水军足有近万人，战船数百艘，是刘备日后对抗曹操的主力。经济学告诉我们，鸡蛋不能放在同一个篮子里，否则篮子一翻，全部完蛋。所以如今，敌强我弱，兵分两路，保存实力，很重要。

刘备为何不坐关羽这些又快又安全的船直下江陵呢？因为他还要去襄阳城下走一遭，那里还有很多老朋友，不见一面，刘备睡不着。

刘备第一个要见的就是小侄子刘琮。刘琮和蒯越、蔡瑁等人已然降曹，自是无法挽回，但被他们封锁了消息的襄阳士民们还不知道实情，所以刘备想要借着去见刘琮，将此事广而告之，唤醒一部分民众，与他一同抗曹。这个工作他从投奔刘表开始就在做，已做了七年，如今终于到了开花结果的时候。

于是，刘备率军渡过汉水，来到襄阳城下，驻马呼唤刘琮来城头相见，并言曹贼奸诈，绝不可信，今轻易投降，只会使荆州毁荡，殆无孑遗，则悔之晚矣！①刘琮当然不可能来见，见了也不知道说什么好。但这么一搞，全城的人就都知道曹操已经杀过来且刘琮已经降曹了，不由大惊。事已至此，他们面临艰难抉择。

对于中国人来说，最为安土重迁，但凡还有点活路，都不愿意离开家乡。但是，刘琮这帮高层太不厚道了，刚接手"公司"，竟然就准备把"公司"卖了，卖了也就罢了，按理说也该通知"公司"全体员工，让大家上下一心，统一思想，统一行动，改头换面，重新上岗。现在可好，一声不响就卖了，可见必有猫腻，曹操集团会不会降薪啊，会不会裁员啊，会不会职场暴力啊，左想右想都觉得没啥好事，留下来岂不是等死？

况且，刘备这七年收揽民心的工作可不是白做的，襄阳士民既恐惧曹操之凶狠，又痛恨刘琮之软弱，更担心被这些投降派所出卖，再加上仰慕刘备仁德，于

---

① 当时荆州民间确实有此舆论，如《三国志·魏书·刘表传》注引《搜神记》："建安初，荆州童谣曰：'八九年间始欲衰，至十三年无孑遗。'"

是纷纷拥出城来投奔。守城官兵禁阻不住，有些甚至也趁乱混入其中逃出，效果比刘备想象的还要好。后来蜀汉政权中的重臣大将，如刘表幕僚伊籍、张存，沔南豪族襄阳人廖化、罗蒙、辅匡，马良、杨颙、习祯等人，应该都是这时候加入刘备麾下的。[①]

诸葛亮见此情景，不由眼睛一亮，于是又重提前议，劝刘备趁此时机里应外合，攻打刘琮拿下襄阳，则荆州可有也。可刘备仍是那句"吾不忍也"，坚持自己的政治人设，拒绝向他这位小侄子挥刀相向；完了又跑到刘表墓前大哭一场，洒泪而别。

虽然论军事能力，论胆气魄力，刘表在三国群雄中只归于二三流，但他能在战乱中营造一方净土，保境安民，造福百姓，清廉仁厚，且主政荆州二十载，死后竟家无余财，[②]坟冢也造得非常寒酸，所以荆州民众对他还是很有感情的。在这种情况下，刘备不去攻打刘表的儿子，而跑去刘表墓前哭祭，显然是经过深思熟虑的策略。

诸葛亮的做事原则是绝不轻言放弃，刘备的原则却是抓大放小，明于取舍。两个人原则的不同，造就了他们人生格局的不同，所以最终刘备成了乱世枭雄，诸葛亮则成了千古圣贤。

与《三国演义》中永远热泪盈眶的刘备不同，正史中的刘备为人坚毅，"喜怒不形于色"，一辈子只为五个人哭过（田豫、庞统、法正、刘表、刘封），其中为刘表就哭了两次，一次就是因在刘表这儿很久没仗打，出恭时看到自己的大胖腿，于是哭晕在厕所；还有一次就是刘表墓前的这番真情流露。而刘备正是靠着襄阳城下这一系列令人动容的表现，最终彻底赢得了荆州士大夫的心——刘备是草根出身，资源少，起点低，地盘小，比不得官二代的袁绍、曹操、孙权，所以从前在幽州、徐州都没能留住当地多数士大夫的心，比如像田豫、袁涣、牵招、陈群、陈登等人固然也很欣赏刘备，但要他们远离故土跟着刘备东奔西走打天下，那还得说声对不起。所以，刘备吸取经验教训，这次要尽一切努力全盘接受刘表的政治遗产，让荆州士人死心塌地地跟随自己打天下。为此就算牺牲掉襄阳以北这些大城重镇，也在所不惜，大不了日后加倍努力夺回来就是。

---

① 据《三国志·蜀书·先主传》："（刘备）乃驻马呼琮，琮惧不能起。琮左右及荆州人多归先主。"及蜀臣杨戏《季汉辅臣赞》等资料。

② 据《后汉书·魏书·刘表传》："八月，表疽发背卒。在荆州几二十年，家无余积。"

于是，刘备挥泪辞别了刘表，辞别了襄阳，带着数千步卒，以及上万襄阳附近的士民，沿着荆襄大道继续前往江陵。这下没有关羽水军帮忙分流了，大家只能尽量加快脚步，只寄望曹操能在襄阳耽搁久一点；然而这一路上又不断有荆州士大夫与民众前来加入，如临沮"县长"向朗、南郡豪族邓方、冯习、霍峻等也都率宗族、部众前来投效，等到当阳的时候，刘备这支军民混合的南下队伍，人数已达十余万，各种拖家带口，各种扶老携幼，各种蚂蚁搬家，各种牛马驴羊鸡飞狗跳，各种辎重车多达数千辆。这支庞大的队伍刚开始还能一天行军三四十里，等后面加入的百姓越来越多，大部队每天就只能走十几里了。这也亏得荆襄大道在春秋时期就是南北通衢大道，秦始皇时又建为"驰道"，故而构筑良好，修缮及时，道路宽阔通畅，否则非得堵车堵成北京西二环不可。

但即便如此，每天十几里的蜗牛速度也是让人无法忍受的。诸葛亮看着这一眼望不到尽头的车龙，焦虑地对刘备说道："宜速行保江陵，今虽拥大众，被甲者少，若曹公兵至，何以拒之？"

正在指挥交通的刘备闻言将手中旗子一扔，苦笑道："夫济大事必以人为本，今人归吾，吾何忍弃去！"

从这句话可以看出，姜还是老的辣啊。刘备此言可谓道出了三国争霸的终极密码：首先需要区分开，此所谓"以人为本"与我们当今时代的说法是两码事；我们现代说"以人为本"意思是"以人民的利益为根本出发点"，而对于刘备来说他固然也有些收揽人心的目的，但最主要的，还是要对付曹操。

曹操此时已占据了天下十三州中的凉州、司州、并州、冀州、幽州、青州、徐州、豫州、兖州等九州，后来却为何迟迟灭不掉总共才四州之地的汉吴二国呢？关键就在于，曹魏得地不得人。东汉末年，自黄巾起义与董卓之乱，北方各州兵祸连连，以致出现了"名都空而不居，百里绝而无民者，不可胜数"的惨景（《后汉书·仲长统列传》），乃至曹操都悲叹"白骨露于野，千里无鸡鸣。生民百遗一，念之断人肠"。（《蒿里行》）据考证，东汉末年中原的人口损失在95%左右，大概从近四千万减少到近两百万，所以曹操举国南征荆州，所率兵力也不过十五六万罢了。当然，这95%的人口损失，并不全死了，有些逃去了东北的乌桓，有些投归了汉中的五斗米道，但更多人逃难到了南方荆、益、扬三州。南方三州虽然也有兵乱，但比起北方要少得多，再加上北方移民的补充，所以人口损失并不多。特别是荆州，由于刘表平定迅速、治理得当，且并不怎么参与群雄争霸，所以此时人口基本没有什么损失，仍有一两百万，军队也有近十万。所以刘备始终想不通，刘表怎么就不敢主动攻击曹操，刘琮、蔡瑁他们怎么就会不战而降。

所以，刘备决定将这十几万的荆州民众带去长江沿岸的江陵一带，能带多少带多少，尽量给曹操这次轻而易举的胜利打点折扣，此消彼长之下，日后才可能有翻盘的机会。[①]

而且在刘备看来，襄阳局势不稳，曹操到达后，总需要时间安抚荆州内外，等待后续大部队，分兵镇守各县，之后才能腾出手来追自己。到时候自己早带着这十几万人到江陵了，看曹操还能拿自己怎么办！

另外，刘备此举，不仅"得人"，也为他赢取了巨大的政治声望。就连一百多年后的襄阳名士习凿齿仍对此大加赞赏道："刘玄德虽颠沛险难而信义愈明，势逼事危而言不失道。追景升之顾，则情感三军；恋赴义之士，则甘与同败。终济大业，不亦宜乎！"这习凿齿也是位有着浓厚家乡情结的史学家，他还写过一本地方志《襄阳耆旧记》，可见其对襄阳几百年来风土人情的了解。襄阳乡贤们一百多年后还在怀念刘备，念兹在兹，令人感慨。

而身为刘备的好对手曹操，自然最能领略刘备的高招——他本以为可不费吹灰之力得到荆州，欢天喜地之中，忽然听闻刘备已经跑了，而且搞走了襄阳一带十几万百姓去江陵，顿时大惊。江陵地处江汉平原核心区域，其水陆辐辏，地当枢要，物产富饶，植被茂盛，河流众多，灌溉发达，是荆州全境土质最好的农垦稻作区，[②]也是长江中游最大的物资集散地、商业中心与造船基地。[③]刘表在此囤积了大量的军需、粮草和战船，如今刘备又几乎将长江以北半个南郡的人口都搬了过去，此釜底抽薪之计才叫厉害！于是，曹操立刻叫来了虎豹骑统领曹纯，他要亲自率领心爱的五千虎豹骑，轻装疾进，昼夜兼程，一定要赶在刘备到达江陵之前追上他们。第一目标是要干掉刘备，最差也要追回百姓，并抢先占据江陵，

---

① 赤壁之战后，"刘表吏士见从北军，多叛来投备。"（《三国志·蜀书·先主传》注引《江表传》）便是刘备这次打下的根基。

② 这一地区经过长江多年泛滥与汉水三角洲的延伸，堆积了很厚的冲击土与湖泥土，"富含有机质，团粒构造良好，肥沃而保水。"（周兆瑞主编《湖北经济地理》）所以江陵地区自古水稻生产发达，品种优良，产量可观。详情可见浦士培《春秋战国时期江陵地区稻作浅探》及游修龄《西汉古稻小析》。

③ 见郦道元《水经注》："今城（江陵），楚船官地也，春秋之渚宫矣。"以及《史记·淮南衡山列传》："（吴王刘濞）王四郡之众，地方数千里，内铸消铜以为钱，东煮海水以为盐，上取江陵木以为船，一船之载当中国数十两车，国富民众。"

让刘备再无翻身的机会。

当然，曹操这也是一步险棋。事实上，就在曹操追击刘备后，刘琮的部将王威就劝刘琮设伏兵半路截击，或可一举擒获曹操。可惜刘琮怯弱不听，否则刘备他们也有可能一举翻盘，那今后的天下，就说不准是谁的了。

第十二章

真正的三国长坂坡之战，
一点儿都不激烈，总共也没死几个人

　　建安十三年（208）九月，曹操南征荆州，本以为将有一场大战，不料荆州牧刘琮拥兵十余万，却不战而降，正自欢喜，忽闻老对手刘备已经跑了，而且搞走了襄阳一带十几万百姓去江陵，顿时大惊。他和刘备十几年没见了，十分想念。于是亲自率领心爱的五千虎豹骑，轻装疾进，昼夜兼程，前去追杀刘备。

　　我们都知道，虎豹骑是三国历史上最精锐的一支快速反应部队，而与陷阵营、白马义从、白毦兵、车下虎士等其他三国精锐部队不同，虎豹骑拥有明确的多次阵斩敌方统帅的光辉战绩，包括袁绍长子袁谭，[①] 乌桓单于蹋顿，[②] 关中军阀成宜、李堪[③] 等人都是死于虎豹骑士之手。显然，曹操此时祭出此等秘密武器，便是要终结自己与刘备的这段恩恩怨怨，将煮酒英雄的惺惺相惜彻底埋葬。毕竟统一大业就在眼前，在这新世界的黎明之前，诸神的黄昏终于来临，曹操想想真有点小激动呢！

　　此时，刘备正率领数千步卒，带着十几万百姓，行至当阳，距离江陵还有一百多里。曹操所在的襄阳离江陵则足有五百里，[④] 步兵轻装前进得走十天，若带上辎重得走十七天，[⑤] 再加上休整时间和等待后续部队的时间，怎么也得一个

---

① 见《三国志·魏书·曹纯传》："（曹纯）督虎豹骑从围南皮。袁谭出战……遂急攻之，谭败。纯麾下骑斩谭首。"

② 见《三国志·魏书·曹纯传》："及北征三郡，纯部骑获单于蹋顿。"

③ 见《三国志·魏书·武帝纪》："公乃与克日会战，先以轻兵挑之，战良久，乃纵虎骑夹击，大破之，斩成宜、李堪等。"

④ 据《南齐书·州郡志》："江陵去襄阳步道五百，势同唇齿。"

⑤ 据《后汉书·陈汤传》："且兵轻行五十里，重行三十里。"

月。所以，虽然刘备带的百姓越来越多，每天只能走十几里，但怎么算也要比曹操早十几天到江陵。

然而，刘备还是低估了自己的老对手，他没想到，曹操这次不按牌理出牌，竟然不等后续部队，直接率领虎豹骑，昼夜兼程，一日一夜行三百里，第二天就在当阳长坂坡追上了刘备。

从这个记载可以侧面证明，在三国时期应已出现马镫了，否则如此强度的长时间骑行军，如果没有马镫，再强壮的骑士也得累死或摔死，就算不死，大腿和臀部也会严重磨损，根本无法作战。从前我们受李约瑟《中国科学技术史》的影响，总认为东晋时中国才有金属马镫，但这从史料与文物发现来看都是值得商榷的。从考古来看，中国最早的实物金属马镫，发现于新疆西北部特克斯县的东汉时期大型乌孙墓葬中，马镫呈圆环形，圆环底部均有一块向外突出的底板，便于骑者上下和驭马，铜镫制作技术圆熟。[①]中原地区的马镫形象，则最早发现于三国时期的丁奉墓骑马鼓吹俑。沈从文在云南昆明石寨山发现了一个王莽时期的贮贝器，贮贝器上面一个武士骑匹马，一群牛在底下。这个武士脚上分明踏的是一个镀金的马镫。所以可以推测，马镫最迟西汉末就出现了，比李约瑟的说法早三百多年。沈从文还认为，马镫应该不是草原民族的发明。马镫这东西一定为骑马方便，怕摔下来才有的，特别是马镫一个变成两个，更是因山地的需要。至于草原民族，到现在为止，蒙古民族小孩子也能抓住马鬃，顺势一爬就上去了。[②]

综合以上论述，作者已可以断定，早在东汉、三国时期，我们的骑兵神将们，包括吴汉、耿弇、曹操、曹仁、赵云等人，其实已装备有金属马镫了，他们都能欢乐地骑马与砍杀。其实两汉之交幽州突骑的突击与冲阵技巧就已经非常娴熟，其脚部若无踩踏是绝对不可能的。

于是，面对这鞍镫齐全、如神兵天降的五千精锐虎豹骑，刘备当场就傻眼了。其实，论战斗人数，刘备并不比曹操少，而且曹操的虎豹骑虽然精锐，但毕竟跑了一天一夜，人困马乏，就算人还能撑着，马也到了极限。因为马是一种速度快，但耐力一般的动物，三百里狂奔下来，速度与冲击力也要打个折扣。所以，刘备的步卒若能结成坚固阵型顽强阻击，虽然最后的结果还是输，但总有一

---

① 参阅沈伟福：《中西文化交流史》，上海人民出版社，2017年，第82—83页。

② 沈从文的说法，摘自氏著《中国古代服饰研究》后记。

战之力。

但刘备很快又从傻眼变成了干瞪眼。因为他的军队还来不及列阵，就被十几万恐慌的百姓冲乱了，根本无法组织抵抗，只能各自为战，或者也赶紧跑了算了。

刘备不知道，其实曹操更傻眼。曹老板纵横天下见多识广，也从没见过这般景象——敌人混在十几万拖家带口、扶老携幼的百姓，以及几千辆辎重车和好几万牲畜里，你告诉我，这仗怎么打？怎么样才能像阵斩袁谭、蹋顿那样搞定刘备，或者砍几个张飞、赵云来玩玩儿？别说"用兵仿佛孙吴"的曹操了，就算孙吴亲自来了也得一脸懵。

在这种情况下，曹操也只能派他的精锐骑兵散开来"撒网摸鱼"，以抢辎重、夺百姓、抓俘虏为主，寻找刘备为辅。

而刘备就在这一傻眼的工夫，手下已全被冲散，家眷也被冲散，身边只剩下诸葛亮、徐庶、张飞、赵云等数十骑，大家顾不上广播找人，只能急匆匆斜趋东北，欲前往汉津①坐船走水路，以摆脱曹操追军。其间发生了一系列脍炙人口的故事，首先是张飞率二十骑据水断桥，吓退了数百虎豹骑；其次是刘备的骑兵队长赵云忽然折回长坂坡，单枪匹马救回了刘备唯一的儿子刘禅和刘禅的母亲甘夫人，此举虽没有说书人所言"七进七出"那么夸张，但赵云能从最强骑兵虎豹骑的铁蹄下全须全尾地抢回一个婴儿和一个美女，这战斗力还是相当值得称道的。

总之，张飞、赵云那睥睨天下的眼神，那惊世骇俗的怒吼，从此便永远流淌在中国少年的热血豪情之中，这就是世虎臣，这就是万人敌，这就是比骑兵传奇虎豹骑还要强大百倍的汉子，这就是传奇中的传奇！

另外，此事也体现了赵云出色的大局观与前瞻意识。当年光武帝刘秀在河北平定流民军时，战败掉落悬崖，有人说可能死了，军中一时大乱。而当时刘秀还没有子嗣，诸将人心惶惶，差点导致整个集团分崩离析。大将军吴汉甚至想跑去南阳把刘秀哥哥的儿子找来奉为主公。幸亏刘秀命大及时回营，大家才没有散

---

① 古渡口，应为扬水与汉水交汇的水口。据《水经注》卷廿八"沔水"："扬水又北注于沔，谓之扬口，中夏口也。曹太祖之追刘备于当阳也，张飞按矛于长坂，备得与数骑斜趋汉津，遂济夏口是也。"

伙。① 由此可见，嗣子乃一个政治集团的根本，赵云想的够深远。②

可惜刘备随行的两个女儿，那就没办法了，她们最终被虎豹骑统领曹纯抓了去，下场如何史书没记，估计不会太好，最好的结局也就是被曹纯领回家当"压寨夫人"吧。因为昭烈帝后来也没能有个公主与重臣联姻，刘禅倒是有几个公主，后来分别嫁给了诸葛亮、关羽、费祎的子孙。

刘备真是命中克女，《三国志》说他"数丧嫡室"，如今女儿也是这般可怜，可叹！

刘备为何不让自己的家眷上关羽的船呢？

也许，这就是刘备受部下百姓爱戴的最大原因吧，身为主公，也不搞特权，而与大家共患难。只是苦了刘家的那些女人们哪！

另外一边，赵云去救阿斗之时，形势混乱，并未跟刘备打招呼，等到一行人到达汉津，准备点人报数的时候，才有兵士禀报说自己看到赵云一个人往北边去，说不定已投降曹操了。

啥？赵子龙这个浓眉大眼的家伙竟然也叛变了？你个瞎扯淡！刘备一时抓狂，竟拔出手戟朝那人掷了过去，吼道："子龙不弃我走也！"

刘备一生"喜怒不形于色"，但这段时间打击太多，他也实在有点绷不住了，好在后来赵云满身是血地带着他老婆孩子跑回来归队了，刘备这才松了一口气，同时手也一松，结果眼睁睁地看着阿斗从他怀里滑落在地……

那时候，阿斗才不满周岁，长得聪明又可爱。

---

① 见《后汉书·光武纪》："军中不见光武，或云已殁，诸将不知所为。吴汉曰：'卿曹努力！王兄子在南阳，何忧无主？'众恐惧，数日乃定。"

② 长坂坡一次，截江救阿斗一次，刘禅年幼时两次生死危机，都是赵云所救。所以后主对赵云相当感恩。按照赵云的功绩，本不足以追谥，但刘禅却表示："朕以幼冲，涉涂艰难，赖恃忠顺，济于危险。"而追谥其为顺平侯（《三国志·蜀书·赵云传》注引《云别传》）。

第十三章
弃剑从文的三国大谋士，
诸葛亮一生怀念之人

这个人自然就是徐庶。徐庶，字元直，颍川郡长社县（今河南许昌长葛东）人。我们前面就说过了，他出身单家，所以年轻时没怎么读书，反而喜欢击剑任侠，快意恩仇。

中平末年（公元189年左右），徐庶因行侠仗义为人报仇，遭官府追捕，于是用白粉涂在脸上，披散头发逃亡，结果被巡查人员当作黑社会抓了起来，问他叫什么名字，他抵死不说。官府于是把他绑在菜市场的柱子上拷打，做出准备凌迟的样子，并击鼓召集周围市场里的人都来辨认，竟没人敢指认徐庶的身份。

后来徐庶被党羽救出，之后才改弦更张，决定弃刀剑，换儒服，遍寻名师，学做一个读书人。刚开始的时候，同班同学们都嫌弃他有前科，没有人愿意和他在一起。徐庶就每天早起，一个人打扫卫生，一个人吃饭、看书、写信，到处走走停停，一个人沉心苦读儒家经典，务求精熟，于是学业大进，终于交到了一个好朋友，那就是同郡名士石韬。

至初平三年（192），因董卓作乱而导致中州四处兵起，徐庶为了避乱，与石韬南下至荆州居住。到了荆州之后，徐庶成为刘备的谋士并与诸葛亮成为好朋友。而对于同样出身游侠而又折节学问的刘备而言，徐庶跟他肯定很有共同语言，他们之间的关系，也必然相当亲近。

但是，徐庶并不觉得自己和刘备能厮守一生，才向刘备推了诸葛亮，刘备于是三顾茅庐，与诸葛亮也如鱼得水。

那是一段美好时光，那是一段黄金岁月，那是一段闪亮的日子，三个人为了理想走到一起，他们曾经一起哭泣，也曾一起欢笑。

然而，就在他们友情渐笃，事业渐渐有了起色，在荆州艰难打开一片天地之时，曹操的虎豹骑来了，如豹如虎，在长坂坡将一切撕裂。刘备的陆军全线崩溃，只能带着一帮核心成员狂奔汉津，欲与关羽水军在此会合，而他们的家眷没跟上的，都被曹操俘虏了，包括刘备的两个女儿，以及徐庶的老母亲。刘备有没有要回他的女儿史无所载，但徐庶为了老母就只能离开刘备。临别时他说："本欲与将军共图王霸之业者，以此方寸之地也。今已失老母，方寸乱矣，无益于事，请从此别。"

前面的章节就说过，徐庶和石韬、陈群、荀彧、郭嘉他们一样是颍川士人，而颍川乃曹操专有的人才库，曹操不可能让刘备染指。徐庶虽然也很想和诸葛亮双剑合璧，携手襄助刘备成就王霸之业，成就一段千古佳话。但，他们毕竟不是同路人，徐庶在乱世中吃了太多的苦，历经刑讯拷打，受过误解白眼，尝尽悲欢离合，所以他渴求安定，追寻安全感，而这些都不是颠沛流离的刘备能给他的，所以，徐庶只能说一声"请从此别"，哭着跪倒在刘备面前。

刘备一声长叹：长坂坡这一天，真是漫长的一天啊，人生仿佛都在今天浓缩，发生了太多的离别。家眷丢了或许还可以要回来，但看徐庶这样子，恐怕是不会再回来了。可恶的曹操，他有那么多人才，根本就不缺徐庶一个，为啥要跟我抢？

但刘备看了看自己这狼狈处境，也实在没有底气挽留徐庶。当然，他也可以像很多老板那样给徐庶说梦画饼，但刘备最终没有，他只是转过身，望着宛如时代洪流般汹涌奔腾的滔滔汉水，含泪说道："其实孤少年时与元直际遇相仿，亦是幼年丧父，由寡母教养长大……母亲为抚养我，不得已织席贩履为生……元直此人子之情，备感同身受，又岂能不成全？以元直之才，去到曹公处，必能成就一番功业，我与孔明，都期待那一天到来。"

诸葛亮在旁，重重地点头。刘备、徐庶、诸葛亮三人都是单亲家庭出身的孩子，他们同病相怜，志向相投，友情甚笃，可今日一别，恐再难相见了。

但是，诸葛亮仍将泪水吞了下去，只是重重地握住徐庶的手，道："人之相识，贵在相知。人之相知，贵在知心。你我知心，又何必相见？元直，珍重……"

徐庶此时，已说不出半句话来，只得转身打马而去，从此远离爱恨，远离悲喜，远离云台与汗青，只有偶尔依依西望，望的是那成都的月，汉中的山，白帝城的水，还有祁山的无边烽火与秦岭、渭滨间的马嘶车铎鸣……

你有你的变数，我有我的迷途。繁华着你的繁华，孤独着我的孤独。至此，相忘于江湖。

及荆州内附，孔明与刘备相随去，福（徐庶本名徐福）与韬俱来北。至黄初中，韬仕历郡守、典农校尉，福至右中郎将、御史中丞。逮大和中，诸葛亮出陇右，闻元直、广元仕财如此，叹曰："魏殊多士邪！何彼二人不见用乎？"庶后数年病卒，有碑在彭城，今犹存焉。

——《三国志·蜀书·诸葛亮传》注引《魏略》

从时间上来看，徐庶在曹魏所任御史中丞，应该是接司马懿在洛阳朝中的位置（司马懿被派去许昌抚军，给曹丕伐吴作后援）。看来，曹丕对徐庶也不薄啊！

第十四章
三国第一纵横家鲁肃

　　长坂坡之战后，刘备带着残兵败将在汉津与关羽水军会合了。我们都知道，战船的速度比步兵要快很多，加上时为秋天，秋水上涨，船速更快，顺水而下，船速能达到一百二十里到一百四十里，[①]比刘备步兵带着老百姓一起走的蜗牛速度要快上十倍，而从襄阳到汉津的水路，最多只比陆路远一倍。为何两支部队能在汉津会合呢？

　　原因只有一个，关羽水军的任务，就是掩护和策应刘备陆军。两支队伍虽然速度差得很远，但关羽定然是极力放慢了速度，以与刘备陆军保持同步，甚至可能他们每天都会互通消息，协调进度，最终同时到达江陵。这或许也就是刘备敢于带着老百姓一起南撤的原因，这根本就不是什么忍不忍，[②]而是刘备早就备好了后路。

　　总之，刘备就是那么"巧"的"适与羽船会"了，鉴于曹操已追至当阳，则必将抢先占据江陵，那么再按原计划前往江陵就很愚蠢了。刘备与诸葛亮当下便决定放弃江陵而沿汉水退守江夏，去与刘表的长子、江夏太守刘琦会合，并伺机与江东合纵，以共抗曹操。

　　刘琦此时，也正率万余水军沿汉水而上，探听情况。两军会合后，合兵两万余人，便一同驶回江夏郡治夏口（亦称沔口，即今武汉三镇之汉口）。夏口，既为夏水（今已不存）入长江之水口，也是汉水入长江之水口，殊为长江重镇，即

---

① 据北京大学藏秦道里简册所载："用船江汉……春秋重船上日行七十里，下一百二十，空船上日行八十五里，下行一百四十里。"

② 见《三国志·蜀书·先主传》："先主曰：'夫济大事必以人为本，今人归吾，吾何忍弃！'"

便今日之汉口也是如此。①

　　这便看出当日诸葛亮安排刘琦到夏口这步棋的重要和高妙之处。从夏口的地理环境来看，由于此处有龟、蛇两山雄踞长江两岸，并向江心突出，以至于江面受到约束而变窄，从而在其上下游泥沙堆积形成沙洲，即鹦鹉洲。

　　如此，从军事方面来说，由于江面变窄和鹦鹉洲的天然码头，使得夏口成为截断上下流往来联络的绝佳地点。刘备占据了这里，往西北可以溯汉水而攻襄阳，西可以逆夏水而打江陵，北可以沿淯水而攻南阳，南可以溯长江而取巴丘（今湖南岳阳），东可以顺长江而攻柴桑（今江西九江）以直取吴会。吴会就是指吴郡和会稽郡，即今江苏苏州与浙江绍兴一带，故后世萧衍曾云："汉口路通荆雍，控引秦梁，粮运资储，仰此气息；所以兵压汉口，连络数州。"（见《梁书·武帝纪》）看来诸葛亮早就想到了今天——若襄阳、江陵不保，刘备便可退守夏口，截断交通，东联孙权，以共抗曹操。

　　比诸葛亮更早有此先见之明的，还有一人，那便是孙权手下的重要谋臣、以外交能力扬名史册（有可能是三国第一）的鲁肃鲁子敬。

　　虽然在小说与戏剧之中，鲁肃被写成一个老实而无用的老好人，但其实在正史中，鲁肃"思度弘远，有过人之明"（《三国志·吴书·鲁肃传》注引《吴书》），可以说是三国时代的一位奇人。这位奇人对时代的敏锐，以及对历史的看法可谓神奇。

　　首先，鲁肃早在八年前投奔刚出道的孙权时，就提出"榻上策"，认为"汉室不可复兴"，所以"惟有鼎足江东，以观天下之衅，然后竟长江所极，据而有之，最终建号帝王以图天下。"

　　按照之前的历史经验，无论是秦末楚汉乱世还是王莽更始乱世，时间都不过二十年，而从黄巾之乱到曹操打败袁绍刚好二十年过去了，局势也已相当明朗，大部分人都认为曹操集团将很快重新统一全国，开始另一个长达两个世纪之久的大一统政治循环。这也就是蔡瑁、蒯越、张昭、秦松等人主张降曹的原因。这不能怪他们骨头软，实在是时代局限性导致他们认定这才是历史大趋势，换作谁都会这么做，非常正常的选择。况且，当年孙策遇刺去世时，曾托孤于张昭，说：

---

① 据杜预注《春秋左传》曰："汉水曲入江，即夏口矣。"另据民国杨守敬、熊会贞《水经注疏》："由于夏汉二水合流，自此以下的汉水河道亦兼称为夏水，故其入江之口称作夏口。"

"若仲谋不任事者，君便自取之。正复不克捷，缓步西归，亦无所虑。"意思大概是说如果孙权不行，你就换一个上；如果局势进一步恶化，咱们在江东混不下去了，你就带领大家西归，那也没什么关系。换句话说，江东集团散伙投降，这都是孙策留给张昭的可选项；留得青山在不怕没柴烧，比起江东基业，保全孙家，对张昭这些江东老臣来说更为重要。

但鲁肃就是个不正常的奇人，他以敏锐的政治嗅觉认识到当今天下的政治与经济组织的整个制度正在趋向崩溃，在没有找到新的统治手段并到达新的社会环境之前，天下将重新回到四百年前的战国时代，而且可能持续分裂很长时间（同时期罗马帝国也在遭遇同样困境，中西历史惊人相似）。所以鲁肃认为汉室已不可复兴，曹操也不可能很快被打败。当然，北方历经劫乱，曹操虽以其才具，屯田养民，收揽豪杰，重建北方，但重建的结果，尚不足以恢复到对南方拥有足够的优势，所以东吴现在要做到的应该是鼎足江东，进而全据长江，建立帝业，然后伺机统一天下。

刘备与曹操有深仇大恨，所以刘备集团必须抗曹。可孙权集团情形不一样，他们其实并不一定非要抗曹。首先，孙曹两族多有联姻，其次，张昭、张纮等人与曹操手下士大夫也多有交情，孙氏如果选择与曹操合作，成为类似东汉初年窦融那样的新帝国合伙人，也是不错的选择。事实上，曹操南征以后，益州的刘璋就三次派出使团与曹操结好，显然已经在打算走这条路了。但鲁肃等人奇就奇在一举认定此路不通，就是要走江东帝业之路，就是喜欢你看不惯我又干不掉我的样子。所以我说鲁肃实乃中国史上第一大奇人，真正改变历史方向奠定三国鼎立的大奇人。

所以九年后（建安二十二年，217），鲁肃病逝，孙权亲自为其举办丧事，并参加了他的葬礼，诸葛亮也为他举哀。后来孙权虽然对鲁肃借荆州一事还是有点微词，但仍认为鲁肃是东吴政权建立过程中的大功臣；所以在他称帝登坛祭天时，对公卿们大加赞誉鲁肃说："昔鲁子敬尝道此，可谓明于事势矣"，"且其计策决策，远出苏秦、张仪之上！"

而鲁肃最厉害的，还不是明事势，而是抓时机。早在刘表刚死的时候，鲁肃就对孙权说：

夫荆楚与国邻接，外带江汉，内阻山陵，沃野万里，士民殷富，若据而有之，此帝王之资也。今刘表新亡，二子素不和睦，军中诸将，各有彼此。加刘备天下枭雄，与曹操有隙，寄寓于荆州，刘表却恶其能而不能用也。今刘表新亡，肃请奉命往江夏吊丧，因说刘备使抚刘表众将，同心一意，共破曹操；备若喜而从命，则大事可定矣。今不速往，恐为曹操所先。

刘表与孙权两家有三世仇怨，鲁肃竟自请吊刘表之丧，这份政治胆魄果然非凡。孙权壮而许之——既然代表父辈恩怨的两个人刘表和黄祖都死了，父仇已报，恩怨已了，一切归零，现在是告别过去，开创新时代的时候了！于是，鲁肃带着十几个随从坐船溯江而来，行至半路却听说曹军已大举南下，刘琮不战而降，刘备正在逃命，看来大势已去。鲁肃赶了个寂寞。

然而，鲁肃竟毫不退缩，又冒着兵荒马乱，昼夜兼程赶到长坂坡，正好碰到曹操虎豹骑在大杀四方。鲁肃毫不畏惧，带几个人一路厮杀一路寻找，终于找到了正落荒而逃的刘备。鲁肃骑着马跟在刘备旁边，两人一边跑一边喊：

——刘使君你好，我乃江东鲁肃也，您这是要跑去哪儿啊！

——哦，小鲁啊，你有所不知，这曹孟德太猛，荆州完蛋啦，我准备顺汉水跑去夏口，再沿湘水南下走灵渠，去交州投靠老朋友吴巨，听说他在那当苍梧（今广西梧州）太守，混得还可以。[①]也许，我可以跟他联合，慢慢谋夺荆州南四郡。

——荒唐！吴巨武夫轻悍，凡人一个；苍梧穷乡僻壤，鸟不拉屎，你跑去那扶贫还差不多！

前面已是汉津渡口，刘备于是停下来，翻身下马，微笑道："那先生以为备当何往呢？"

鲁肃道："孙讨虏聪明仁惠，敬贤礼士，江表英豪，都来归附，已据有六郡，兵精粮多，足以立事。今为君计，莫若遣心腹之人为使，与江东缔约，以共图大

---

① 饶胜文认为刘备称自己将往投苍梧太守吴巨之事，乃江东方面基于日后孙刘关系而编造的（鲁肃刘备这段对话出自东吴史料《江表传》）。吴巨为苍梧太守，赖恭为交州刺史，同为刘表所遣，吴巨与赖恭失和，赶走了赖恭。赖恭后来却是追随刘备入蜀。刘备称汉中王时，赖恭列名于上汉帝表上，位次尚在法正、李严之前。在江东方面的叙述中，刘备兵败不投交州刺史赖恭，而投交州下辖的苍梧太守吴巨，大有将刘备、吴巨二人一并罪之的意味（吴巨后为江东所遣交州刺史步骘所斩），同时也可坐实刘备"计穷虑极，志势摧屈，图欲远窜"的绝境，意谓刘备军败后，如果不是依靠江东的力量，根本不可能取得荆州数郡。以此为"借荆州"的说法做补证，也为孙吴袭占荆州做辩护。参阅饶胜文：《大汉帝国在巴蜀——蜀汉天命的振扬与沉坠（修订本）》，北京联合出版公司，2022年，第76—77页。

事。"果然是奇人鲁肃，先替孙权、张昭把事情答应下来，回头再去做工作，这才是干大事的人啊！

可刘备听了，颇为踟蹰，他将诸葛亮拉到一旁，小声问道："孔明以为如何？"

诸葛亮亦低声道："鲁子敬所言不差。今事急矣，请奉命求救于孙将军。"

刘备还是犹豫："孤自然知道，只不过孙权承父兄之资，少年统业，孤未知其人也。若他顶不住压力，最终投向曹操，那我等也只得逃亡苍梧了。"

诸葛亮道："故亮欲往，以坚其意。"正说着，关羽的水军大队已然开至，诸葛亮于是笑道："孙权若降曹也就罢了，若欲抗曹，有关将军与我刘琦表兄之水军占据夏口，扼控东西，也由不得那孙权不与我等联合。"

十天后，鲁肃和诸葛亮的小船已过了蕲春，柴桑在望，①诸葛亮默然不语，眉眼间，却暗藏千里江山，锦绣万卷，鲁肃忍不住在旁跟他套近乎："我年长子瑜两岁，乃其好友也。孔明此次不仅结盟，正好也可探亲哪！"

原来，诸葛亮的哥哥诸葛瑾（字子瑜）正在孙权手下当长史，不仅是孙权的心腹之人，而且在东吴士人圈中名望极大，"以德度规检见器当世"，大家既然都是亲戚好友，自然更好一起搞事情。②

诸葛亮忽然问道："子敬与吾兄既同为孙讨虏心腹之人，目前所任何等官职？"

鲁肃道："惭愧！张子布言我年少粗疏，未可用也；③故至今不过一介幕宾尔，并无官职。"

诸葛亮道："巧了，我也没有。"

两人乃相视大笑。现在这当口，官职不重要，重要的是要赢，只要赢了曹操，这天下就是我们的啦，哇哈哈哈哈呀……

---

① 柴桑即今江西九江市西南，属豫章郡，临近鄱阳湖口，古称"豫章之口"。孙权的大本营本在会稽郡的吴县，即今江苏苏州，建安十三年（208）秋才迁至柴桑，以"观望成败"。宋杰《三国兵争要地与攻守战略研究》认为："曹操南征荆州，使孙权感受到来自长江上游的沉重军事压力，若是继续屯兵于吴，恐怕一旦有变，不及应敌救急，故率领主力来到柴桑。"

② 所以，《三国演义》里诸葛亮舌战群儒的戏码是不可能存在的。有着诸葛瑾这位好人缘的哥哥牵线，诸葛亮在东吴士人圈子里应颇受欢迎，甚至还差点被张昭挖墙脚挖走。事实上，时代不同，士人交往的模式也不同，罗贯中未免有些以今度古，想当然了。

③ 张子布即张昭，见《三国志·吴书·鲁肃传》："张昭非肃谦下不足，颇尝毁之，云肃年少粗疏，未可用。"

第十五章
孙权，最像商人的帝王

生存还是死亡，这是一个问题。

降曹还是抗曹，这是一个大问题。

刘琮降曹了，他已走马上任青州刺史，从此消失在了史简之中，碌碌一生，下落不明。

蔡瑁、蒯越也降曹了。不过蔡瑁好像被蒯越、曹操给卖了。蒯越倒是官升光禄勋，名列九卿，一跃成为中央高官，刘琮一家却并没能留在荆州，而被发配到了青州做个有名无实的青州刺史。蔡瑁也只当了一个小小的从事中郎，官位不升反降了。

《三国演义》上说，蔡瑁后来和张允一同在赤壁之战期间被曹操杀了，此事自然是演义；但在曹丕的《典论》里，蔡瑁、张允和审配、郭图等人一起被列在"奸馋"篇里，说他们"无不烹菹夷灭，为百世戮试"，可见他们下场确实没有多好。毕竟曹丕不如曹操有度量，大概后来寻个错把这俩小人给干掉了。

刘备是决计要抗曹的，他与曹操有国仇家恨，势不两立，绝无妥协可能。

诸葛亮也是决计要抗曹的，虽然他的两个姐夫蒯祺和庞山民都跟着刘琮一起投降了曹操，他的族弟诸葛诞也在曹操手下当官，后来曹操也曾送礼给诸葛亮欲招揽之，但诸葛亮一刻都没想过要投靠曹操，因为曹操在琅琊郡的屠城行为已经触碰到了诸葛亮的政治底线，他与曹操，冰炭不同器，日月不并明！

鲁肃、吕蒙、蒋钦、周泰等淮泗将领要抗曹的，因为他们都是寒族土豪出身，以财富、宾客追随孙氏打天下，去曹操那里根本没得混。还不如拼他一拼，鹿死谁手尚未可知。而周瑜虽出身士族，但只是庐江周氏的二流旁支，根本排不上号；而且他是孙策的发小，江东有一半的地盘是他带着周家子弟兵打下来的。

因此，周瑜亦可属于淮泗将领集团，他的利益是跟孙家牢牢绑定在一起的，一荣俱荣，一损俱损。

然而，士族与老臣们却不想抗曹，就连在吴中被称为"仲父"而"举邦惮之"的托孤老臣张昭，[①]以及孙氏宗室孙辅、孙贲（皆孙权堂兄）等人也不想抗曹，[②]因为这些人都属于既得利益者，他们最怕曹操，曹操有百万雄师，有战船千艘，是豺狼虎豹，是不可抵挡的魔鬼。老臣们还想过几年安生日子，孙氏中想要保全家族的也大有人在。况且，江东草创仅十余年，君臣的名分并未完全定下来，孙氏在江东的地位，更多像是盟主而非君主，最多不过学习齐桓公、晋文公尊王攘夷罢了，割据只是临时的，大家终归还是汉臣子。所以，和曹操这个汉丞相合作，共同匡辅汉室，这不才是我们的正路吗？为什么好好的要打仗呢？人家荆州都放下武器迎曹了，我们也迎曹吧，学习刘琮好榜样，迎曹迎曹，迎曹万岁！

那孙权到底想不想降曹呢？当然肯定不可能想啊！孙氏本是吴郡种瓜寒族，孙氏父子却从孙坚开始，就挤破了脑袋往上爬。为了能在乱世中开创一片基业，他们不惜赔上自己性命（孙坚、孙策），更不惜大开杀戒，杀郡县高官（张咨、王叡、许贡）、杀士族名豪（王晟、高岱、周昕），要多狠有多狠！孙权也是一样，只是比父兄们灵活了很多，无非就是胡萝卜大棒，能用的就用（陆逊、步骘、严畯），不能用的就杀（盛宪），不好用的就逐（虞翻、陆绩），这种感觉也是相当的爽！两百多年后南朝刘宋时，有一位叫刘敬叔的小说家，专门收集一些奇闻逸事、民间传说，这些传说虽当不得真，但颇能说明一些社会思潮。其中有一则故事很有意思：

> 孙坚丧父，行葬地。忽有一人曰：君欲百世诸侯乎，欲四世帝乎？答曰：欲帝。此人因指一处，喜悦而没。坚异而从之。——刘敬叔《异苑》

总之，从孙坚、孙策、孙权三代的残酷创业史以及民间的思潮来看，当皇帝

---

① 见《三国志·吴书·张昭传》及注引《典略》。其实张昭虽然主降，但他对孙氏的忠诚是无可怀疑的，他的心思，只是忌惮曹操太过强大，万一江东战败，孙氏覆亡，那自己可就辜负了孙策的托孤之任。
② 据《三国志·吴书·宗室传》："（孙辅）遣使与曹公相闻，事觉，权幽系之。"及《三国志·朱治传》："（孙贲）女为曹公子妇，及曹公破荆州，威震南土，贲畏惧，欲遣子入质。"

的野心其实一直就在他们的血脉里流淌。所以，自从刘表死后，孙权就很焦躁，他与刘表虽是仇人，但他还真不想刘表死，因为刘表就是为他抵挡曹操的屏障，是可以利用的棋子，是平衡局势的砝码。倘若刘表之死导致曹操占领整个荆州，那他江东在曹操面前可就一丝不挂了！所以，孙权对刘表的荆州虽然虎视眈眈，但只想慢慢蚕食，而不想一口吃成个胖子，毕竟强敌（曹操）在侧，不可造次。

现在，刘表死了，孙坚旧部都感觉大快人心，孙权却有点伤感，正所谓兔死狐悲，物伤其类，辅车相依，唇亡齿寒，曹操真打过来的话，那该怎么办？所以，他才派鲁肃借吊丧为名，前去打探情况，看是否能稳住荆州，拖延时间。而鲁肃到达长坂坡后，才会在江东集团尚未达成决议的情况下，不管三七二十一先提出孙刘联合，以稳住刘备集团，使其屯兵江夏以为东吴之战略前哨。这样江东集团才有充裕的时间判断是战是和，战要怎么战，和要怎么和。事实上，还没等鲁肃带诸葛亮回来商量大计，孙权集团已经收到了曹操一封极限施压的外交函：

近者奉辞伐罪，旌麾南指，刘琮束手。今治水军八十万众，方与将军会猎于吴。

——《三国志·吴书·吴主传》裴松之注引《江表传》

意思是说，曹操刚来荆州旅游，刘琮就直接跪了，所以他意犹未尽，又弄了八十万水军玩玩儿，想跟孙权幸福地打猎，顺便把刘备给平了，约吗？

看完这封也不知是邀请信还是恐吓信，孙权感觉更烦躁了，现在曹操得了刘表的水军，势力更盛，看这样子根本就没把自己放在眼里。前些天他在丹阳郡平定了山越后，又特地将自己的驻地西移到了豫章郡的柴桑，观望成败，没承想曹操竟然这么快，刘琮竟然这么水，而底下人竟然也这么菜，看到信都尿了。一片投降之声，吵得孙权更加头疼。

在一片投降声之中，鲁肃带着诸葛亮闪亮登场，为事情带来了转机。史书记载，鲁肃和诸葛亮在此期间为孙权分析了诸多利弊，并坚定了其抗曹信念，特别是诸葛亮，他并没有因为刘备处境危急就卑躬屈膝地摆出一副丧家之犬的求人姿态，而是高调地以大国使臣之气势，洋洋洒洒、滔滔不绝地给孙权分析道：

第一，明确点出孙权此前"外托服从之名而内怀犹豫之计"的策略已不可行，如今曹操已下荆州，随时加兵江东。[①]将军你要战早点战，要降早点降，现在还有的选。等曹操站稳脚跟，全定荆州，江东上游门户大开，将军你就只有投降一条路可以选了。总之，事急而不断，祸至无日矣！

第二，曹操确实很强大，但咱们也不是纸糊的，将军起兵据有江东，刘豫州亦收众汉南，与曹操并争天下。两位大咖都是牛人，怎能受制于人，居人之下乎？

当然，当时汉献帝还在位，诸葛亮竟然就说曹、孙、刘三家"并争天下"，将三家认定为平等的竞争对手。看来诸葛亮确实是深受纵横家思想的影响，而较少受儒教的束缚，他甚至在这么早的时候，就宣示其所兴复的汉室与汉献帝并无关系。孙权听到这里，恐怕也是相当震惊的吧！

第三，请孙将军放心，昔日田横五百壮士虽然亡国，也知坚守节操，誓死不降汉；而我们主公刘备乃"王室之胄，英才盖世，众士仰慕，若水之归海"，岂不远胜那田横！自然也誓死不会降曹。

第四，我们虽然在长坂坡败了一场，但仍有水军精甲两万多人与江夏军事要地，本钱还可以，够资格做你的盟友。

第五，曹操确实很强大，但连续行军，已成强弩之末，势不能穿鲁缟者也。且曹操没有水军，水战只能靠荆州人，而荆州人虽然投降，心中并不服从，将军可知前些天在当阳，竟有十几万荆州父老跟着我们逃离曹贼。所以，只要我们两军联合起来，团结一切正义的力量，邪恶的曹贼必被我们打跑！

如此，则荆、吴之势强，鼎足之形成矣。[②]成败之机，在于今日！

诸葛亮这些分析，在展现其战略眼光的同时，也极具战国纵横家风采，[③]字字句句都打在了孙权的心理弱点上。我们知道，凡是犹豫不决的人，最怕别人说他不能决断，可诸葛亮却偏要说，以刺激孙权立下决心。另外，孙权虽然年轻，却一向以英雄自居，诸葛亮就明示，刘备誓死不会降曹，那么如果孙权降了，将何以自处？

---

① 据《三国志·吴书·张纮传》记载，早在建安五年（200）孙策之死与官渡之战后，曹操即有伐吴之议，赖张纮言"乘人之丧，既非古义"而劝止，张纮旋即回江东出任会稽东部都尉。各种细节，孙权当知。

② 从这句话可以看出，虽然是在弱势情况下谈合作，但诸葛亮始终坚持荆州势力的独立性，反对东吴染指荆州地盘。而孙权也默认了。最后出尔反尔的是东吴。

③ 故宋人张耒云："诸葛亮，战国之策士也。"（《韩信议之二》）

于是，在诸葛亮准确犀利的心理刺激与平实合理的利害分析之下，孙权大大坚定了抗曹信念。可是江东朝堂上投降派众多，其首领张昭又是托孤重臣，鲁肃人微言轻，诸葛亮外人一个，谁才能帮助孙权搞定这些鸟人呢？

鲁肃忽然想到，他的好朋友中护军周瑜也是当年孙策托孤之人，且帅到掉渣，在江东威望巨大，当可与张昭分庭抗礼，他若出面坚持抗曹，咱们这些淮泗主战派就有主心骨了！于是，鲁肃和孙权急召周瑜前来议事。周瑜遂立刻从鄱阳湖水军基地赶来，表示：

第一，曹操名为汉相，其实汉贼也。我们抗曹，是在为大汉王朝清理垃圾，名正言顺，跟张昭他们提的匡辅汉室不冲突嘛。何况曹操此番自来送死，我们岂可不鼓掌热烈欢迎？

第二，曹操有关中马超的后患，无法与我们持久作战，不利必退！

第三，比水军，曹操肯定不如我们；比陆军，如今已进入十一月，天寒地冻，冷得叫娘；曹操战马草料不足，加上北方将士水土不服，如此马饥人病，他们必然不是我们的对手！

第四，曹军号称八十万，其实也就十五六万北方陆军，加上投降的七八万荆州水军，总共也才二十三四万人；另外荆州刚降，人心不稳，江陵、襄阳等重地也需要留好几万驻守吧，这么算来，曹操来犯的兵力最多不过二十万，又有如上三个缺点，不足为惧！给我精兵五万，我保准把曹操抓来给你们玩儿！

第五，机不可失，时不再来，现在就是破曹的绝佳兵机。倘若错过此机会，等曹操干掉刘备，在荆州站稳脚跟，士兵也适应了南方的环境，这仗就没法打了！

周瑜一席话，言议英发，说得人人为之动容，特别是程普、黄盖、韩当、周泰、吕范、甘宁、吕蒙、凌统等主战派将领，听罢一个个硬气起来，大呼小叫，连连请战，一股强大的荷尔蒙在东吴朝堂上涌动。张昭、秦松等投降派老臣见状不对也只得闭嘴，他们这把老骨头，要是被这群糙汉子不小心怼一下那可真是划不来。

孙权血性也被调动起来，霍然起身，双目精光四射："曹贼欲废汉自立久矣，徒忌二袁、吕布、刘表与孤耳。^①今群雄已灭，惟孤尚存，孤与老贼，势不两立。卿言当伐，甚合孤意。此天以卿授孤也。"他越说越激动，突然拔出剑来，一剑砍翻了案几，大叫道：孤意已决，抗曹到底，谁再说投降，老子就这么砍了他！叫完又和颜悦色地对周瑜说道：公瑾所要五万精兵，暂时没有，给你三万吧，好在刘备那里还有两万，你们合股抗曹吧，孤在后面给你们支援，加油，撒花！

对于孙权来说，把所有兵力都放在这次联刘抗曹行动，说来是不划算的，还是那句话，不能把所有鸡蛋放在一个篮子里，要是输了就全完了！所以，这次孙权能拿五万也只出三万，剩下两万让刘备出，输了刘备赔光光，他孙权则还有翻本的机会，或者谈判的本钱。柴桑东南边，就是彭蠡新泽（今鄱阳湖），其沼泽众多，水系复杂，大有军事回旋的余地。正所谓，胜败兵家事不期，包羞忍耻是男儿。江东子弟多才俊，卷土重来未可知也。

看来，孙权如果不想当皇帝的话，也可去做一个精明的商人。他懂融资，会止损，且非常擅长捕捉商机、激励团队与经营现金流，这让他能在一群杀伐决断的枭雄中始终立于不败之地。孙权，或许不是这个时代一流的创业者，却是一个完美的守业者与接班人，所以曹老板后来才会叹服地说："生子当如孙仲谋！"

当然，正因为孙权是个完美的守业者，所以不适合创业，归根结底，他心中没有政治信仰，只有权力野心，不讲究政治原则，只讲究经济利益，总之还是太像商人了。而作为一个政治家其实不能太像商人，至少在台面上不能这样，搞得跟个利益集团一样，谁想被你统一？这就是孙权可以做很久割据皇帝，却无法开创伟大王朝的原因。

诸葛亮看着这位比自己还小一岁的少年英主，心中长叹：这就是一个小狐狸啊，随着时间推移，还会变成一个老狐狸，日后有得跟他周旋了。不过明日愁来明日愁，现在还是回去睡个好觉吧！

而周瑜是看着孙权长大的，他对自己守护的这位少主当然再了解不过，当下心领神会，于是笑道：不然主公你带人去打合肥如何？

孙权听罢一愣，继而大笑：公瑾妙计！那孤就去打合肥！子布，你同我一起去，^②咱们还剩多少兵来着……不管了，管他多少，就号称十万吧！那曹老贼

---

① 值得注意的是，孙权这句话故意没提刘备。可见此时他对刘备的实力尚有顾虑，刘备想要成为与孙权平起平坐的盟友，还需要用实际战力来证明自己。

② 据《三国志·吴书·吴主传》："权自率众围合肥，使张昭（字子布）攻九江之当涂。"

二十万就敢号称八十万，孤难道就不能号称十万？孤宣布，以后孤就诨名"孙十万"了！

看来，一个新的时代就要来临了。

这一年，鲁肃三十七岁，周瑜三十四岁，诸葛亮二十七岁，孙权二十六岁。

另外一边，程昱六十八岁，贾诩六十二岁，曹操五十四岁，曹纯三十九岁。

遍地英雄千重浪，一代新人换旧人。

第十六章
周瑜的野心与秦始皇的预言

刘备败于长坂坡之后，先是从汉津沿着汉水撤退到了夏口（今湖北汉口），与江夏太守刘琦会合，接着又和鲁肃、诸葛亮商量，一面遣二人前往柴桑与孙权定盟，一面南渡长江，将军队驻扎在了长江以南的樊口（即樊水入江之口，今武汉洪山区东、鄂州市西），只留关羽、刘琦部分水军在汉水与夏口间的却月城内驻扎。

夏口固然是多条水流的汇集处，控扼东西，十分重要，但毕竟在江北，而曹操在襄阳留有重兵，即于禁、张辽、张郃、朱灵、李典、路招、冯楷七军共三万余步兵主力，[1]另外在江夏郡北部也有刘表降将文聘的数千兵马，[2]这些部队除部分留镇襄阳外，其余都沿着汉水两岸正缓缓向东南方向运动，兵锋直指夏口。虽然襄阳的数百艘战船大多被关羽带走，[3]导致曹军襄阳兵团并无船只可用，只能搭竹筏临时组建一支很水的水军顺汉水而下，[4]但曹军毕竟人多势众，且汉水入江口宽度较小，波浪小，远不如长江水宽浪急（武汉段长江，最窄处亦有1156米；汉水入江口，只有323米），即便是竹筏水军也能一战。况且，曹军还有步骑兵在汉水两岸夹岸用弓弩射箭，亦能控制水面。而樊口处于江南，有樊山襟江带湖，拔地而起，山势陡峭险恶，成为扼守江面的自然屏障，素有"楚东门户，

---

[1] 见《三国志·魏书·赵俨传》："太祖征荆州，以俨领章陵太守，徙都督护军，护于禁、张辽、张郃、朱灵、李典、路招、冯楷七军。"

[2] 见《三国志·魏书·文聘传》："太祖先定荆州，江夏与吴接，民心不安，乃以聘为江夏太守，使典北兵，委以边事，赐爵关内侯。"

[3] 见《三国志·蜀书·先主传》："别遣关羽乘船数百艘，使会江陵。"

[4] 见建安七子王粲《汉末英雄纪》："（曹军）无船，作竹椑，使部曲乘之，从汉水来下大江，注浦口。"

吴晋重镇"之称，而樊水更连接着大量湖泊，港汊纵横，进退自如，更加能发挥出水战的优势。再说樊口近吴，也便于双方往来联络。

总之，夏口要守，但只作为前沿据点与战略纵深，不应在此与曹军决战，若战不利，该退就得退，退到樊口附近，谅曹军那帮竹筏兵也不敢打过来！这便是刘备将指挥部南撤至樊口的原因。这么一撤，曹军的这数万汉水兵团也就不足为虑了。[①]现在关键就是曹操亲自率领的这十几万江陵部队的动向，才是刘备心底最恐惧的恶魔；他有一种预感，他的人生已至转折点，数月之内，生死即明。

但就在这时，刘备听到了一个极坏的消息：曹操在江陵只休整了一个多月，便率大军顺江而下杀过来了。据说，曹操这次出动了荆州水军基地江陵的全部战船数千艘，[②]把自己的十几万步兵全变成了水军。这是要来场大的呀！

从江陵到夏口，陆路只有五百里，但必须经过古云梦泽地带，道路泥泞而难行车马，所以只能走水路，将战士和粮草辎重全带上，但由于长江的这段水道颇为曲折，竟向南到巴丘（今湖南岳阳）作了U字绕行，距离远了一倍不止。而另一条较短之水道夏水虽可由江陵至堵口（今湖北仙桃市东北）转入汉水而至夏口，只可惜时值盛寒，为夏水枯水期，[③]亦难以顺利通航。所以曹操别无选择，只能走长江，在江面上与孙刘对决，这就是周瑜在孙权面前信心满满的原因。论水战，周瑜说自己天下第二，没有人敢说天下第一！

但问题是，当时没有手机，刘备收不到诸葛亮告诉他孙刘已顺利定盟的微信，他只能每天派人去长江上巡逻打探，依依东望，盼诸葛亮早日归来，带来东吴天下第一的强大水军，则曹贼不足惧也！

刘备计算，从江陵至樊口一千多里水路，曹军船队日行百里的话，[④]估摸着得走十几天，如果十天之内江东援军不到，他也只能带着人马跑去交州了。交州僻居岭南，蛮荒落后，且毫无战略纵深，去那里也就等于彻底退出历史舞台了。

——只是可惜了孤的孔明啊，孙权、张昭那帮人若决定投降，第一件事恐怕

---

① 据《汉末英雄记》记载，曹操的这支竹筏兵团后来也被孙刘联军所烧，"火大起，光上照天"，曹军数千只竹筏尽毁。

② 据曹军之随军文人徐干《序征赋》："沿江浦以左转，涉云梦之无陂。揽循环其万艘，亘千里之长湄。"

③ 见东汉年泰山太守应劭《十三州记》："夏水，江别入沔为夏水，源夫夏之为名，始于分江，冬竭夏流，故纳厥称。"

④ 据北京大学藏秦道里简册所载："用船江、汉、涓，冬日重船上日行六十里，下百里。"

就是将他献给曹操吧！孔明心如铁石，若不合曹操之意，恐有性命之忧，这可如何是好？

刘备一生坎坷，见惯了生离死别，妻子、儿女都不知丢了多少次，但这一次，他特别患得患失。因为，这一次，也许是最后一次了。

所以，虽然只是短短十天，但对刘备来说，就好比是十年。

在第九天，巡逻队终于看到了从东边浩浩荡荡而来的周瑜船队，赶紧飞马前来汇报，刘备谨慎地问道："何以知之非臧霸之青徐军，自淮河入江而来邪？"

这句话出自东吴人写的《江表传》，其真实性恐怕存疑：若是臧霸之青徐水军能自淮河进入长江并一路西行至樊口，则江东想必早已失守，以刘备这个身经百战老兵，大概不会说出如此惶恐恍惚之语。《江表传》为了突出东吴对蜀汉的助力，也实在算是煞费苦心了。

然后，《江表传》接着说，刘备总算搞清楚了情况，便派人奉上牛酒，去周瑜那里劳军，并表示希望周瑜能来上岸一叙，商讨军情及合作事宜。

不料周瑜却非常不给面子，说："有军任，不可得委署，傥能屈威，诚副其所望。"意思是说，自己军务繁忙，不得擅离职守，倘若您老肯屈尊光临本船的话，本帅还是会很高兴地满足你们的愿望的。

可是，周瑜高兴了，刘备一伙人就不高兴了。毕竟刘备官居左将军，比孙权的讨虏将军还要高一级，何况连个将军都不是的周瑜。[1]刘备跑去见周瑜，那不是屈尊，简直就是在屈膝。但刘备不以为意，笑道："我今自结托于东而不往，非同盟之意也。"说完只乘一叶扁舟，来到周瑜那巨大的楼船上。

一个出色的政治家，必须能屈能伸，忍常人所不能忍，哪怕吞着血水咽下自己的肉，也要亲切地举杯微笑。这就是刘备二十年乱世沉浮的经验之谈。

于是，刘备与周瑜在战船上亲切会面，两人一面饮酒、吃那闻名天下的樊口鳊鱼，一面俯瞰着水汽氤氲、烟波浩渺的壮美长江，谈笑晏然，仿佛没有发生过任何不愉快的事情。

其实，周瑜并非傲慢不识礼数之人。据史书记载，当时江东草创，君臣之分未明，孙权的官职也只是一个杂号将军，诸将在他面前仍颇为简慢，只有周瑜极尽君臣之礼，以示对孙权的支持。还有此次出征，孙权以周瑜、程普为左右督，

---

[1] 周瑜在赤壁之战后才升任偏将军，此时官职不过是中护军，都尉军衔而已。

程普自以为资深，倚老卖老，好几次当众下周瑜面子，周瑜却始终不予计较，最终程普心服口服，表示："与周公瑾交，若饮醇醪，不觉自醉。"周瑜"性度恢廓，谦让服人"如此，这是时人所共知的事情，却为何偏偏对刘备如此傲慢呢？

只有一种可能，周瑜认为没有刘备，他的江东最强水军也能单独在长江上打败曹操。所以，此战不仅不是江东的危机，反而是他们溯江而上、夺取荆州与益州的大好机会！有刘备在，反而会抢夺胜利果实。但没办法，刘备就在那里，不媚不俗，不悲不喜，不增不减，不舍不弃，牢牢把握着这夏口和樊口两个江防要地，让人不得不跟他联合，真是讨厌到了极点！

所以，周瑜并非一个不通人情世故之人，他唯一的缺点，就是心中只有孙策、孙权兄弟，心中只有江东；所以他一定要刘备屈尊到自己船上来，以争取本次联合作战的主导权与指挥权。

周瑜为何如此忠于孙氏呢？除了孙策与他总角之好，情真意笃之外，还因为经刘秀倡导后，东汉人都信奉谶纬，①周瑜尤甚。当初孙策初死，鲁肃将北还，周瑜劝留他时便说：

> 吾闻先哲秘论，承运代刘氏者，必兴于东南，推步事势，当其历数。终构帝基，以协天符，是烈士攀龙附凤驰骛之秋。
>
> ——《三国志·吴书·鲁肃传》

周瑜所说的先哲秘论，是秦始皇以来便一直流传着的一个江东有天子之气的说法。据南朝《宋书·符瑞志》记载："初，秦始皇东巡，济江。望气者云：'五百年后，江东有天子气出于吴，而金陵之地有王者之势。'于是，秦始皇乃改金陵曰秣陵，凿北山以绝其势。"秦始皇为了镇压江东天子气，竟不惜凿断地脉，

---

① 所谓谶纬：乃是秦汉时期的一种神秘学说，又称图谶，简单来说就是一些让人看不懂的文字或图画，借以附会而预言未来。谶的历史非常悠久，比如《左传》之中，就有很多谶，其他我们比较熟悉的"亡秦者胡""楚虽三户亡秦必楚"以及"刘秀当为天子"还有《推背图》《烧饼歌》之类的也都属于谶。从解字的方面来看，"谶"左边是个"言"，右边这个字形，则是用"戈"割山里的野生韭菜，引申为割人头。所以"谶"字，便可引申为"即将发生大屠杀的预言"或者说"乱世的预言"，简单来讲，就是预言哪个势力会灭掉另一个势力，而哪位大佬最后会结束乱世成为帝王。

看来是真怕呀。①按照这个谶纬的说法，秦始皇东巡后五百年，差不多就是公元280年左右，大概到孙权、周瑜孙子辈就可以一统天下啦！而后来孙权称帝时，在告天之文中，特地提到"权生于东南"，亦是有意将自己与这个东南有天子气的谶纬之说联系起来。②

所以，作为江东帝业的首倡者，周瑜对刘家人都没啥好感，既然"承运代刘氏者必兴于东南"，那么双方迟早要兵戎相见，现在处这么好干吗呢？当然，刘备此时还不知周瑜的心思，总以为年轻人心高气傲罢了，于是一笑置之，从容问道："今拒曹公，深为得计。战卒有几？"

周瑜答："三万人。"

刘备皱眉叹道："恨少。"

周瑜大笑，三千青丝任江涛拍乱，谈笑间，雄姿英发："此自足用，豫州但观瑜破之。我军擒操，便在今日！"

好一个雄心勃勃的周郎！难道他并不只想扼守夏口，竟然还想发动战略攻势，西进破曹？

刘备望着这位江东中老年妇女的偶像，号称英俊异才、姿貌无双的周郎，一时间不由得看呆了。

年轻真好啊，在周瑜的身上，刘备仿佛看到了当年鞭打督邮的那个年轻的自己，一样的意气昂扬，一样的阳光四射。

刘备一向不肯承认自己老了，否则也不会有"髀肉之叹"，然而在周公瑾和诸葛孔明面前，他觉得自己真的有点老了。

只不过，周公瑾的年轻是朝霞初阳，孔明的年轻则是长天春水。这两个当时最优秀的年轻人，代表了新时代的来临。就像他们脚下的这条长江，虽万古东流，却在此之前都只能做黄河的配角，直到这两位优秀的年轻战略家到来，将其永远改变！

刘备心想，能与这周郎媲美的，大概只有"体貌魁奇"的鲁肃和我那"容貌甚伟"的孔明了，于是便请周瑜叫鲁肃、诸葛亮一起来喝酒，也好看看这"三帅

---

① 另外，传说秦始皇巡游嘉兴时，看到这里有"王势"，就征调十万囚徒来此弄脏这里的土地，并给这地方取了个丑名，改称"囚卷"（郦道元《水经注》引《吴记》）。而在谷阳，秦始皇又听信术士之言，说谷阳京岘山有王气，遂派三千赭衣囚徒凿断山脉，并更其名为丹徒（刘宋山谦之《南徐州记》）。

② 饶胜文：《大汉帝国在巴蜀——蜀汉天命的振扬与沉坠（修订本）》，北京联合出版公司，2022年，第68页。

同堂"的美景啊。

周瑜见刘备神情有异，忙正色道："受命不得妄委署，若欲见子敬，可别过之。又孔明已俱来，不过三两日到也。"原来鲁肃已被孙权任命为赞军校尉，正另率一军运送辎重而来，诸葛亮和他在一起，两三日后便到，您老若想见，可再挑时间单独联系，不关我周瑜的事！再重申一遍，我们江东将校受孙讨虏将军重托，可是不能擅离职守的！

刘备听了这话，不仅不生气，反而心中一块大石落地。他其实很怕自己的诸葛亮被孙权给挖墙脚了，毕竟江东集团的待遇比自己这儿要好，何况诸葛亮的哥哥诸葛瑾也在孙权手下办事，两兄弟共事一主也是美谈——不过听周瑜这话似乎孔明并未被挖走，太好了，太好了！刘备这么想着，嘴角渐渐上扬，思念已然成狂。

其实，孙权还当真想过挖走诸葛亮。不过与大家的既定印象不同，向孙权提出此建议的不是周瑜，也不是鲁肃、诸葛瑾，竟然是投降派的老大张昭！当然，诸葛亮是不可能被挖走的，他的理由是："孙将军可谓人主，然观其度，能贤亮而不能尽亮，吾是以不留。"

所谓道不同不相为谋，以孙权之度，根本不能完全发挥诸葛亮的大才。何况，孙权已有张昭、周瑜、鲁肃，还有一大堆含着金钥匙入场的孙氏宗亲，位置上已经挤得满满当当，基本已坐不下其他人，坐下了也没有什么发挥的空间；而刘备则只有诸葛亮一个。愿得一人心，白首不相离；人生在世，不过如此。

这么想着，刘备不由朗声大笑，抱起了酒坛，在众人的目瞪口呆之中牛饮而尽。周瑜见状亦一声朗笑，抱起酒坛豪饮起来。

船外，惊涛拍岸，银月皎皎，江山如画，一时多少豪杰。

船内，刘备的心中汹涌澎湃，二十年来，他从塞北一路辗转到荆州，早以为前途无望，不料这最美景色竟在江南。要知道两百年前，这里还是蛮荒之地，汉高祖、光武帝平定江北之后，只派灌婴、岑彭之徒，便可传檄而定。不料如今，竟是物华天宝，人杰地灵，曹操这糟老头子，要吃大苦头了！

第十七章
为了曹魏的大业，
曹操主动向周瑜献祭了八万荆州兵

东汉建安十三年（208）十二月，曹操合荆州军号称八十余万人（实际为二十余万），兵分两路，进攻孙权、刘备。

曹操的两路兵马。一路是陆军，由曹操的主簿赵俨为都督护军、领章陵太守，监领于禁、张辽、张郃、朱灵、李典、路招、冯楷七军及文聘的江夏北部地方部队，总计近四万人，由襄阳沿汉水南下，攻打刘琦、关羽所驻守的夏口（今汉口）。另一路水军则由曹操亲自率领，合荆州兵共约十五六万，由江陵顺长江而下，直扑陆口，只要突破陆口，那就再无阻滞；可顺水直捣夏口、樊口，干掉刘备最后的老窝；也可自陆口① 进入陆水上岸，而经由江南的羊头山（通山）低山丘陵区，再过阳新便可直取孙权水军总部柴桑（今九江）。

针对曹操的两路兵马，周瑜与刘备经商议后作出相应部署。他们也兵分两路。一路由关羽率领其万余水步兵，在夏口以北与曹军且战且退，目的是骚扰并迟滞其进攻，以保障周瑜主力水军侧背之安全；另一路则采取攻势战略，即由周瑜三万水军居前，刘备亲领数千精卒在后，由樊口（今湖北鄂州市西）逆江而上，要赶在曹操之前抵达陆口扎下水寨，封锁陆水，并在此处的赤壁山（当时称石头山）一带江面上列下船阵，主动迎击曹操的水军大部队。生死成败，在此一举！这便是中国历史上有名的赤壁之战。

但是很显然，拼水军，曹操的北方兵与荆州兵都拼不过周瑜的江东兵；何

---

① 陆口，位于今湖北省嘉鱼县陆溪镇，三国赤壁之战前俗名"凤山监"，古隽水（陆水）河环流数里在凤山监分岔形成两条支流，岔口处形似刀口，又俗称"刀环口"。《湖北通志》记载："蒲矶山（界石）在陆水入江之处，陆口亦谓之蒲圻（矶）口。"

况，长江此处的江段，先从西南流向东北，刚刚流过赤壁，就急剧转向正东；顺流而下的曹军，本来速度与机动性占优，但在这儿却将自己的船侧暴露给了江东水军的船头，一则容易被撞偏撞沉，二则也容易被穿插分割。优势一下子变成了极大的劣势。

另外，在赤壁的上游，江面宽度为1500米左右；赤壁下游，则猛然扩大到3000米以上；唯有赤壁所在的江面，仅有1100米左右，如同哑铃的手柄，中间急剧收窄，江水的流速自然迅速增大，水流非常湍急；加上长江在此猛然右拐，湍急的水流冲击北岸受阻，对后面形成强力的冲顶。这正是，惊涛拍岸，卷起千堆雪。要在如此复杂险恶的水情中操纵非机动的传统木船，绝非短期就能练成的本领。这又对长于舟楫的江东水军更有利。从考古与文献材料来看，东吴战船已大多使用了船艄、①艉舵、②船帆③以及重板造船技术。④据吴国丹阳太守万震所著《南洲异物志》，东吴大船已配备了"四帆"，可据风力大小与方向不同对船帆进行升降，就能利用侧向风疾速航行，同时也能保证船体的平稳与安全⑤。至于东吴从南海开往大秦的海舶，有时竟多至"张七帆"的，可载六七百人，顺风一个多月就能开到罗马。⑥

总之，周瑜选择赤壁作为战场，是最大限度放大了自己水军优势。曹操一生纵横天下，偏偏此时选错了对手。长江，那是周瑜等江东儿郎的地盘，陆地上再

---

① 船艄即伸出舷外的甲板。船舶增艄，可以在原有尺度条件下扩大甲板作业面，相对减轻船舶航行中的纵摇或横摇，增强其平稳性。

② 安装在船尾的舵，用于控制船尾在水中的位置和方向。有些船还进一步形成了船尾的舵楼，也就是驾驶舱室。这是中国人的独创，西方只用两只舵桨控制航向，直到1200年前后，尼德兰地区的船工才制造出艉舵。事实上，直到明朝初期，中国远洋航海技术都远远领先于西方。这一领先优势一直持续到成化年间（1465—1487），明朝政府由于内部的权力争斗，宣布停止了一切远洋航行，郑和的航海档案资料、宝船图纸，也都被烧毁；那些规模浩大的宝船，也被明朝同时销毁，此后西方的航海技术才渐渐赶超了中国。

③ 《三国志·吴书·吴主五子传》引《吴书》曰："(孙)和之长沙，行过芜湖，有鹊巢于帆樯。"帆樯也就是挂帆的桅杆，上面竟然能筑鸟巢，应不会太矮。长沙走马楼出土的三国吴简，更有"大樯一枚长七丈"的记载。七丈合今16.75米，足见其高耸，故古人有"云帆"之谓。李约瑟说："中国远在欧洲之前懂得用前后帆的系统御风而行，或许就是这个原因，在中国航海史上从未用过多桨奴隶船。"

④ 重板技术，就是用无数块板材拼装船身的技术。这种木船结构，木板交错重叠，可以大大地加高加大加固船体。

⑤ 《太平御览》卷七七一引万震《南洲异物志》："随舟大小或作四帆，前后沓载之。有卢头木，叶如牖形，长丈余，织以为帆。其四帆不正前向。皆使邪移，相聚以取风吹。风后者激而相射，亦并得风力。若急，则随宜增减之。邪张相取风气，而无高危之虑，故行不避迅风激波，所以能疾。"

⑥ 《太平御览》卷七七一引康泰（孙权中郎，曾受命出使扶南即今柬埔寨）《吴时外国传》："从迦那调州（今缅甸西南沿岸）乘大舶，张七帆，时风一月余日，乃入大秦国也。"服虔《通俗文》："吴船曰艑，晋船曰舶，长二十丈，载六七百人者是也。"

强，来了也得俯首称臣！

水战打不赢，想要渡江上岸走陆路也不行，陆口沿江南岸，全是地势陡峭的连绵山岗，赤壁山山如其名，全是红色的百丈砂岩，如一柄柄利剑，直插云霄，连个爬山的地方都不给你！

曹操傻了，打了两下打不动，最后也只能退到长江北岸的乌林安营扎寨。乌林镇今属洪湖市，乃云梦泽东部的长江泛滥平原，为四湖（长湖、三湖、白露湖、洪湖）诸水汇归之地，素有"百湖之市""水乡泽国"之称。这种湿地沼泽地带，乃兵法之中的"圮"地，乃安营扎寨的下下之选。[①]更糟糕的是，由于扎营选址不当，导致了人口过密与卫生问题（沼泽地带污泥淤积，蚊蝇滋生），使曹军中小规模的瘟疫进一步扩散。

要研究后汉与三国，瘟疫是一个绕不过的关键词。甚至研究整个世界古代史，瘟疫也是一个极为关键的点。其实瘟疫大规模流行于世界，始作俑者是西汉时期的匈奴。据汉武帝的《轮台罪己诏》记载："匈奴闻汉军来，使巫埋羊牛，于汉军所出诸道及水源上，以诅汉军。"匈奴人打不过卫青霍去病，就发动生物战，通过死牛死羊污染水源的方式来传播传染病。霍去病英年早逝，或许就与此有关。后来，这些瘟疫经由汉军将士传播回到中原内地，于是，一种被称为伤寒的可怕疾病开始长期折磨大汉帝国，并在东汉末年大暴发。据史书记载，东汉桓帝时大疫三次，灵帝时大疫五次，而黄巾起义，就暴发于汉灵帝时最后一次大瘟疫期间。到了汉献帝建安年间，疫病流行更甚。成千累万的人被病魔吞噬，造成了十室九空的惨状。建安末年魏蜀吴各有一大批文臣武将病亡，也都与这瘟疫有关。曹操诗云："白骨露于野，千里无鸡鸣。"不仅人祸，也是瘟疫所致。

为什么汉末与建安时期瘟疫突然急剧暴发呢？第一是由于迁徙。汉末战乱频发，大量北方民众移居到南方，他们接触到以前未曾接触过的病原微生物，就非常容易暴发瘟疫。第二是由于气候。据竺可桢先生的研究，东汉末年处于中国第二个小冰期中最冷的时候（第一个小冰期导致了西周末年犬戎入侵）。据《三国志·文帝纪》记载，公元225年曹丕伐吴，竟然碰到了淮河结冰，战船不得入江，只能作罢。可见当时比现在冷多了。寒冷不仅会造成农作物减产，也会让人们抵抗力下降，更加容易感染病毒。

---

① 见《孙子兵法·九地篇》："山林、险阻、沮泽，凡难行之道，为圮地。圮地则行。"

而刚好，赤壁战时正逢寒冬，曹军在湿冷气候与卫生状况的双重作用下，瘟疫愈演愈烈，每天都有一车一车的尸体被运到野外焚烧，触目惊心，无休无止，好似永远醒不过来的噩梦。但曹操又有什么办法呢？长江冲不过去，对岸也上不去，他只能留在乌林，骑虎难下。

时间，就这样一天一天过去，长江边上也越来越湿冷，那衣服黏在身上般冻你，冷风缠在身上般舔你，这是曹操这些北方人从未体验过的折磨。曹军南征之时还是七月盛夏，根本没带御寒衣物；后来虽已想尽办法从当地征收，从后方急运，但终究还是不够，一些身体差的小兵只能自求多福了。

除了寒冷，还有饥饿。曹军的粮草，全靠刘表在江陵多年的存粮支撑，必须用辎重船一艘一艘地从长江运过来；但随着曹军水战失败，整个长江江面已被周瑜水军控制，江陵的粮船根本运不过来，运来了也会被抢走。曹操无奈，只能派人从襄阳等地由陆路调粮过来，但乌林以北的陆路全是湖泽地带，运输极其困难，根本供应不过来，结果曹军的病卒因饥饿而得不到营养，最终竟有超过五成的非战斗减员。[1]也就是说，曹操十万北方兵，还没使孙刘伤一点皮肉，自己反而伤筋动骨只剩了不到五万，再继续相持下去，死的只会更多。而孙刘联军紧靠江夏与江东总部作战，水路由夏口补给，陆路由柴桑补给，补给线比曹操要短一半，根本不怕耗下去。正如王夫之在《读通鉴论》中所言：

操乘破袁绍之势以下荆吴，操之破绍，非战而胜也，固守以老绍之师而乘其敝也，以此施之于吴则左矣；吴凭江而守，矢石不及，举全吴以馈一军，而粮运于无虑之地，愈守则兵愈增、粮愈足，而人气愈壮，欲老吴而先自老，可见其必败也。

此时此刻，对面的赤壁一片赤红，红心万丈；这边的乌林一片乌黑，乌云盖顶。一红一黑，衬得曹操压抑如狂。

事实上，就算黄盖没有诈降，周瑜没有火攻，曹操也撑不了几个月，正如王夫之所言"即微火攻，持之数月，而操亦为官渡之绍矣"，最后恐怕还得往北方陆路败退。这是因为前后的长江航道都已被周瑜水军控制，曹操若由水路经巴丘

---

[1]　见《三国志·吴书·吴主传》："士卒饥疫，死者大半。"

撤退，逆流而上，行驶缓慢，只会被吴军围追堵截，恐怕败得更惨。

而从陆路败退的话，那数千战船总不能留在岸边资敌吧，曹操恐怕仍得咬咬牙自己放火全烧掉。而那七八万荆州水军也是麻烦，他们当初投降大多是因为被逼无奈，一旦曹操败退，威名扫地，他们恐怕转身就会投降旧主刘琦、刘备。[①]

所以这"火烧赤壁"，曹操其实得感谢周瑜才对。周瑜提前帮曹操下决定，避免了更大损失，还帮忙选时间选风向，出工出力出柴草、火油，烧船烧人除后患，简直就是无微不至。

读史至此，我不禁有一个大胆的想法：黄盖以诈降烧船，或许就是曹操主动放进来。如此便正好有台阶好退兵，免得骑虎难下，越拖越惨。若让瘟疫继续蔓延，再死几个名将重臣；再加上断粮危机，荆州兵再一哗变，内外夹击，曹军必将死无葬身之地，曹魏的基业也会毁于一旦！况且此时孙权正趁虚攻打合肥，曹操虽已派了一千虎豹骑前去增援，恐怕还是不够，早点北归收拾好合肥才最重要。

真相若是如此，赤壁之战的很多疑点便可以迎刃而解了。

首先，黄盖诈降漏洞百出。黄盖是零陵泉陵（今湖南永州）人，少孤家贫，是穷地方的穷人，因董卓之乱随孙坚起兵，跟着他一路南征北战，后来又跟随孙策和孙权，屡立战功，累迁至丹杨都尉。按黄盖的话说，他是孙家的三代老臣，"受孙氏厚恩，常为将帅，见遇不薄"，之所以投降曹操，只因为曹操人多，所以"众寡不敌，海内所共见也"（《三国志·吴书·周瑜传》注引《江表传》）。但这讲不通，因为当时曹操水战失利，又士卒饥疫，早已没了当初"治水军八十万"顺江而下的恐怖气势，黄盖这么说，更有点像在灌迷魂汤，根本不能信。况且依三国军制，将士在外征战，家眷都要留在后方做人质，所以三国的降将大多是被逼而降（如于禁、黄权），或是和平时期举家投降（如韩当之子韩综），很少有临阵倒戈的例子。就连曹魏的皇亲国戚夏侯霸，降蜀后其子都被流放乐浪（今朝鲜平壤），黄盖若临阵降魏，其后方家属的命运可想而知。一个孙坚时的东吴老将，为曹操这么拼，也不知是图啥？

---

① 见《三国志·蜀书·先主传》注引《江表传》"备别立营于油江口，改名为公安。刘表吏士见从北军，多叛来投备。"王夫之《读通鉴论·汉献帝》对此亦有精彩评论："北来之军二十万，刘表新降之众几半之，而恃之以为水军之用，新附之志不坚，而怀土思归以各归其故地者近而易，表之众又素未有远征之志者也，重以戴先主之德，怀刘琦之恩，故黄盖之火一爇而人皆骇散，荆土思归之士先之矣。"

所以，曹操对这件事的反应也是正常的：“但恐汝诈耳。盖若信实，当授爵赏，超于前后也。”但既然曹操已怀疑黄盖有诈，为何不在黄盖来降时先派船只前去接应查实，反而通报全军不要阻拦，[①]坐视这“恐怖分子”冲到近前自爆呢？这完全不似一个多疑奸雄的行事作风。为了能说清史书上的这个漏洞，小说家罗贯中便干脆脑补了一个“周瑜打黄盖”的SM情节，让人哭笑不得。

还有，黄盖的降船竟特意用红色篷布盖上装满柴草的船舱，简直就是欲盖弥彰。[②]就算曹操一人秀逗了，曹军那么多谋士、大将，怎会一个都不加防备？

另外，罗贯中还脑补了一个庞统献连环计的桥段，想让这把火烧得更爽。但在正史中，庞统此时还未登场，更不可能去曹营献计；并且，史书中也从未说过曹操曾把自己的船全用铁索连起来，只是说“操军船舰，首尾相接”（《三国志·吴书·周瑜传》）而已。我们想想也知道，曹军有艨艟斗舰数千艘，要把他们连起来得用多少铁索？临时打造怎么可能？而之所以“首尾相接”，只是如前所述，因该地水流情况复杂，曹军驾船技术太差，想要将数千艘船按“停车位”停好也挺难的，乱七八糟挤在一起，岸边还有很多易燃的芦苇，黄盖看了觉得不用火攻，简直对不起自己的脑子。但应该说明的是，曹军船队并未真正上环，想要一把火全烧掉是不可能的，后面的船见势不妙完全可以开走。但是，曹操本就有心烧船，所以干脆就坡下驴，“烧其馀船引退”。（《三国志·吴书·吴主传》）

顺便说一下，罗贯中脑补的连环计这个情节，大概是受了朱元璋火烧陈友谅连环船的影响。罗贯中正是元末明初之人。

最后，关于那个“诸葛亮借东风”的情节，一般认为那是周瑜天气预报的功劳（利用西伯利亚冷高压过境的四五天）。但我详细查阅当地气象学资料后发现，赤壁一带的冬天并非偶尔有东风，而是经常有东风，而且非常规律，大概只要冬至（农历十一月二十七）过后，太阳开始北移，白天季风从北方南下，遇到神农架高山及赤壁高峻江岸阻挡之后，就会形成冷高压空气，反射成为风力较大

---

① 见《三国志·吴书·周瑜传》：“曹公军吏士皆延颈观望，指言盖降。”
② 见《三国志·吴书·周瑜传》注引《江表传》：“至战日，盖先取轻利舰十舫，载燥荻枯柴积其中，灌以鱼膏，赤幔覆之。”

的东风。而到了晚上，东来的湖陆风更大。①周瑜水军由东而来，虽然是逆流而上，却是顺风而来，所以速度与机动性大大胜过曹军，此时顺风放火，简直不要太爽。所以，在这个东风肆虐的冬天夜晚，黄盖突然来降，火攻意图极其明显，曹操绝不可能看不出来。

况且，赤壁之战曹军虽然损失惨重，但并未损失一员名将、一位谋士，可见这是早有准备的撤退。而那些"逼兵势耳，非心服也"（《三国志·蜀书·诸葛亮传》）的荆州水军，其实都是被曹操早已抛弃的炮灰。经此役后，曹操十余万大军，十万驻扎在岸边营地的北方兵虽因饥疫折了一半，终归还剩一半；可七八万驻扎在船上的荆州水军大多被"烧溺死"，即便逃回岸上的，也大多被曹军主力"所蹈藉"，②伤亡殆尽，以致"地方数千里，带甲十馀万"（《三国志·魏书·刘表传》）的荆州竟变得"荒残不堪，人物殚尽"（《三国志·蜀书·庞统传》注引《九州春秋》），悲剧啊！

其实，对于周瑜来说，派黄盖诈降应该也只是一个战术试探，能成最好，能尽快结束战争；不能成的话，周瑜应还有其他后备计划；总之这场战争已经赢定了，只不过战果和时间的差异罢了。至于那可怜的八万荆州兵，东吴既然得不到，周瑜大概也不想留给刘备、刘琦吧，所以无所谓了。

数年后，曹操给孙权写了一封信，也证明了这一点：

赤壁之役，值有疾病，孤烧船自退，横使周瑜虚获此名。

——《三国志·吴书·周瑜传》注引《江表传》

既然是曹操写给孙权的信，当不可能有假，毕竟是两国之间的国书，若是胡说八道，恐徒惹敌国笑柄。综上所述，周瑜火烧赤壁，其实是曹操故意让他烧的，目的是避免更大的损失，并借此清理亲刘的荆州兵。曹操不愧是一代奸雄，此壮士断腕之恐怖谋略，简直令人发指。

---

① 所谓湖陆风，即与大湖相邻地区的一种气候现象。由于白天太阳照射和夜间冷却的温差问题，白天风从湖面向陆地方向吹，晚上风向湖面方向吹，这被称为"出湖风"和"进湖风"。湖面越大，晴天连续的时间越长（日照时间越长），湖陆风现象就越明显。而赤壁的西面便是一个巨大的云梦泽，以及长湖、三湖、白露湖、洪湖等诸多中小湖泊，所以到了晚上，进湖的东风更烈。

② 见《三国志·吴书·周瑜传》："顷之，烟炎张天，人马烧溺死者甚众。"及《三国志·武帝纪》："悉使羸兵负草填之，骑乃得过。羸兵为人马所蹈藉，陷泥中，死者甚众。"

第十八章
破解荆州人口密码

赤壁之战，曹军损失惨重，此后，曹操便也放弃了由江陵顺江东下这条进攻路线与补给线（因为这条线路需要一支强大的水军，非十余年之功不能成），转而去经营合肥濡须水这条路线（这条水路更窄更短，不需要大船，且直捣江东腹心）。如此一来，江陵这个荆江战略重地也就可有可无了，但终究不能让孙刘轻易得到，必须等曹操把合肥经营起来，给予江东足够的压力，再适时把这块肉骨头丢出去，让孙刘争个头破血流。

然而，曹操忘了，这世上并不只有他一个战略家，诸葛亮也同样高明。当孙刘联军在江陵城下与曹仁干耗的时候，孔明的目光早已南移到了长江以南的湘水两岸，那是一片亟待开发的沃土，给予足够的心血便足以经营起刘备霸业的摇篮；此时此刻，他正在起草一份表章，准备让刘备表奏刘琦为荆州刺史。不管三七二十一，竖起大旗好唱戏！

刘备也觉得这主意不错，那江陵城虽然千好吃万好吃，但曹操不肯轻易放手，周瑜也咬着牙势在必得，自己若硬着头皮冲上去抢，一则本钱小不禁赔，二则打下来也分不了多少羹，不如借着刘琦的名头先去吞下南四郡，南四郡虽然又穷又偏，但蚊子肉也是肉，吃了肉就能长身体，长了身体才能跟曹孙掰手腕！

于是，刘备决定兵分两路，一路让关羽水军数千人与吴将苏飞两千人联手，由夏口进入夏水，绕到江陵城以北的广阔水网之中，像洪湖赤卫队那样打水军游击战，打得赢就下船打，打不赢就上船跑，以破坏江陵城与后方襄阳的联系，侵扰其粮道，威胁其后路，协助周瑜江东军主力攻城。

另一路，刘备表奏刘琦为荆州刺史，以此为旗号南下攻略荆州江南四郡，也就是武陵、长沙、零陵、桂阳四郡。周瑜对包括夷陵、江陵在内的南郡是志在必得，但也有点舍不得南四郡，只是他实在抽不出太多人手，并且刘备抬出刘琦的名号，名正言顺，周瑜也不好太翻脸；于是派出了在赤壁之战中立下大功的黄盖，让他率领五百精兵①协同刘备一起南下，至少抢一个郡来玩玩儿，应该不过分吧！黄盖正是零陵郡人，周瑜或许已经为他预定好了零陵郡太守的位子。

刘备对周瑜掺沙子的行为无可奈何，以实力论，江东确是孙刘联盟的老大，自己这个大汉左将军也得忍辱待机，虚与委蛇，先壮大自己再说。

当然，相较于江北周瑜、关羽与曹军诸将在南郡的激烈攻防，刘备、黄盖在江南四郡的攻略则轻松得多。长坂坡与赤壁之战后，黄盖、诸葛亮等人的人气已迅速蹿升为传奇，刘备的仁德之名也传遍荆州，再加上刘琦本为荆州旧主刘表的长子，南四郡便没怎么抵抗就望风而降了。黄盖本想拿下自己的老家零陵郡，却不知为何被刘备忽悠去拿了武陵郡。东汉后期，零陵郡有一百万人口，武陵郡却只有二十五万，显然，黄盖被刘备黑了。

而且，武陵郡地处蛮夷腹地，除了个武陵蛮王沙摩柯，其实没什么人才。所以南四郡的人才大部分都被刘备收了，其中，长沙郡收了大将黄忠，桂阳郡收了太守赵范（后叛逃）。但刘备最看重的人才重地还是黄盖的老家零陵郡，这个偏远之地不知为何在汉末三国时期突然人才大爆发，西晋史学家司马彪还特意写了一本《零陵先贤传》，为他们著书立说，可见其影响力之大。

这些人才中，蜀汉方面有蒋琬（诸葛亮的接班人）、镇远将军赖恭（原刘表交州刺史）、护军刘敏、后将军刘邕，刘璋方面则有名将杨怀，曹魏方面则有尚书令刘先、曹冲的少年天才好友周不疑等人，还有一位重要人物，那就是鼎鼎大名的刘巴。

刘巴，字子初，零陵郡烝阳县（今湖南衡阳县西）人。他出身于荆楚一流的豪门。其祖父刘曜曾任苍梧太守。父亲刘祥曾任江夏太守、荡寇将军。刘巴年少成名，才学冠绝，十八岁便担任荆州郡署户曹吏主记主簿，也就是荆州财务总管。但由于刘巴的父亲刘祥曾站错队跟孙坚混过，导致刘表多次给刘巴小鞋穿。刘巴觉得刘表非常小心眼，于是根本不看好他，只等曹操南下襄阳，便迫不及待地前去归顺。曹操任命刘巴为属僚，派他去老家零陵及长沙、桂阳三郡招抚。不料曹操很快在赤壁一败涂地，三郡也都投降了刘备，刘巴无法回去复命，只得再

---

① 见《三国志·吴书·黄盖传》："时郡兵才五百人。"

向南跑到交州，以后再想办法归顺曹操。临走前写了封信给诸葛亮，以为交代：

乘危历险，到值思义之民，自与之众，承天之心，顺物之性，非余身谋所能劝动。若道穷数尽，将托命于沧海，不复顾荆州矣。

作为刘备的"组织部长"，诸葛亮当然不会放过这个大才，于是赶紧回书想把刘巴追回来：

刘公雄才盖世，据有荆土，莫不归德，天人去就，已可知矣。足下欲何之？

不料刘巴却回信道："受命而来，不成当还，此其宜也。足下何言邪？"

刘备得知刘巴远走交州之事后，深为遗憾。但没办法，刘巴对刘表集团成见已深，而刘备等人皆属刘表集团，这个矛盾连诸葛亮也一时解决不了。

好在，刘巴与刘备天生有缘，他们日后在成都还有相遇的机会，不过这都是后话了，现在，对于刘备和诸葛亮来说，最重要的是，人口。重要的话再说三遍，人口，人口，人口！

大争之世什么最贵，人口啊！由于史料匮乏，三国时期户口数量模糊不清，几乎成了中国古代人口史上的一个盲点。表面上看，史书是有详细记载的，如王隐《蜀记》记载季汉亡时（263）有"男女口九十四万"，孙盛《晋阳秋》记载东吴亡时有"男女口二百三十万"，刘昭引皇甫谧《帝王世纪》则记载曹魏吞蜀后（263）共有人口537万余。如此算来，则三国人口分别为94万、230万、443万，而全天下人口才767万——这个数字在网上流传很广，但其实极不准确，因为这个数字只是国家得以收税的编户数字，并没有计入兵户、吏户、匠户①、杂户、屯田户以及豪强士族的依附民，还有流民和少数民族人口。所以仅仅过去十七年，到了西晋太康元年（280），晋朝政府统计的人口数就达到了《晋书·地理志》中的1616万余，而这多出来的850万，大多就是晋朝废除屯田制后屯田户

---

① 三国时期，社会动荡，在籍人口急剧减少。因征伐频繁，人口流散，官府对役力的需求相当强烈，他们采取措施，或延长服役的时间，或扩大征役的人群。在这种情形下，为确保有稳定的劳力群体供给事役，三国都逐渐将事役、兵役固定在特定的家户，并制作了专门的不同于户籍的名籍严加控制。这便有了吏户、兵户（士家）、匠户等专门名籍的出现。

转成的编户。但晋朝还有大量士家、吏户、匠户、杂户、依附民和少数民族，他们具体还有多少人，就难以考证清楚了。①

所以，对于赤壁之战后也就是公元3世纪初的荆州南四郡的人口数字，我们更是无法确知的。但这并不等于它就完全无从考证，按《续汉书·郡国志》统计，赤壁之战前七十年，也就是公元140年的南四郡人口数字还是很多的，零陵郡和长沙郡都是人口超过一百万的大郡，再加上桂阳郡，三郡有近260万人口，只有黄盖占领的武陵郡人口较少，才25万。然而，到了孙权晚年，也就是赤壁之战过后近三十年的赤乌五年（242），孙权"亦取中州嘉号封建诸王。其户五十二万三千，男女口二百四十万。"（《晋书·地理志》）整个江东加上荆州、交州也才240万人口，那么南四郡的人口就算打个三分之一也最多只有80万。

另外，《湖南人口变迁史》还根据《晋书·地理志》统计了吴国降晋时（公元280年）湖南各郡的人口数字。表中南平郡乃南郡的江南部分，所以划掉不算南四郡的人口，而天门郡乃从武陵郡中分出，衡阳郡、湘东郡乃从长沙郡中分出，邵陵郡乃从零陵郡中分出，所以也应算作南四郡的人口。这样算的话，孙权晚期再过四十年后南四郡的人口也就80多万，与我预估的数字的吻合。（表18-1引自王勇《湖南人口变迁史》，2009年，湖南人民出版社）

表18-1　西晋太康元年（280年）湖南各郡人口密度

郡名	口数	面积（平方公里）	密度（人/平方公里）
南平郡	12733	2100	6.06
武陵郡	78314	49862	1.57
天门郡	19303	16506	1.17
长沙郡	187744	26444	7.10
衡阳郡	151110	28344	8.29
湘东郡	128115	16206	5.33
零陵郡	119993	17550	6.84
邵陵郡	78340	21275	3.68
桂阳郡	78840	21506	3.67

那么问题来了，从东汉的140年，到晋初的280年，一百多年间南四郡的人

① 葛剑雄《中国人口史》估计这些人口约有1400万，则西晋统一时全国总人口略高于3000万。葛剑雄还估算了公元220年三国形成时的人口，认为有2300万左右。

口竟然减少了近两百万，这些人口到底跑哪儿去了？要知道南四郡僻处江南，远离黄巾起义与中原诸侯混战，就算后来关羽与吕蒙争荆州时损失了一些兵力，但也不至于人口骤减。事实上，由于中原混战，大量的人口南迁流徙，南四郡的人口反而应该大大增加才对。

答案关键就在两个字：在籍。

中国史书上统计的所有人口数字，都是在籍人口。那些没有或没办法被政府统计在籍的人户，是不算在内的。所以，若没有大战乱却人口暴减的话，只有一个可能——有大量人口脱籍了。

据路遇、滕泽之《中国分省区历史人口考》考证，东汉时期南四郡之人口，乃当时中国在籍人口增长最迅速的地区之一，[1] 年均增长率达到10‰，整体比西汉末年增长了四倍多，其中零陵郡更是增长了六倍之多，见表18-2（引自王勇《湖南人口变迁史》，2009年，湖南人民出版社）：

表18-2 两汉湖南各郡人口比较

郡名	元始二年口数	永和五年口数	净增长数	增长倍数（%）	年均增长率（‰）	人口密度	
						元始二年	永和五年
零陵	157578	1001578	844000	636	13.5	2.3	16.8
桂阳	159488	501403	341915	314	8.3	3.0	9.8
武陵	157180	250913	93733	160	3.4	1.6	2.2
长沙	217658	1059372	841714	487	11.5	3.1	14.0
合计	691904	2813266	2121362	407	10.2	2.3	9.3

另有学者发现，"从公元2年到公元140年，荆、扬两州新增人口，竟然有88%来自零陵、桂阳、长沙、豫章四郡"（梁方仲《中国历代户口、田地、田赋统计》）。所以路遇、滕泽之《中国人口通史》认为，南四郡在当时作为蛮荒之地，却能有如此迅猛的在籍人口增长，其最大原因便是东汉王朝对此控制力加强（如马援平武陵蛮等行动），导致少数民族人口大量入籍，其人数推算应在百万以上。

而到了东汉末年，由于董卓之乱，王纲解纽，政府控制力减弱，南方出现了

---

① 相对于南四郡的人口高速增长，东汉永和五年（140）的户口总数比西汉元始二年（2）还要少，所以全国同时期大多数郡级单位的在籍人口是下降的，也就是说，从户口统计数来看，这一阶段其年均增长率是负数。参阅葛剑雄：《中国移民史第二卷》，福建人民出版社，1997年，第270页。

严重的封建割据现象。据《三国志·魏书·刘表传》注引司马彪《战略》记载："刘表之初为荆州也，江南宗贼盛，各阻兵作乱。"所谓宗贼，就是结聚宗族反抗政府的豪强，他们修建邬堡，收容了大量当地贫民与从北方逃来的流民，租田给他们耕作，抗拒赋税与劳役，与政府争夺人口。除此之外，那些山民与蛮夷部族更是脱离了政府的控制，逃匿深山，自给自足，自成一国，东晋陶渊明的《桃花源记》就发生在南四郡中的武陵郡，这虽然是文学作品，但也反映了相当的现实，估计南四郡还有更多的桃花源。总之，由于百姓依附豪强大族，少民部族又逃居深山，导致南四郡在籍人口稀少，兵力薄弱，无足大局，所以荆州牧刘表才能在对抗北方曹操与东方孙策的同时，还能轻松平定长沙太守张羡率领的南四郡割据力量。

所以，当刘备在轻松占领长沙、零陵、桂阳后，也发现了同样的问题。如前所述，这三郡虽然面积广大、人口众多，但三分之二的人口都不在籍，豪强与部族们占山自保，不服管束，平常不给政府添乱就不错了，还想征发他们为自己的霸业效力，兴复汉室？难！

有难题，找诸葛。

在此之前，诸葛亮已在樊城招纳游户，展现了非常出色的治民与管理后勤能力；后来又力促孙刘联盟，展现了极其强大的协调与外交才华。

总之，出山仅一年时间，诸葛亮成长迅速，已颇具宰辅之能，所以刘备决定让诸葛亮担当大任，为此还特意给他开设了一个新官职"军师中郎将"，具体职责就是坐镇在长沙郡与零陵郡交界的临烝（今湖南衡阳市区），以"督零陵、桂阳、长沙三郡，调其赋税，以充军实。"要知道诸葛亮可是法家与轻重家的忠实拥趸，《商君书》《管子》几本书背得滚瓜烂熟，对于如何增加南四郡的人口与赋税，相信没有人比他更胜任。[1]

而为了更好地帮助诸葛亮开展工作，刘备还给他配了三个强大的助手，以"楚之良才"[2]武陵名士廖立为长沙太守，南阳名士郝普为零陵太守，文武双全的赵云为桂阳太守。有了这个"全明星阵容"，诸葛亮做起事来那叫一个轻松愉快，

---

[1]　比之治蜀，诸葛亮治荆州的史料较少，但从一些鸿爪雪泥之中，仍可看出其颇有经济手段，如清初吴伟业《绥寇纪略》记载："献贼（张献忠）破荆州时，民家有汉昭烈帝借富民金充军饷券，武侯押字，纸墨如新。"

[2]　见《三国志·蜀书·廖立传》载诸葛亮语："庞统、廖立，楚之良才，当赞兴世业者也。"

不能说让所有豪强佃客与蛮夷部族全都入籍吧，但至少和他们搞好了关系（比如后来在夷陵之战帮助刘备的蛮王沙摩柯），一些零陵豪强还率领宗族归附了刘备，如蒋琬、刘邕、刘敏等人，后来都携其宗族人口随刘备入蜀。另外，当孙权从关羽手中夺取荆州后，竟能将南四郡中的长沙郡分为长沙、衡阳、湘东、巴陵、岳阳五郡，亦可见其编户人口增长迅速，[①]这都是孔明对南四郡的开发之功。只可惜刘备、关羽太自大，白白为孙权做了嫁衣。

　　总之，正因为有诸葛亮这个军师中郎将治理南三郡，足兵足食，这才让刘备的腰杆子硬了起来。这也让本来看不上南三郡的周瑜大跌眼镜，不得不正视刘备的实力。而孙权也不由对刘备刮目相看，刘备这才有了娶孙权妹子借孙权荆州的本钱。

---

① 在东吴长沙走马楼吴简中亦可见大量的番姓编户，番之姓氏显非华夏，或许就是当年诸葛亮收服的山中蛮夷（可惜后来为东吴做了嫁衣）。如果将潘与番视为一姓，则此姓为吴简中出现人数最多的大姓。参阅魏斌：《吴简释姓——早期长沙编户与族群问题》，第25—26页。

第十九章
刘备借荆州的真相

赤壁之战后，刘备占领荆州南三郡，终于有了自己的地盘，但由于之前在长坂坡之战中辎重损失殆尽，一直以来，刘备两万多兵马还要接受江东的粮草资助，直到诸葛亮主持南三郡后勤工作，发展生产，征兵征粮，刘备军事集团这才渐渐摆脱了江东的控制，开始自力更生，丰衣足食。到了建安十四年（209）冬，刘备不仅将原先两万多兵马养的膘肥体壮，还接受了很多刘表旧部的归附。庐江郡（今安徽合肥市庐江县一带）割据势力同时也是袁术余部雷绪被曹将夏侯渊击败后，走投无路，不向东就近投靠孙权，却率领部曲男女数万口向西经夏口至刘备处归顺，①可见刘备当时兵强马壮，兵力估计增长到了四五万之多。到最后，就连孙权也对刘备的实力心中生畏，不得不将自己如花似玉的萝莉妹子嫁给老头子刘备以为拉拢。②当然政治婚姻可不能用普通价值观来衡量，孙小妹配刘老头表面上是亏了，其实孙权用区区一个妹子，就成为左将军刘备的大舅哥，这才是占了大便宜呢！

而这样一来，最恼火的就是周瑜了，他经过一年多拼死拼活总算逼走曹仁，③打下江陵，当上了南郡太守，却不得不将南郡长江以南的几个县分给刘备。④另外他的掺沙子行动也很不顺利，黄盖虽然在武陵郡干得还可以，平定了

---

① 见《三国志·魏书·夏侯渊传》："太祖征孙权还，使渊督诸将击庐江叛者雷绪，绪破。"及《三国志·蜀书·先主传》："庐江雷绪率部曲数万口稽颡。"稽就是"停留，拖延"的意思，颡就是脑门的意思，稽颡（又称稽首）就是下拜行礼时头慢慢地触地并长时间停留，再缓慢地抬起（短暂停留并迅速抬起称"顿首"），这是拜礼中最为隆重的礼节。看来雷绪是被曹操打惨了，所以跑来给刘备磕头。

② 见《三国志·蜀书·先主传》："权稍畏之，进妹固好。"

③ 见《三国志·魏书·周瑜传》："瑜亲跨马擽陈，会流矢中右肋，疮甚。"

④ 据《资治通鉴》：建安十四年（209）"会刘琦卒，权以备领荆州牧，周瑜分南岸地以给备。备立营于油口，改名公安。"油口即油水入江之口，乃长江南岸一优良港口，可让关羽两万水军驻扎。

好几次少数民族叛乱，但毕竟孤悬江南，赋税又收不上来，五百精兵越打越少，最后也只得放弃武陵到长沙郡北部的益阳县驻扎。[①]刘备自此收齐了南四郡，又在诸葛亮的帮助下与武陵蛮王沙摩柯搞好了关系，最终集齐了荆州东汉账本上的280万在籍人口。于是周瑜一算账，简直气死了，他拼死拼活拿下的南郡，虽然经济基础与军事地位比南四郡强一些，但在籍人口还不到75万，自己亏大了啊！

没过多久，名义上的荆州刺史刘琦突然死了，这位在历史上并不起眼的小人物，竟以这种方式默默地完成了他的历史重任。他的名义部下们于是立刻公推刘备为荆州牧。孙权也知道这刘琦就是个吉祥物，有没有都一样，干脆便做个顺水人情，也向朝廷表奏刘备为荆州牧。

来而不往非礼也。这么多年来，孙权一直就是个讨虏将军领会稽太守，各大诸侯都欺负他年轻不帮他表奏。刘备觉得这样很不对，孙讨虏胸怀大义，讨伐汉贼曹操，这样优秀的年轻人就应该担当大任。当年董卓擅行废立，挟持天子，天下诸侯乃公推袁绍为车骑将军，以此担任讨董盟主，让万恶的董卓在人民战争的海洋中死无葬身之地。可惜袁盟主在和另一位汉贼曹操的斗争中失败了，真是出师未捷身先死，一代新人换旧人，如今我们便要继承袁盟主的遗志，公推孙讨虏为车骑将军领徐州牧，[②]担当讨曹盟主的大任，他刘备愿意团结在以孙权将军为核心的讨曹联盟周围，共同打败邪恶的汉贼曹操，迎回天子，中兴大汉江山！

孙权听说刘备竟然愿意向自己这个小年轻低头，让自己做他的盟主大舅哥，不由大为惊诧：好一个刘备，能屈能伸，真大丈夫也！

而在这人生的关键时刻，刘备还决定再来一次政治冒险，他要亲自前往江东的大本营京口（今江苏镇江），一则迎亲接新娘，二则是想将自己的荆州牧坐实，换句话说，就是把荆州的中心——江北的那大半个南郡也从周瑜手里拿过来。刘

---

① 见《三国志·吴书·黄盖传》。从黄盖、鲁肃、周瑜等人的传记来看，长沙郡虽属刘备，但长沙郡北部的益阳、巴丘等县仍被孙权军队控制着，后来孙权干脆在这里分出了一个汉昌郡，以鲁肃为汉昌太守。

② 饶胜文就发现，初平年间以来，讨贼盟主多领车骑将军。不止袁绍，还有曾经讨平黄巾的名将朱俊也被陶谦表为车骑将军，以推其为讨董盟主，另外曾与刘备密谋反曹的政治盟友董承当时亦任车骑将军。可见刘备表孙权为车骑将军，其政治意味浓厚。另外，刘备不是表孙权为扬州牧，而是领徐州牧，这有一种向北进取的意味。而且，孙权手下徐州士人颇多，如张昭、严畯、张纮、秦松、陈端、诸葛瑾、步骘、鲁肃等，刘备推孙权为徐州牧，可帮孙权与徐州士人定君臣名分。参阅饶胜文：《大汉帝国在巴蜀——蜀汉天命的振扬与沉坠（修订本）》，北京联合出版公司，2022年，第92页。

备知道周瑜不会答应，所以想直接找大舅子孙权谈。

不料，诸葛亮不同意刘备前往，坚决不同意！

因为诸葛亮太了解周瑜，也太了解南郡的重要性了，南郡可不只是南郡，而是拿下益州的关键，是进入蜀中的大门，是伐蜀前进的基地，也是攻伐襄阳的基础。刘备集团能不能实现隆中对，江东集团能不能与曹魏两分天下，南郡都至关重要，绝不容有失。所以，刘备若去京口要南郡，只有两个结局，一是接回新娘并拿到南郡这个大嫁妆，二是成为孙家倒插门的女婿，并且要赔上刚打下的全部基业作聘礼！为了万全之计，还是不去京口为好。

但刘备觉得不至于啊，孙权现在最大的威胁是曹操，要是两家相斗，对他孙权有啥好处？于是不顾诸葛亮劝说，坚持前往。

看来，刘备身为老江湖，还是比诸葛亮要狠一点。在政治投资上从来没有万无一失，低风险则低收益，高风险则高收益；诸葛亮身为军师，谨慎一点没错，不让主公以身犯险也是人臣的本分；但刘备身为领导还是要霸气一点，为了自己的霸业，他甘愿冒这个大险，他相信孙权不敢拿自己怎么样。所谓勇敢，就是只要对手比我们更害怕，我们就不用害怕！刘备一生漂泊，起起落落，大不了从头再来，没啥好怕的；可孙权是个富二代，年纪轻轻就继承了江东基业，若一着不慎引来曹刘两家的夹击，他孙权就成了孙家罪人，他能不怕吗？

果然，刘备到达京口后，与孙权相处融洽，宾主尽欢。[1]双方在友好的气氛中进行了坦诚而深入的交谈，并约定：车骑将军领徐州牧孙权，将以收复徐州为近期目标；左将军领荆州牧刘备，将以收复襄阳与南阳为近期目标；双方精诚团结，共讨曹贼，打回老家去！[2]

但是接下来，刘备谈到了一个敏感话题，他表示自己身为荆州牧，却身在长江以南，对荆州的旧治所江陵没有任何控制权，这有点说不过去吧！何况现在南郡的江北部分全在周瑜手里，刘备这个荆州牧又如何收复襄阳和南阳，讨伐曹操呢？所以刘备提出了一个换地计划：现在江夏郡的地盘曹孙刘三方势力犬牙交错，曹操方面以文聘为江夏太守，占据江夏郡北部，以石阳（今武汉市黄陂区西

---

[1] 见《三国志·蜀书·先主传》："先主至京见权，绸缪恩纪。"

[2] 据《三国志·吴书·张纮传》注引《献帝春秋》记载，刘备在京口时，曾与孙权详细讨论过东吴定都地点，孙权亦明确表示，自己"欲图徐州"，故首选定都秣陵，秣陵临着大江，可以停大船，去徐州的水路也更近一些。如前所述，孙权手下有很多徐州士人，他们有意愿打到徐州去；而刘备手下也大多是襄阳与南阳人，他们也很想北上打回老家。

南）为治所；①孙权方面则以程普为江夏太守，占据江夏郡南部，以沙羡（今湖北省武汉市江夏区金口）为治所；②刘备方面则仍占据着江夏的临江重镇夏口与樊口，以屯驻刘琦旧部与雷绪部曲。③所以刘备表示自己愿意用夏口与樊口，交换南郡的江北部分，④这样大家既比较好管理，也比较容易划分抗曹战区，总比刘备龟缩江南，坐视周瑜、程普他们跟曹军拼命却帮不上忙要好吧！

刘备的建议，有理有据，让孙权不得不慎重考虑。只是以地盘面积与重要性论，这次换地实在算不得公平。江陵乃楚国故都，可称江南第一都会，夷陵则是通往益州的锁钥；而夏口樊口虽然也是重要的长江港口，但地位还是要差一些，何况周瑜一直视刘备为重大威胁，他这个南郡太守恐怕也不会轻易放手吧！

果然，换地计划一传到南郡，周瑜便立刻让自己的功曹庞统起草了一份奏疏给孙权，说：

> 刘备以枭雄之姿，而有关羽、张飞熊虎之将，必非久屈为人用者。愚谓大计宜徙备置吴，盛为筑宫室，多其美女玩好，以娱其耳目，分此二人，各置一方，使如瑜者得挟与攻战，大事可定也。今猥割土地以资业之，聚此三人，俱在疆场，恐蛟龙得云雨，终非池中物也。

不止周瑜，江东重臣、彭泽郡太守吕范也建议软禁刘备，然后裹挟他的部队东征益州，则大事可定矣！两位大将都这么说，孙权不得不暗中召集亲信开会，认真商讨此事，群臣七嘴八舌，意见各不相同，只有鲁肃非常坚定地认为此议不可行，表示：

> 将军虽神武命世，然曹公威力实重，初临荆州，恩信未洽，宜以借备，使抚安之。多操之敌，而自为树党，计之上也。

---

① 见《三国志·魏书·文聘传》："太祖先定荆州，江夏与吴接，民心不安，乃以聘为江夏太守，使典北兵。后孙权以五万众自围聘于石阳，甚急，聘坚守不动。权住二十余日乃解去。聘追击破之。"

② 见《三国志·吴书·程普传》："拜程普裨将军，领江夏太守，治沙羡，食四县。"

③ 谢钟英《三国疆域志补注》云："盖琦战士万人留镇夏口，庐江与江夏接境，故雷绪率部曲来降。"

④ 谢忠英《三国疆域志补注》云："权既取江夏江南诸县，先主有南郡，数适相当。其后吴索荆州，实强词夺理。"

孙权想想也对，刘备毕竟在荆州经营了近十年，收买人心，演技出色；而我们江东与刘表有仇，双方连年攻战，荆州人民对我们有成见啊，[①]周瑜率军进入南郡已经一年多了，除了庞统，竟没有一个荆州大族名士前来归附，换句话说，周瑜花了大力气打下南郡，结果竟所获无几！而这也导致张昭那帮人经常以此为由批评此前决策，更让光辉灿烂的赤壁大胜对东吴而言变得相当尴尬。所以鲁肃的建议也不无道理。再说能够取回夏口与樊口，也算是不错的交易，否则他孙权的地盘将被割裂成江东与荆州两块，不好管理，也容易出事啊！

所以最终，孙权决定放走妹夫刘备，归根结底，曹操势大，孙刘联盟仍很有必要；况且刘备手下也不是那么好惹的，你软禁了刘备，关羽、张飞打上门来怎么办？而且曹操还在旁边盯着呢！再说了，孙权这次嫁给刘备的妹子，那可不是个普通的妹子，她从小习武，性情刚猛，身边一百多个侍婢，全都舞刀弄枪，杀人不眨眼，可以瞬间把洞房变成法场。孙权这哪里嫁妹，简直就是往刘备身边安插了一支特种谍战队，从此刘备动静尽在孙权掌握，刘备要是敢乱来，就让他尝尝被家暴的滋味。[②]

这就是刘备借荆州的真相。汉初名士蒯通曾言："秦失其鹿，天下共逐之，于是高材疾足者先得焉。"（《史记·淮阴侯列传》）天下乱世，地盘从来都是谁抢到了算谁的，哪里有借的道理？中国上下五千年，就没发生过借地盘这种事。毕竟在政治斗争中，只有利益和利用，没有做慈善的。《吴书》与《江表传》上所用的"借"字则全是孙权方面的借口，刘备方面从未承认过。

不过换地一事，孙权还要再考虑考虑，南郡太守毕竟是周瑜，一切还得听听周瑜的意见。兹事体大，刘备也不奢望孙权立刻答应，于是立刻告辞。走都走了，孙权忽然带着张昭、鲁肃、秦松等十余人乘坐飞云大船追了上来，说要给刘备设宴践行。刘备大概听到了一些风言风语，生怕这是鸿门宴，莫非孙权反悔了？但事已至此，他也只好硬着头皮上了船，与孙权他们饮酒话别。酒宴快结束的时候，刘备找到一个无人的机会，偷偷跟孙权说道：

[①] 当年董卓之乱后，时任长沙太守的孙坚曾无故杀死荆州刺史王睿与南阳太守张咨，手段残忍而凶暴，已让荆州士民对孙氏没啥好印象，后来"权复征黄祖，遂屠其城，虏其男女数万口"。更干过屠城与掳掠人口等惨无人道的下作勾当。

[②] 据《三国志·蜀书·法正传》："权以妹妻备。妹才捷刚猛，有诸兄风，侍婢百余人，皆执刀侍立，备每入，心常凛凛。"

公瑾文武筹略，万人之英，顾其器量广大，恐不久为人臣耳。

刘备这话，便是他惯用的反间计，与早年对曹操说吕布不可留如出一辙。总之，刘备从来不是一个老好人，在表面仁厚之下，是一肚子的权谋之术。

果然，孙权听了，若有所思。刘备趁着这机会，赶紧作揖与孙权说再见，一路紧赶慢赶，日夜兼程，生怕孙权再追上来。

左右奇怪说主公你突然这么急，到底出啥事儿啦？刘备说啥事儿也没有，不过这孙车骑上身短，下身长，很难容人哪，吾不可以再见之。①

数年后，周瑜病死了，庞统也投归了刘备麾下，刘备就问庞统当初周瑜是否曾向孙权建议软禁自己，庞统表示确有此事，刘备不由一声长叹：

孤时危急，当有所求，故不得不往，殆不免周瑜之手！天下智谋之士。所见略同耳。时孔明谏孤莫行，其意独笃，亦虑此也。孤以仲谋所防在北，当赖孤为援，故决意不疑。此诚出于险涂，非万全之计也。（《三国志·蜀书·庞统传》注引《江表传》）

从此以后，孙权、刘备两位枭雄兼亲家此生再未能见面，那日大船一别，就是永别。

---

① 见《三国志·蜀书·先主传》注引《山阳公载记》。

第二十章
他在则刘备难逞其志，
他亡则孙权再无雄心

　　建安十五年（210），刘备与孙权相会，提出要用江夏的夏口与樊口二地，向孙权交换南郡的江北之地，消息传到了南郡太守周瑜处，周瑜一下子急了，他命令各部坚守南郡各城，不许放一个刘备的人北渡，与此同时，他本人立刻赶往京口，面见孙权。

　　周瑜向孙权表示，南郡很重要，我方坚决不能让出。孙权说南郡是很重要，但曹操还很强大，我们必须联合刘备才能对抗他啊！周瑜说曹操刚在赤壁吃了大败仗，可没那么快恢复，总得好几年才能顾得上我们，趁着这机会，我们应该立刻从南郡溯江而上，吞并益州的刘璋和汉中的张鲁。我听说刘璋与张鲁已势成水火，连年攻战，刘璋手下诸将也拥兵自重，不服于他。况且此前我派甘宁拿下夷陵后，镇守三峡峡口的刘璋部将袭肃即举军前来归顺，帮我们打开了入川的大门。总之，现在取益州，是天大的好机会，千万不能错过！

　　孙权还是迟疑：你的兵力还分一部分守南郡，哪里还够攻打益州啊！

　　周瑜说奋威将军孙瑜（孙权堂兄）手下还有一万多精锐的丹阳兵，[①]我与他联手，拿下益州不再话下。拿下益州以后，可以让奋威将军留在益州镇守，与关中马超结盟，我再回来南郡，拿下襄阳。到时候奋威将军与马超出秦川而攻曹操之西，我出襄阳而攻曹操之南，主公出淮南而攻曹操之东，则北方可图也！

　　周瑜此计划，不可谓不宏大，一千年后，南宋的陈亮同样站在江南这个基础上谋划北伐中原，他为周瑜的这个策划击节赞赏，称"此非识大略者不能为

---

① 　见《三国志·吴书·宗室传》："建安九年，（孙瑜）领丹杨太守，为众所附，至万余人。"

也"。[①]果然，孙权听罢此计，甚为认同。据孙权派到北方的间谍反馈，曹操现在已经在筹划讨伐张鲁和平定关中了，曹操打水战不行，但陆战那可是相当厉害，不仅有张辽的并州铁骑，曹纯的虎豹骑，还有号称"天下名骑"的乌桓雇佣军，马超的西凉长矛兵绝对不是他们的对手，张鲁就更别提了。如果再被曹操一路向西抢先拿下长江上游的益州，那对我们可是大大的不妙。

于是孙权对这个战略计划大大赞许了一番，并让周瑜回江陵收拾行装准备出发。另外一边，孙权和孙瑜也开始紧锣密鼓地筹备。史书没有记载刘备对此事知不知情，很可能，刘备并不知道他正在经历他一生中最危险的时刻，如果周瑜的战略成功，那么刘备将被永远压缩在长江以南，从逐鹿天下的主角沦为吃瓜群众，一夜回到解放前。除非刘备敢不顾一切跟孙权翻脸，但很显然，刘备当时恐怕还没有这个实力和魄力，何况他身边还被孙权安插了一头超级母老虎孙夫人，随时可以挟持他儿子做人质搞事情。[②]总之刘备当时处境相当不妙，[③]恐怕只能坐视周瑜取蜀。而周瑜是很有可能成功的，溯江平蜀，前有岑彭，后有桓温，周瑜都不比他们差，论水军实力还在他们之上。而且从南郡通往益州的三峡水路，现在是张鲁、刘璋、庞羲以及巴郡少数民族各大势力犬牙交错的地带，只要善加安抚，自可轻松通过。

在汉末三国那个传奇时代，不乏政治眼光深远的谋士，亦不乏能征善战的将领。但是，像周瑜那样集高瞻远瞩的政治眼光与卓越的军事才能于一身的人物却没几个。这便是谈笑间樯橹灰飞烟灭的江东周郎，当初没人相信他能打败曹操，一个赤壁叫你闭嘴；同样，无论谁拍胸脯说能抛开刘备独自抗曹平蜀都要打个问号，唯有周瑜，他说行，就一定行！接下来他还要拿下襄阳，北伐中原，继续实现他那一个又一个雄才伟略，假以时日，他定会成为奠定全新统一王朝的最大功臣。更重要的是，周瑜这年才三十六岁，前途无量！

然而，最吊诡的事情发生了，周瑜回程途中刚到巴丘，也就是长江与洞庭湖交界的湖南岳阳一带时，突然"暴疾"病逝（见《江表传》所录之周瑜遗书）。

---

① 《陈亮集》（增订本）卷六《酌古篇》"吕蒙"。

② 见《三国志·蜀书·赵云传》注引《云别传》："此时先主孙夫人以权妹骄豪，多将吴吏兵，纵横不法。先主以云严重，必能整齐，特任掌内事。权闻备西征，大遣舟船迎妹，而夫人内欲将后主还吴，云与张飞勒兵截江，乃得后主还。"

③ 见《三国志·蜀书·法正传》诸葛亮语："主公之在公安也，北畏曹公之强，东惮孙权之逼，近则惧孙夫人生变于肘腋之下；当斯之时，进退狼跋。"

十年前孙策遇刺身亡，大乔变成寡妇，如今小乔也变成了寡妇，绝世红颜，最堪薄命，令人唏嘘。

孙权听闻噩耗，痛不欲生。江东虽然人才济济，但大多数都是纯粹的武将或守成的文臣，真正文武兼备，雄才大略，忠心耿耿，英气勃勃，能够助孙权推动统一大业的人，只有周瑜一个。其他人，鲁肃只是外交家，对于军事并不在行，守成或有余，进取则不足；吕蒙则还需成长，且战略大局观也远不如周瑜、鲁肃；其他人就更别提了，要么就太过保守，要么就根本无法独当一面。总之周瑜这一死，孙权的统一大业基本上就黄了，日后只好朝保全江东方向努力。①

前面曾说过孙权太像商人，心中只讲利益不讲大义。确实，东吴从来不像蜀汉与曹魏那样以大一统为己任，好像没有什么历史责任感，感觉就是一个来搅局的。但我认为中国的大一统思想根深蒂固，其实孙权未必就没有统一天下的雄心壮志，只可惜他活了七十岁，都没能找到一个像周瑜这样能帮助他完成统一大业的人，所以最后只能与江东大族合作，开发南方，聊以自慰了。晚年的孙权大搞整肃，杀人如麻，最终却将东吴的大业托付给了诸葛亮的侄子诸葛恪，也许就是在诸葛恪的身上看到了周瑜和诸葛亮的影子。无论如何，赌一把吧，诸葛恪有雄心，有壮志，才气干略，朝臣中无人能及，②若能克服刚愎自用的缺点，或许能为死气沉沉的东吴带来生机。

总之，我相信周瑜的死亡应该和孙权没有关系，自古以来都有狡兔死，走狗烹的悲剧，但哪里有大业方起就自毁干城的道理？所以，当南郡功曹庞统将周瑜的灵柩护送回江东时，孙权亲自前往四百里外的芜湖迎接，抱棺大哭："公瑾有王佐之资，今忽短命，孤何赖哉！"后来，孙权还招了周瑜之子周循为女婿，并让周瑜之女做了太子妃。

另外一边，刘备和诸葛亮算是松了一口气。不得不说，刘备的运气可真是太好了，他想要徐州，原徐州牧陶谦就刚好死了，他想要荆州，原荆州刺史刘表、刘琦就刚好死了，他想要南郡，南郡太守周瑜也死得刚刚好。不用大打出手，不

---

① 台湾"国防大学"军事教育家李震就指出："（周瑜）此种积极进取政策，非有卓越之智慧与优秀之胆识，不能成其功。至孙权之智慧才器，则仅能谨守父兄之遗业而已。且此种积极进取之政策，非徒然冒险之谓，盖须有赖卓越之智慧与优秀之胆识为基础，故孙权之只能保江东，实由于其智慧胆识仅及如此，因而予刘备以创业之'几'（即南郡），鼎足三分之势乃以形成。"参阅李震：《中国历代战争史话》，九州出版社，2023年，第282页。

② 《三国志·吴志·诸葛恪传》注引《吴书》："（孙）峻以当今朝臣皆莫及（诸葛恪）。"以及《三国志·吴志·诸葛恪传》："（诸葛）恪每出入，百姓延颈，思见其状。"

用焦头烂额，多少麻烦都能恰到好处的烟消云散，整个世界一片清净。

而孙权虽没有了周瑜，但仍不想就此放弃，于是让江夏太守程普代领南郡太守，与接替周瑜的鲁肃共同镇守江陵。但鲁肃劝孙权说这世上除了周瑜，没人能制得住刘备，况且此时曹操正屯兵合肥筹建水军，对我濡须口、芜湖等军事重地形成巨大威胁，我军东防兵力尚且不足，哪里还与有兵力向西进取？干脆，允其换地，把荆州（江陵）借给刘备算啦！而这个时候刘备又提出，愿意借道给孙权的军队，使其可由江夏经南四郡直达岭南去取交州。也就是说，刘备等于主动让出了交州，给这笔交易增添筹码。孙权考虑良久，觉得这生意还算有的赚，于是把程普召回来继续担任江夏太守，并以鄱阳太守步骘为交州刺史，率兵一千去取交州。苍梧太守吴巨亲至零陵界口接吴军入境，最终却被步骘诱杀，成了这次政治交易的可悲牺牲品。

至于这场交易的大掮客鲁肃，则得到了周瑜的四千私兵部曲退回巴丘，孙权又分长沙郡北部数县为汉昌郡，让鲁肃担任汉昌太守。这位心思缜密的战略型谋士终于成为封疆大吏。

另外，鲁肃还投桃报李，给刘备推荐了一个大才，那就是原南郡太守周瑜的功曹（组织部部长）庞统。当初水镜先生司马徽就给刘备推荐过庞统，但刘备没放在心上，导致庞统投入周瑜麾下，周瑜死后才投归刘备，[①]但刘备仍没提拔他，而只是给他多挂了一个县令的官职让他去基层锻炼，但庞统在县令的位置上干得很差，很快就被免官了。当然，庞统不是干不好这个县令，而是根本不想处理这些无聊的基层政务。[②]如果刘备再不重视他，他大不了跑去投靠孙权便是。前段时间他护送周瑜灵柩去江东，与江东本地的士族相谈甚欢，大家都对他印象很好，认为他善于品评人物，是个相当出色的组织工作人才（雅好人流）。而就在这个时候，鲁肃突然写了一封信给刘备，极力向他推荐庞统，说他是个万里之才，做不了百里县令之事，至少也要给他安排个治中别驾来当当，才能展现他的水平。所谓治中别驾就是一州的最高佐官，如果说州牧是一把手，别驾是二把

---

① 从庞统的职业规划与政治志向来看，他应该是想帮助荆州势力吞并益州，所以才先投周瑜，后投刘备，并最终为了这个目标而献出了自己的生命。

② 其实庞统绝非懒惰之人。据《太平御览》引《荆州先德传》佚文："周瑜领南郡，以庞士元名重，州里所信，乃逼为功曹，任以大事，瑜垂拱而已。"周瑜攻打江陵时曾被曹仁射了一箭，身体不好，所以庞统几乎帮他包办了所有郡务，没想到周瑜还是伤重而死了。庞统深感生命的无常，所以受到刘备知遇后，也拼命报效，最后把命都拼没了。

手，治中就是三把手。

另外诸葛亮也极力推荐庞统。刘备说大家既然都这么推荐庞统那就见见吧，结果一见果然是个大才，刘备很高兴，于是将庞统任命为治中，后来又任命为军师中郎将，与诸葛亮平起平坐。

刘备是这样想的，他迟早要往西取蜀地，这样一来荆州和益州都需要高级参谋人才，光诸葛亮一个可不够用。所以还是得感谢鲁肃，要是没有鲁肃，哪里有他刘备的帝业？总之，鲁肃对蜀汉政权的创立厥功至伟，至少不比他对东吴政权的贡献小。

第二十一章
暗黑版成人童话：孙权劝学的真相

史书记载，赤壁之战后，孙权突然找来两位年轻将领，也就是偏将军吕蒙和讨越中郎将蒋钦，热烈鼓励他们开展学习小组，好好读书，天天向上。吕蒙推说军务繁忙，没空读书。孙权就循循善诱，说你们再忙有老板我忙吗？孤从小就热爱读书，除了《周易》太难看不懂外，其他《尚书》《礼记》，及各类史书、兵书无所不读，而且读得很溜，这样，孤给你二人开个书单——《孙子兵法》《六韬》《左传》《国语》《史记》《汉书》《东观汉记》。都给我好好读，对你们有好处。

然后吕蒙果然好好学习，天天向上了，一段时间后进步神速，让鲁肃不得不感叹其非吴下阿蒙。

怎么样？是不是很励志，充满了正能量？我曾经去孙权故里龙门古镇参加活动，强烈建议活动主办方可以给孙氏后裔小朋友们讲讲孙权劝学的故事，主办方也觉得相当恰当。

然而，我要讲给大人听，就绝不是这么单纯了，这背后其实隐藏着非常高深的谋略。

大人听故事，不能光看故事里双方说些什么，还要看事件发生的时间与背景，还有双方的身份和处境，才能真正算是听懂。

首先我们来看这件事发生的时间与背景。

当时，赤壁之战刚刚结束没多久，孙权整合好了内部，将张昭一伙人打入冷宫，并踌躇满志，想要与刘备紧密联合共图曹操。但这时周瑜给孙权上眼药，说刘备"以枭雄之姿，而有关羽、张飞熊虎之将，必非久屈为人用者。恐蛟龙得云雨，终非池中物也。"而刘备也给孙权上眼药，说周瑜"文武筹略，万人之英，顾其器量广大，恐不久为人臣耳。"

孙权有没有听进去这两句话我不知道，但很难讲他心中不会有所芥蒂。在东吴群臣之中，张昭等人为孙权筹谋的是霸业，还奢望能"匡辅汉室"；只有周瑜和鲁肃为孙权筹谋的是帝业，他们认为汉室不可复兴，孙氏必构帝基。所以周瑜、鲁肃才是孙权的心腹。可是，刘备的话也未必没有道理，周瑜功高震主，且拥有独立的战略思想，难以为孙权所掌控，只有鲁肃才是真正放心的自己人。所以孙权常常把鲁肃比作东汉的开国元勋邓禹——邓禹是刘秀帝业的最初提出者，有首倡之功，故而军事才能稍逊也能名列云台二十八将之首。孙权到处说鲁肃是自己的邓禹，其政治意味不言自明，可惜很多人听不懂，还跟着张昭一起瞎起哄说要投降许昌的朝廷。

在孙权看来，权术的关键在于制衡。从前张昭势大，那就需要周瑜来制衡；如今周瑜势大，那就需要鲁肃来制衡。但鲁肃这人也有缺点，一是太亲刘，刘备来借南郡地，鲁肃也帮忙说话了，借是没问题，但鲁肃的态度有问题，太积极了，有点上赶着的意思，不好，很不好！所以，孙权想再培养一些更容易掌控的自己人，来制衡张昭、周瑜，甚至鲁肃。

现在我们明白孙权为何劝学了吧？他所要培养的新人，头号人物就是吕蒙，二号就是蒋钦。此二人年纪轻，没背景，有能力，正是孙权制衡朝局、稳定权力的好棋子，其中吕蒙还曾是张昭提拔上来的。张昭相当于东吴的组织部长，东吴大部分人才都是他推荐，所以孙权要组建自己的嫡系，就必须从张昭手里挖人。

有人说吕蒙是在装傻，他不可能是不学无术之辈。吕蒙确实不傻，而且还很聪明，但他还真是不爱读书，《吕蒙传》说他"少不修书传，每陈大事，常口占为笺疏"。可孙权很会拉拢人，也很会培养人，他给吕蒙和蒋钦开的书单里，几乎全是兵法和史书，目的就是让他们学学如何担当大任，不要再做个只会冲锋陷阵的将领，而是要往运筹帷幄的方向发展，好好研究一下战略问题，联刘抗曹这个度要怎么把握！吕蒙多聪明的人啊，一下子就从孙权的话中听出了其中的潜台词，于是开开心心地倒向了孙权的怀抱，努力读书，争取提拔，并很快成为孙权的心腹宠臣。

这边吕蒙已经升华了，那边鲁肃却还在用老眼光看人，以为自己才是孙权的头号心腹，那吕蒙不过是张昭的小弟罢了，而张昭当年给了鲁肃不少小鞋穿，还说他"年少粗疏，未可用也"。与大家的既定印象不同，鲁肃是豪侠出身，性情可是很坦荡的，所以他一向和张昭不对付，自然也就看不上吕蒙。所以史书上说

"肃意尚轻蒙"，倒不是觉得吕蒙能力差，而是根本就认为他不是一路人，没啥好交往的。

但鲁肃的手下倒有明白人，这位明白人发现了孙权对吕蒙的垂青，所以在鲁肃志得意满、走马上任接替周瑜时提醒他说："吕将军功名日显，不可以故意待也，君宜顾之。"鲁肃这才发现最近主公好像跟吕蒙走得挺近，这里面有问题啊，于是不敢怠慢，便跑去吕蒙军中探听虚实，酒过三巡菜过五味之后，吕蒙就问鲁肃："君受重任，与关羽为邻，将何计略，以备不虞？"

大家请注意这句话，发现问题没有？

这种话，该是一个下属、一个后辈，能对上司说的话吗？

你们将这句话，想成是孙权对吕蒙所说，是不是一点儿都不违和？

很显然，这句话是孙权授意吕蒙在私下里问鲁肃的，因为鲁肃在上任前，孙权就很关注这个问题并询问过鲁肃，鲁肃写信答复说："帝王之起，皆有驱除，羽不足忌。"但孙权认为鲁肃在说大话，其实搞不定关羽，内心还是想着能在联盟稳固的基础上解决荆州问题。孙权对此虽颇有微词，但也不求全责备，[①]只让吕蒙来帮他，并敲打一下他。

所以吕蒙按照孙权指示，提醒鲁肃道："今东西虽为一家，而关羽实熊虎也，计安可不豫定？"然后根据近日读史所学，详细给鲁肃分析了吴楚之地的地缘形势，并表示，刘备、关羽君臣，"矜其诈力，所在反复，不可以腹心待也"。而今关羽更以三万水军占据长江黄金水段，如果再让他占据汉水上游的襄阳，那么将对东吴产生巨大的威胁，为了东吴的地缘安全，必须对其未雨绸缪，早做筹划。

事实上，早在前一年（建安十四年，209），刘备曾表孙权为徐州牧，鼓励孙权北取徐州，又建议孙权迁都芜湖，以近图徐州，孙权也表示了认同。[②]但吕蒙研究了历史后，就对此表示了反对，楚国拥有江东和寿春两淮之地，但项梁挡住王翦了吗？没有！项羽拥有彭城两淮之地，但他挡住刘邦了吗？没有！《孙子兵法》说："城有所不攻，地有所不争。"曹操注解说："小利之地，方争得而失之，则不争也。"伍子胥也曾劝夫差说："今我伐齐，获其地，犹石田也，不如早

---

① 见《三国志》卷五十四《周瑜鲁肃吕蒙传》所载孙权与陆逊论及吕蒙说："见此子敬（鲁肃字）内不能办，外为大言耳，孤亦恕之，不苟责也。"
② 《三国志·吴书·张纮传》注引《献帝春秋》："备曰：'芜湖近濡须，亦佳也。'权曰：'吾欲图徐州，宜近下也。'"

从事也于越。"夫差要去争齐国的地，伍子胥劝夫差不要去，应该先去灭了越国。吴越都是南方船行之地，吴灭越，得了越国之地，又能守住，也好管理。取多了北方齐国的地，没什么用，也守不住。可惜夫差不听，最后反被越国灭了，多可惜。

所以，吕蒙当时就劝孙权说："今操远在河北，新破诸袁，抚集幽、冀，未暇东顾。徐土守兵，闻不足言，往自可克。然地势陆通，骁骑所骋，不利水战，纵然一鼓而得，亦用军七八万守之，犹未可保。不如先取荆州，全据长江，别作良图。此为上策。"孙权虽然认为吕蒙说得很有道理，但尚不想跟刘备翻脸，所以主攻方向还是徐州的合肥，不料不仅没有"一鼓而得"，反而被张辽狠狠教训了一通，孙权也就彻底老实了，吕蒙成为他唯一选项。

总之，在建安十五年（210）的那次"鲁吕会"上，吕蒙谈古论今，雄姿英发，又"为肃画五策"，也就是给鲁肃筹划了五点针对荆州关羽的策略。鲁肃听完后，一时震惊了，他震惊的不仅是吕蒙学问突飞猛进，更震惊的是吕蒙有些言辞明显是孙权授意！

鲁肃一声长叹，主公实在太厉害了，这么短的时间就能让一员猛将变成智将，还成了他的心腹，鲁肃望尘莫及啊，于是真心夸赞吕蒙道："吾谓大弟但有武略耳，至于今者，学识英博，非复吴下阿蒙。"

吕蒙笑道："士别三日，即更刮目相待。大兄今论，何一称穰侯乎？"穰侯就是战国时的秦国权臣魏冉，范雎曾说他反应迟钝，所以这句话本意是说鲁肃反应迟钝，没看到吕蒙追求进步。但事实上，这句话还有更深一层的意思——

吕蒙将鲁肃比作魏冉，将自己比作范雎，这个典用得很偏僻。为啥选用这么偏的典呢？因为在历史上，魏冉就是因为倚仗功劳和资历，不听秦昭襄王的话，最后被秦昭王的新宠范雎所取代的。

这话说出来，相信鲁肃心服口服了，于是"遂拜蒙母，结友而别"。这里顺便说一下，我们总以为三国时兄弟结拜，跟《三国演义》小说里一样，要焚香结义，其实这是隋唐以后的风俗；真实的情况是，当时的男性若要结为异姓兄弟，不是拜天拜地，而是拜见对方的母亲，结成通家之好。比如当年孙策与张昭、孙策与周瑜都曾"升堂拜母"，而甘宁也曾"赍礼礼吕蒙母，临当与升堂"。总之，在江东集团，似乎比较流行用这种方式结为政治伙伴。易中天说，曹操的政府有点像沙龙，刘备的政府有点像帮会，孙权的政府有点像家庭。就像动画片《海贼王》中白胡子喜欢把手下收为干儿子，孙氏家族则喜欢与将领们结为兄弟，众人亲如一家，恩如骨肉，团队合作起来就顺畅多了。所以，后来在荆州的争夺中，都是鲁肃和吕蒙打配合，吕蒙夺三郡，鲁肃就单刀赴会，互相虽然政见不同，却没有闹什么龃龉。

不过，鲁肃去世后，孙权却并没有立即让吕蒙替代鲁肃。而是选了一个叫严畯的文官。严畯知道自己不过是孙权选出来敲打吕蒙的罢了，于是哭着喊着不去上任。

严畯也很机灵，英明神武如孙权，怎么可能派一个从没打过仗的文官去对付关羽呢？

还是那句话，一切都是制衡。

严畯后来官至尚书令，活到七十八岁。

事实证明，东吴四英，一个个都是人中之杰，但一个个都逃不过吴大帝的手心。

第二十二章
在史书中失去踪迹的蜀汉神秘谋士

东汉建安十五年（210），以鹰派主将周瑜的死亡为关键点，孙权回到孙刘联盟的基础上推进江东事业。但之前周瑜描绘的美好图景已经把孙权撩拨得不要不要的，①所以孙权仍然想趁此机会西去取蜀，当然，现在没了周瑜，他就不能抛开刘备单干了，何况他在周瑜死后已把长江北岸的南郡都给了刘备，现在想要绕过刘备取得益州也是不可能的。

因此，孙权特意派遣特使前往江陵，与刘备相约共同伐蜀，获得地盘后两家平分。为了说动刘备，孙权在信中是苦口婆心：

"米贼张鲁居王巴、汉，为曹操耳目，规图益州。刘璋不武，不能自守。若操得蜀，则荆州危矣。今欲先攻取璋，进讨张鲁，首尾相连，一统吴、楚，虽有十操，无所忧也。"

刘备很犹豫，现在孙刘联盟正在蜜月期，贸然翻脸不好，现在该怎么办，大家商量一下吧！

没想到在会议上大多数人同意与孙权联兵伐蜀，因为以刘备现在的实力，暂时还不足以取蜀，不如与孙权合作，则胜算更大；更有人提出，孙权不可能隔着南郡统治益州，所以到最后益州还是我们的！

刘备觉得大家说得也有道理，正准备同意，一人大步流星出列，坚决反对与孙权共同伐蜀！

这位牛人是谁呢？不好意思，不是诸葛亮，不是庞统，不是马良，不是赵

---

① 见《三国志·吴书·周瑜传》："是时刘璋为益州牧，外有张鲁寇侵，瑜乃诣京见权曰：'今曹操新折衄，方忧在腹心，未能与将军连兵相事也。乞与奋威俱进取蜀，得蜀而并张鲁，因留奋威固守其地，好与马超结援。瑜还与将军据襄阳以蹙操，北方可图也。'权许之。"

云，而是一位百分之九十的三国迷叫不出名字的人物——荆州主簿殷观，也就是荆州牧刘备手下负责文书起草的办公室主任。

殷观，字孔休，生卒年不详，籍贯郡县不详，他一生行事如何也不详。①事实上，他在历史上就留下了这一句话，和这一个光彩耀人的时刻：

> 若为吴先驱，进未能克蜀，退为吴所乘，即事去矣。今但可然赞其伐蜀，而自说新据诸郡，未可兴动，吴必不敢越我而独取蜀。如此进退之计，可以收吴、蜀之利。

殷观表示，咱要是跟着吴一起伐蜀，恐怕灭不了蜀反而会被吴所灭，那就大事去矣，假道伐虢的典故听过没有？这就是前车之鉴啊。当然，这孙刘联盟还是要维系的，所以干脆只在精神上表示支持伐蜀，但在实际上以各种理由推脱，那孙权必然不敢越过我们单独伐蜀。这样一来，吴蜀最后都得求着我们，进退皆在掌握，我们就可以为所欲为了。

刘备听了殷观的意见，觉得非常有道理，遂"从之"，刚好这时刘璋派了军议校尉法正来与刘备交好，法正却暗地里向刘备表示了忠心，这让刘备看到了单独取蜀的可能性，于是又写了一封信给孙权，反对联盟伐蜀，并劝孙权也不要伐蜀：

> 益州民富强，土地险阻，刘璋虽弱，足以自守。张鲁虚伪，未必尽忠于操。今暴师于蜀、汉，转运于万里，欲使战克攻取，举不失利，此吴起不能定其规，孙武不能善其事也。曹操虽有无君之心，而有奉主之名，议者见操失利于赤壁，谓其力屈，无复远志也。今操三分天下已有其二，将欲饮马于沧海，观兵于吴会，何肯守此坐须老乎？今同盟无故自相攻伐，借枢于操，使敌承其隙，非长计也。

刘备方面的意思是，刘璋和张鲁其实不好对付，就算孙子、吴起在世，都不

---

① 见《三国志·蜀书·杨戏传》引杨戏《季汉辅臣赞》："孔休名观，为荆州主簿别驾从事，见先主传。失其郡县。"

一定办得成，你我就更不要想了。况且曹操三分天下已有其二，别看他赤壁之战败了，其实仍盯着你们江东虎视眈眈呢，哪里会舍近求远跑去打益州？总之，如今曹操才是我们共同的敌人，其他人都可以算是盟军嘛，有什么矛盾，我们同盟内部和平解决，千万不要同室操戈，让曹操有隙可乘了。

孙权听了刘备这通一本正经的胡说八道，气得火冒三丈：明明是我在维护同盟，才约你们一起伐蜀，你们居然好意思说我不顾同盟，好啊，那就不顾给你们看！于是命令奋威将军孙瑜率领一万多丹阳兵进驻夏口，并通知刘备让路，江东要单独拿下益州给你们看！

刘备当然不肯让路，若是被孙权拿下益州，那刘备可就被封锁死在两湖平原出不去了，迟早要被孙权吞并；这是关乎集团生死存亡的问题，岂能轻易让路？于是，为了阻止孙权伐蜀，又不致双方公开翻脸，刘备让殷观给孙权写了一封感人至深、满怀仁义、冠冕堂皇的书信：

备与璋托为宗室，冀凭英灵，以匡汉朝。今璋得罪左右，备独竦惧，非所敢闻，愿加宽贷。若不获请，备当放发归于山林。

刘备说刘璋是我汉室兄弟，他如果得罪了你们，我替他向你们道歉，如果你们不原谅他，我就要披发入山，归隐谢罪啦！

当然，这种骗三岁小孩的鬼话（不过纯真的刘璋在听说此事后，可能真的很感动），孙权是不会相信的。所以，号称要归隐山林的刘备在送出书信的同时，把襄阳太守关羽的水军南调到了江陵，把宜都太守张飞调到了长江三峡的咽喉秭归，又把军师中郎将诸葛亮从南四郡北调到了南郡镇守，刘备则亲自驻扎公安。[1]也就是说，刘备的大军几乎全部被调到了长江沿岸，四支部队，一字排开，布下重重防线，以阻止孙瑜进入。孙权一看没辙了，只好放弃取蜀的计划，让孙瑜退回了丹阳。

至此，刘备总算是在没有彻底撕破孙刘盟约的基础上，获得了吞并益州这个吃独食的机会。此番谋略，身在南四郡的诸葛亮并未多加参与，主要谋划者乃

---

[1] 即今湖北省公安县，乃赤壁战后刘备在长江南岸的大本营，本名油口，其间周边郡县官员给刘备写信，最后都要带上一句"主公安否？"刘备于是每次回信也都要带上"公安"两字，日子一长，这两个字便成了口头禅，大家干脆就将这座新城命名为"公安"。

荆州主簿殷观，刘备因而将他破格提拔为荆州别驾。我们前面就说过，别驾是一州中最显耀的佐官，地位仅在荆州牧刘备之下。按汉制，每次州牧或刺史乘车出巡，其他官员都得步行跟着，只有别驾才能别乘一车，因而得名。东晋庾亮《答郭预书》甚至表示："别驾旧与刺史别乘同流，宣王化于万里者，其任居刺史之半，安可任非其人？"

　　事实上，当时在左将军领荆州牧刘备的手下文武体系中，武将以荡寇将军关羽为首，征虏将军张飞，中郎将诸葛亮、黄忠次之；文臣则以别驾殷观为首，治中庞统次之，其他麋竺、孙乾、伊籍、马良、陈震等人都只是从事而已。殷观如此受重视，最后史书中却失其行事，这其中必有诸多秘辛，只可惜我们永远都不会知道了。

第二十三章
益州牧刘璋，雄才伟略的创业之主

　　现在请让我们把视角转向刘备、孙权与曹操都心心念念的益州，自荆州被曹、孙、刘三家瓜分后，益州几乎就成为这天下最后一块肥肉了（关中经董卓等凉州军阀蹂躏，已相当残破，只能算块大骨头），三家都流着口水盯着它，让它的主人刘璋有一种被扒光衣服欣赏的感觉。

　　在三国群雄之中，刘璋是最没野心的一个，事实上，就算在刘璋与他的父兄之中，刘璋也是最没野心的一个。然而历史的漩涡非要将他卷入时代洪流之中，他光着身子，奋力击水，四周却只有冷笑与叹息，其中不乏推他下水又扯他后腿的同伴，他们只想踩着他爬到另一艘船上去。他费尽心思，打败一个又一个叛徒，但没有办法，他父亲留给他的船太破。无论怎么修补仍是漏水，他想不沉没，只能跟着大家一起上另一艘船，然而中国向来以成败论英雄，所以翻开史书全是嘲笑，连一滴同情的眼泪都没有。①

　　所有这一切，都源于刘璋那个野心勃勃的父亲刘焉。那还是在黄巾之乱爆发后的第四年，也就是公元前188年，时任九卿之一的太常刘焉敏感地意识到，大汉王朝快要完蛋了，留在中央可能会被残酷的政治倾轧所压扁，他可不想跟着这艘泰坦尼克号一块撞冰，所以决定找一艘救生艇，划去别处做个土霸王。乱世之中，有人有粮有枪，就是爸爸，比什么高官都强。

　　我不得不佩服刘焉的小聪明，那一年董卓还在皇甫嵩手下做事，袁绍则开开心心地做着他的虎贲中郎将，三十出头的曹操则因得罪了宦官集团还躲在乡下隐

---

① 摘自《三国志·蜀书·刘二牧传》陈寿史评："璋才非人雄，而据土乱世，负乘致寇，自然之理，其见夺取，非不幸也。"

居，孙刘之辈则还在底层挣扎，但刘焉已经开始着手创立基业了。

果然隔年汉灵帝就死了，外戚党与宦官党同归于尽，董卓趁机而起，天下大乱。而刘焉则早已在益州谶纬大师董扶所谓"益州有天子气"的指引下进入这富饶的天府之国，去做了益州牧。

其实刘焉在入川以前，益州的黄巾起义已经被益州本土豪强平灭了，但豪强们仍然对刘焉表示了热烈欢迎。因为刘焉既是宗室重臣，又是一位儒家教授，大家一则贪图他文弱，二则想借他的招牌保境安民，稳定局势。然而豪强们错了，刘焉来益州，并不只想保境安民，他是听了"益州有天子气"这句谶语才来的，所以他的首要目标，就是要与益州豪强争夺人口与财富，以汲取足够的社会资源，迎接接下来的争霸战争。

我前面就说过，东汉末年随着中央权威瓦解，农民起义频发，各地豪强纷纷招揽客民，聚众自保，抗拒赋税徭役，导致多地政府财政空虚，兵力羸弱，行政瘫痪，甚至还有好几位刺史为黄巾所杀（如并州刺史张懿、凉州刺史耿鄙、益州刺史郗俭、兖州刺史刘岱）。所以三国群雄大多干过杀豪强、分田地的事情，比如孙策杀名豪，刘表杀宗贼，曹操杀边让，目的都是加强集权，巩固统治。当然，这些豪强的反扑也是相当厉害的，孙策最惨，遇刺身亡，曹操则差点丢了老窝兖州，刘表也被南四郡的叛乱搞得相当狼狈。而刘焉身为三国老一辈英雄，他有啥好办法吗？

一般来说，镇压豪强，必须靠外部力量，本地人都是乡里乡亲的，干不出这事儿来（当然，也可以拉一拨打一拨，但副作用是容易让拉的那一拨更加壮大，比如刘表拉蒯越、蔡瑁平荆州豪强），所以刘焉也必须借助外部力量，那就是东州士和少数民族雇佣兵。

所谓东州士，就是董卓之乱时从南阳和三辅等地逃到益州去避乱的士族和流民。我们都知道，南阳是东汉的帝乡，住的都是刘秀和云台二十八将的老家人；三辅地区则是天子脚下，也有很多人非富即贵。但是，几次大乱下来，这些地方都待不住人了，大家只好往益州跑，前后共有数万户之多。但这数万户东州人来到益州后，发现落差太大了。这些人毕竟曾经阔过，如今却寄人篱下，想要买田地被益州人抬价，想要卖金银细软又被益州人压价，日子过得非常不爽。这时候，益州牧刘焉前来送温暖了，在政策方面对他们诸多照顾，这下东州人大有翻身农奴做主人的感觉。果然是宗室帝胄，跟益州本土那帮蛮夷就是不一样，这才是亲人啊！于是刘璋就将这些东州人收为己用，竟整出一支数万人的东州兵，然后又大出血本，从南中少数民族中雇佣了数千青羌兵（羌族的一支，又称青衣羌，乃无当飞军的前身）和五千叟兵（亦羌族的一支，大概是今天白族、彝族的祖先），实力大振！

这下益州豪强倒霉了，刘焉一声令下，立刻杀了州中豪强李权、王咸等十多人，然后抄了他们的家，补贴自己和东州人。可是，这一下刘焉也捅了大娄子，因为这十几位益州豪强不仅是当地大族，而且是地方高官，比如李权是临邛县长，王咸是巴郡太守，其他人也大多是郡县高官，都有权有势有名望，杀一个都要考虑半天，刘焉竟然一口气杀了十几个，简直比曹操、孙策这样的强力人物还要狠。

所以说，刘焉狠过头了。他的情况与孙策杀吴会名豪不同。第一，孙策本人也是吴郡富春人，也属于当地豪强之一；第二，孙策也是一个一个杀，不像刘焉连环杀，跟变态一样；第三，刘焉杀得没技巧，《三国志·蜀书·刘二牧传》上说是"托他事杀州中豪强王咸、李权等十余人"，《华阳国志·刘二牧志》上说"枉诛大姓巴郡太守王咸李权等十余人"，总之就是胡乱找借口杀掉，完全不能服众；第四，孙策的基本盘淮泗集团也远比刘璋的东州集团强大。更重要的是，东州集团都是南阳三辅的豪门世家，自视甚高，完全看不起益州人，估计看他们跟南中那群西南夷也差不多，[①]而益州人最憎恨的就是拿他们当蛮夷的中原人，双方矛盾是意识形态的矛盾，完全无法调和。事实上，秦汉时蜀人每逢大乱便有极力向中原政权凸显忠贞的传统，因为他们特别怕被边缘化而丧失华夏身份。[②]所以刘焉过早暴露称帝野心，对中央政府表现出极强的离心力，这是益州人民绝对无法接受的。

---

① 据东汉末年应劭《风俗通义》："俗说：汉中、巴蜀、广汉，土地温暑，草木蚕生晚枯，气异中国，夷狄畜之。故令自择伏日也。"显然，在多数关东民众那里，有关益州的印象一直是停滞的，班固《汉书·地理志》也说："巴、蜀、广汉本南夷，秦并以为郡。"可见在相当长的一段时间内，益州在社会文化上仍被排除在华夏之外。

② 据《华阳国志·南中志》："王莽更名牂牁曰同亭。郡不服。会公孙述据巴蜀，大姓龙、傅、尹、董氏与功曹谢暹保郡，闻世祖在河北，乃远使使由番禺江出，奉贡汉朝。世祖嘉之，号为义郎。"及《蜀志》："犍为郡士多仁孝，女性贞专。王莽改曰西顺，郡人不会。更始南阳，以奉贡职。及公孙述有蜀，郡拒守。述伐之。郡功曹朱遵逆战，众寡不敌。遵绊马死战。当倒作战死。而任君业闭户，费贻素隐。光武帝嘉之曰士大夫之郡也。"当年王莽随意将益州诸郡名更改为顺服之意，分明有意将当地视作蛮夷之地，这导致益州官民心向大汉，拼死抗拒王莽与公孙述政权。而东汉以来蜀人不断强调"大禹出生在益州汶川郡石纽"这个传说，他们共同祭祀当地的禹庙、大禹遗迹，并将其写入地方志中（如扬雄《蜀王纪》、谯周《蜀本纪》《常璩华阳国志》），亦是蜀人不惜建构历史以宣称"华夏认同"的一种方式。

在这种情况下，刘焉还要添把火，挑动东州集团与益州集团的仇恨，甚至妄图以此割据称帝，这就是在作死。

果然，当时已迁到长安准备往西方发展的董卓听说刘焉大开杀戒，觉得吞并益州的机会来了，于是以刘焉妄杀郡县官吏为由，派了朝中重臣司徒赵谦带兵前去讨伐。董卓虽然被称为汉贼，但他自己不这么认为，而且他毕竟代表朝廷。这下刘焉顿时从州牧变成了逆臣。益州豪强任岐与贾龙听说后，便立刻带头，干脆地反了刘焉。这任岐、贾龙与王咸等十多人一样，也都是郡县高官，任岐官居犍为太守，贾龙则是握有兵权的校尉，是当初平定益州十余万黄巾叛军，并将刘焉迎入绵竹的大牛人。① 而且这两人正是蜀郡人，在当地极有势力，所以很快就兵临成都邑下，并放火制造混乱。刘焉的东州兵拼死抵抗，② 最后还放出强悍的青羌兵，这才将叛乱平定，任岐、贾龙双双被杀。③

从这次叛乱可以看出，益州的情况远比中原、荆州和江东复杂，由于益州地处偏远，所以基本没有什么流官，各地郡县长官都是本地人，所以说益州豪强不仅有钱有人有土地，而且拥有庞大的政治势力，可以名正言顺地调用郡县官兵；不像吴会名豪和荆州宗贼，都是乡村土豪，很容易被办了。

而等到刘焉终于平定了叛乱，这已经到了公元前191年。天下已经彻底乱了，群雄各据一方。刘焉心思更加活泛，他造了一千多辆豪华的皇帝出行专用舆车，配天子仪仗，丝毫不掩饰自己僭越的野心，甚至比袁术还要早四年就开始嘚瑟了。他又听算命师傅说东州将领吴懿的妹妹有母仪天下之相，便让自己的三儿子刘瑁娶了吴妹妹，这就是拿他们当太子、太子妃在培养！

刘焉有四个儿子，为何想让三子刘瑁当继承人呢？原来，他的长子左中郎将刘范，次子治书御史刘诞，四子奉车都尉刘璋，全都在董卓把持的朝廷为官，刘焉在益州当上了土皇帝后，不敢回朝廷述职，董卓、李傕等人自然也不肯放刘焉三个儿子走。刘焉又是装病又是送礼，好不容易让董卓放了小儿子刘璋回来看老爸，同时宣布朝廷的怀柔政策，希望刘焉坦白从宽，抗拒从严，浪子回头是岸，

---

① 刘璋时期益州的治所不在成都，而在绵竹。绵竹古为蜀山氏地，有"古蜀翘楚，益州重镇"之誉，因其地滨绵水，两岸多翠竹，故名"绵竹"。

② 据《华阳国志·刘二牧志》："汉献帝初平二年，犍为太守任岐与贾龙恶焉之阴图异计也，举兵攻焉，烧成都邑下。焉御之，东州人多为致力，遂克岐、龙。"

③ 据《三国志·蜀书·刘二牧传》注引《汉末英雄记》："焉出青羌与战，故能破杀。岐、龙等皆蜀郡人。"

赶紧回长安来向董太师表忠心！不料刘焉却赶紧留住刘璋在身边，能捞回来一个也好。

刘范对自己的小弟刘璋是羡慕不来了，如今之计，只能奋力一搏！刚好当时马腾、韩遂想要攻打长安，刘范就拉了一帮人准备做内应，同时联合老爹刘焉，三股力量同时发难，必能打败李傕。刘焉一听大喜，如此一来既能弄回自己两个儿子，而且万一献帝在变乱中有个什么"意外"，自己这个西南土皇帝就能占关中长安，联西北马腾，搞个刘氏真皇帝来做做！

据《华阳国志·刘二牧志》记载，在事情紧锣密鼓的准备期间，刘焉的治中从事，同时也是益州豪强王商曾劝刘焉不要这么做，刘焉当然不听，这件事关乎他们父子的前途和命运，赌也要赌一把！结果事情还有没准备妥当，居然就提前败露了。李傕突然发难，马腾等人猝不及防，顿时战败，逃回凉州，而刘范兄弟则都被杀死。另外，由于事情发生得太快，刘焉派去帮忙的五千叟兵也来不及救援，就在半路被击败，损失惨重。①

史书中虽然没有明说，但是很显然，益州豪强、同时也是益州第三把手治中王商有重大嫌疑，否则马腾与刘焉联手，突然一击，未必就不能打败李傕。

总之，要怪就怪刘焉杀益州人杀得太狠，害死了自己俩儿子，也搞得汉献帝日子更难过了。李傕、郭汜以此战功，更加专权，汉献帝实在待不住了，就想着逃回洛阳去。

更蹊跷的是，没过多久，刘焉心爱的一千多辆皇帝专用车也突然被一把"天火"全给烧了。这把火起在这时显然也十分蹊跷，恐怕绝非"天火"这么简单，更有可能是"人祸"。我不觉得有啥"天火"能够一口气烧掉一千多辆大车，还殃及民宅，最后刘焉不得不从大本营绵竹迁出来，将益州治所搬到成都去。

儿子死了，车被烧了，家也被烧了，换谁也一时无法接受。总之，这一连串的打击将刘焉彻底打垮了，这位老人无法承受生命之重，结果和刘表、范增相同死法——痈疽发背，卒！时间是在公元194年。需要注意的是，徐州牧陶谦也正好死在这一年，这说明，一个新旧交替的时代来临了。

陶谦和刘焉一样，留下的是个烂摊子。只不过陶谦是外患，而刘焉是内忧，

---

① 据袁弘《后汉纪》："是时马腾以李傕等专乱，以益州刺史刘焉宗室大臣，遣使招引共诛傕。焉遣子范将兵就腾。"及《后汉书 刘焉列传》："兴平元年，征西将军马腾与范谋诛李傕，焉遣叟兵五千助之，战败，范及诞并见杀。"

总之，他俩干得很烂，没能攒够政治资本可将位置传给儿子，况且当时天下刚乱，地方军阀们在明面上也还不好意思搞世袭。最重要的是，朝廷在李傕的授意下，已经派了一个叫扈瑁的颍川人来当益州刺史了。在这种情况下，大部分益州人是支持扈瑁的，而扈瑁此时也已来到了汉中，汉中张鲁早就想摆脱益州自立了，所以也大力支持扈瑁入川，这样看，刘焉剩下的两个儿子刘瑁、刘璋似乎没戏了。

然而，令人大跌眼镜的是，益州豪强的首脑人物，如赵韪、王商等人认为刘焉的小儿子刘璋温和懦弱，比较好控制，于是拥立了刘璋作为益州牧，总比那个不知根知底的扈瑁要好。按照常理，东州派的首脑人物庞羲、吴懿应该是更支持刘瑁的，这应该是也是刘焉的遗愿。但是很显然，刘焉的突然去世让益州的政治局势失控，益州派竟然东山再起，以成功拥立刘璋之举，重新从东州派手里夺回了政治优势。

但赵韪等人笑得太早了，在这个敏感时刻，益州豪强内部竟然发生了分裂，以甘宁为首的巴郡豪强拒绝承认刘璋的地位，再次发动叛乱，刘表也趁乱打劫，派出自己的别驾刘阖带兵进入巴郡予以配合。看来刘表也不是个老实人，当初刘焉和董卓、李傕关系搞僵，就是因为刘表一直在举报他有称帝野心。刘表这么做，就是要把益州局势搞乱，自己好浑水摸鱼，就算不能吞并益州，拿下巴东也是好的。

在这种情况下，赵韪只得离开成都，亲自领兵前往巴郡平叛，打败了甘宁，甘宁被迫逃入荆州，投靠在江夏太守黄祖手下，最后又投靠孙权，成了东吴一大虎臣。后来孙权想要吞并益州，周瑜、甘宁二人就是最重要的推动者。

刘璋看着老爹留给自己的烂摊子，欲哭无泪。如今这局势简直糟到极点——汉中太守张鲁领着扈瑁在汉中看笑话；赵韪等益州大豪强则自恃拥立之功，完全不把自己放在眼里；王商等人也居心叵测，不知想干啥；东州派的庞羲、吴懿等人则由于更属意自己的三哥刘瑁，对自己这个新来的不冷不热。总之，环顾四周，整个益州内部四分五裂，外部的刘表、李傕等人也虎视眈眈，刘璋自己则是孤家寡人，更像一块招牌，半点实权都没有。同样是创二代，孙权的日子就要比刘璋好过得多。孙策虽然也大杀江东士族，但孙策被刺让江东大族出了一口恶气。孙策算是用死亡给孙权铺平了道路，让孙权后来得以平稳地实施江东政权本土化。但刘焉过早暴露了自己的称帝野心，死得又极窝囊憋屈，东州人和益州人的矛盾又太大。总之，刘璋这益州牧的位子别说铁王座了，根本就是豆腐做的。

在这种情况下，刘璋决定赌一把大的，来个绝地反击。首先，刘璋命赵韪为征东中郎将，让他驻扎在荆州与益州的边境巴东郡朐忍县（今重庆云阳），与刘表对抗。由于甘宁叛乱，荆州和益州的关系非常紧张，让赵韪在此处镇抚，也是很正常的安排。然后，刘璋一声令下，把张鲁留在成都的家人，包括张妈妈和张弟弟全给杀了，气得张鲁哇哇大叫，也领兵进犯巴西。刘璋于是又把东州派的庞羲也调了过去，担任巴西太守，和张鲁狗咬狗。另外刘璋还提拔了巴郡人严颜为巴郡太守，让赵韪、庞羲、严颜、张鲁四股势力互相牵制。

这样一来，益州派的老大和东州派的老大都被调出了成都，自顾不暇，刘璋终于可以稍稍行使自己的权力了。首先，他提拔了大量益州年轻士族乃至寒门子弟为官，以安抚益州派，其中最主要的一支就是蜀郡张氏家族，包括张肃、张松兄弟，以及忠心耿耿的寒族名将张任；其次，他对东州派势力尽量予以约束，不让他们为所欲为。虽然王粲《汉末英雄记》说刘璋"性宽柔，无威略，东州人侵暴旧民，璋不能禁，政令多阙，益州颇怨"。但事实上，东州人与益州旧民的矛盾是刘焉时代的历史遗留问题，刘璋不可能在短时间内解决，以刘焉的错误来责怪刘璋，是一种非常随意的历史写作方式，也容易误导读者。比如东州派大佬庞羲由于屡败于张鲁之手，又感觉自己遭到刘璋排斥，所以决定招揽巴郡的少数民族板楯蛮，来增强自己的实力。但是汉昌县长程畿拒不奉命。这位程畿是巴西阆中人，他不想东州派坐大，显然是站在自己益州派的立场上。然而，刘璋对违抗东州派大佬的程畿予以了最大的支持，竟然将他连提数级，成为江阳太守。[①]

刘璋的一套组合拳，让当年拥立他的庞羲、赵韪等人顿感被动，本来想立一个没用的东西好自己做大，结果自己却越混越回去了，岂有此理？庞羲倒还好，大不了服软就是，毕竟他与刘璋是通家之好，他女儿也嫁给了刘璋的长子刘循，一家人好说话。于是他诚恳地向刘璋谢罪，最终得到了宽宥。而赵韪可就受不了了，要知道他可是益州元老，十几年前刘璋决定入川，时任全国总粮库大总管的太仓令赵韪就弃官相随，以自己的老家人脉予以襄助，后来又拥立刘璋，居功至伟，结果到最后竟然被放到巴东边境，和巴西太守庞羲大眼瞪小眼，诸多掣肘，

---

① 程畿后来在夷陵之战中拒绝弃舟而逃，与吴军力战而死，成了益州人中对刘备最忠心的臣子，后来杨戏作《季汉辅臣赞》，称其"立节明君"。

啊也干不了，一天天被边缘化。为今之计，不如最后一搏！于是，赵韪花重金与荆州求和，然后以刘璋纵容东州兵欺压百姓为名，联合益州大姓豪强，大举围攻成都。东州兵知道生死存亡的时刻到了，皆殊死奋战，终于打败了益州派最后的大佬赵韪。赵韪逃回巴西，最后被部将所杀。

这一场大战下来，东州兵与益州派打了个两败俱伤，刘璋终于坐稳了益州牧的位置。时间是在建安六年，也就是公元201年，曹操刚刚打赢官渡之战，准备继续往北进军，所以也无暇趁火打劫，只派了个叫牛亶的五官中郎将来当益州刺史，想给刘璋添添堵，当然结果只能被刘璋赶走。曹操攻打邺城正急，一时也拿他没辙。这样刘璋终于获得了难得的八年安稳时光。

但到了建安十三年（208），这平稳日子终于到头了，先是曹操拿下了荆州，获得了从襄阳沿汉水进入汉中的入口，接着到了建安十六年（211），曹操又打败马超平定了关中，并派司隶校尉钟繇开始筹备南征汉中之事。刘璋顿时备感紧迫，他明白凭自己手下这帮二流团队，再怎么开挂也不可能打败曹操。汉中张鲁更不可能挡住曹操。当然，刘璋也不是没想过归顺曹操，但他连派三次使者前去向曹操示好，曹操却不冷不热，甚至连老爹刘焉阳成侯的封号也不肯给。特别是最后一次，他特意派了益州的二把手、别驾张松去讨好已经平定荆州的曹操，却被狠狠地羞辱了一回。所谓打狗也要看主人，曹操这不是看不上张松，这是看不上他刘璋啊，日后如果降曹了，那还能有好吗？而就在这个时候孙权、刘备竟然联手在赤壁打败了曹操，刘璋顿时眼前一亮，对啊，我一个打不过曹操，和别人联手总可以吧！刘备这个人口碑还是可以的，多年来接连帮助陶谦、袁绍、刘表、孙权对抗曹操，是个抗曹小能手，叫他来帮忙总比坐以待毙强。另外刘璋也不怕刘备乱来，蜀道艰难，其后勤全靠自己提供，他如果反叛自己不会有好下场，再说曹操就要攻来了，眼瞅着就要拿下汉中，二刘这时如果内讧，就不怕被曹操一锅端了？

公元208年，曹操统一了北方，准备南征荆州，刘璋终于有了一些危机感，派了河内人阴溥去曹操那里表示归顺之意，免得曹操平定荆州后一时收不住溯江而上来打益州可就惨了。曹操觉得现在还是暂且稳住刘璋为好，于是表奏献帝给刘璋加官了一个振威将军，并给他可怜的哥哥刘瑁也加了个平寇将军。可惜刘瑁没福气，刚当上将军没多久就以"狂疾"而死了，剩下他可怜的老婆吴氏做了寡妇。这位寡妇吴氏就是后来的昭烈皇后、季汉太后，有母仪天下之相。

等到曹操南征荆州的半路上，刘璋又派了别驾张肃带了三百叟兵和大量礼品去交好曹操。为什么刚派了又派呢？因为上一次是刘璋向曹操示好，这一次则是张肃代表益州豪强向曹操示好。张肃身为益州二把手，又"有威仪，容貌甚伟"，自然得到了曹操的高度重视，于是被征辟为丞相府椽，拜广汉太守。而张肃有了中央官职后，益州二把手（别驾）的位置就空出来了，刘璋于是又将张肃的弟弟张松提拔为别驾，让张松再去见曹操一次。为什么还要去呢？因为这时曹操已经接收了刘琮的投降，并打跑刘备，拿下了江陵，刘璋必须再表示表示。另外，刘璋虽然有了益州牧和振威将军的官位，但跟刘表、刘备、马腾等老军阀比起来，将军名还不够威重，而且还少了一个侯位。虽然刘焉当年有一个阳成侯的封号，但由于刘焉、刘璋和朝廷一直关系不太好，所以朝廷一直没让刘璋袭爵，这对刘璋继承刘焉统治益州的合法性毕竟是个伤害，所以刘璋想让张松再去走走关系，争取一下。

第二十四章
三国第一间谍　死在了亲哥哥的屠刀下

我们都知道，益州豪强大多是反对诸葛亮北伐的，这也很好理解，四川物产丰富，川中生活安逸巴适，成都是天下有名的休闲城市，大家都想在这个乱世的角落里做个安静的美男子，安安静静地等待乱世结束，迎接天下统一，谁会想千辛万苦、翻山越岭打到中原去，做个开国功臣？这叫吃饱了饭没事干，你就翻翻中国历史，有哪位开国功臣是四川豪强出身？当然，外寇入侵民族危亡时不算啊，就论普通的改朝换代，四川豪强大多是没啥动力参与的。东汉初年蜀帝公孙述欲大举北伐，蜀人却皆以为不宜空国千里之外，决成败于一举，坚决反对，公孙述只得作罢，接下来六年，其实就是坐以待毙，等到刘秀平定了凉州隗嚣，最后派岑彭平蜀，蜀人便纷纷背叛公孙述投降。刘秀基本上就是传檄而定。

刘备、诸葛亮在建安十六年（211）面对的益州，就是这样一个益州，益州人为何屡屡反叛刘焉却很支持刘焉的儿子刘璋？就是因为刘璋大智若愚，不思进取，别说关中与刘表了，张鲁反叛益州后割据汉中二十余年，还想自立为汉宁王，简直就是骑在刘璋头上拉屎，但刘璋硬是顶着恶臭忍了二十年；等到曹操南下荆州，刘璋数次派使者前去示好。曹操拿下荆州，刘璋又派张松再去巴结讨好。这也是益州豪强们的共同想法，毕竟曹操这么势如破竹，也是时候去谈谈投降的条件了。一个成功的商人，得趁着货新鲜赶紧卖给识家，要是等曹操平定孙刘，那益州这货就得挥泪大甩卖了！

可是没想到，曹操这不沉稳的浪荡子，这还没平定孙刘，就自我膨胀，根本就不想花大价钱收购益州，所以对张松非常冷淡。冷淡也就罢了，连基本的礼数都没有，竟然只授予张松一个比苏县令的小官。[1]比苏就是今天的云南省云龙县，当时是正宗的蛮夷之地，流放犯人的地方，张松怎么说也是益州的二把手，曹操这么做，简直就是啪啪啪打脸侮辱人哪！正所谓士可杀不可辱，张松身为蜀中名士，那也是要脸面的，这么灰头土脸回去，比杀了他还难过。

但凡碰到一些不好理解的事情，小说家就喜欢乱猜。罗贯中觉得曹操这么对待张松，一定是因为张松长得不好看。确实，陈寿的《益部耆旧杂记》说张松"为人短小"，远不如他哥张肃"有威仪，容貌甚伟"，但我不认为这是曹操侮辱张松的真正原因，因为曹操的爱将乐进也是"容貌短小"，他的宠臣王璨也是"容状胆小"，曹操自己也是"姿貌短小"，他凭啥歧视张松啊！曹操之所以看轻张松，其实原因很简单，就是因为曹操膨胀了，天下统一在即，地主法家专政的天下就要到来，现在不能对这帮豪强太客气，你们要么乖乖归顺，要么拼死抵抗后乖乖归顺，别想着跟我做生意！

但曹操这么做有点过了啊，张松虽然长得比较惭愧，但识达精果，卓有才干，志向远大，并且拥有过目不忘的最强大脑，[2]他这辈子就是冲着宰辅王佐的路子去的，啥？你居然让我去扶贫县当县令！所以张松出离愤怒了，他这辈子归顺谁都可以，但就算死，也不可能归顺曹操！现在，谁是曹操的最大敌人，谁就是他张松的坚强老铁。

而天下皆知，曹操最大的敌人，就是刘备，唯有刘备。

所以，张松对曹操有多恨，就对刘备有多爱，至于刘璋，那只是一个备胎，张松从来没有爱过他。

于是，张松偷偷联络了另外两位"同道"法正、孟达，[3]毅然决然地背叛了自己的主公，背叛了自己家族，也背叛了自己的阶层，甘心为刘备做"信如尾生"的间人苏秦，在黑夜里梦想着光，在孤独里忍受悲伤，只为等待革命成功的那一刻！而益州豪强的首脑张肃怎么也没想到，自己的亲弟弟张松竟然会引狼入室，把益州卖给比当年刘焉还爱折腾的刘备，那么益州豪强还能有安生日子过

---

① 见《华阳国志·刘二牧志》："公时已定荆州，追刘主，不存礼松；加表望不足，但拜越嶲比苏令。"
② 见《益部耆旧杂记》："璋遣诣曹公，曹公不甚礼；公主簿杨修深器之，白公辟松，公不纳。修以公所撰兵书示松，松宴饮之间一看便闇诵。修以此益异之。"
③ 法正与孟达都是关中扶风人，在东州派中属于被鄙视和排挤的关西派，故政治失意，希望投靠刘备，改换门庭，扬眉吐气。

吗？要知道为了阻止刘备入川，益州豪强王累都自刎在了州府门口，你对得起死去的王累吗？结果张肃一怒之下竟大义灭亲，举起屠刀让刘璋杀了自己的弟弟张松，一代"间人"的传奇就此落幕。

而张松的死，不仅让刘备集团失去了整合益州人才资源的关键人物（刘备整合荆州人才资源主要靠诸葛亮），也让刘备集团与益州豪强集团的关系彻底破裂，刘备最终不得不倚仗荆州派与东州派的力量极力打压益州本地势力，张肃、严颜等益州豪强首脑虽然最终投降了，但仍被弃用。好不容易有个黄权还算可靠，后来也被迫降了魏。等到诸葛亮接手之时，益州已是一个派系横生、矛盾重重的烂摊子，诸葛亮到底是如何搞定这些问题，最终得以顺利北伐的呢？这就是我们后面要讲的内容。

第二十五章
庞统有何突出之处，
能与诸葛亮齐名？

刘备在听到大家伙都怂恿他西取益州的时候，其实他的内心是纠结的。身为一代枭雄，刘备当然想拿下巴蜀汉中，成就高祖之业。但是，他有顾虑。

顾虑一：实力不够。

刘备在取得荆州南四郡与南郡之后，算是继承了当初刘表三分之一的势力，兵力不过三万多，而益州刘璋有十万大军，自己全力相争，都不一定能成功，何况他还要分兵守荆州。

顾虑二：口碑问题。

一直以来，刘备都以仁义为天下称道，就算生死之际，都要带上襄阳十几万难民，保持自己的君子人设，这才有了徐州士人与荆州士人归附自己，才有了陶谦让徐州和刘表托孤。可如今看那刘璋身体好得很，且两代经营益州近三十年，颇具人心，拥护者还是很多的。现在虽然有了张松、法正、孟达等几个异类，但其他人到底怎么想的，刘备还不清楚。听说为了阻止自己入川，益州从事王累竟然在州府门口自杀了，还有益州主簿黄权也极力阻止，结果被刘璋贬为广汉县长。

所以，当庞统也劝刘备取益州的时候，刘备表示：

今指与吾为水火者，曹操也，操以急，吾以宽；操以暴，吾以仁；操以谲，吾以忠；每与操反，事乃可成耳。今以小故而失信义于天下者，吾所不取也。

身为志同道合的政治伙伴，庞统自然认同刘备的观点，但他先投周瑜，后投刘备，心心念念就是要促成荆州取益，成就一番霸业，他当然不想刘备在这关键时刻打退堂鼓，于是劝道：

> 权变之时，固非一道所能定也。兼弱攻昧，五伯之事。逆取顺守，报之以义，事定之后，封以大国，何负于信？今日不取，终为人利耳。

意思大概是说：现在这种乱世你得随时而变，孙悟空七十二变，猪八戒三十六变，我们怎么也得女大十八变，怎么能固守一条道路呢？从前咱没地盘，所以要仁义，如今有了地盘要发展壮大，那就得霸气！不吞并弱国，哪来的春秋五霸尊王攘夷？弱国就是原罪，君不见，多少春秋诸侯最后变成了楚国封君，这又何负于信？事实就是，以刘璋的能力，肯定守不住益州，我们不夺，也会被别人夺走；我们还会讲点宗室温情，给他官职和地盘让他养老，别人可就没那么客气了！

这句在史书中并不起眼的话，非常重要！

因为这句话，改变了刘备的道德观与思维方式。我在读《资治通鉴》的时候，就很强烈地感觉到了刘备在这前后的一个巨大转变。在这之前的刘备，言必称仁义，动不动说不忍心，似乎有种道德洁癖。当然，刘备并不是在空谈仁义，而是正如前面他对庞统所说的，曹操太强大了，可正因为如此，自己才需要反向操作，去吸引那些不喜欢曹操的人才与民众。

刘备这种想法自然是有格局的，但有时又未免太过迂腐。没错，"信义"是很好的政治资本，但如果永远不兑现，那资本再多又有什么意义呢？所以在庞统、法正二人的影响下，刘备行事开始变得更加灵活，也更加现实与功利。比如当初"携民渡江"时有人劝刘备偷袭襄阳劫持刘琮，刘备说："吾不忍也。"但是后来张松、法正、庞统在涪城二刘大会上集体劝刘备偷袭刘璋，这时刘备说的却是："此大事也，不可仓卒。"虽然这两件违反信义的事刘备都没做，但从刘备回答来看，显然，他的心态发生了变化。从前不管这事做不做得成，刘备都是先从信义方面考量，而现在刘备只管这事能不能办成，信义成了次要的东西。

从这方面来看，如果说刘备、诸葛亮是政治家，那么庞统、法正二人更像是战国时的策士，战国策士的特点是，他们看问题，都是先讲利害，再讲信义，先讲成败，再讲立场。所以后来面对夷陵惨败诸葛亮就长叹："法孝直若在，则能制主上令不东行；就复东行，必不倾危矣。"诸葛亮和赵云未必只懂得说立场，但论分析利害，还是不如庞统、法正口若悬河，经验老到。

总之，听了庞统的话后，刘备这才下定决心试一试。但荆州是根本，万万不能丢，虽然曹操的主攻方向已不再是荆州，但他在襄阳仍然留了乐进、满宠等大将，不可疏忽。所以刘备将赵云、关羽、张飞、诸葛亮等老兄弟全留了下来，自己只带了庞统、魏延、黄忠等一批新入伙的荆州人入川。在《三国志·蜀书·先主传》中，说刘备"将步卒数万人入益州"，其实都是虚张声势，因为后来刘璋"增先主兵，使击张鲁，又令督白水军"（白水关在今广元市青川县营盘乡五里垭，乃蜀中通往汉中的门户，非常紧要），这样才"并军三万馀人"，可见此前刘备入蜀的兵力并不多，了不起一万多人。

看来，刘备入蜀，还是抱着试试看的态度，而且低调一点，也能免得益州豪族对自己心怀抵触。或许，刘备还真想过替刘璋干掉张鲁，然后以此高祖龙兴之地，与荆州互为掎角，最终成就大业。这样刘璋与益州豪强也可以在刘备的屏障之下过他们的小日子，实现双赢结局。这从二刘在涪城大会时互相推举的官职中也看得出来：刘璋推刘备为代理大司马，领司隶校尉，全是中央官职，显然是撺掇刘备赶紧从汉中打去三辅迎回汉帝，而刘备推刘璋为代理镇西大将军，领益州牧，则是对刘璋在益州的统治权表示承认，并表明自己对其绝无觊觎之心。

但刘备很快发现，他这种想法也根本是行不通的。张鲁在汉中，实行政教合一的神权政治，其五斗米教众的凝聚力很强，再加上曹操在打败关中诸将后，马超、程银、侯选等关中军阀都率残兵逃到了张鲁处，另外双方交战正激的时候，还有数万户的关中百姓从子午谷逃亡汉中。据张鲁的功曹阎圃所说，此时汉中的户口已经超过十万，财富土沃，四面险固。据我估计，张鲁的兵马至少在五万以上，还有战斗力极强的凉州铁骑助战。刘备想用这三万多杂牌部队拿下汉中，简直是痴人说梦。

那怎么办呢？按照刘备在徐州和荆州的惯用套路，只有等曹操大军拿下汉中，然后攻打益州的时候，益州豪强走投无路，就只能抛弃军事能力差劲的刘璋而投靠刘备了。但曹操似乎知道刘备打的是什么鬼主意，拿下关中后，居然跑去打孙权了，仿佛之前讨伐汉中的命令，根本不存在。

这下刘备郁闷了，结果，他在葭萌关①一耗就是一年多，进退两难。

当然，刘备在这一年多也不是啥也没做，他"厚树恩德，以收众心"，和杨怀、高沛等刘璋派给他的白水关将领搞好了关系。但是，刘备对于如何夺取益州，还是一筹莫展，非常焦虑。

看来，刘备光凭政治手段拿下一块基本盘的想法还是不太现实，此前徐州、荆州的失败已经证明了一切，天下没有白吃的午餐，没有强有力的军事手段做基础，无论什么战略目标都很难实现。所以最终，还是得庞统这位阴谋家来为刘备做战术布置，庞统给了刘备上、中、下三策。

上策，阴选精兵，昼夜兼程，偷袭成都；刘璋军事能力很差，又对我们没有防备，可以干一票大的！

下策：退回白帝城，与荆州相呼应，徐图益州。

这两策真是烂透了，简直大失水准。我们前面就分析过，刘备入蜀的军队也就一万多，就算刘璋再没有防备，也不可能让刘备一举偷袭得手，而且刘备一走，白水关的杨怀、高沛必然动手，到时候南北夹击，刘备必定全军覆没；而下策刘备也无法接受，这等于他一年多白忙活了，刘备已经五十三岁了，汉高祖在他这个年纪都已经统一天下了，而他还连个影子都没有，时间宝贵，徐图不起啊！

所以，关键还是中计。像庞统这样高水平的谋士，一定认真研读过《战国策》，明白要让领导听从自己的建议，最好的方法就是同时摆几个不靠谱的建议，这样领导就会选自己最靠谱的那个。而且多提几个建议，让领导自己决断，也显得比较尊重领导，让领导有成就感，等到庆功的时候，大家就可以拍马屁说此次胜利全靠领导决策有方，英明果断。

总之，中计才是庞统实际要给刘备出的主意，而此计的关键就在杨怀、高沛二人身上。

庞统说，杨怀和高沛是刘璋的名将，手底下有强大的兵力，并据守着益州最险要的关隘。这两位虽然钦服将军你的英名，但他们并不喜欢将军你在这儿管着他们，所以数次写信劝刘璋让我们回荆州，将军你就不如将计就计，向刘璋表示要回荆州。因为这时候曹操刚好在大举进攻孙权的濡须口，又让乐进领兵进犯荆

---

① 位于今四川省广元市昭化区昭化镇，在白水关以南，相当于在白水关后再设一后勤基地。

州，与关羽在双方交界的青泥一带纠缠。将军你这时申请回荆州救援关羽和孙权，相当合理，不仅可以迷惑刘璋，让他进一步放松警惕，更可以让杨怀、高沛这两位您的小迷弟高高兴兴地前来为将军送行，到时候将军你就砍了这两个小迷弟，吞并了他们的人马，然后就可以毫无后顾之忧地一举进兵成都了！

庞统这个计策还是相当靠谱的，而且这也是刘备现在唯一的办法了。但这么做最大的问题是，杨怀、高沛并无过错，刘备就这么砍了他们，于其道德形象有损。心理学告诉我们，一个人想要突破自己维护已久的道德形象和心理设防，是相当困难的一件事。就算是没有什么底线的汉高祖刘邦，在听说吕后用计杀死韩信后，都会且喜且怜之，何况是张口仁义闭口道德的刘备。但刘备最终做到了，他竟然借口刘璋援助他回荆州的物资人马太少，"召璋白水军督杨怀，责以无礼，斩之。"然后又进入白水关，将刘璋军队将士的家属作为人质，胁迫刘璋将士加入刘备大军，合军三万，一举向成都攻去！

庞统到底是如何让刘备过了心里这个槛，我们不得而知，猜测其突破口可能是刘备的年纪。如前所述，刘备已经五十三岁了，在汉代已算是绝对的老人家，这辈子随时有可能交代掉，再不赶紧把个人信用变现，恐怕就再没机会了。

总之，经过此事后，刘备终于突破了自己的底线，真正升级为一代枭雄。刘备此举非常突然，按照庞统的预判，刘璋必将毫无防备地被刘备一举拿下。然而，就在这关键时刻，一场惊天大案爆发了，此案不仅让刘备损兵折将，多花了两年多时间才拿下益州，并且断送了庞统三十六岁的卿卿性命。这是一件什么案子如此恐怖呢？

第二十六章

暗弱刘璋
为何能把刘备打得如此悲惨？

上一章我们讲到刘备入蜀后整整一年，都找不到反攻刘璋的借口，急得头发都白了，难道就要耗在这里，与刘璋一起慢慢变老吗？这可一点儿都不浪漫。

结果，还是智囊庞统出了个主意，要刘备假意回荆州，索要一万人马援助，及大量粮草辎重作为回家路费。如果刘璋不给，那么刘备就有借口了，至少在明面上说得过去。

这一年来，刘备借攻打张鲁为名，在刘璋这儿吃吃喝喝，都快把刘璋给吃穷了。而刘璋又给人，又送钱送粮食，投了这么多血本，张鲁最后却连根毛都没少，刘备还要吃干抹净拍拍屁股走人，走之前还要勒索一大笔。按常理，换作谁是刘璋都要火冒三丈吧！

可没想到，刘璋竟然没发火，而且一口答应给刘备人马物资，只是资助的人马与物资减半。不管如何，已经相当够意思了。

刘备无语了，刘璋这兄弟怕不是傻的吧，咋随你怎么欺负就是没脾气呢！唉，没办法，只好借口刘璋小气来打他了，这年头找个借口打人可真难！

于是，刘备先哄骗白水关守将杨怀、高沛前来送行，然后借口刘璋援助他回荆州的物资人马太少，"责以无礼，斩之"。然后趁刘璋还没有察觉，迅速向成都方向反攻过去。

兵贵神速，为了达到奇袭的目的，刘备派遣黄忠、卓膺二将率兵一万先行南下，去攻取成都门户涪城，自己则北上去白水关中，收降守关诸将及士卒妻子，①然后引兵去与黄忠、卓膺会合。刘备本以为黄忠等人既是突袭，应该可以迅速成功，不料等他召集了白水关部队南下到涪城，却发现黄忠已陷入苦战之中。蜀中的精兵强将，竟然云集在涪城一带，黄忠以不到一万兵力，苦战蜀中名将刘璝、冷苞、张任、邓贤、吴懿五路大军数万兵力，仗打得非常艰难；幸亏刘备及时来援，合军三万，大举攻打涪城，终于将刘璋的军队击退。但刘备的军队也损失惨重，以至于不得不派人去荆州找诸葛亮、张飞、赵云入蜀参战。

大家也许觉得我这话说得有点离谱，因为如果光看《三国志·蜀书·先主传》与《黄忠传》，似乎刘备是一路凯歌，蜀中郡县望风归附才对。但中国人写史书有个特点，喜欢专美传主，你很难在伟大历史人物的本传中找到他狼狈的时候。这就需要读史者再认真细致一点，不要放过史书中任何的犄角旮旯。

第一个犄角旮旯比较好找，就在《三国志·蜀书·法正传》里，大概就是在涪城之战后，益州从事郑度对刘璋所说："左将军县军袭我，兵不满万，士众未附，野谷是资，军无辎重。"也就是说，经过连番恶战后，刘备兵精粮足的三万多兵马，如今只剩下不到一万兵力，而且粮草辎重损失殆尽，只能在城外收取乡民的野谷了。当时如果刘璋肯听从郑度的建议，来个迁民入城，坚壁清野，刘备就惨了。当然，刘璋是不可能听从郑度的，拥有大片土地的益州豪强们也不可能让郑度的计谋得逞（证据就是该方案郑度刚提出来还未形成决议，事情就已经传得沸沸扬扬，传到刘备耳中了）。所以法正让刘备不要担心。

第二个犄角旮旯就不好找了，这个在《吴书·吴范传》里，说孙权手下有个叫吴范的术士，他在涪城大战的壬辰年（212）就预测说刘备在甲午年（214）一定会得到益州。孙权半信半疑，但刚好这时昭信中郎将吕岱从蜀地出差回来，②他说刘备现在"部众离落，死亡且半，事必不克"！原来刘备当时竟然这么惨，我在《先主传》里可是一点儿看不出来！陈寿这史笔实在厉害！当然，事实证明，吴范是对的，所以他喈瑟地跟孙权说道："臣所言者天道也，而岱所见者人事耳。"

---

① 《三国志·先主传》："先主径至关中，质诸将并士卒妻子。"所谓"质诸将并士卒妻子"即与诸将、士卒"策名委质"，建立君臣关系。"策名委质"乃是一种起源于先秦时期的古礼。"策名"就是臣子将自己的名字写在君主的简策上，"委质"就是表示将自己的妻子质押给君主，以示忠诚。

② 吕岱入蜀，应是孙刘作为联盟，而被孙权派去随刘备入蜀共同讨伐张鲁的。当然，刘备其实并不想跟张鲁打，故吕岱最终也没有什么收获，再加上二刘反目，孙权不想趟这浑水，遂最终召回了吕岱。据《三国志·吴书·吕岱传》注引《吴书》："建安十六年（211），（吕）岱督郎将尹异等，以兵二千人西诱汉中贼帅张鲁到汉兴囊城，鲁嫌疑断道，计事不立，权遂召岱还。"

第三个犄角旮旯在《魏书·袁涣传》:"魏国初建,(袁涣)为郎中令,行御史大夫事。太祖善其言。时有传刘备死者,群臣皆贺;涣以尝为备举吏,独不贺。"魏国初建社稷在建安十八年(213)七月,正是在刘备拿下涪城之后围攻雒城①之时,这时曹操方面竟然盛传刘备已死,可见刘备当时战事之艰难,已经到了生死存亡的地步。

总之,刘备整个拿下益州的过程是相当困难的,其状况也是相当悲惨的,但事情怎么会发展成这个样子呢?刘备斩杀杨怀、高沛后立刻出兵,目的就是要打刘璋一个出其不意,可刘璋为何会早有防备,早在涪城这儿给刘备准备了一份惊喜大礼呢?

原来,大概就在刘备斩杀杨怀、高沛的同时,张松的间谍身份暴露了。按理,刘备与张松里应外合,他们之间应该有个相当可靠的联系人,为他们定期联络通报消息。但不知为何,张松竟然不知道刘备要回荆州是骗刘璋的,于是着急上火,赶紧给刘备写了一封信,说:"今大事垂可立,如何释此去乎!"然后,这封信竟然落在了张松的哥哥、铁杆益州派首脑、广汉太守张肃的手里,张肃立刻向刘璋告发此事,刘璋大怒,原来你们一直在合伙把我当猴耍啊,这下是真的忍不了了,于是一刀砍了张松,然后通知沿路关隘严加防守,闭关以拒刘备,并派遣大军立刻北上阻击刘备军。结果,不仅庞统的奇袭妙招就此破产,刘备所导演的"刘璋亏待自己,自己忍无可忍才反击"的戏码,也成为一出闹剧。而这也让刘备的"仁义"人设彻底崩塌,并对其日后在益州的统治造成了相当多的麻烦;毕竟刘备夺取益州一事既没有汉朝政府的授权(刘璋有),又用了不光彩的手段,这对日后蜀汉政权的合法性都是巨大的损害,更让刘备一生悔恨,乃至其临终之前留给刘禅的遗诏第一句话就是:"汝父德薄,勿效之。"

张松之案事情的经过就在这里,但是,这字里行间,总透着一股不对劲,张松做刘备的内应也不是一年两年了,在这种关键时刻他怎么会突然暴露呢?

很显然,张松与刘备之间的联络线出问题了。这不由得让人产生联想,他们间的联系人到底是谁?这位联系人是不是也出问题了?当时有个广汉人叫彭羕,

---

① 位于今四川广汉市区。20世纪80年代初,四川文物管理委员会在此发现了东汉时期的雒县城城址。城址遗迹断续分布,南北1800米、东西2400米,城墙残存的几段,残高约30—140厘米,残宽2.5—8.9米,主墙体为泥土分层夯筑,断面略呈梯形,内外两面用十层砖包砌。东汉时期的砖室墓遍及全国,但砖极少用来筑城。广汉郡治雒城城墙是郡县城址最早用砖包砌城墙的例子,怪不得刘备军队攻打雒城如此费力。参阅刘兴林编著:《战国秦汉考古》,南京大学出版社,2019年,第186页。

只不过是益州州府里的一个普通公务员（书佐），后来还因罪被刘璋剃光头发罚为劳改犯（徒隶），这样一个低等人，最后却莫名其妙得到庞统、法正的举荐，又得到刘备的信任，负责在刘备与诸将间传递军情，最后还一步登天，做到了治中从事的位置上。治中可是一州的第三把手，这位置可是相当高了。所以彭羕不免有些得意忘形，口无遮拦，结果一下子又被刘备下狱治罪给杀了。彭羕作为蜀汉升官最快的官员，同时也是唯一因罪被杀的高级官员，其中隐秘，我想一定不是史书上写的那么简单吧！

第二十七章
刘备为谁流了最多的眼泪？

汉献帝建安十八年，即公元213年年初，一场盛大的庆功宴在涪城召开了。刘备历经千辛万苦，损兵折将，终于将张任、刘璝、冷苞、邓贤、吴懿等五路益州大军击退，进驻涪城，悬着的心稍微松了一口气，可喜可贺。而就在这时，退守绵竹的吴懿这一路益州人马竟然主动前来归降。

吴懿所在的陈留吴氏是东州派的核心家族，当初，吴懿因其父是刘焉的世交，所以举家随刘焉入蜀，为刘焉巩固权力效力奔走。所以刘焉让自己属意的接班人刘瑁娶了吴懿的妹妹，两家联姻。可没想到刘焉死后，益州派竟然拥立了刘瑁的弟弟刘璋继位。吴懿好好一个国舅当不成了，最后只混了一个中郎将，日益被边缘化，所以吴懿一狠心，干脆带兵投降了刘备。

这是第一位投降刘备的东州派将领，意义重大，刘备大喜，立刻将吴懿连提三级（跳过裨将军、偏将军），直接拜为讨逆将军。这可是当年曹操给孙策的位置，在东汉末年算是一方诸侯的待遇了。刘备这么做，就是要让刘璋的广大手下们看看，跟着我刘备混，好处绝对少不了！

而正因为如此，刘备虽然离拿下整个益州还很远，却迫不及待地召开了庆功宴，与广大归降将士同乐。

也许是因为压抑了太久，刘备喝得有点大了，竟然放纵大笑道："今日之会，可谓乐矣。来啊来啊，接着奏乐，接着舞！"

看到刘备有些得意忘形，庞统立刻一盆冷水浇下去："伐人之国而以为欢，非仁者之兵也。"

听到庞统竟敢怼自己，刘备大怒："武王伐纣，前歌后舞，非仁者邪？卿言不当，宜速起出！"庞统还从来没见过刘备这么生气，站起来徘徊了半天，想再说点什么，但终究啥也没说就走了（逡巡引退）。

过了一会儿，刘备大概是酒醒了，对自己失言有些后悔，于是又将庞统请回来。庞统回到原位，也不生气，也不计较，也不道谢，也不道歉，吃喝如故，就好像啥事儿也没发生过一般。

刘备没法，只好自己找台阶下，说："向者之论，阿谁为失？"

庞统答道："君臣俱失。"

刘备大笑，宴乐如初。

其实偷袭刘璋，所有的谋划都出自庞统。庞统为何要下刘备面子呢？因为庞统要告诉刘备——是，为了大业，我们必须干一些违反仁义的事情，但是，做是一回事儿，说是另外一回事儿。一个合格的政治家，必须时时刻刻注意维护自己的形象，千万不能失态失言。刘备本来以"喜怒不形于色"著称，无论大起大落，大敌当前，天降大运，大势已去，他都表现得波澜不惊，沉静专注，给人以无比的稳定感与安全感。况且这次谋袭刘璋，虽然成功了第一步，但损失巨大，借口也找得一点儿都不好。无论如何，多少有违道义，刘备却居然表现出了得意忘形、没心没肺的样子，事情传到外面，影响可不好啊。要知道仅仅一年前，刘备还和刘璋在涪城这里置酒高会，宴饮百余日，其间觥筹交错，盟好尽欢，现如今却突然反目，刀兵相见；刘备不仅毫无愧色，还把自己比作上古圣贤周武王，而把刘璋比作暴虐无道的商纣王，这让那些忠于刘璋近二十年的益州官民会怎么想？

而刘备毕竟是刘备，他酒稍微醒一点，就立刻明白了庞统的苦心，所以才大笑与他和好，从此也对庞统更加看重了。在刘备的谋士群中，诸葛亮长于战略，法正长于奇计，而庞统最厉害的就是帝王之术。当初庞统护送周瑜的灵柩回江东，碰到孙策的女婿、江东大族子弟顾邵，曾说道："论陶冶世俗，甄综人物，吾不及卿；论帝王之秘策，揽倚伏之要最，吾似有一日之长。"所谓"倚伏"，出自《老子》："祸兮福之所倚，福兮祸之所伏。"看来，庞统一生钻研的正是号称"黄老之学"的道家帝王术，这种高级的学问会的人相当少，刘备这可真是捡到宝了。

但是很可惜，在接下来发生的雒城之战中，庞统为了能尽快攻下城池，身先士卒，结果中流矢而亡，年仅三十六岁，竟与当初周瑜暴毙的年龄相同。刘备没想到孙权的厄运在自己身上重演，深感痛惜，言则流涕。

　　我前面就说过，与大家的既定印象不同，史书中真实的刘备为人坚毅，情绪相当克制，其一生只为五个人的死哭过，其中最伤心的就是法正和庞统。法正死后，刘备"为之流涕者累日"，而庞统的死比法正还让刘备伤心，因为刘备是"言则流涕"，一说起庞统就哭，一说起庞统就哭，根本就不能提，一提就哭个不停，根本停不下来！

　　而对于刘备的老兄弟关羽、张飞，按《三国志》刘备压根没哭。关羽死后，刘备并不曾为他加谥（其"壮缪侯"是后来刘禅追谥）。而张飞死后，刘备也只叹了一句"噫！飞死矣。"看来也是没哭，至少我从史书原文中没看出来。大概，刘备的眼泪已经流尽了吧。

　　总之，庞统死后，刘备当时是真伤心，这么好的栋梁之材，三十六岁就死了，他的路本来可以很长，可以建多少功，立多少业。可他就这么死了，这真是天妒英才啊！刘备想来想去，悔恨不已，他恨自己不早一点收纳庞统成为自己的部下，他更恨自己为何要让庞统亲自上阵，这一切本来是可以避免的。刘备跟个祥林嫂一样，一遍一遍在军事会议上唠唠叨叨，搞得会都开不下去了。

　　领导很伤心，下属就应该好好安慰。可这时有个叫张存的站了出来，说了一句话，顿时让刘备暴怒。

　　张存说："统虽尽忠可惜，然违大雅之义。"所谓雅，正也。意思是说，庞统虽然死得很可惜，但他擅长的都是些阴谋诡计，一点儿都不光明正大。这下把刘备气的哟，当场大吼道："统杀身成仁，更为非也？"他都牺牲了你还非议他，你是不是人哪，于是一怒之下将张存免官了。

　　这下张存太郁闷了。张存，字处仁，出身于著名的南阳张氏。其堂祖父张温，官至东汉太尉，其叔伯兄弟，也大多是州郡高官，张存从小出身大族，心气很高，才能也非常出众，杨戏《季汉辅臣赞》说他："处仁闻计，或才或臧，播播述志，楚之兰芳。"意思是说，张存多智善谋，通晓文章军事，也喜欢臧否士人，而且有着出色的才华和忠贞的志向，是荆楚之地的名士。所以刘备也对他非常赏识，先让他担任荆州从事，最近又拜他为广汉太守。广汉郡是益州仅次于蜀郡的第二大郡，郡据成都之上游，为益州之内险，刘璋方面担任此职的是益州派首脑张肃，这片区域包括成都以北从雒城到绵竹到涪城到剑阁再到葭萌关、白水关的广阔地区，而其治所正是刘备正在围攻的雒城。刘备竟然把这么重要的太守职位提前交给张存，可见张存颇受信重，前途无量，不出意外必将是刘备手下文官系统中仅次于诸葛亮和法正的人物。

然而，这位大牛人，竟然只因为说了庞统一句坏话，就被刘备免官了！心高气傲的张存实在无法接受这个现实，没过多久，便郁郁而终。

由此更可见，对于庞统之死刘备是真伤了心了。为了补偿庞统，刘备想给庞家荣华富贵，但庞统儿子庞宏还太小，刘备就将庞统的父亲拜为谏议大夫。这是一个位置很高但没啥具体事务的闲职，多由郡太守退居二线后担任。庞统的父亲并没有什么能力，名字也没在史书上留下来，刘备给他这个官儿，目的就是照顾庞氏一家老小。庞宏在季汉后期官至涪陵太守，算是个不错的地方官。

最后顺便说一下，在《三国演义》中，庞统是出了名的丑男，站在风神俊雅的诸葛亮与白面大耳的刘备身边尤显猥琐。其实，这都是罗贯中说书人的习气，他无非是看了《三国志·庞统传》中一句"少时朴钝"就乱发挥罢了，是，庞统小时候是不够聪明，而且相当朴实，但长大了以后就不得了。这里还是得听听诸葛亮丞相府主簿杨戏的说法，杨戏在《季汉辅臣赞》里对庞统的描述是："军师美至，雅气晔晔。"意思是说，庞军师真是太美了，不流于俗的气质简直是光芒四射啊！陈寿在《庞统传》最后也将庞统比作荀彧，庞统是策士，荀彧是政治家，陈寿这么说，显然比的不是"居中持重"之才，而是"瑰姿奇表"的风骨与容貌才对。

而这样一个大帅哥，竟然被罗贯中说成了大丑男，唉，说书人就是喜欢乱发挥！

第二十八章

投降蜀将严颜：
千古川军的忠烈偶像

由于刘备安插在刘璋手下最高级别内应张松的暴露，使得刘璋对刘备有了防备，这让刘备攻取益州的过程尤为艰难，尤其是在围攻雒城的战役中，庞统意外战死，更让刘备对拿下益州毫无信心，刘备没有办法，只好派人去荆州让诸葛亮带领张飞、赵云前来援助。

诸葛亮认为，现在急急忙忙跑去雒城没有什么意义，雒城久攻不下，就是因为刘璋父子与益州本土派还抱有幻想，认为刘备久啃不下硬骨头就应退回荆州。所以诸葛亮决定率军沿长江而上，把成都外围城池都拿下，这样刘璋和益州派自然不战而降，可以和平解放成都这座历史古城，①不亦乐乎。

诸葛亮他们率军北上后，重点要拿下的就是巴郡郡治江州，江州是益州第二大城市，其汇聚川蜀之众水，为自荆州进入成都最重要的战略地带，拿下这里就好办了。负责主攻江州的是名将张飞，而刘璋方面负责守城的是巴郡太守严颜。在这两个人之间发生了一段脍炙人口的故事。在这个故事中，史实、传说与演义互相交错，让整个事件如一团乱麻，不知何处是真，何处是假，真真假假混杂在一起，连分清都很难，更别说分析了。

我们先来看史实的部分。

据《三国志·张飞传》记载，张飞不愧是威震长坂坡的一代名将，一通猛攻便拿下了江州，并擒获了巴郡太守严颜。

---

① 成都自公元前4世纪建城以来，二千三百多年间，城址未曾迁移，城名也从未更改，可以说是中国最大的一座历史古城。中国历史上还有邯郸这座城市也从未改过名，但其城市规模远不如成都。

张飞大概是要摆威风，当场就叱问严颜道："大军至，何以不降而敢拒战？"

这话说得，这江州好歹也是益州第二大城市，如果打都不打就投降，严颜这个巴郡太守也当得太窝囊了，所以严颜义正词严地反驳道："卿等无状，侵夺我州，我州但有断头将军，无有降将军也。"

张飞被下了面子，大怒，就说来人哪拉下去砍啦！

严颜没有被吓到，反而揶揄张飞道："斫头便斫头，何为怒邪！"砍头就砍头，你生啥气啊！

张飞觉得严颜不怕死，有个性，我喜欢，于是把严颜给放了，然后引为座上客，好吃好喝招待。

史书的部分，说到这里就戛然而止，严颜后来如何，一概没有交代。按说严颜乃巴郡太守，应算是整个益州排名前十的首脑人物，若是投降刘备，至少也应是这个级别的官员，不可能从此在史书中消失了踪迹。事实上，刘备平定益州后，把严颜巴郡太守的位置给了成都人张裔。张裔由一个小小的帐下司马被提拔为大郡太守，从此以后便对蜀汉政权忠心耿耿，后来还成为诸葛亮的心腹亲信。

而史书中既然没有交代严颜的结局，那这就是说书人最好的发挥空间了。所以在《三国演义》中，张飞给严颜一解绑，严颜就立刻成了带路党，说道："从此取雒城，凡守御关隘，都是老夫所管，官军皆出于掌握之中。今感将军之恩，无可以报，老夫当为前部，所到之处，尽皆唤出拜降。"然后严颜就一路劝降过去，并以自身为榜样说："我尚且投降，何况汝乎？"于是益州望风归附。最后严颜还成了黄忠的好搭档，号称蜀汉二老，在汉中之战中立下大功。

这些当然是罗贯中瞎编的，而且竟然还说刘备拿下益州后，以严颜大功，拜其为前将军。刘备自己也只是个左将军，竟然还能封拜比自己还大的前将军（刘备只有封汉中王后才可以），真是让人笑掉大牙。

总之，不管是从正史，还是从常理来看，严颜都不可能投靠刘备的。据《华阳国志·刘二牧志》记载，当初刘备入蜀之时，严颜曾捶胸顿足地说道："此所谓独坐穷山，放虎自卫也！"严颜是刘璋亲手提拔的铁杆益州派，他是不可能加入刘备政权的。那么，严颜为何会在史书中神秘消失呢？这样一位重要人物，陈寿怎么连个交代都没有，随便加一句"后住江州，病卒"会很费墨水吗？

重庆忠县当地的民间传说，可能会提供给我们另外一个答案。民间传说，严颜被张飞释放后，并没有投降，而且在听说刘备最终取得益州后，横剑自刎，完成了自己的忠烈之名。所以，到了唐贞观年间，严颜被唐太宗李世民追谥为"壮烈将军"，其老家临州（今重庆忠县）也被改名为忠州，严颜还被追封为忠州刺史。

这就对了，在《三国志》的记载之中，张飞表现得粗中有细，颇具政治大局观，知道严颜是益州当地贤达与知名人士，不仅不能杀，还要表示敬重。而严颜虽然表现得不错，但毕竟没像张任那样真被砍了头，李世民用"忠烈"两个字来表彰他就不太适合了。但如果严颜按民间传说那样后来自刎了，这事迹就够分量了！而后来苏轼在经过严颜墓时，也为严颜写了一首赞歌，顺带还把刘备、诸葛亮批了一通：

先主反刘璋，兵意颇不义。孔明古豪杰，何乃为此事。刘璋固庸主，谁为死不二。严子独何贤，谈笑傲碪几。国亡君已执，嗟子死谁为。何人刻山石，使我空涕泪。吁嗟断头将，千古为病悸。——苏轼《张飞传》

而宋末文天祥在就义前一年写的《正义歌》里，也将严颜比作四大忠烈之首，说："为严将军头，为嵇侍中血。为张睢阳齿，为颜常山舌。"这后面三位嵇绍、张巡、颜杲卿都死得极其壮烈，严颜应该也不会差过他们才对。

当然，到了元末明初后，罗贯中的《三国演义》传播越来越广，严颜的忠烈之名也就越来越淡了，他一般只作为张飞与黄忠的配角出现，目的只是衬托张飞的国士之风与黄忠的老当益壮。但是，这位忠烈的断头将军，却在民间传说中持续以他的忠烈之风，一代代影响着巴渝人誓死不屈的抗战精神。南宋末年，蒙古号称几十万人马，围攻重庆钓鱼城，却始终无法攻克，战乱中连蒙古大汗蒙哥也阵亡在城下，接下来忽必烈又攻了二十年，直到南宋灭亡后，大势已去，忽必烈又答应绝不伤害城中百姓，守将王立这才弃城投降。弃城后，没有一个人乞求怜悯，守城的三十二名（一说三十六名）将军全部拔剑自刎，可谓忠烈千秋。还有清军入关，四川也持续抵抗十余年，所以清军三次屠蜀，杀到四川只剩"一万八千零九十丁（成年男子）"，才算彻底平定了蜀地；更别说在抗日时期，国难当头，内斗不休的川军将领们立刻尽弃前嫌，一致抵御外侮，先后有三百万余人奔赴抗日前线，战死的有六十多万人，阵亡的川籍将领多达三十余人。多少巴渝男儿，慷慨赴死，正所谓有断头将军，无投降将军，石烂海枯犹此志也。

第二十九章
刘璋的心理防线终于崩溃

益州之战，诸葛亮奉命增援刘备，于是他带领张飞、赵云沿长江而上，先拿下白帝城与江州，然后兵分两路，一路由张飞北定巴西，然后再向西拿下德阳，进兵至成都城东面；另一路由赵云领兵，继续沿长江而上，拿下江阳郡和犍为郡，来到成都南面。

看到蜀中郡县纷纷瓦解，坚守雒城一年多的蜀中名将张任和刘璋儿子刘循终于感觉有点绷不住了，张任决定冒险出击，若能打个胜仗，便可以坚定雒城守城的信心，再守几年，总能把刘备给拖垮。

然而，荆州的军队已经源源不绝地开进蜀中，就算高层还有信心，底层将士们已经累了，这场仗已经打了快三年，整个儿天府之国都被折腾得不行了。

于是，雁桥一战，张任兵败如山倒，几乎全军覆没，张任也被刘备抓了，刘备敬慕张任的忠勇，劝他投降，张任出身寒门，是刘璋一手提拔起来的，当然不可能投降，他说："老臣终不复事二主矣。"刘备叹息了一番，只能把张任砍了。

事已至此，不难看出，益州本地人大多不太欢迎刘备，比如严颜、张任，是宁死不降，另外广汉县长黄权、梓潼县令王连、德阳守将张裔也是闭门抵抗。真正望风归附的其实都是东州人，比如中郎将吴懿、护军将军李严、参军费观、绵竹令费诗等，几乎在绵竹带着东州兵集体投降了。其实东州人本来是刘焉父子镇压益州豪强的基本盘，但刘璋后来为了笼络益州人，对东州人进行了一定的打压与遏制，东州人感觉自己受到了排斥，所以热烈欢迎刘备势力前来解放他们。比如东州派的精神领袖——著名的月旦评创立者、人物评论家、汝南名士、蜀郡太守许靖就试图翻墙逃出成都向刘备投降，可惜被守城士兵抓获。

在这种情况下，益州豪强们只能将势力与资源尽数从各地撤回，全部龟缩在成都城内，死守不降，欲做最后抵抗。所以，等到诸葛亮、张飞、赵云诸军与刘备会师于成都城下之时，成都城内已经聚集了精兵三万人，谷帛支用一年。更重要的是，成都豪强们向刘璋表示了死战的决心（吏民咸欲死战）。看来，想要拿下益州还是没那么容易，如果刘璋等人就是不投降，那么刘备至少又要围城一年才能搞定。而曹操在下一年的三月份就要开始攻打张鲁了，时间紧迫，刘备等不起啊！

而诸葛亮考虑得更多：二刘战争已经打了三年，耗费无数钱粮谷帛，如果要再打一年，巴蜀的民生吃不消啊，还记得长安好几次被毁的悲剧吗？就是因为战争双方最后都打疯了，打得世界第一大都长安如今几乎变成一片荒地，成都这个天府之都可不能重蹈覆辙啊，否则拿下益州又有什么意义呢？

所以，现在工作的重中之重，就是要尽快和平解放成都，劝刘璋赶紧投降。其实，这项工作刘备早就在做了，大概就在张飞拿下巴郡，赵云拿下犍为郡后，刘备就让法正给刘璋写了一封劝降信，指陈利弊，劝刘璋死心，但刘璋完全不理。据《华阳国志》记载，当时郡督邮朱叔贤谋划跑出成都投降刘备，就被刘璋抓住杀了，而后为了震慑打算叛逃的人，刘璋居然将朱叔贤的妻子张昭仪交给军中兵将享用，张氏不堪受辱，竟然自杀，刘璋三军莫不哀叹。

而等到刘备各路大军已扫清各郡，在成都城下会师，并围攻数月之后，刘璋与益州豪强们仍然困守孤城，就是不降。

怎么办呢？你完全没办法叫醒一个装睡的人，唯一的办法，就是把他拖下床。

于是，刘备和诸葛亮想到了马超。众所周知，马超曾是能与曹操叫板的一代枭雄；袁绍手下大将河东郡守郭援，曹操手下的凉州刺史韦康都死在他手里，甚至就连曹操也差点死在他手里，所以曹操曾说过："马儿不死，吾无葬地也。"凉州别驾杨阜更将马超比作韩信、英布这一级别的神将。虽然，马超现在已被曹操与夏侯渊打败，逃到了张鲁处，但能把全盛期的曹操逼到这份儿上，这世上也没有几位。这叫作虽败犹荣。

但很多人不知道的是，马超现在在张鲁手下的处境相当不妙，张鲁搞的是政教合一的宗教政权，马超在此担任所谓"都讲祭酒"，也就是"师君"张鲁手下最高的道教职务，但马超对这些道教的东西一窍不通，也丝毫不感兴趣，所以跟张鲁手下那些教众头领根本合不来。更重要的是，曹操攻打张鲁在即，张鲁和马超都要为自己留后路了。张鲁内心其实对投降曹操并不抵触，毕竟曹操也是尊奉道教的，当年还曾收编了三十万青州军道教徒。所以万一不行，将马超献给曹操似乎也是一个不错的选择。而马超也知道张鲁根本抵抗不了曹操，现在再不离开张鲁，等到曹操攻来就晚了！

而就在这时，刘备与诸葛亮派来的使者到了。这位使者叫李恢，乃益州俞元县（今云南省玉溪市澄江县）人，出身于南中大族，世代与当地少数民族首领联姻。刘备派这个南中土著前去联络马超，就是要告诉马超——我刘备已经得到了益州广大群众的支持，跟我混，我们一起共创美好未来！

马超现在也没有别的路了，现在天下能跟曹操掰手腕的只剩孙权、刘备二人，不投刘备，还能怎样？不过，他现在在张鲁的严密监控下，也不是说走就能走的。最终，马超一咬牙，竟然丢下了庞德等一干能征善战的部下，甚至丢下了自己的妻儿，独与堂弟马岱二人逃往蜀中。

刘备收到了威名赫赫的西凉马超的请降书，不由大喜，竟然忘情高呼道："我得益州矣！"诸葛亮却在旁边面沉似水："马超毕竟孤身而来，劲爆不足，需要给他加点料。"

十余天后，刘璋正在成都城楼上观山景，忽听得远处传来闷雷般的马蹄声，刘璋心中冒起一阵不祥的预感，极目望去，但见北方烟尘滚滚，转瞬间，一支千余人的骑兵已经奔至城下，为首一健儿，身高、体量、容貌都异于常人，自有一番凛然威势。刘璋想起来，前两年西凉马超率领关中诸将反抗曹操时，曹操曾将马超等"反贼"的容貌通报全国，由于马超长相颇有胡风（马超有四分之三羌族血统），所以刘璋印象深刻——不好，此人竟然是马超马孟起！

刘璋感觉自己扶在城墙上的手有点发颤，他当年也曾在长安朝廷当过奉车都尉，亲眼见识过董卓、李傕手下那帮凉州铁骑的彪悍，那绝对不是一段美好的回忆。快二十年了，没想到他这辈子还能碰上这群凶狠的暴徒。

马超似乎也认出了刘璋，他纵马奔前几步，昂首望向城楼，大声道："吾乃征西将军、领并州牧、督凉州军事马超，今已举军投效左将军麾下。尊驾今独守孤城，危亡在近，何必苦撑？左将军从本举来，旧心依依，实无薄意。愚以为可图变化，以保尊门！"

城楼上成都诸将的脸色都变了，一个个面面相觑：这凉州铁骑的厉害，天下皆知；而马超的勇武与名望，那也不是开玩笑的！没想到这傲气冲天的马儿竟然会去投效刘备！这下不好玩儿了。

大家更害怕的是，刘备是否已经得到了汉中张鲁的支持。因为李恢招降张鲁是秘密进行的，大家还不知道马超是叛鲁降备，或许他还就是张鲁派来的。而且刘璋之前还遣扶禁、向存两员大将率领一万多人绕道去攻打刘备后方基地葭萌关，葭萌关守将霍峻只有数百人，却能坚守城池一年多，还斩杀了刘璋大将张存，创造了不可能的奇迹（写到这里，不由慨叹一下，若霍峻多活几年，并能代替糜芳守江陵，则汉室大业可成也），莫非这张鲁竟在背后偷偷支持刘备么？要知道曹操已经在准备讨伐张鲁了，张鲁此时选择与刘备结盟，这也不是不可能的事情。

事已至此，刘璋也知道这场游戏结束了，不如早点投降，还能保得身家性命，于是长叹一声道："我父子在州二十余年，无恩德以加百姓。百姓攻战三年，肌膏草野者，以璋故也，何心能安！"终于派了帐下司马张裔去跟刘备谈投降条件。十天后终于谈妥，大开城门投降，益州群臣莫不流涕。而刘备也如庞统所言厚待了刘璋，让他继续做他的振威将军，并让他带着全部财产回到老家荆州，又做了大概七八年寓公，最后平静地病死了。

马超手下那一千多骑兵当然不是传说中的西凉铁骑，原来，刘备与诸葛亮见马超已成了光杆司令，威慑力大减，所以特意派人在半路截停马超，然后让刘备军中所有骑兵偷偷北上，与马超会合扮作西凉羌胡骑兵，再行南下。刘备当年曾在公孙瓒手下多年，也积攒了一帮幽州乌桓杂胡骑，与西北羌胡虽然长得有点不一样，但骗骗刘璋这些南方人还是很容易的。

第三十章
诸葛亮的直百帝国：
一场吊打全世界的货币战争

经过三年的辛苦攻战，刘备终于和平解放了成都，刘璋开城投降，刘备大军开进了天府之都成都。

这是一座富庶之都，这是一座享乐之都，这是一座欲望之都，这是刘备实现他王图霸业的天府与陆海，这也是刘备集团实现统一大业的根基与柱石！诸葛亮曾说"益州险塞，沃野千里，天府之土也！"庞统也说："益州国富民强，户口百万，四部兵马，所出必具，宝货无求于外，可以定大事。"法正也说："资益州之殷富，冯天府之险阻，以此成业，犹反掌也！"刘备刚入蜀受到刘璋热烈招待时也曾赞叹："富哉，今日之乐乎！"[①]

而四年前，当刘璋派法正前来迎刘备入蜀，就曾高调要阔，对刘备"前后赂遗以巨亿计"。后来刘备入蜀，与刘璋在涪城相会，人傻钱多的刘璋又再次高调炫富，"率步骑三万余人，车乘帐幔，精光曜日，往就与会。"并"以米二十万斛、骑千匹、车千乘、缯絮锦帛，以资送刘备。"

这就是益州，当时中国最富裕最安定的地方。大秦统一六国，刘邦诛楚兴汉，其物资后勤基础全在这里。而且数百年来，无论是战国大争之世，秦末楚汉大混战，还是新莽、绿林、赤眉之乱，黄巾、董卓、李傕之乱，巴蜀之地所受的影响都是最小的，而且每次大乱之时，都有大批关中与荆州难民逃难到这里，进一步提升它的人口实力与经济文化水平。我们可以想象，当刘备终于踏入成都，正式成为这片土地的主人，他的心中是如何狂喜。如果说一年多前，刘备在拿下

---

① 见南宋祝穆《方舆胜览》，所以后来二人会晤之山就被称为"富乐山"。

涪城后得意忘形地高呼"武王伐纣，前歌后舞"之时，他还有点心虚，现在他终于可以放心大胆地尽情欢饮，接着奏乐接着舞了！

趁着老板开心，将士们都撺掇着刘备给大家伙发奖金。原来，刘备在刚开始打刘璋的时候，损失相当惨重，据说是"部众离落，死亡且半"。刘备为了激励将士，当时就承诺大家"若事定，府库百物，孤无预焉"。所以，成都投降以后，将士们进城后第一件事儿，就是"舍干戈，赴诸藏竞取宝物"。等到刘备进入成都，整个成都的府库几乎都被搬空了。

所以，看着这堆积如山的金银财宝，将士们眼睛都直了，纷纷在宴会上起哄加码。刘备一则高兴，二则这是老早就承诺大家的，所以当场拍板，将府中金银全部赏赐有功将士。其中，诸葛亮、法正、张飞与关羽四个最大的功臣赏金各五百斤，银千斤，钱五千万，锦千匹，其余将士也按照级别与功劳，赏赐金银不等，将士们欢声雷动。

真正的老百姓却冷眼旁观，心中也在冷笑：什么仁义刘玄德，不过也是个大流氓罢了，一进城就忙着分钱，这跟强盗分赃有何区别！

但是接下来刘备又说了一句话，让蜀中老百姓也欢声雷动起来。

刘备宣布：既然我早说过，府中百物，我一个不碰。那么金银不碰，粮食和谷帛也不碰，全部还给老百姓！①

我前面说过，当初益州豪强们为了抵抗刘备，将蜀中所有资源全搜刮起来，收缩进了成都府库，足以支撑成都数十万军民坚守一年。可现在成都没守多久就直接投降了，府库中这些巨额的粮食与布匹就全都归了刘备。大家本来以为，刘备一定会将这些谷帛收为军用，用作接下来的统一战争。没想到刘备一开心，把这些谷帛也全都还给了蜀民。

这下是皆大欢喜了，但刘备自己却要哭了。金银都给了有功将士，谷帛都还给了老百姓，府库空虚，军用不足，资金链面临断裂，接下来的仗怎么打？

有难题，找诸葛。

诸葛亮说：这容易，我这里有个人才，绝对能帮主公解决这个问题，他叫刘巴。

---

① 见《三国志·蜀书·先主传》："蜀中殷盛丰乐，先主置酒大飨士卒，取蜀城中金银分赐将士，还其谷帛。"

刘备面有难色：刘巴那个人是有才，但孤不太喜欢他啊，不过看在孔明的分上，孤就去问问他吧。

关于刘备和刘巴之间的龃龉，我们前面提到过一些，而在后面我还会详细讲。这里你只需要知道，刘巴十八岁就主管荆州税赋，是位专家级的人才，也是诸葛亮治蜀的重要财政助手。这些年诸葛亮为了刘巴，也不知费了多少心思，说了多少好话，所以，看在诸葛亮的面子上，刘巴还是决定帮刘备一把，他说："此事易耳，但当铸直百钱，平诸物贾，令吏为官市。"这里解释一下，所谓"直百钱"，也就是铸造一枚大钱，然后硬性规定它的面值是普通铜钱的一百倍。而这枚大钱有多重呢？从考古发现与民间流传来看，这第一批的"直百钱"重约10克，是东汉时五铢钱的四倍左右。

也就是说，刘备用四枚东汉时的五铢钱，熔掉就可以重铸一枚价值百钱的铜钱，一下子赚了二十五倍，这不是明抢吗？没错，懂得经济学的同学应该早就看出来了，刘巴这难道是要刘备跟津巴布韦一样，人为制造通货膨胀，通过这种隐形的税收来搜刮民财？就在二十年前，董卓就用这种方法大铸小钱，妄图掠夺中原财富，却使得CPI暴涨数万倍，[①]直接导致了大汉金融崩溃，天下大乱！

在这里我要告诉大家，刘备确实用这种方法掠夺了益州的民间财富，但事情并没有大家想象的那么夸张。

这其中的关键，在于刘巴这句话的后面部分："但当铸直百钱，平诸物贾，令吏为官市。"也就是说，刘巴为这批"直百钱"专门设置了一个官市来回购军需物资，在这个官市里只能用"直百钱"，而"直百钱"也只能在这个官市里使用。也就是说，由政府对"官市"中的商品交易和钱本身的信用进行担保，以平抑物价（平诸物贾），避免民间正常结算的五铢钱的贬值与通货膨胀。当然，这种解决物价上涨与通货膨胀矛盾的方法，只有在古代自然经济占主导地位的形势下，并且只有在法家政权的控制下，才有办法行得通。事实上，早在法家第一帝国秦国的睡虎地竹简《金布律》中就规定："贾市居列者及官府之吏，毋敢择行钱、布。"即在交易市场中，无论是买卖人还是官吏，都不允许挑选、拒收"行钱""行布"等法定货币。《三辅黄图》卷二亦载："直市在富平津西南二十五里，即秦文公造。物无二价，故以直市为名。"可见当时价格决定机制牢牢地掌

---

① 见《后汉书·献帝纪》："是时谷一斛五十万，豆麦一斛二十万，人相食啖，白骨委积。"

握在秦之国家机器的手中。秦国在四百年前能够做到,深具法家传统的蜀汉政权自然也能做到。

从史籍中,我们也没有发现益州地区由于虚值货币大量增发,从而引起物价飞涨的记载。考古更发现,"直百钱"直到蜀汉灭亡前,都一直在铸造,并大量流通与使用,这说明益州的市场还算繁荣,政府对市场的管理也从来没有失控过。事实上,现代经济学发现,只要市场上流通的产品的数量,随着货币的增加而增加(我们前面提到的刘备"还其谷帛"应该起到了很大的作用),这样就不可能发生恶性通货膨胀。一般来说,只要通货膨胀率不超50%,[①]就算是相对可控的。在这种情况下,市面上通货的增加相当于润滑了经济运转的齿轮,还会促进商业的流通,增加就业机会,从而提高整个社会的总产出。[②]总产出提高了,每单位货币背后所对应的财富自然也增加了,这样通货膨胀率又会渐渐降下来。这在经济学上叫作以通货膨胀治通货膨胀。

那大家又要说了,我民间老百姓就不认可你们政府的信用,就不拿物资去你们官市里换那有可能贬值的"直百钱",你能拿我咋地?

你们还真是瞎操心,这种事情政府自然有的是办法,特别诸葛亮是先汉的粉丝,法家的拥趸,常年研习管子、商鞅与汉武帝、桑弘羊,他对国家干预经济主义与国际贸易战那是相当精通。你不用我的"直百钱",可以,那你就别想着打菜刀,吃井盐,穿蜀锦了。因为这些大宗物资与官营手工业全在蜀汉政府的管控之下,[③]你不用"直百钱"来成都的"官市"里买,就根本没地方买!从史籍中出现的"司金中郎将""盐府校尉"这些蜀汉官职也可以看出,诸葛亮对于经济完全是军事化的管理,其铁血手腕堪比秦皇汉武。

由于蜀汉不设专职史官,我们对其具体经济制度还不是很清楚。但有桑弘羊

---

① 通货膨胀率(价格上涨率)=(已发行的货币量—流通中实际所需要的货币量)/ 流通中实际所需要的货币量 ×100%

② 按照市场规律,当物价高的时候,人们会增加生产,而且还会寻找便宜的供货商,形成异地交易,从而增加供应量,推动各地的经济开发与社会产出,这就是适度通货膨胀的好处。当然,这种理论只适用于工商业比较发达的国家和地区。对于曹魏、东吴这种以传统农业为主的国家效果就不会很好。而蜀汉在人口、地力等指标上都拼不过魏吴,当然就只有大力发展手工业、工矿业与商业贸易,增加通货,保持流通性,增加社会总体财富,才能与魏吴抗衡。

③ 据《汉书·地理志》汉朝时天下十三州设置工官之地共有十处,其中就有三处在益州,分别在广汉郡的广汉、雒县以及蜀郡的成都。事实上,成都在秦时就设有"东工",工匠总人数在5000人以上,其中仅冶铜工匠等便有2000多人。西汉则在"东工之外"设有"西工",且规模更大,工匠总人数最多时达万人以上。参阅何一民、王毅:《成都简史》,四川人民出版社,2018年,第67页。

的经验可循，我认为基本的平准官与均属官必定是有的，这样诸葛亮就能将蜀汉各州郡的物产辗转交易，贵时抛售，贱时收买，说白了就是用国家的囤积居奇，来打败民间的囤积居奇；或者说用物资的定向定量投放，精准控制通货的膨胀或紧缩，并以此控制虚值货币的投放量。这就是法家稳定物价的方法，简单粗暴，但直接有效。

当然，蜀汉政府平抑物价的撒手锏还是"盐铁专营"，因为这是最好垄断的产业，巴蜀之地遍布盐池①、盐泉②、盐井，③还有丰富的天然气资源（井火），用天然气煮井盐，产量是普通火的两倍，④诸葛亮稍加改进，便"盈利逾万千"⑤。冶铁铸铜就更赚了。西汉时卓氏、程郑在临邛冶铸铜铁，成为亿万富翁；后来汉文帝还把严道（今四川荥经县）一座铜山赠给宠臣邓通，卓氏就与邓通合作铸钱，结果"邓氏钱布天下"，两人都富可敌国。东汉时期，益州朱提郡的堂狼山因矿藏丰富，青铜铸造器物精工坚固（尤以青铜面盆驰名），因而产品远销海内外，其器物铭文上"朱提堂狼造"的品牌，相当于今天的奔驰、宝马，那名气绝对响当当，力压群雄，冠绝一方。此外还有蜀郡、广汉郡生产的"金马书刀"，系由精

---

① 《华阳国志·蜀志》："定筰县（今四川凉山州盐源县）筰，筰夷也……有盐池，积薪，以齐水灌，而后焚之，成盐。"《三国志·蜀书·张嶷传》亦载，定筰等三县"旧出盐铁及漆"，但因地处偏远，汉末时已被完全控制在当地"筰夷"手中，所以诸葛亮征南中后，以张嶷为越巂太守，恩威并施，"遂获盐铁，器用周赡"。

② 先秦时期，巴国盐泉便是秦国与楚国争夺的焦点。作为一个缺少耕地的山区国家，巴国能在秦楚之间纵横捭阖数百年，"不耕而食，不织而衣"，靠的就是它的盐业资源。比如在重庆忠县中坝遗址出土的商周时代制盐工具，就是中国考古发现的最早、延续时间最长的制盐遗址。而正因为巴以盐立国，且几乎垄断了中国西部市场，故于长期以来，很多地区的人们谈到食盐时，总喜欢将之称呼为"盐巴"。

③ 东汉章帝时，人们在开挖水井时在自贡发现了大量盐井，从此，自贡井盐闻名天下，被称为盐都。今自贡市行政区划中还有自流井区与贡井区，显然得名于当地密集的井盐生产。另外四川还有乐山市井研县、绵阳市盐亭县、凉山州盐源县、攀枝花市盐边县，全都是因为在当地密集的井盐生产而得名。故西晋左思《蜀都赋》云"家有盐泉之井"，并无丝毫夸大之处。

④ 天然气在四川发现和开采应用较早，西汉末扬雄的《蜀都赋》已有记载，说："东有巴賨，绵亘百濮。铜梁、金台，火井龙湫。"晋朝人常璩《华阳国志·蜀志》则记载，早在秦始皇时期，临邛便"有火井，夜时光映上昭。民欲其火，先以家火投之。顷许，如雷声，火焰出，通耀数十里"。其煮盐产量亦见该文："取井火煮之，一斛水得五斗盐；家火煮之，得无几也。"刘逵注《蜀都赋》亦云："取井火还煮井水，一斛水得四五斗盐；家火煮之，不过二三斗盐。"

⑤ 张华《博物志》云："临邛火井一所，纵广五尺，深二三丈。井在县南百里。昔时人以竹木投以取火。诸葛丞相往视之，后火转盛热。盆盖井上，煮之得盐。"南朝刘敬叔《异宛》则记载："蜀郡临邛县有火井，汉室之隆，则炎赫弥炽，暨桓、灵之际，火势渐微。诸葛亮一瞰而更盛，至（蜀汉末期）景耀元年，人以烛投即灭。"看来诸葛亮不知用了什么方法，竟让井火"转盛热""更盛"，但外人不懂，竟以为是大汉国运的兴衰导致，殊为可笑。降晋蜀臣李密之子李兴稍知内情，遂在《祭诸葛丞相文》中感叹："千井齐甃，又何秘乎！"另外还有临邛当地《汉代古火井碑序》简要地介绍了一下："诸葛丞相躬莅视察，改进技法，剖斑竹以导气，引井火以煮盐，置锅灶达数十，更盈利逾万千。"

钢制作，错以黄金，那也是当时驰名天下的文具奢侈品。[①]

所以到东汉和帝时，软弱的东汉王朝被豪强们逼着放开了盐铁市场，[②]使益州出现了大量盐铁巨富，这些大族势大财雄，刘焉、刘璋父子也拿他们没辙，还得加倍讨好他们，以稳固政权；现在既然成都府库空虚，诸葛亮就准备拿他们开刀，并设"司金中郎将"与"盐府校尉"，直属刘备左将军府，进行军事化管理，于是"较盐铁之利，利入甚多，有裨国用"（《三国志·蜀书·王连传》）。此外益州还有一条金沙江，素产砂金，沿江及其支流水域的涪县（今四川绵阳市涪城区）、晋寿县（今四川广元市西南昭化镇）等地皆"有金银矿，民今岁岁洗取之"（《华阳国志·汉中志》）。总之，从少量的史料记录中至少可以了解，蜀汉的工矿业比较魏国、吴国都要发达些，[③]完全可以用通货膨胀治通货膨胀。

如果说"盐铁专营"只是达到了"平诸物贾"与"民不加赋而国用饶"的目标，那么蜀锦的国营化无疑是诸葛亮打得最漂亮的一场贸易战。[④]通过这场贸易战，魏国与吴国大量的物资被蜀汉轻松赚走，有力地支撑了诸葛亮的北伐行动。可以说诸葛亮五次北伐，其实大部分都相当于是魏、吴甚至是西方罗马人给的军费。

诸葛亮是这样想的，要保证"直百五铢"在国际结算中的地位，就必须找到一个特色高端制造产业。蜀汉虽然有发达的盐铁专营，但魏国有河东盐池与华北铁矿，吴国也有海盐铜铁之利，蜀汉在这方面优势不大。可蜀锦生产就不一样了，蜀地自古为"蚕丛之国"，[⑤]以高超的纺织技艺闻名天下，考古学家发现三星堆遗址二号祭祀坑出土的青铜立人像身着上衣下裳，服饰上有起伏纹饰，应是丝绸织品表达，可见蜀人在三千多年前便已较为熟练地掌握了丝织方面的技艺。两汉时期，成都的织锦技术更有了突破性进步，西汉老官山汉墓出土了四架织机

---

① 《汉书·文翁传》颜师古注引晋灼曰："旧时蜀郡工官作金马书刀者，以佩刀形，金错其拊（柄）。"李尤《金马书刀铭》："巧冶炼钢，金马托形。黄文错镂，兼勒工名。"

② 见《后汉书·和帝纪》："故遗戒郡国罢盐铁之禁，纵民铸煮，入税县官如故事。"

③ 姚大中《姚著中国史》第三卷《南方的奋起·二至六世纪社会经济问题总决算》。

④ 所谓锦，就是由不同颜色丝线织成花纹的提花丝织品。《太平御览·布帛部》引《诸葛亮集》云："今民贫国虚，决敌之资，惟仰锦耳。"我们千万不能低估古代的市场经济水平，许倬云在《汉代农业》里算过，汉代农民的收入大约有28%—36%来自农业以外，即从市场经济获得。

⑤ 扬雄《蜀王本纪》："蜀之先王名蚕丛，后代曰柏灌，又次者曰鱼凫。"所谓蚕丛氏，应是三星堆之前的夏代蜀地新石器文化。"蜀"字在甲骨文中呈"虫、蛇之形"，《说文解字》谓蜀为"葵中蚕也"，《释文》和《玉篇》则说"蜀，桑中虫也"。

模型，为一钩多综式提花机，东汉曾家包汉墓石刻上则雕刻有脚踏织锦（织布）机，据纺织专家研究，这些织机是当时世界上最先进的织机，比欧洲同类型的织机早了数百年。另外，东汉时期的蜀锦染色技术也有新的进步，工匠们在青、黄、朱、黑、白等"五方正色"的基础上，又发明了紫、绿等间色，其印染技术在全国居于领先地位。[①]

由此可见，蜀地自古丝织发达，乃至家家户户都有桑梓园，就连诸葛亮自己家里都种了八百棵桑树。[②]而案《释名》："锦，金也，作之用功重，其价如金，故其制字帛与金也。"古代圣贤们在造字的时候就告诉你了，锦就是金，造锦就是造金，这跟印钞票没啥区别啊！[③]所以，诸葛亮最终决定设立锦官，[④]将整个益州的织锦业彻底地国营化、规模化，给国家一个重要的贸易支柱，也给百姓一个稳定的收入来源，最终让成都成为当时全世界最大的高级丝绸品生产基地与集散中心。

据资料显示，成都在鼎盛时期聚集的锦缎织工多达7.6万人，直到蜀汉灭亡时，库存的锦、绮、采、绢竟各多达20万匹。正如魏晋时著名文学家左思在《蜀都赋》中记述："阛阓之里，伎巧之家，百室离房，机杼相和，贝锦斐成，濯色江波"。织工们用流经成都的江水濯锦，色彩明亮鲜艳，使江水经常呈现五光十色，艳丽似锦，所以成都现在尚有一个区叫作锦江区。据说，成都水濯出的锦，比其他地方洗濯过的锦，花纹艳丽百倍。[⑤]这是因为锦江水源自岷江，而岷江水源自高山融雪，当水流到成都地面后，水温仍低于外地河水，濯锦的过程实质上是一个对织锦冷处理的过程。所以，才收到了奇效。[⑥]

中原的织锦技术本来就不如益州，再加上诸葛亮这么一搞，让大量蜀锦涌入

① 参阅何一民、王毅：《成都简史》，四川人民出版社，2018年，第68页，第85—87页。

② 见《三国志·诸葛亮传》所载诸葛亮写给后主的表文："成都有桑八百株，薄田十五顷，子弟衣食，自有余饶。至于臣在外任，无别调度，随身衣食，悉仰于官，不别治生，以长尺寸。若臣死之日，不使内有余帛，外有赢财，以负陛下。"

③ 《西京杂记》云："霍光妻遗淳于越蒲桃锦二十四匹、散花绫二十五匹。……机用一百二十镊，六十日成一匹（一匹为四丈），匹直万钱。"而西汉时一万钱就是黄金一斤，这还是本地价格，若远销海外则还要贵上数十倍。

④ 据史学家缪钺先生考证，成都设置"锦官"不始于汉代，而是从诸葛亮时代开始的，其位置就在今成都城南夷里桥南岸道西，又称"锦里""锦城"。

⑤ 见《华阳国志·蜀志》："锦江织锦，濯其中则鲜明，濯他江则不好。"谯周的《益州志》："织锦既成，濯于江水，其文分明，胜于初成。"及《蜀都赋》李善注："成都织锦既成，濯于江水，其文分明，胜于初成；他水濯之，不如江水也。"

⑥ 参阅程遂营：《丝绸之路上的古城》，河南大学出版社，2019年，第34—35页。

魏、吴市场，导致魏、吴的零散手工织锦业一败涂地。再加上从东汉末年开始，秦岭—淮河以北地区的气候日渐寒冷，不再适宜桑树和蚕虫的生长，山东、河南等地的蚕桑业遂受到严重影响；而蜀地气候温暖如旧，蚕虫一年可化茧成蛾产卵再成蚕循环共五次（比从前黄河流域还要多一次）；陈留郡的襄邑（今河南睢县）本来是秦汉时期中原地区的丝织品生产中心，但东汉以后便衰弱无闻，直到宋代才重新崛起，便是一个明证。民国朱启钤先生《丝绣笔记》说："魏晋以来，蜀锦兴，几欲夺襄邑之席。于是襄邑乃一变而织成，遂使锦缕专为蜀有。"当代丝绸考古学家武敏先生也认为："成都地区是我国织锦最早产地之一，魏晋以后，织锦已专为蜀有"。沈从文先生也说："公元2世纪以后，黄淮以北各地区，由于长期战争，生产破坏极大，丝绸的生产已失去汉代的独占性，长江上游的四川蜀锦，因之后来居上，著名全国。又由于提花技术的改进，彩锦种类日益增多。"

也就是说，从魏晋到隋唐期间，所谓的中国丝绸，其实百分之九十就是成都产的蜀锦。这在新疆和北方丝绸之路沿线多个地区的考古也得到了证实，比如1995年，中日考古学者在对新疆尼雅遗址1号墓地发掘中，发现了一块织有"五星出东方利中国"文字的织锦，经研究就是三国时的蜀锦。中科院黄文弼先生的《罗布淖尔考古记》上就说："孔雀河沿岸之衣冠冢中，死者衣文绣彩，甚为丽都，虽黄发小儿，亦皆被服之。"《三国志·魏书·乌丸鲜卑东夷传》注引《魏略·西戎传》上也说："盘越国，一名汉越王，在天竺东南数千里，与益部近，其大小与中国人等，蜀人贾似至焉。"看来西域商道与印度商道都被诸葛亮打通了，那些让罗马帝国神魂颠倒的中国丝绸，就是从蜀汉锦官产出的美妙蜀锦！

而面对敌国来的蜀锦，曹魏统治者的心情是相当矛盾的，一则离不开，二则又害怕会影响本国的经济。比如魏文帝曹丕就曾写过一篇文章，说现在蜀锦的质量越来越差，连鲜卑人都不喜欢，以此劝阻魏国的豪奢贵族不要再购买蜀汉的锦绣织品。[1]当然他这么做是徒劳的，你管天管地还管得着人家穿啥？

而诸葛亮就趁着蜀魏间这七八年短暂和平期，让大批曹魏贵族患上了蜀锦依赖症，以致后来诸葛亮北伐虽导致蜀魏间的国家贸易时时中断，但仍架不住曹魏商人冒险大量走私蜀锦，特别是在曹叡时代，自魏明帝以下各大豪门，都喜欢清

---

[1] 见曹丕《与群臣论蜀锦书》："前后每得蜀锦，殊不相比，适可讶，而鲜卑尚复不爱也……是为下土之物，皆有虚名。"

谈作乐，歌舞饮宴，大修宫室，奢华装潢，而如果没有蜀锦，那些宫帷帐幔、那些曼妙舞姿全都会减色大半，更别说当五石散的药性发作，如果没有轻薄的蜀锦，权贵们那娇嫩的肌肤可要受苦了呢！

到了曹魏末期，事态更加严重。据史书记载，此时已出现了朝臣之服侔于帝王，玄黄之彩得通于下的奢汰局面。而工商业者穿着各色织锦，市场出售华丽织物，更使得服饰礼仪等级制度难以维持。[①] 夏侯玄对此提出车舆服章皆从质朴的建议，试图改变这种局面。当时的当政者司马懿认为此建议虽好，但难以实行，终未采纳。

至于蜀汉与盟友吴国，二者间的贸易往来就更多了。据南朝宋人山谦之《丹阳记》："江东历代尚未有锦，而成都独称妙，故三国时魏则市于蜀，吴亦资西道，至是乃有之。"事实上，江南直到汉末还只能生产"越布"（即葛布和麻布），而不能纺织丝绸，锦绣的生产是在三国时期始由蜀地传过去的。所以刘备、关羽老是跟东吴闹掰，诸葛亮却一直致力于维护两国关系，这不仅是为了联盟抗魏的战略需要，同时更是经济贸易发展的需要。蜀汉在三国之中，商业性本就是最浓厚的，其国都成都也一向是个商业重地，号称"水陆所凑，货殖所萃"（《隋书·地理志》），"市廛所会，万商之渊"（左思《三都赋·蜀都赋》），从此沿江而下，多少商船都可以迅速到达东吴的经济重地，这"一带一江"，生意可不要太好做！而也正是因为如此，哪怕吕蒙夺走了荆州，哪怕孙权竟然称帝，诸葛亮都不想跟东吴闹掰——你称帝好啊，称帝了就得广修宫室，增建府地，宫中、官府乃至贵家女眷的各类服饰也都得跟着升级，[②]这是一笔大生意啊，怎么能阻止呢？不仅不能阻止，还得大力支持，遣使祝贺才行！

而与魏、吴相比，蜀汉却恰好相反。诸葛亮执政期间，奉行廉洁节俭之风，甚至提出"市买不宜用锦"（《诸葛亮集》），反对在蜀汉市场上大量通行蜀锦这种奢侈品，而尽量将其输出到国外市场以换取大量财富，用以支撑北伐。

除了蜀锦，蜀汉还有一个拳头产业就是漆器。蜀地是中国最早的漆器发源地

---

① 见《三国志·魏书·夏侯玄传》："今科制自公、列侯以下，位从大将军以上，皆得服绫锦、罗绮、纨素、金银饰镂之物，自是以下，杂采之服，通于贱人。虽上下等级，各示有差，然朝臣之制，已得侔至尊矣，玄黄之采，已得通于下也。欲使市不鬻华丽之色，商不通难得之货，工不作雕刻之物，不可得也。"
② 据《后汉书·舆服志》："自二千石夫人以上至皇后，皆以蚕衣为朝服。公主、贵人、妃以上，嫁娶得服锦绮罗縠缯，采十二色，重缘袍。特进、列侯以上锦缯，采十二色。六百石以上重练，采九色，禁丹紫绀。"

之一，在夏商时期的三星堆文化，就出现过雕花漆器，只是由于木质不易保存，只留下了漆迹。从此，漆器生产就成了蜀地的重点产业。这是一种制造工艺极其复杂的奢侈品，价值为铜器十倍，[①]老百姓肯定用不起，所以多用于宫廷贵族、官员豪商。两汉之交的扬雄在《蜀都赋》中就记载，成都的漆器作坊，"雕镂扣器，百伎千工"，规模宏大，而且内部专业分工很细，每一个工人只负责一道工序，专业化程度很高，[②]而且，他们采用流水作业，所以能成千上万件地大批量生产。

考古也发现，蜀汉漆器不仅销往中原与江东，还可远销万里，创造贸易收入。如内蒙古满洲里、云南晋宁、新疆罗布泊，乃至朝鲜平壤和蒙古国都发掘出土过蜀郡与广汉郡所造的漆器。[③]这些漆器上面色彩缤纷的精巧图案令人惊叹，其绘画艺术远超技法粗糙的汉代画像石。另外，在长沙、荆州、江陵等汉墓中也出土了戳印"成市""成亭"等文字的成都市场私营漆器作坊所生产的漆器。如朝鲜半岛和蒙古国发掘中均出土过"蜀郡工官"的漆器。在擒杀关羽的东吴名将朱然墓中，更出土了八十多件珍贵的蜀郡漆器，占其全部随葬品大半（总共才一百四十多件），其种类包括盘、案、耳杯、盒、壶、樽、奁、槅、凭几等，日用器物应有尽有，上面还大多带有"蜀郡造作牢"或"蜀郡作牢"的铭文，表明正是蜀汉的产品。近年在鄂城地区东吴墓也出土了同类漆器，有"蜀郡作牢"铭文。

另外，蜀汉工官还有金银器等特色产品，汉朝时皇室为此花费极大，如元帝时贡禹上书云"蜀、广汉主金银器，各用五百万"（《汉书·贡禹传》）。事实上，四川盆地早在商周时期就是著名的黄金之国，广汉三星堆文化与成都金沙文化遗址中都出土了大量令人惊叹的精美黄金器物。如金沙遗址太阳神鸟金饰的厚度仅0.02厘米，器身极薄，却采用镂空方式表现，极具梦幻般的动态之美，且整个器物含金量达到惊人的94.2%，可以说代表了远古时期亚洲地区黄金器物的

---

① 见西汉桓宽《盐铁论》："今富者银口黄耳，金罍玉钟。中者野王纻器，金错蜀杯。夫一文杯得铜杯十。"另据史料及铭文记载，汉代设工官管理漆器生产的有八郡，其中蜀郡、广汉工官制造的漆器尤为精美贵重，是汉代漆器生产的主要中心。

② 据邓之诚《骨董续记》所录永始元年之汉漆署款云："永始元年，蜀郡西工造，乘舆髹洀画纻黄扣饭盘，容一斗，髹工广、上工广、铜扣黄涂工政、画工亲、洀工威、清工东、造工林、造护工卒史安、长孝、丞□、掾谭守、令史通主。"可见其分工之精细明确与管理之严格规范（造护工卒史、长、丞、掾、令史都是少府特派的生产监管品控人员）。

③ 刘兴林编著：《战国秦汉考古》，南京大学出版社，2019年，第299页。

最高水平。到了两汉时，这里又盛产扣器，也就是镶嵌金银珠玉之器。《盐铁论》谓"富者银扣黄耳"，即在耳杯上镶嵌有鎏金的铜耳和白银的口缘。《后汉书·邓皇后纪》："其蜀汉扣器，九带佩刀，并不复调。"原注："扣，音口，以金银缘器也。"可见蜀汉扣器不仅流行于富豪之家，且曾是专供皇室使用的。

当然，吴魏的统治者也不傻。当孙权发现东吴遍地都是蜀锦、[1] 蜀官漆器、金银器与"直百钱"的时候，这才醒悟到，这就是一场没有硝烟的货币战争啊，自己被诸葛亮坑惨啦！到最后，就连他要赏赐功臣，都得用蜀汉超发的"直百钱"，[2] 这还有天理吗？

于是，孙权决定奋起直追，也要大搞货币本国化，终于在嘉禾五年（236）春首铸"大泉五百"，一枚抵五百钱来用，真是相当任性，尝到甜头后又在两年后铸造"大泉当千"，进一步掠夺民间财富，并对蜀汉的货币战争进行反制。

但是很可惜，由于东吴没有靠得住的拳头产品，这两种货币无法得到蜀、魏两国的认可，要么被拒收，要么只能按照实际铜重进行交易，而两国商人在持有"大泉五百""大泉当千"后来到吴地贸易，却往往因为这是东吴"法定货币"，而大获其利。再加上东吴政府的控制力远不如蜀汉，导致地方大族与投机商贩趁机大规模私铸仿制劣币，将东吴市场搅得一塌糊涂，民众不堪其苦，纷纷罢市，社会经济遭受重创。孙权虽然搞了个盗铸科，但好像是成效不大，毕竟，蜀汉是法家中央集权政治，能够用强权与刑罚来抑制物价及打击盗铸，而东吴却不过是个大族豪强共同体罢了。[3] 从考古来看，存量稀少的"大泉二千""大泉五千"应该就是江东大族私铸。孙权估计拿他们一点儿办法都没有，事实上，面对国内钱货难行的混乱金融形势，就连孙权自己都不想用东吴大泉了。如公元238年大将朱桓病逝，孙权却"赐盐五千斛以周丧事"。

就这样，一直拖到赤乌九年（246），孙权终于诏令收回大泉，回炉重铸为器

---

① 见《三国志·吴书·华覈传》载东吴末年大臣华覈上疏："妇人为绮靡之饰，不勤麻枲，并绣文黼黻，转相仿效，耻独无有。兵民之家，犹复逐俗，内无儋石之储，而出有绫绮之服。"

② 见《晋书·食货志》："故吕蒙定荆州，孙权赐钱一亿。钱既太贵，但有空名，人间患之。"

③ 蜀汉官员的俸禄是直百钱，而东吴官员的俸禄大多是"奉邑""占田""复客"，也就是直接赐给官员若干邑、若干田、若干人手让他们自己经营。学者认为，这种情况表明政府在用税收保证俸禄上已力不从心，可以从自然经济、豪族经济抬头，以及政府财政能力下降等方面加以解释。参阅阎步克：《中国古代官阶制度引论》，北京大学出版社，2010年，第144页。

物，①孙权试图建立货币经济的努力，在坚持了十年后，最终还是惨遭失败，而因此所造成的财政亏空与通货膨胀已经毁掉了东吴的根基，由此引起的"南鲁党争"也进入了白热化阶段。

至于曹魏，其实也很早就想建立自己的货币体系了，但很可惜，他们的基础太差。东汉末年，董卓毁五铢钱而铸小钱，使得物价飞涨，"谷一斛至数十万，自是后钱货不行"。到最后，中原战乱之地只得重新开启了以物易物模式，曹操甚至还发明了"户调制"，废弃货币，用实物谷帛来征收赋税，这在乱世之中倒不失一个保障秩序、减民负担的好办法。可对于一个中央集权帝国来说，实物财政是非常不利的，因为财税无法货币化，皇权意志转化为政策过程的效率就比较差，此消彼长，世家大族的势力就更加难以抑制，帝国的非集权化倾向就会愈发严重。曹操后期至曹叡时期整个曹魏都没有什么对外扩张的积极性，原因也就在于此。

其实在此期间，曹操和曹丕也都曾努力复行五铢钱，但每次都没坚持几个月，就因谷贵而"罢五铢钱，使百姓以谷帛为市"，仍然只能退回到弱后的自然经济与庄园经济中去。直到公元227年魏明帝时，中原经济与商品生产有所恢复，曹魏才终于实现了魏五铢的重新铸造流通，但现有出土的魏五铢不仅数量不多，品质低劣，还经常跟一大堆汉五铢混杂在一起，可见曹魏内部商品经济仍相当弱后，故货币需求不大。

现在我们明白了，为什么曹魏和东吴始终建立不了货币经济，而蜀汉却能持续而稳定地流通它的虚值货币：一则是由于诸葛亮的威望，蜀汉的中央集权属性更强；二则是蜀汉的商品经济本就比魏吴发达，贸易量的提升，自然需要更多的货币量来参与交换；三则是因为蜀锦，简单来说蜀锦就相当于现在的美国储蓄黄金，而"直百钱"就相当于美金，它保值靠的就是诸葛亮用蜀锦换来的国家钱币信用保证。这一点从"直百五铢"的考古发现之广可以得到印证。在东吴的墓葬中，我们发现了数量惊人的"直百五铢"，而在北京、河南、安徽、江苏、湖北、浙江、湖南、江西等多地的西晋墓葬和窖藏中也发现了可观的"直百五铢"。而在蜀汉境内，我们却很少发现东吴的"大泉"与"魏五铢"，这便可以解释"直

---

① 见《三国志·吴书·吴主传》注引《江表传》："是岁，权诏曰：'谢宏往日陈铸大钱，云以广货，故听之。今闻民意不以为便，其省息之，铸为器物，官勿复出也。私家有者，敕以输藏，计畀其直，勿有所枉也。'"

白钱"虽然轮廓周正、铸工精良却一直减重的原因（从最重7克减重到最轻时仅有0.4克）——对于信用货币而言，只要建立稳定的信用，铸材近乎浪费。

所以，对于很多人说蜀汉"直百钱"减重证明了蜀汉经济一路走低之事，我持保留意见。如前所述，在两汉时期，益州就是"铜矿大省"，邓通不过只有一座严道铜山，就可以做到"邓氏钱布天下"，更别说临邛与朱提堂狼山的巨量铜矿以及金沙江的砂金矿，随便一采不都是钱吗？顾祖禹《读史方舆纪要》亦记载："蜀地多盐井，朱提出银，严道、邛都出铜，《志》称蜀川土沃民殷，货贝充溢，自秦汉以来，迄于南宋，赋税皆为天下最。"古人已经说得明明白白，蜀地金银铜矿丰富，钱贝充溢，根本没必要减重铜币以掠夺民财。

总之，诸葛亮搞的那一套，应该就是类似现在美联储的那一套，即通过大宗货物开启流动性，垄断丝织业，开启印钞机，打造"蜀锦直百钱"的国际支付地位，使用乾坤大挪移将通胀输出，搜刮全球财富！这就是诸葛亮的"直百帝国"，这就是诸葛亮能用区区两百多万人口，[①]支撑十万大军翻山越岭上千里，[②]七年之内五次北伐的最大原因。非如此，无以解释此等世界战争史之后勤奇迹！

---

① 据《三国志·蜀书·后主传》注引王隐《蜀纪》："（后主）又遣尚书郎李虎送士民簿，领户二十八万，男女口九十四万，带甲将士十万二千，吏四万人。"而兵户与吏户应独立于民户之外另算，故蜀汉末年约有民户四十万户左右，再加上中古时期通常不计入人口的匠户、杂户与屯田户，蜀汉总人口至少应在两百万以上。

② 一般来说，十万大军出征，至少还要动员三十万民夫负责运输粮草辎重，也就是说，北伐期间蜀汉至少有四十万男丁处于脱产状态。这也从侧面说明，蜀汉人口绝不止九十四万，两百万是保守估计。

第三十一章
三十岁诸葛亮的领导协调艺术

刘备平定益州之后，论功行赏，以诸葛亮、关羽、张飞、法正四人功劳最大，各赐黄金五百斤，白银千斤，钱五千万，锦千匹。而这四大金刚也是各有分工的，关羽为荡寇将军领襄阳太守，董督荆州事，是总管荆州的军政首脑；张飞则为征虏将军领巴西太守，驻守阆中，是三巴地区的军政首脑；法正为扬武将军领蜀郡太守，正所谓"外统都畿、内为谋主"，是刘备的参谋总长，同时也是执掌京畿重地的封疆大吏；诸葛亮则为军师将军领益州郡太守，[①]并署左将军府事，负责全面工作。另外马超虽然功劳比不上这四人，但他总算是一方诸侯来投，所以刘备表他为平西将军封都亭侯，仅比刘备低半级。

其实在五人之中，诸葛亮论官职并不比谁高，偏偏刘备却让他负责全面工作，这可让诸葛亮太难了，要知道这四位可都不是省油的灯，无论地位、威望、年纪、名头哪位都比三十出头的诸葛亮要大。而刘备常年在外打仗，后方一大堆难事全交给诸葛亮，这就考验诸葛亮的智慧了。在中国文化中，诸葛亮是智慧的化身，其实演义小说中着重体现的是诸葛亮的军事智慧，但事实上，诸葛亮最强大的，却是他的领导协调智慧。

首先难办的是关羽。关羽这个人名头很大，资历很老，脾气也不小，他听说大名鼎鼎的马超来降，而且被刘备表为平西将军，心中相当不服。要知道这"平西将军"乃重号将军，比关羽的杂号将军要高不少，如果说刘备的左将军大概相当于集团军总司令，马超就相当于副总司令，而关羽的军衔只相当于正副总司令

---

① 此处的益州郡，并不是指益州刺史部，而是益州刺史部下面的一个同名郡，位置在今云南东部一带，以前是"南蛮"古国滇国的领地，汉武帝时设立益州郡，郡治在滇池县，即今昆明市晋宁区。

下面的一个军长，这让一向以刘备手下第一大将自诩的关羽情何以堪！于是，关羽给诸葛亮写了封信，问马超这人是谁，水平咋样，可以跟谁比一比。

诸葛亮看到信苦笑，马超成名已久，是威震天下的猛将，要说关羽不知道马超是何人，谁信呢！看来关羽这是要讨个说法呀，咋办？

问大家一个问题，如果你是诸葛亮，你要怎么回答关羽。

这个问题比较复杂，马超和关羽对整个集团都很重要，得罪了关羽对荆州战场不利，贬低了马超又会让来降的新人心中生寒，并会影响到日后攻略汉中与凉州的计划，怎么办呢？这就要考验诸葛亮的协调艺术了。

果然，诸葛亮的表现相当艺术，关羽看完后便将这封信收藏起来，一有客人到访就拿给别人看，那是相当的得意。诸葛亮是这么说的：

> 孟起兼资文武，雄烈过人，一世之杰，黥、彭之徒，当与益德并驱争先，犹未及髯之绝伦逸群也。

这句话既夸了马超，还顺带夸了张飞，最后还大赞了关羽一回。另外，诸葛亮也代表刘备表态，明确了马超、张飞和关羽三人在整个集团中的地位，表示马超虽是新人，但可与张飞一样受到器重，而关羽独当一面的地位也绝不会因为马超的到来而改变。总之，这马屁拍得相当高级！

其次难办的是法正。法正这个人相当有才华，而且在刘备入蜀一事上立下了大功。但法正这个人有相当多的缺点。

第一个缺点：不太会处人际关系。法正出身显贵，祖先是被刘邦强迫迁来关中的齐国王族（齐襄王田法章之后），祖父是桃李满天下的关西大儒法真，顶着这么多光环，法正当年却在刘璋手下时"为其州邑俱侨客者所谤无行"，人缘如此之差，也不知到底是怎么闹的。

第二个缺点：法正有点像秦国时的范雎，恩怨分明，一饭之恩，睚眦之怨，无不相报。众所周知，法正之前在刘璋手下并不得志，想来应该也受了不少欺辱，如今风水轮流转，昔日沉沦落魄的边缘人成了益州新贵，以德报怨，何以报德？孔子都说了，要以直报怨！结果，法正竟滥用权势疯狂报复，以私仇妄杀无辜者数人，简直是无法无天了。

我们知道，诸葛亮是个法家，他当然无法容忍法正的任意妄为，当时也有人①在背后要求诸葛亮对此严加处理："法正于蜀郡太纵横，将军宜启主公，抑其威福。"

但没想到，诸葛亮却表现得相当软弱："主公之在公安也，北畏曹公之强，东惮孙权之逼，近则惧孙夫人生变于肘腋之下；当斯之时，进退狼跋，法孝直为之辅翼，令翻然翱翔，不可复制，如何禁止法正使不得行其意邪！"意思是说，法正为刘备夺得益州立下大功，功臣嘛，有资格任性，咱们就不要管了。当然，这个来提意见的人也有点心术不正，故意挑动二把手去动三把手，这就有点唯恐天下不乱了。按正常程序，他应该去找刘备才对。

况且，诸葛亮就算想管，那也是真管不了。论军衔法正的扬武将军与诸葛亮的军师将军同级，论地方职务法正的蜀郡太守还比诸葛亮的益州太守重要，论与刘备的亲信程度法正也不会比诸葛亮低多少——我们前面就说过，刘备一生只为四个人流过泪，其中有一个就是法正。法正死的时候，刘备为他连哭了好几天，那是真伤心哪。想当年汉中之战，刘备跟曹操对决，局势不妙，刘备却不肯退，谁劝都不行，当时矢下如雨，法正就挡在刘备身前，将自己暴露在箭雨之中！刘备脑海中顿时浮现出庞统中箭而死的样子，慌忙大喊："孝直避箭！"法正却大喊："明公亲当矢石，况小人乎？"刘备一看赶紧拉着法正撤退，孝直我们一起走！

另外，刘备在位期间，法正也是死后唯一拥有谥号的重臣，②庞统、关羽、张飞、黄忠都没有这种待遇。更巧的是，法正的爷爷、关中名士法真，当年就号"玄德先生"。

缘分哪！

这就是法正在刘备心目中的地位，看这样子，恐怕谁也动不了他。但这并不意味着诸葛亮拿法正就没办法了，这可不是诸葛亮的风格。等到汉中之战法正一跟刘备上了前线，诸葛亮就立刻上表，提出要将法正蜀郡太守的位置，转给诸葛亮新看中的益州人杨洪。

杨洪字季休，犍为郡郡治武阳县（今四川省眉山市彭山区）人，原本是犍为郡太守李严手下功曹，后来被诸葛亮挖墙脚做了蜀郡从事。这时汉中之战已打

---

① 见《三国志·蜀书·关张马黄赵传》："先主时，惟法正见谥。"其谥曰"翼侯"。看来，在刘备心中，法正确实就是那隐形的小翅膀，让自己"翻然翱翔"的好"辅翼"。

了三年，曹刘双方都撑不住了，特别是刘备方面，已经几乎调动了益州能调动的资源，搞得益州豪强们叫苦连天，大家从前在刘璋时代舒服惯了，连张鲁都懒得打，谁知刘备刚上台就这么爱搞事，居然还跟曹操打了起来，搞得天府之国还要勒紧裤腰带过日子，这也太惨了！这海量的抱怨声与哭惨声全都汇集到诸葛亮这里，搞得诸葛亮也有点动摇了，毕竟他是谨慎之人，不喜欢刘备、法正豪赌的习气，于是他决定问一问杨洪的看法，毕竟他也是本地大族，具有一定的代表性。诸葛亮问他就是想看看益州豪强们还能不能撑下去，仗打得这样辛苦，万一逼得有人作乱，那可就不得了啦。

而杨洪表示：

> 汉中则益州咽喉，存亡之机会，若无汉中则无蜀矣，此家门之祸也。方今之事，男子当战，女子当运，发兵何疑？

强盗已经拿着刀枪棍棒堵在家门口了，现在不跟他们拼了，还等什么？诸葛亮听到这话，心里就有了底，同时也觉得杨洪觉悟很高嘛，应该让他来做益州大族的表率，顺便也好打压一下法正的气焰。诸葛亮认为，法正"著见成败，有奇画策算，然不以德素称"。所以诸葛亮与他虽"好尚不同，而以公义相取"。法正的风格就是如此，"务眩惑之术，违贵尚之风"，可他是个很重要的军事人才，且曾经在刘璋手下当过军议校尉，多年参议益州军事，对益州周边的军事情况都非常了解。而至少在这时，刘备对诸葛亮以及诸葛亮对自己的定位都类似于汉初的萧何，重在"足兵足食，人民见信"，所以在军事谋划领域，诸葛亮已将其移交给了更加专业的法正，但正因为如此，那就更应该人尽其才。地方官员是父母官，要非常注意德行操守，特别是蜀郡这个都畿重地，豪强众多，相当敏感，这对恩怨分明的法正并不适合，他还是在刘备身边出谋划策就好了。杨洪就不一样，本地人，人脉广，懂分寸，又"忠清款亮，忧公如家"，蜀郡太守这个重要职务，非常适合他。再说了，汉中之战旷日持久，法正长期在前线，蜀郡长期没人管，诸葛亮上表名正言顺。

诸葛亮此举，也等于给益州士人吃了一颗定心丸。现在大家都明白了，在诸葛亮这里，没有新旧之别，也无畛域之分，只有量材录用，只有大公无私。这杨洪本来是犍为太守李严的手下，现在地位却与李严齐平。而没过多久，杨洪手下一个小小的普通文员（书佐）蜀郡人何祗，也被诸葛亮一步步提拔，最终成为犍为太守，又和他老上司杨洪平起平坐了。诸葛亮以通常流程根本无法想象的速度，为益州各郡安排了最得力的本地主官，既充分保证了汉中前线补给，又使益州士人归心，这才是最高级的管理之道。孟子有云："以逸道使民，虽劳不怨；以生道杀人，虽死不怨。"诸葛亮做到了。

第三十二章
诸葛亮入蜀的工作重点：
蜀汉派系问题

在前面的篇章我们讲过，刘焉统治益州，主要靠的是以东州派为核心力量，镇压益州派以巩固权力；而刘璋上位后，靠的是亲和益州派，限制东州派以巩固权力。这些方法确实起到了巩固刘焉父子权位的目的，让这两位并不是很强大的外来者，竟得以执掌益州二十余年。但这些方法的副作用无疑是巨大的，它使得益州派系丛生，乌烟瘴气，每个人一进入官场就必须坚决站队，如果你的政治立场不坚定，就会惨遭排挤与倾轧。法正、张松、彭羕、李严、费诗这批最早投效刘备的人，就曾经是派系斗争的受害者，所以他们只能再引来刘备这支外来力量，终于成功咸鱼翻身，成为益州新贵。

但是，这些因改换门庭而获得权位的益州新贵，毕竟是从益州混乱的政治生态中成长出来的，他们习惯了派系斗争，再加上他们陡然富贵，难免有小人得志之态，所以一经挑拨，就很容易成为新的派系斗争领导者。而益州本来就有很多政治派系，益州土著豪族与东州客居外人多年相斗，早已矛盾重重，现在又多了刘备集团这帮荆州新贵，使得益州的派系斗争更加复杂，更加混乱。诸葛亮很快就发现了问题的严重性，于是在入蜀之后，便先将工作的重点，放在了抹平派系、减少内耗这方面。

比如，关于彭羕的处置问题。

彭羕，字永年，益州广汉郡人。这个人身高八尺，相貌魁梧，但是性情高傲，相当不合群。这种性格在刘璋时期拉帮结派的政治生态中是相当难混的，所以虽然只在益州担任一小小文员（书佐），却仍被众人排挤毁谤，刘璋就把他剃了光头罚作苦役，贬为奴隶。彭羕怀恨在心，刘备一入蜀他就赶紧投效，并得到庞统赏识，得以平步青云，最后在刘备入主益州后成为益州治中从事，相当于益州府的第二副州长，位高权重，而且年仅三十岁，可谓前途无量。

可没想到，彭羕一朝得势，就立刻变了脸孔，形色嚣张，白眼看人，并且自己也开始拉帮结派，打击报复，从前他最讨厌别人这么对他，如今他却变本加厉对付别人。诸葛亮感觉这人太影响团结了，难当大任，于是多次向刘备进言，说彭羕这人心大志高，难保他以后不会惹出什么大事儿来。刘备暗中观察，也发现彭羕是个惹事精，于是对彭羕稍加疏远，调任他为江阳太守。

彭羕如果是个聪明人，就应该察觉到刘备这是在敲打他，希望他收敛锋芒，毕竟是个年轻人，在政治上还需要多加历练。可没想到这彭羕是个作死的，他听说自己从中央被外放地方，心中不爽，竟然跑去找马超诉苦，说："刘备老革（老兵），可复道邪！卿为其外，我为其内，天下不足定也。"

马超是什么样的人我前面已经说得很清楚了，他可是连曹操都敢反的牛人。彭羕这话一出口，绝对不安好心，说轻点是结党营私，说重点就是鼓动造反！

但是很可惜，彭羕看错人了。马超已经不是从前的马超了，他旧部丧尽，全家被杀，光杆司令投效刘备，从前的雄心壮志早就废了，如今他只想安安稳稳地过日子，岂会被你一个小彭羕带偏？于是马超立刻向刘备举报彭羕的反动言论，刘备大怒，立刻将彭羕打入大牢。

彭羕不死心，在狱中还给诸葛亮写了一封信替自己辩解，说自己那句话意思是要马超和自己一起全力效忠主公，共同讨伐曹操罢了，根本就不是想造反。诸葛亮说你别解释了，解释就是掩饰，现在只是让你外放地方，你就敢勾连马超，日后要是时机合适，你还不祸乱朝堂啊！如前所述，彭羕很可能就是当年张松与刘备之间的联系员，并负责过刘备与诸将之间的军情联络，此人知道太多重大机密，如今居然又起了反心，这种人，怎么能留呢？于是最终彭羕被依法处死，年仅三十七岁。

《说文》："羕，水长也。"杨慎《丹铅总录》："古字羕与永同。"而彭羕字永年，其名与字都是想要活得永永远远，只可惜事与愿违。

与彭羕相似的还有诸葛亮后期处置的来敏。来敏，字敬达，荆州新野人，乃东汉初年开国功臣来歙的后裔，东汉末年司空来艳之子，可以说出身名门，而且博学多闻，是一代宿儒学士，所以刘备与诸葛亮都极力提拔他。刘备让他担任太子家令，也就是太子刘禅家的总管，而诸葛亮在北伐前夕进驻汉中后，也请他担任军祭酒、辅军将军。总之算是对他相当不薄了，然而，没过多久，来敏就出事了。

原来，诸葛亮第一次北伐，虽功败垂成，却带回了大批魏国降人，姜维就不必说了，另外还有上官雝、尹赏、梁虔、梁绪等原先魏国天水郡的主簿、功曹也都得到了诸葛亮的重用，如上官雝官拜讨虏将军，梁虔官拜大长秋，梁绪官拜大鸿胪，尹赏官拜执金吾，这可都是九卿的高位。诸葛亮这么做，当然大有政治的原因，季汉想要统一天下，就要搞五湖四海，不能搞山头主义。可来敏却不服气了，竟然当众骂道："新人有何功德，而夺我荣资与之邪？"结果诸葛亮便以"乱群"之罪将其免职。所谓"乱群"，就是影响团结，拉帮结派，这是诸葛亮要坚决打击的对象，管你是功臣之后还是东宫旧臣，谁破坏团结，诸葛亮就搞谁！反之如果谁有利于维护团结，那么诸葛亮就要大大地重用。

又比如，关于刘巴的问题。

刘巴，字子初，零陵郡烝阳县（今湖南衡阳县西）人。他出身于荆楚一流的豪门，其祖父刘曜曾任苍梧太守，父亲刘祥曾任江夏太守、荡寇将军。刘巴年少成名，才学冠绝，十八岁便担任荆州郡署户曹吏主记主簿，也就是管荆州户口与赋税的办公室主任。刘备听说了他的名声，想与其交好，便介绍荆州神童周不疑去向他求学，刘巴一听是刘备介绍的，拼命推辞，说自己承当不起，大大谦虚了一番。刘备当时只觉得这刘巴挺怪的，有些谦虚过头了，但最后他才发现，刘巴这不是谦虚，而是讨厌自己。

至于刘巴为什么要讨厌刘备，我也不太清楚。总之，在赤壁之战后，荆州士人大多归附了刘备，只有刘巴不走寻常路，竟然向北投降了曹操，曹操就让他去招抚南四郡，刘巴说："我不去。"曹操很奇怪，我要重用你，你居然不肯？当然就问原因了。刘巴臭着脸说："刘备在荆州，我不要去！"曹操似乎没有听懂这句话的意义，笑着说："怕什么刘备，刘备来了，我就派六军杀过去帮你！"

刘巴没办法，只好南下，结果他真的很衰，刘备竟然趁着周瑜和曹军在江陵相持，趁机一举拿下了南四郡，这时刘备听说刘巴也在这里，非常高兴。神经少一条的刘备还以为上次他没跟自己南下，是被曹操抓去了。而当刘备很热情地准备去找刘巴叙叙旧，才发现刘巴逃走了，而且逃得很远，往交趾（今越南）逃去。刘备气得半死，诸葛亮却还想争取一把，竟然放下公事追了上去，苦劝刘巴留下，说："刘公雄才盖世，据有荆土，莫不归德，天人去就，已可知矣。足下欲何之？"刘巴却说："受命而来，不成当还，此其宜也。足下何言邪！"诸葛亮没有办法，只好放刘巴走了，刘巴来到交趾，改姓张，生怕被刘备和诸葛亮再找到。

可惜，刘巴的性格太直，他不知为何又得罪了交趾太守士燮，只能再跑去益州投靠刘璋。原来刘璋的父亲刘焉曾经是刘巴父亲刘祥的门生故吏，有了这层关系刘巴才总算在益州稳了下来，但官职相当低微，陈寿都不好意在史书上写下来。刘备入蜀的时候，刘璋也曾询问过刘巴的意见，刘巴只有一句话："不要接纳刘备，你这是放虎入山林哪。"可惜刘璋就是不听，刘巴心灰意冷，于是称病辞职，闭门谢客。

诸葛亮知道刘巴在刘璋这里后，非常高兴，但他也知道这人性子太差，跟刘备搞得很僵，所以不得不常向刘备说他好话，并让刘备在攻打成都时通告全军："其有害巴者，诛及三族。"等到刘备进城，刘巴的"躲避刘备之旅"被迫宣告终结，他避无可避，只得投降了刘备。刘备心说，你看你转了一圈，最后不还是归我了吗？于是将刘巴任命为左将军府西曹掾，这是一个地位不高，但权力很大的官职，主管刘备左将军府的一切人事任用与文书往来，曹操方面任此职务的是重臣崔琰、丁仪等人。

但就算如此，刘巴仍然是个刺头。征虏将军张飞是刘备的好兄弟，此人虽然是个武人，但喜欢跟文人儒士们交朋友，甚至矫枉过正，"爱敬君子而不恤小人"。张飞来到成都后，发现这刘巴就是个很有名气的文人士大夫，就去跟刘巴交朋友，还跑到他家里留宿，想跟刘巴来个"卧谈会"。当年刘关张起事，三人就是"寝则同床，恩若兄弟"。张飞大概觉得一起睡觉就是增进友谊的最好方式，所以动不动逼别人和他睡觉，别人看在刘备的面子也就罢了，偏偏刘巴这个人特犟，他连刘备都不想讨好，何况是张飞。再说了，这事儿根本就不是刘巴的本职工作——我只是投效了刘备而已，为他工作就好了，为何还要陪他老弟睡觉？但看张飞很凶的样子，睡就让他睡，我不搭理他总可以吧？

结果，张飞在刘巴家赖了一整天，东问西问，刘巴都没开口吐出一个字，直把张飞气得哇哇叫——我一心和你交往，你却把我当空气？这叫我情何以堪哪——气的就跑到诸葛亮家中去睡觉，并向孔明恨恨不已地哭诉了一番。诸葛亮一向致力于调和各方矛盾，于是就跑去劝刘巴稍微注意一下同事关系："张飞虽实武人，敬慕足下。主公今方收合文武，以定大事；足下虽天素高亮，宜少降意也。"刘巴却把头一昂，带着苍鹰一般的骄傲："大丈夫处世，当交四海英雄，如何与兵子共语乎？"我前面就说过，刘备最讨厌彭羕骂他"老革"，现在刘巴又骂张飞"兵子"，这跟指桑骂槐也没啥区别。刘备这下火大了，当场发飙说："孤欲定天下，而子初专乱之。其欲北投曹操而已，假道于此，岂欲成孤事邪？"

诸葛亮一看糟了，赶紧又在旁边求情，说了一大通好话，甚至不惜自谦道："运筹策于帷幄之中，吾不如子初远矣！若提枹鼓，会军门，使百姓喜勇，当与人议之耳（还可以和刘巴稍微比一比）。"听到诸葛亮这么看重刘巴，刘备才稍息雷霆之怒，恨恨地说道："子初才智绝人，如孤，可任用之，非孤者难独任也。"

我们知道刘备也是个相当有脾气的人，所谓"芳兰生门，不得不锄"。如果不是诸葛亮从中调和，刘备绝不可能留着刘巴添堵。话说回来，以刘巴同志表现出的情商，倘若当真跑回了许昌，只怕活不过两集，未免身在福中不知福了。所以刘巴最后大概也想通了，或者说被诸葛亮说动了，从此工作兢兢业业，最后还是为蜀汉基业作出了重大贡献，比如我们前面说的提议铸造"直百钱"，另外蜀汉的一些重要文诰策命，也都是刘巴执笔的。而法正死后，刘巴更是继任其尚书令之职，执掌内朝，成为蜀汉文臣中仅次于外朝丞相诸葛亮的人物。

其实，诸葛亮如此看重刘巴，力推刘巴，不仅是因为刘巴能力出众，更重要的是看重刘巴的品德。刘巴此人虽曾与刘备颇多仇隙，却并不喜欢拉帮结派搞事情，史书上说他"躬履清俭，不治产业，恭默守静，退无私交，非公事不言"。别说派系了，甚至连私交都没有，所有事情都公事公办，这简直就是蜀汉臣子的典范。同样的情况还有董和。

董和，字幼宰，南郡枝江人，东汉末年举族迁入益州，也是刘璋的旧臣，曾任成都县令与益州太守，在任期间也是勤俭廉洁，粗衣素食，身居高官，却家无余财，并且在刘璋时期非常宽松的法律环境下，却以严法整治豪强，刚正不阿，所以诸葛亮对董和异常信重，钦点他为自己的副手，于是刘备征召董和为掌军中郎将，与军师将军诸葛亮并署左将军、大司马府事。[①]两人共事七年间，合作非常愉快。比如董和曾因某事连续和他争论十次，诸葛亮不以为忤，反而公开嘉奖，大加鼓励，并常常追思说：

---

① 刘备的霸府机构本是左将军府，但称汉中王后，便将曹操原先代表汉献帝封给他的左将军及宜城亭侯的印绶交还，然后又自称大司马，并将自己的霸府机构改称为大司马府。

昔初交州平（崔钧），屡闻得失，后交元直（徐庶），勤见启诲，前参事于幼宰（董和），每言则尽，后从事于伟度（诸葛亮主簿胡济），数有谏止；虽姿性鄙暗，不能悉纳，然与此四子终始好合，亦足以明其不疑于直言也。

当然，想要完全解决派系问题，获得一个安定团结的政治局面与一个团结向上的政治班子，光靠诸葛亮一个人一个人去解决是不现实的。管理理论强调，制度建设是一切管理的起点。人少的时候讲感情，人多的时候靠制度。益州的派系问题根深蒂固，必须从制度入手，才能根治。我们知道，诸葛亮是西汉司隶校尉诸葛丰的后代，是世代相传的法家，同时也是荆州古文经学派司马徽等人的弟子，而刘备则是郑学支裔，又通申韩，二人皆学问驳杂，兼通百家，所以他们决定援法入儒，[①] 开创制度，并安排了一个集合各派人马的四人小组（法正、伊籍、刘巴、李严）协助诸葛亮，共同制定了刘备集团的"宪法"——《蜀科》。

科，是汉朝的一种法律形式，效力位阶比"律"要低，充其量相当于现在行政机关制定的地方性法规，这是由于当时汉朝还在，刘备作为左将军领益州牧并没有权力制定律条，所以只能称其为《蜀科》。《蜀科》的具体内容已不可考，据《三国志·诸葛亮传》记载，蜀汉的用法虽然严峻，但公平公正，赏罚必信，所以百姓无怨。可法正在益州的政治生态中待惯了，他害怕诸葛亮这样做会引起豪强们的激烈反弹，且会对自己也会造成诸多限制，于是劝诸葛亮说："昔高祖入关，约法三章，秦民知德，今以武力征伐，初有其国，未垂惠抚；且客主之义，宜相降下，不如缓刑弛禁，以慰民望。"所谓"客主之义"，其实就是益州的派系问题，刘备入蜀，乃反客为主，益州豪强难免有想法，法正害怕诸葛亮用法太严会导致反效果，逼得益州豪强聚众闹事，那可就弄巧成拙了！君不见当年汉高祖刘邦约法三章，废弃严苛秦法，这才得到广大民心。

法正将汉高祖这庙里的祖宗抬出来，确实很唬人，但诸葛亮从来就不是权威的奴隶，他认为具体问题要具体分析，因时制宜，因地制宜，秦末那是暴政，不

---

① 据《华阳国志·刘后主志》记载，刘备曾回忆说，他在徐州时，"周旋陈元方（陈纪）、郑康成（郑玄）之间，每见启告理乱之道备矣，曾不语恶。"诸葛亮也表示："治世以大德，不以小惠，故匡衡、吴汉不愿为赦。若刘景升、季玉（刘表、刘璋）父子，岁岁赦宥，何益于治！"可见不仅诸葛亮、刘备，包括陈纪、郑玄这些汉末著名的经师大儒也都提倡援法入儒，这说明随着时代学风之变化与现实政治的要求，综核名实、提倡术乃当时之大趋势，代表着最先进的政治学术。

改能行吗？如今《蜀科》虽然严，但一点也不暴，①而益州的派系问题之所以这么严重，并不在于用法太严，恰恰是当年刘璋执法遵行儒家教义，对益州的统治，是类似于当年袁绍对冀州的路子，所以才导致"威刑不肃，蜀土人士，专权自恣，君臣之道，渐以陵替"。总之就是让地方豪强们蹬鼻子上脸了，搞得君主和百姓上上下下都很崩溃，所以他要"威之以法，法行则知恩，限之以爵，爵加则知荣；荣恩并济，上下有节。为治之要，于斯而著"。

总之，宽严不是问题，关键要公平、公正、公开，这样不管是你属于哪个派系，只要违反法度，影响团结，必定严惩不贷，这样大家有了共同的刑赏准则，派系差别才能日渐泯灭，蜀汉政权才能由乱入治，形成安定团结的政治局面与社会秩序。②我们看诸葛亮后来亲手处置的人员，如彭羕、刘封、廖立、马谡、李严、来敏等，其中很有几位是刘备、诸葛亮亲手提拔起来的亲信。可见诸葛亮只讲法制，不讲人情。这就是我们的诸葛丞相，法度严明，赏罚必信，开诚布公，如水如镜，至平至明，"可谓能用刑矣"。③所以他最终才能做到"德及于人也，虽奕叶而见思。法加于人也，虽死徙而无怨"（裴度《蜀汉丞相诸葛武侯祠堂碑》）。并最终使得整个蜀汉"吏不容奸，人怀自厉，道不拾遗，强不侵弱，风化肃然也"。

据统计，从刘备建安十九年（214）进占益州，到蜀汉亡这四十九年间，曹魏爆发过十二次农民起义，孙吴二十三次，而蜀汉仅发生过二次。说明其政治清明，吏风清廉，社会公平，阶级矛盾较为缓和。④

当然，刘备是个重情义的人，所以在他统治期间，蜀汉的基本路子仍避免不了抬高荆州、东州派而打压益州派。这个问题直到诸葛亮主政后才得到彻底解决。刘备死后，诸葛亮开府治事并领益州牧，他的丞相府与益州府就成了蜀汉的最高决策机构，而在这两个机构的重要职务中，处处都是益州本地士人的身影。

---

① 比如，"诬罔罪"（诬欺君罔上），依《汉律》本要问斩（如司马迁便是犯了此罪，后以腐刑赎身死），但蜀汉的李严、廖立都犯了此罪，却只判了个"废徙"。可见蜀汉用法虽然"峻密"，但极其谨慎，就算打二十大板，也要丞相诸葛亮亲自过问。归根结底，蜀政非秦政，诸葛亮亦非纯法家，而是援法入儒，是将申韩之术与古文经学所做的一种结合。

② 见《三国志·蜀书·诸葛亮传》："诸葛亮之为相国也，尽忠益时者虽雠必赏，犯法怠慢者虽亲必罚，服罪输情者虽重必释，游辞巧饰者虽轻必戮，善无微而不赏，恶无纤而不贬，终于邦域之内，咸畏而爱之。"唐太宗李世民也表示："诸葛亮治蜀，十年不赦，而蜀大化。"（《贞观政要·赦令第三十二》）

③ 见《三国志·蜀书·李严传》注引习凿齿之论。

④ 中国社会科学院历史研究所编：《中国历史极简本》，中国社会科学出版社，2017年，第148页。

比如说最重要的丞相府留府长史，就是成都人张裔，另外，张裔还兼着禁军的射声校尉和益州第二副州长治中从事的位置，可以说是诸葛亮的左膀。而另一位右臂、同样也是成都人的杨洪也得到了进一步提拔，由益州治中复为蜀郡太守，并赐爵关内侯，拜忠节将军、越骑校尉，执掌禁军。另外，主管整个丞相府人事任用的西曹掾则是益州名士李邵。而丞相府的参军诸葛亮则选了马谡和李邵的哥哥李邈。

这李邈虽然蛮有才，但为人相当狂直，曾经当着刘备的面说"邈以将军之取鄗州，甚为不宜也"。结果差点被刘备杀掉，还是诸葛亮把他保了下来，并多有重用，不仅让他接替李严的位置担任犍为太守，还让他担任丞相府参军，接受与马谡一样的重点培养。而在益州牧府中，诸葛亮也多选益州人才，别驾也就是副州长选的是刚从牢里放出来的绵竹人秦宓，[①]功曹（主管人事）选的是犍为人五梁，劝学从事（主管教育）选的是巴西人谯周。此外南中一带的太守都督也大多是益州本地人。据雷近芳教授在《试论蜀汉统治集团的地域构成及其矛盾》一文中统计，蜀汉统治集团（除刘备父子外）有籍可考者189人。其中诸葛亮等荆襄人士66人，李严、黄权等巴蜀集团人士92人，从这个比例来看，巴蜀人士还是占大头，而襄樊、夷陵之战后大量荆州士人投降、阵亡，巴蜀人的比重只会更大。

---

① 　见《三国志·蜀书·秦宓传》："益州辟宓为从事祭酒。先主既称尊号，将东征吴，宓陈天时必无其利，坐下狱幽闭，然后贷出。"世人常以为蜀地贤少，但秦宓确实厉害，吴国名士张温出使蜀汉，与秦宓聊过之后，就"大敬服，以为蜀之有宓，犹鲁有仲尼也"（《华阳国志·先贤士女总赞中》）。另外秦宓也是魏晋时蜀地史家的鼻祖人物，其弟子谯周，其徒孙陈寿、寿良、常宽皆一代史才。秦宓后来官至大司农，主管整个蜀汉的经济与财政工作。

第三十三章
刘备的两大能力短板
注定了蜀汉集团的天花板

建安二十年（215），孙权看到刘备抛开自己独吞了益州，心中非常不爽，因为当年孙权曾邀请刘备共同取蜀，刘备却说刘璋是他宗兄，也算是抗曹联盟的一部分，大家不能做出亲者痛、仇者快的事情，并信誓旦旦地表示："汝欲取蜀，吾当被发入山，不失信于天下也。"逼得孙权罢手，结果他自己一转头独吞了益州，这就是赤裸裸的政治欺诈啊，还好意思说自己不肯失信于天下，实际上却说一套做一套，哪里还有半点政治信用可言？这叫孙刘联盟还如何维系呢？所以孙权就在这年五月份派了诸葛瑾去向刘备讨要荆州地盘，以完善东吴的江防体系，刘备却信守一个拖字，说："吾方图凉州，凉州定，乃尽以荆州与吴耳。"

刘备真是不会说话，既然已经失信于孙权，这次就应该真诚点，哪怕就说我不舍得给啊，咱们再坐下来谈谈其他条件行不行啊，也比这样一句骗鬼的话要好一点。

果然，孙权听了刘备的话，更加气愤了。上次骗了我一次，这次还想骗我啊！谁知道你啥时候才能拿下凉州，就算拿下凉州，到时候你又说等拿下关中再还荆州。

好了，没啥好说的了，说不通就抢！孙权也很好玩，他也不跟刘备开战，竟直接派了一帮官员去长沙、零陵、桂阳三郡上任，倒是留了武陵郡和南郡给刘备，反正就自作主张把荆州给分了，你们是同意呢还是同意呢？

关羽当然不同意，孙权派来的官儿连衙门口都没摸到，就被关羽踹着屁股赶走了。孙权大怒，立刻派吕蒙率领两万大军前去攻打三郡。关羽根本没想到孙权会一言不合就掀桌子，应对预案明显不足，被吕蒙轻易袭取了三郡大半地盘，零陵太守郝普等人都被吕蒙擒获，只有长沙太守廖立孤身逃到刘备身边。刘备认为廖立是个难得的人才，[1]所以既往不咎，仍让他担任巴郡太守。

然后，刘备竟然亲自点了五万兵马，从成都沿江而下两千里，来到公安，并派关羽领兵三万进驻益阳，大战一触即发。此时孙权在荆州只有鲁肃一万人，吕蒙两万人，而刘备从益州带了五万人，关羽手下也有三万人，真打起来孙权肯定要吃亏。而就在孙权着急上火，准备从江东再调人马与刘备决一死战的时候，刘备突然服软了，竟派人来向孙权求和。原来，刘备听说曹操竟然已拿下了益州的门户汉中，汉中军阀张鲁则已南下逃亡巴中，益州危矣！

在这种情况下，刘备就陷入了非常被动的境地。如果他继续与孙权争荆州，则有可能被曹操抄了后路，就算诸葛亮和赵云保住了蜀中，但巴中夷汉杂处，其中板楯蛮与廪君蛮等巴夷又多为五斗米教徒，若张鲁鼓动他们断了刘备的后路，[2]刘备就会被两面夹击，死无葬身之地。所以当时"蜀中一日数十惊，守将虽斩之而不能安也"。更可见当时情势之危急。

所以，现在刘备只有一条路了，那就是和孙权讲和。但孙权既已知刘备窘境，那当然是漫天要价。而刘备既已失去谈判的本钱，如今也只能让步妥协，要回一个零陵郡便算了，长沙、桂阳二郡约一百五十五万人口则就此归了孙权，双方以湘水为界，中分荆州。但湘水实在算不得天险，两国的国界处在一种相当不稳定的状态，很容易互相渗透，擦枪走火，闹出事端，所以双方必须抽调兵力随时防范对方，属于一种隐形内耗，曹魏仍可坐收渔翁之利。

好不容易解决完这笔烂账，刘备又马不停蹄，率领五万大军，跋涉两千里再赶回成都。因为曹操拿下汉中后仅一个月后，也就是建安二十年（2151）九月，巴中七姓夷王朴胡、杜濩竟然带领数万骁勇善战的少数民族部众投降了曹操，[3]曹操于是任命朴胡为巴东太守，杜濩为巴西太守，并将他们全部封为列侯。看来，张鲁真准备带着巴人一起降曹了，再这样下去，刘备就死定了。

建安二十年（2151）十一月，刘备率五万大军终于赶回巴郡，然后立刻以黄

---

① 见《三国志·蜀书·廖立传》："诸葛亮镇荆土，孙权遣使通好于亮，因问士人皆谁相经纬者，亮答曰：'庞统、廖立，楚之良才，当赞兴世业者也。'"

② 当时，刘备手下偏将军、巴西宕渠人黄权就对刘备说："若失汉中，则三巴不振，此为割蜀之股臂也。"（《三国志·蜀书·黄权传》）

③ 这里面包括很多牛人。比如成汉政权奠基人李特的祖父李虎，他率领五百多家族人归附曹操，被拜为将军，先迁到汉中，汉中之战后又被迁到天水郡（今甘肃省秦安县以北地区）。再比如蜀汉后期的顶梁柱王平，当时也随杜濩、朴胡投降曹魏，被拜为假校尉。

权为护军，率诸将北上迎张鲁以共抗曹操，但刚好晚了一步，张鲁已率其部众北上南郑投降了曹操。

按照《魏书》的说法，张鲁其实早有投降曹操之意，南逃巴中也只是想坚持一下，表示自己不是败降，这样投降时也比较有筹码。《华阳国志》更说张鲁在选择降曹还是降刘的时候，还曾勃然道："宁为曹公作奴，不为刘备上客。"但我觉得张鲁未必没有考虑过投降刘备，他这么说应该是久等刘备不派人来，发现自己只有降曹一条路走了，所以说句狠话来哄曹操开心，并堵住手下异见者的嘴。否则他何不早在九月份的时候就率巴中七姓夷王一同降曹，这样岂不是功劳更大吗，何必再多等两个月？① 明显是在犹豫，同时也试探一下曹操的态度。如果此时刘备肯给出更大的筹码，未必就不能说动张鲁。

总之，从以上刘备这通令人窒息的瞎操作之中，我们可以看出刘备的两大缺点。

第一点：行事迟疑。

曹操尝言："刘备，吾俦也。但得计少晚。"宋代诗人刘克庄也有诗云："华容芦荻里，一炬可无遗。叹息刘玄德，平生见事迟。"刘备这个人，虽然优点很多，比如用人不疑，比如百折不挠，比如宽厚弘毅，但他反应有点慢，节奏总比别人慢半拍。当初赤壁之战后，如果刘备早半日在华容道放火，曹操一干人全都得死光。如今曹操打到汉中，刘备又不知道早点派人去与张鲁及巴中夷王们联络，商谈结盟事宜，结果导致他们没有别的选择，只能选择投降曹操。要知道曹操出征汉中之时，才建安二十年（215）三月，张鲁被打败逃亡巴中，也才七月，可刘备却直到建安二十年十一月，才派黄权"率诸将迎鲁"，迟了整整八个月的时间，等得花儿也谢了，难怪张鲁要说"宁为曹公作奴，不为刘备上客。"这么打天下，哪有不失败的！

当然，刘备虽行事迟疑，曹操却失之太急，没掌握好火候，最终还是促成了两家和解。若曹操等孙刘开战后再拿下汉中，当不至于发出"人苦无足，既得陇，复望蜀邪"之哀叹，或许可以一举功成，让刘备、诸葛亮的梦想提前断送。诸葛亮也不是神仙，在蜀中主力都被刘备调走的情况下，也没法创造奇迹。

第二点：刘备缺少外交敏感性，或者说外交水平太低，又或者说，不注重培

---

① 见《三国志·魏书·武帝纪》："（建安二十年）十一月，鲁自巴中将其馀众降。"

养外交人才。刘备集团之中，外交人才太少。

刘备的外交敏感性太低了，赤壁之战后，孙刘的抗曹联盟形成，在此期间，刘备与诸葛亮数次出访江东，与孙权交好，鲁肃也劝孙权嫁妹子借南郡，一直致力于维系联盟关系。但刘备开始独取益州之后，双方的关系出现了裂痕，孙权一怒之下将自己的妹子接回了娘家，孙妹妹还一狠心想把阿斗带走，幸亏赵云抢了回来。但事已至此，刘备两口子的夫妻关系已名存实亡，这反映出孙刘联盟关系也处于崩溃边缘。在这种时候，孙权派人来讨要荆州，而且不派别人，派了诸葛亮的哥哥诸葛瑾，这说明孙权还是希望双方能够坐下来谈的，所谓漫天要价就地还钱，有什么事儿不能商量呢？

然而，刘备根本不想商量，一个"拖"字解决问题，说啥等拿下凉州就会把整个荆州全部给孙权，话说得好听，谁信呢？相比之下东吴这边，就算双方剑拔弩张，大战一触即发，鲁肃还是豪气万千，毅然单刀赴会，想要通过谈判解决问题，不希望联盟破裂。但显然刘备、关羽当时并不想谈判解决问题，总之到手的江山，是一寸也不肯让的，如果不是曹操拿下汉中的消息传来，双方肯定要拼个你死我活！

所以说刘备的大局观还是相当有问题的。孙权派吕蒙夺取荆州三郡的时间，是在建安二十年（215）五六月，比曹操出征汉中的时间还晚两三个月。也就是说，曹操大军已经出动两三个月了，刘备还不赶紧联合张鲁共抗曹操，却率领五万大军劳师远征跑去跟孙权争夺荆州，真是本末倒置。如果当时刘备不去争三郡，而是带着这五万人直接从葭萌关沿着金牛道与嘉陵江北上至略阳断了曹操陈仓道的粮草，再与张鲁内外夹击曹军于阳平关下，那赚的岂不比三郡要多多了？当然有人说了，可能刘备认为张鲁能够独自打败曹操，或者能够拖个一两年之久等刘备解决完三郡问题回来。可这也太看得起张鲁了吧！当然，这种可能也不是完全没有，但问题是刘备干吗要这么冒险去赌一把？他明明可以派一位重臣去巴丘和孙权、鲁肃来个外交谈判就行了，就算谈不拢，等到拿下曹操跟汉中再回头夺三郡也不迟啊，从武陵去往三郡，又没啥天险，吕蒙能轻松夺走，关羽也能轻松夺回来。

但可惜刘备都没这么做，而是选择了最笨也最贵的方法，竟直接率领五万大军两千里劳师远征，然后再两千里赶回蜀中，五万大军来回四千里，耗费了多少金银粮草，损耗多少时间士气就不说了，结果还是丢了长沙、桂阳两郡，更让曹操进兵巴中，威胁成都。就连曹操手下的新秀谋士司马懿都忍不住笑话刘备说：

"刘备以诈力虏刘璋，蜀人未附而远争江陵，此机不可失也。今若曜威汉中，益州震动，进兵临之，势必瓦解。"好在孙权适时发动了合肥战役，曹操又急于回去称魏王，这才没有急于进兵成都，否则根基未稳的蜀汉政权必将相当麻烦。

事实上，后来就连当事人之一的廖立也觉得刘备此举太烂了，时过境迁，到了十年后公元225年，廖立仍对此耿耿于怀，甚至向蒋琬抱怨说：

军当远出，卿诸人好谛其事。昔先帝不取汉中，走与吴人争南三郡，卒以三郡与吴人，徒劳役吏士，无益而还。既亡汉中，使夏侯渊、张郃深入于巴，几丧一州。

廖立可是刘备的亲信，他不到三十岁就当了长沙太守，而且弃职逃跑丢了长沙也没被惩罚，反而被带回益州担任巴郡太守。后来刘备称汉中王，只提拔了太傅许靖、尚书令法正与四方将军等数人而已，其中竟包括廖立，他被提拔为侍中，也就是皇帝的私人顾问与秘书，这可是与九卿同秩级的宠臣、近臣。可见廖立实为刘备的嫡系心腹，连他都这么说，其他人就更加有怨气了。卢弼《三国志集解》也认为廖立有理："此虽忿言，然当日情势实如此。"

当然，刘备外交水平差，也与他手下外交人才少有关。本来刘备早期的谋士简雍、糜竺、孙乾、伊籍等人，都是不错的外交人才。[1] 另外诸葛亮也曾亲自前往江东与孙权谈成结盟之事。但到了建安二十年（215），简雍等人皆已死或老迈不堪用，诸葛亮又是刘备的大管家根本走不开，结果刘备的外交人才一时出现断层。[2] 后来刘备夷陵惨败，才想着重视外交，但手头也没什么现成的人才，一个马良，战死沙场，一个费诗，被贬蛮荒，一个宗玮，无名之辈，一个费祎，当时太嫩，一个丁厷，言辞浮艳，一个阴化，闪烁其词，后来还是诸葛亮着力培养的邓芝，才总算让两国的关系正常化了。[3]

---

① 见《三国志·蜀书·简雍传》："雍与糜竺、孙乾同为从事中郎，常为谈客，往来使命。"《三国志·伊籍传》："遣东使于吴，孙权闻其才辩，欲逆折以辞。（伊）籍适入拜，权曰：'劳事无道之君乎？'籍既对曰：'一拜一起，未足为劳。'籍之机捷，类皆如此，权甚异之。"

② 反观孙权那边一直外交人才鼎盛。鲁肃单刀赴会，虞翻说降公安，皆有苏秦、张仪之奇；后又有赵咨、沈珩、冯熙、陈化出使曹魏，皆应对辩捷，奉使称意，不辱使命，还传出不少外交佳话。夷陵之战期间曹丕坐视观望，便是东吴外交战线的巨大胜利。

③ 见《三国志·蜀书·邓芝传》载孙权与诸葛亮书："丁厷掞张，阴化不尽；和合二国，唯有邓芝。"

第三十四章
刘备汉中之战打赢曹操，
是他一生中最大的失败

我们前一篇讲到，刘备有外交水平差与形势迟疑两大缺点，这使得刘备集团处理外务只有一种方法，那就是军事压迫或武力争夺。建安二十年（215）刘备率大军五万东向与孙权争夺江南三郡，就是一种巨大的失策，这不仅劳师糜饷，徒损士气，而且错过了与曹操争夺汉中的最好时机，后来费尽力气，也只是得其地而不得其民，埋下了蜀汉败亡的伏笔。

反观曹操的战略是相当清晰的，他在建安二十年（215）七月拿下汉中后，就已经开始在筹划迁徙汉中百姓的事情了。但中国人安土重迁，想要强迫汉中数十万人口迁离汉中富庶之地，[①]是不现实的。就在一年前，曹操平定凉州，想要将陇西三郡的民众迁往河北，结果引发巨大恐慌与骚乱，[②]多亏雍州刺史张既灵活处置，才没有酿成大祸。所以这次千万不能造次，必须循序渐进，循循善诱，而这其中关键的关键，就在已逃亡巴中的张鲁身上。

汉中是政教合一的集团，汉中百姓既是生产集团，也是宗教集团。如果五斗米教的教主张鲁肯归顺曹操，那么数十万五斗米教众应该也会愿意随张鲁迁去内地。所以，曹操在七月已经拿下汉中，却并不急着走，而是开展了大量外交政

---

① 在大家的印象中汉中似乎是偏远贫瘠之地，只有军事意义没有经济意义，其实不然，汉中盆地山环水绕，气候温润，土地肥饶，多有利于农业垦殖的河川平原。《华阳国志》称其"厥壤沃美，赋贡所出，略侔三蜀"。曾与天府之国蜀中齐名。境内汉水及其大小支流纵横交织，便于发展水利事业，稻麦皆宜，可以说是鱼米之乡，是天然温室，是西北的小江南。所以汉末大乱之时，关中三辅地区有数万户民众选择逃亡汉中，正如张鲁功曹阎圃所言："汉川之民，户出十万，财富土沃。"只可惜曹操预先认定汉中守不住，结果竟将汉中数十万百姓几乎迁光，最终让它变成了一片荒凉的军管区。

② 见《三国志·魏书·张既传》："（张既）与夏侯渊讨宋建，别攻临洮、狄道，平之。是时，太祖徙民以充河北，陇西、天水、南安民相恐动，扰扰不安，既假三郡人为将吏者休课，使治屋宅，作水碓，民心遂安。"

治思想宣传工作，^①事实证明，这些工作并不是白费力气，而是一点一点产生了奇效。

建安二十年（215）九月，巴中七姓夷王朴胡与杜濩、任约等賨人首领率部北上南郑，归顺了曹操。这些巴夷部众都是张鲁的同盟军，^②而且战斗力强悍，^③张鲁派他们来，一则为了试探，二则也是给曹操送份大礼。曹操对张鲁的想法心照不宣，乃任命杜濩为巴西太守，任约为巴郡太守，朴胡为巴东太守，并将他们都封为列侯。而张鲁见曹操果然诚意十足，于是在经过了一番暗中谈判之后，终于大喊一声"宁为曹公奴，不为刘备坐客"，^④带着全家北上南郑归顺了曹操。曹操大喜，竟然拜张鲁为镇南将军，封阆中侯，封邑万户，并封其五子皆为列侯，还为儿子都乡侯曹宇^⑤娶了张鲁女儿，两家结为姻亲。裴松之却认为曹操给张鲁的政治待遇太高了，特别是给他五个儿子也封侯，简直太过分。

酸味十足的裴松之其实不懂政治，张鲁能够雄踞巴汉三十年，与刘璋、刘表分庭抗礼，靠的就是宗教的力量。而现在曹操不仅要安定汉中，还要迁走大部分汉中百姓，不全力搞定张鲁能行吗？至于给他五个儿子也封侯，可能张鲁五子也是五斗米教的宗教大头目，必须封侯予以笼络。另外，张鲁这个阆中侯也特别有政治意味。阆中乃巴西郡首府，是张鲁与刘备手下巴西太守张飞势力交错的地区。曹操封张鲁为阆中侯，显然也准备对三巴地区的民夷百姓下手了。

总之，得到张鲁归顺之后，曹操的拆迁工作顿时顺畅了很多，结果，数万户汉中五斗米教众被迁往长安三辅地区，^⑥并派张部率军越过米仓山，透入巴中地

---

① 见《三国志·魏书·张鲁传》："太祖入南郑，以鲁本有善意，遣人慰喻。"

② 见《华阳国志·刘二牧志》："张鲁稍骄于汉中，巴夷杜濩、朴胡、袁约等叛诣鲁。璋怒，杀鲁母、弟，遣和德中郎将庞羲讨鲁，不克。巴人日叛。"另外，五斗米道本来就是发源于巴地，带有浓厚的巴人巫鬼元素，所以张鲁同时也是巴人的祭司与教主。

③ 巴人曾助武王伐纣，曾为秦昭王射虎，还曾被东汉王朝高价雇佣去伐羌，总之是骁勇善战，号为神兵，更被称为"东方的斯巴达人"。

④ 此言除《华阳国志》外，《三国志·魏书·文帝纪》注引《献帝传》也有提及，其出自原张鲁属下李伏向曹丕劝进的表文："武都李庶、姜合羁旅汉中，谓臣曰：'必为魏公，未便王也。定天下者，魏公子桓，神之所命，当合符谶，以应天人之位。'臣以合辞语镇南将军张鲁，鲁亦问合知书所出？合曰：'孔子玉版也。天子历数，虽百世可知。'是后月余，有亡人来，写得册文，卒如此辞。合长于内学，关右知名。鲁虽有怀国之心，沈溺异道变化，不果寤合之言。后密与臣议策质，国人不协，或欲西通，鲁即怒曰：'宁为魏公奴，不为刘备上客也。'"由此可见，张鲁之所以放弃刘备投靠曹魏，还因为听取了李伏、李庶、姜合等习于谶纬的术士鼓动（或许本就是曹魏派去的间谍）。

⑤ 曹宇，字彭祖，魏元帝曹奂之父，曹冲同母兄弟，魏明帝病危，欲以大将军辅政，不果。其子曹奂乃魏国末代皇帝。

⑥ 见《三国志·魏书·张既传》："鲁降，既说太祖拔汉中民数万户以实长安及三辅。"

区，继续迁徙巴人。[1]刘备忙遣张飞领精卒万余人进军宕渠，相持五十日，这才将张郃击退。

至十二月，迁民的工作算是告一段落，曹操决定返回邺城，走之前做了人事安排。除了以征西将军夏侯渊为都护将军，率张郃、徐晃诸将留守汉中外，他还派了丞相长史杜袭为驸马都尉，留在汉中负责民政事务。但杜袭的工作显然不是生产建设，他做的还是引导动员拆迁工作。据《三国志·魏书·杜袭传》记载，杜袭在汉中几年间的主要政绩就是："绥怀开导，百姓自乐出徙洛、邺者，八万馀口。"这八万多汉中百姓应该不是五斗米教众，所以留到最后，由颍川名士出身的杜袭慢慢开导，做思想工作，陆陆续续都迁走了。

总之，曹操留守汉中集团军，与其说是边防军，不如说更像一支武装拆迁队。而由此可见，曹操的战略，显然一开始就不想久守汉中，否则他就不会把汉中百姓都迁走了。迁走百姓，留守曹军的吃喝就全都得靠外界运输，秦岭巍巍，道路难行，支撑几年尚可，长期支撑下去，岂不是自找苦吃吗？

但是很可惜，曹操的战略虽昭然若揭，刘备却迟迟不去动手打汉中。之前（建安二十年五月）刘备要东向与孙权争夺荆州江南三郡，顾不上那儿也就算了，等到十一月刘备派张飞、黄权北上，打败了张郃与巴中七姓夷王，将曹操势力赶出了巴中地区，刘备仍然不准备一鼓作气拿下汉中，而是返回成都做起了宅男，足足休息了三年时间。在蜀汉所有重要人物的传记中，这三年基本都是空白的，说明大家真的是在休息。而正是这丢失的三年，最终要了蜀汉政权的老命。

让我们来看看曹魏和东吴这三年都发生了什么。

建安二十一年（216）二月，曹操回到邺城，五月份便晋爵为魏王。刘备向来以大汉忠臣自居，此时却不见发檄文向曹操讨罪并北伐汉中，实为失策。

建安二十一年冬十月，曹操见刘备还在当宅男，自己就有点坐不住了，于是发大军攻打孙权，两军在居巢、濡须一线攻战数月。这数月之中，孙权受到了曹魏巨大的军事压力，[2]而他之所以继续扛着，恐怕就是在等刘备在西线发动攻势，但刘备迟迟未动，孙权失望透顶，竟然派都尉徐祥去向曹操请降。曹操答应了孙

---

[1]　见《三国志·魏书·张郃传》："郃别督诸军，降巴东、巴西二郡，徙其民于汉中。"
[2]　从吕蒙、臧霸等双方将领传记中描述的情形来看，这期间发生的战斗相当激烈。

权请降的要求，同时派遣使者与东吴修好，并以政治婚姻来巩固双方的联盟。^① 请注意，孙权在孙刘结盟以后跟曹操打的仗远比刘备多，曹操四次攻打淮南（即《后出师表》中说的"四越巢湖"），孙权两次攻打合肥，双方互有胜负，但孙权从未有一次向曹操服软过，^②这次却居然遣使请降，可见双方大有缓和的迹象，同时也为两年后两家联手攻灭关羽埋下了伏笔。可惜刘备对此仍然视而不见，^③似乎从未想过曹孙二家在形势转变之下或有联合的可能。

建安二十二年（217）四月，曹操更加嚣张，竟然设天子旌旗，出入称警跸。六月，魏以军师华歆为御史大夫。十月，曹操又将自己的王冕加到天子的十二旒，并乘金根车，驾六马，设五时副车。这些全都是天子才能使用的仪仗，曹操此举，离代汉自立只差临门一脚了！然而，自命大汉忠臣的刘备仍然毫无动作，继续在成都打酱油。

与此同时，东吴内部最大的亲刘派鲁肃死了，诸葛亮特意为他发哀，就是感觉脆弱的孙刘联盟失去了最重要的维系纽带，后事堪忧啊。数月后，鹰派将领吕蒙成为汉昌太守，代替鲁肃西屯陆口。而吕蒙正是上次孙刘联盟危机的制造者，他的上位相当危险，但这似乎并没能引起刘备、关羽的足够重视。大时代的转折点，遂呼啸而来。

建安二十三年（218）正月，在汉都许昌爆发了金祎、耿纪、韦晃、吉邈之乱，原来这些汉室忠臣想"挟天子以攻魏，南援刘备"（见《三国志·魏书·武帝纪》注引《三辅决录注》），因为"时关羽强盛"，一旦他们得手，关羽在襄樊之地一呼应，则大事可成也。可惜没等关羽动手，这伙人就被剿灭了。

这个时候，刘备的谋主法正终于看出局势的变化，便劝刘备尽快夺取汉中，刘备这才准备动手，总共发了两路大兵，一路由马超、张飞率领，进攻汉中西侧的武都郡；另一路由刘备亲自率领，进抵汉中门户阳平关之前，与夏侯渊、张郃相持。奇怪的是，关羽这一路仍然没有发动（也许刘备是在迟疑于观察吕蒙的态

---

① 见《三国志·吴书·吴主传》："二十二年春，权令都尉徐详诣曹公请降，公报使修好，誓重结婚。"徐祥此人在史书中虽名位不彰，却"典军国密事"（《三国志·吴书·胡综传》），属于孙权的亲信心腹，这种事也只能交给他来办了。

② 见裴松之注引《吴历》："权为笺与曹公，说：'春水方生，公宜速去。'别纸言：'足下不死，孤不得安。'"

③ 当时就连淮南的曹魏官员也知道江东这边没事儿了，如扬州刺史温恢就说："此间虽有贼，不足忧。"（《三国志·魏书·温恢传》）

度），这导致该年十月魏军宛城守将侯音"与吏民共反，与关羽连和"之时（见《三国志·魏书·武帝纪》注引《曹瞒传》），并未得到关羽及时响应，最终因势孤而被曹仁"率诸军攻破"。率诸军，看来此次叛乱规模颇大，恐怕是宛城军民全体参与，所以曹仁攻破宛城后，将其屠城，鸡犬不留。

关羽这边没配合好，马超、张飞那边也相当可惜。本来凭借着马超在羌氐中的巨大威望，武都氐族雷定等七部首领已率"一万多落"起兵响应，[1]这里解释一下，因当时边远少数民族未入户籍，所以不称"户"而称"落"，按一家五口人算，一万多落，也就是至少五六万氐人叛曹降刘了但刘备给马超、张飞这一路人马太少，还没能配合氐人搞出啥大事情，就被曹洪、曹休的优势兵力击退了。不过，马超、张飞虽未能夺得武都，但仍在汉中西侧坚持阻击，使曹洪军队未能增援夏侯渊这一路虽未竟全功，但也算没拖后腿。[2]

好在刘备、法正这一路还是打得相当漂亮，在僵持了一段时间后，准确抓住魏军布防的漏洞，发动了奇袭。建安二十四年（219）正月，备将黄忠在定军山斩夏侯渊于马下，本来还在长安观望局势的曹操这下坐不住了，赶紧率领大军支援汉中。刘备这二十年来屡屡败于曹操之手，但这次，他信心满满，决意把当年丢掉的脸，都找回来！

"曹公虽来，无能为也，我必有汉川矣。"刘备意气风发，挥鞭直指北方。

刘备为啥这么有自信呢？因为第一，刘备的后勤补给线比曹操短。

第二，刘备拥有战略能力一般但军事战术水平极高的天才法正，其奇画策算，其风骚操作，能使孔明称奇，可让曹操垂涎，[3]反之曹魏西征军的参谋团队里只有杜袭、张既、杨修这样的行政文士。

第三，诸葛亮紧急任命益州豪族杨洪代法正为蜀郡太守，如果没有杨洪，刘备前方部队的日子恐怕会相当艰难。因为杨洪不仅鼎力支持刘备，宣称"此家门之祸也。方今之事，男子当战，女子当运"，而且带头出人出力，于是"众事皆办，遂使即真"。

---

① 当时就连淮南的曹魏官员也知道江东这边没事儿了，如扬州刺史温恢就说："此间虽有贼，不足忧。"（《三国志·魏书·温恢传》）

② 详见李承畔、孙启祥《张飞间道进兵汉中考辨》。

③ 见《华阳国志·刘先主志》："曹公为魏王，王西征，闻法正策，曰：'固知玄德不辨此。'又曰：'吾收奸雄略尽，独不得正邪！'"及《三国志·法正传》："（诸葛）亮每奇（法）正智术……法正著见成败，有奇画策算。拟之魏臣，其程（昱）、郭（嘉）之俦俪邪？"

第四，刘备的兵力与士气都超过曹操。据《三国志·魏书·赵俨传》记载，就在汉中之战期间，曹操还曾派关中护军赵俨先后调遣了一万多关中兵支援汉中，这些关中兵还在开拔期间不断发生叛乱逃亡，士气极其低落，可见曹操兵力不足的情况非常严重。曹军何以至此呢？因为第一，曹军的主力大多还在三千里外的淮南一线，还没来得及撤回来，[1]第二，汉中老百姓都被迁走了让曹军无法从本地供应粮草，而只能通过秦岭谷道远途运输，其路途艰险让后方百姓怨声载道，连连叛乱，搞得曹操每每深感绝望。[2]

结果，曹操在建安二十四年（219）三月来到汉中后，只待了两个月就迅速想通了。这汉中保不住了，应该尽快地丢弃这鸡肋，反正上面的肉在这几年间已经被曹魏吸吮的差不多了（指迁民工作），剩下一点小肉肉就留给刘备算了，走，咱们撤！

临走之前，曹操又想到武都郡那里还有不少小肥肉，去年马超一来，就鼓动了五六万氐人造反，若曹操大军撤走，马超再多来几次，恐怕武都二三十万氐人都得被他搞定，然后以此为基地进逼关中，那可就不好办了。于是，曹操派曹真与徐晃向西突破阳平关，打通了陈仓道以及汉中武都间联系，并接受了雍州刺史张既的计策，以重赏诱民北迁，并大力启用张既、杨阜等威信卓著的西土大吏执行拆迁工作，最终将五万余家、大概二三十万氐人全都迁到了京兆、扶风、天水三郡，[3]留给了刘备和马超一个空落落的武都郡，[4]同时也充实了关中与陇西的力量。

此次汉中之战，刘备虽然得地不得人，但毕竟取得了对曹战争的巨大胜利，

---

① 见《三国志·魏书·夏侯惇传》："二十一年，从征孙权还，使惇都督二十六军，留居巢。"曹魏一军约五千人，则留守居巢的淮南曹军总数达到十三万人以上。

② 关于后方叛乱，见《三国志·魏书·赵俨传》："屯田客吕并自称将军，聚党据陈仓，（赵）俨复率（殷）署等攻之，贼即破灭。"关于曹操窘态，见《三国志·魏书·孙资传》裴松之注引《资别传》："（孙）资曰：'昔武皇帝征南郑，取张鲁，阳平之役，危而后济。又自往拔出夏侯渊军，数言"南郑直为天狱，中斜谷道为五百里石穴耳"，言其深险，喜出渊军之辞也。'"

③ 见《三国志·魏书·张既传》："太祖将拔汉中守，恐刘备北取武都氐以逼关中，问既。既曰：'可劝使北出就谷以避贼，前至者厚其宠赏，则先者知利，后必慕之。'太祖从其策，乃自到汉中引出诸军，令既之武都，徙氐五万余落出居扶风、天水界。"及《三国志·魏书·杨阜传》："及刘备取汉中以逼下辨，太祖以武都孤远，欲移之，恐吏民恋土。阜威信素著，前后徙民、氐，使居京兆、扶风、天水界者万余户，徙郡小槐里，百姓襁负而随之。"

④ 据《华阳国志·刘先主志》记载，刘备称帝后，拜"马超骠骑将军，领凉州刺史，封斄乡侯，北督临沮"。这个临沮就在益州以北与武都郡交界处，位置当在沮水流域，即今陕西省略阳县东百里处（见钱林书《续汉书郡国志汇释》）。

他志得意满，很快就在群下的拥戴下在汉水北岸设坛受汉中王、大司马之位。①此时是建安二十四年（219）七月，离汉中之战胜利才不到两个月。

刘备称王是迟早的事情，但我认为时机还是不对，有点太早，或者说有点太赶。首先刘备没有汉献帝的授权，当然，此时要汉帝的授权几乎是不可能的，但还有一种方法，那就是取得群下的一致推戴，但刘备似乎并没有充足的时间做好这项工作，②而且似乎也没有走完"三推三让"的政治程序。如此仓促称王，有"示天下私"之嫌，毕竟当时曹操还未篡汉，汉帝尚在，此时擅自称王实属不妥。③另外，孙刘联盟正处于一个危险的敏感期，而刘备却没有花时间花心思在事前、事后与孙权有所商谈，取得默契，④事实上，孙权是在夷陵之战后，才勉强承认了刘备的汉中王身份，但仍不承认他的帝王身份。⑤曹操曾说自己"不得慕虚名而处实祸"，但刘备似乎膨胀了，他不知道他这样做，就将孙权放在了一个非常尴尬的位置上，双方的裂痕，进一步扩大了。

其实，刘备有啥好膨胀的呢？如前所述，刘备虽然取得了汉中，但曹操已在这数年间将汉中数十万人口、巴中部分人口，以及武都三十万人口全部迁走了。这导致了一个严重的后果：因为刘备想要在短时间内将喜欢安逸生活的蜀中民众迁往充实汉中是不可能的，所以他如果要守住汉中，就只能用全蜀的后勤来支撑这个纯粹的军管区。于是刘备在回到成都后，就劳民伤财，大兴土木，大建蜀中到汉中的后勤补给网，⑥然而蜀道艰险，陕南与川西北又人口稀少，经济落后，从汉中郡沔阳县到广汉郡梓潼县这近千里的交通线上，只有白水和葭萌两个县级

---

① 　日后，在刘备称帝时，群臣的劝进书中就有言："夫汉者，高祖本所起定天下之国号也，大王袭先帝轨迹，亦兴于汉中也。"而汉世祖刘秀在更始朝廷受命宣抚河北时亦曾任大司马。可见刘备早在称王之时，就已经在酝酿"嗣武二祖（刘邦、刘秀）"重建汉室帝业了。

② 　刘备称王，联名上表者才一百二十人；反观其称帝时，"群下前后上书者八百余人"，无论规模还是级别，都远超称王之时。

③ 　对此，刘备群臣的解释是："臣等每惧王室大有阎乐之祸，小有定安之变。"（《汉中王劝进表》）裴注曰："赵高使阎乐杀二世。王莽废孺子以为定安公。"当时，曹操虽未篡汉，但已进位为魏王，且设天子旌旗，出入称警跸，其攘夺汉室的行迹日益昭彰，不知哪一天就会变成下一个赵高、王莽。所以，为了维系天下人对汉室的希望，刘备必须称汉中王，以领导复兴汉室的事业。

④ 　见《三国志·吴书·郑泉传》："刘备问曰：'吴王何以不答吾书，得无以吾正名不宜乎？'（郑）泉曰：'曹操父子陵轹汉室，终夺其位。殿下既为宗室，有维城之责，不荷戈执殳为海内率先，而于是自名，未合天下之议，是以寡君未复书耳。'"

⑤ 　见《三国志·吴书·吴主传》注引《江表传》："（孙）权云：'近得玄德书，已深引咎，求复旧好。前所以名西为蜀者，以汉帝尚存故耳，今汉已废，自可名为汉中王也。'"

⑥ 　见《三国志·蜀书·先主传》裴松之注引《典略》："备于是起馆舍，筑亭障，从成都至白水关，四百余区。"

行政居民点，就算建了这么多驿站仍然运输困难。

本来，汉中可以成为刘备北伐关中的重要后勤基地，但曹操这么一迁民，刘备在近十年内恐怕都无法染指秦川了。关羽败亡后，赵云、秦宓等人纷纷苦劝刘备不要去打孙权，要打也应先讨篡汉的国贼曹魏，但赵云哪里知道刘备的苦衷，汉中已成地广人稀之地，只剩军事价值而没有了经济价值，汉军若要北伐关中，就必须从蜀中接连穿越大巴山与秦岭，而蜀道难于上青天，这种后勤压力是蜀汉政权无法承受的，所以刘备只能先打孙权，拿下荆州后才有办法讨曹。

而也正因为如此，当刘备称王之后安排汉中镇守大将之时，选择了毫无名气的牙门将军魏延，而没有用呼声极大的右将军张飞。因为魏延乃底层部曲出身，且"善养士卒，勇猛过人"；张飞却"爱敬君子而不恤小人"，常常鞭挝士卒。而汉中之地，与外界远隔山川，又无百姓民众商贾，数百里内，全是只有阿兵哥的军管区，在这里驻防相当艰苦，调防也相当困难，这也是曹魏军队守不住汉中的原因之一，总之是太远了太苦啦！所以汉中守将必须是吴起式的爱兵如子的人物，张飞在这一点上不合格。

总之，刘备在取得益州后的一系列战略决策都发生了重大失误，首先用武力争夺荆州江南三郡是下策，其次没有及早拿下汉中是失策，最后费尽力气，只夺得一块空地，无法在短时间内建成进攻曹魏的前沿基地，进而导致关羽襄樊之战期间刘备方面无法进行很好的配合，更进一步导致曹丕篡汉后刘备无法进讨国贼而只能向孙权复仇，再进一步还使得后来诸葛亮在北伐时每每苦于粮饷跟不上，最后只能费很大的力气，在汉中发展军事屯田，才让形势稍有好转。但此时诸葛亮的年寿已尽，无力回天，悲哉！

第三十五章
刘备关键时刻任人唯亲
让蜀汉前途尽毁

在三国的历史上，刘备善于用人是出了名的，所以一出道就能带着两位当世神将万人敌，我少时看《三国演义》写到一马弓手竟能温酒斩华容的时候，精神一振。后来诸葛亮、庞统这些被周瑜、曹操、孙权追捧的牛人也都由于刘备而人尽其才，更尽显其用人魅力。而那些因种种原因未能追随刘备的人才，都在其他阵营大放光芒的同时，也苦叹有缘无分，心中仍给刘备留了一个位置（如潘濬、袁涣、黄权、徐庶、郝普）。陈寿在《三国志》中对刘备各种评价之中最佩服的也是他的用人。[1]

但是刘备在汉中之战胜利后的关键时刻，却用错了两个人，让大好局势一时尽毁，蜀汉政权从此掉入迷蒙深渊，这两个人，就是孟达和刘封。

孟达，字子度，与法正同为刘璋旧部，且是同乡扶风人。当初刘璋为了请刘备入蜀，特意让法正和孟达各带两千人来到荆州，帮助刘备守荆州，好让刘备放心入蜀。结果刘备在二人之中更喜欢法正，[2]于是决定以法正、庞统为谋主，挥军入蜀。而孟达则并领这四千蜀兵留守江陵，蜀平后又向西移屯秭归，接替原张飞防务，成为宜都太守。

史书中没有记载孟达此时的心情。但我想他对此应是相当不满的。孟达这个

---

① 见《三国志·蜀书·先主传》："先主复领益州牧，诸葛亮为股肱，法正为谋主，关羽、张飞、马超为爪牙，许靖、麋竺、简雍为宾友。及董和、黄权、李严等本璋之所授用也，吴壹、费观等璋之婚亲也，彭羕又璋之所排擯也，刘巴者宿昔之所忌恨也，皆处之显任，尽其器能。有志之士，无不竞劝。"以及最后赞言："先主弘毅宽厚，知人待士，盖有高祖之风，英雄之器焉。"
② 孟达之父孟佗乃交结、贿赂大宦官张让，才得做了凉州刺史，可见孟家从前是代表阉党利益的；而法正则是以清高著称的扶风名士法真之孙。从政治立场上，刘备也会和法正更亲近些。

人，跟法正有点像，并不是一个甘于寂寞的人，并且也相当自负，相当有才华，时人对他的评价是"有将帅之才，有卿相之器"，"容止才观，儒雅风流，有乐毅之量"，"姿度纯茂，器量优绝"，"进见闲雅，才辩过人"。[①] 这说明孟达名声在外，而且在容貌、气质、口才方面都很有吸引力，使大家对他的第一印象都很好，这样的人对自己，应该是有很高期许的。

可是呢，孟达与法正起点差不多，法正却成了刘备谋主，官拜扬武将军领蜀郡太守，并在刘备称王后被提拔做了尚书令兼护军将军。尚书令执掌枢要，在未设丞相之时，乃权力最重之职，[②] 而护军将军也是"总统诸将，主武官选"的军队要职。[③] 总之，凭借汉中之战的功劳，法正已跃至蜀汉第一重臣的位置，是军权、政权一把抓；而诸葛亮在这次封赏中不见其名，仍为军师将军，并署大司马府事，实际已居于法正之下。而孟达呢，混了这么多年却还是个宜都太守，手底下还是只有四千人，你叫他心中做何感想？

刘备入蜀后第八年，建安二十四年（219）六月，孟达的机会终于来了。当时，刘备刚拿下汉中，准备回成都享受几年，那么接下来的战事就准备由关羽接手，于是刘备让费诗赴荆州拜关羽为前将军，假节钺，代刘备"恭行天罚"，全面打响襄樊之战，同时命孟达从秭归北上，翻越神农架三四百里林区，一举攻克荆州土豪蒯祺所镇守的房陵郡，[④] 然后又继续北上攻打上庸郡（即先秦时古庸国，位于今湖北竹山）与西城郡（今陕西省安康市），这些郡名为郡，其实只是地方大，人口只有一两个县的规模，[⑤] 但这些县都处于沟通长江与汉江的交通线上，与荆州的地缘关系更紧密，所以当年曹操打败张鲁占据汉中后，便把这些县从汉中划出来单独为郡，并纳入荆州版图。由此亦可推知，曹操对丢失汉中盆地是早

---

① 见《三国志·魏书·明帝纪》《三国志·刘晔传》及《傅子》等。

② 据《后汉书·仲长统传》："虽置三公，事归台阁。"尚书令虽只是皇宫内秘书机构的长官，但随着汉光武帝将丞相之职一分为三并削夺其权，尚书令便侵吞了宰相的一大块权力，地位大增。

③ 据《胡三省注资治通鉴》："秦置护军都尉，汉因之。高祖以陈平为护军中尉。武帝复以为护军都尉，属大司马。三国虎争，始有中护军之官。《东观记》曰：汉大将军出征，置中护军一人。魏晋以后，资轻者为中护军，资重者为护军将军。"这个职务主要负责武官的选拔和军队的监督，另外还可能执掌着禁军大权。后来司马懿能够成功发动高平陵政变，很大原因就靠他儿子司马师"中护军"的职位。

④ 房陵郡，今湖北房县，据《秦纪》："始皇使王翦灭赵，徙赵王迁于房陵，后吕不韦之家亦徙焉。"是一个常年流放政治犯的偏远山区之地。另据《读史方舆纪要》："建安二十四年，先主遣宜都太守孟达从秭归北攻房陵，杀房陵太守蒯祺。郡盖刘表所置也。"荆州大多是平原，只有多山的房陵像一个箭头般由东楔入，刘表大概因此安排了蒯祺去做房陵太守。此人正是诸葛亮的姐夫，同时也是荆州豪族蒯氏集团的成员，刘表败亡后，蒯祺大概又倚仗山险，在此建立了一个割据小势力。

⑤ 见《三国志·魏书·武帝纪》："（曹操）分汉中之安阳、西城（县）为西城郡，置太守；分锡、上庸（县）为上庸郡，置都尉。"

有心理准备的，而他这一创新行政规划，正是这一未来局势的应对措施。曹操想要让这汉水上游的东三郡自成一国，成为荆北的战略屏障，并以策应宛城、洛阳的战略安全。

曹操这一举动，当然逃不过刘备的眼睛。他让孟达北征东三郡，就是要在这里开辟襄樊之战的第二战场，给曹操来个遍地开花样样红。既然如此，孟达的四千兵力似有不够，刘备便决定再派一人协同作战，把事情搞大。

而就在这个时候，刘备犯了一个巨大的人事错误，因为他派去协同作战的这位人选，不是说不好，但根本不适合这次任务。刘备选的这个人，就是蜀汉最大的悲剧人物之一刘封。

刘封的悲剧在他是刘备在荆州时收的养子，并且由于刘备年老无子，他一直是作为刘备的继承人来培养的。然而到了公元207年，因为刘备在这年以四十七岁高龄突然生了一个儿子刘禅，这样刘封的地位就相当尴尬了，他必须学会摆正自己的位置，好好做人，不要留人话柄，不要给人可乘之机。陈寿在《三国志》中给这种状况取了一个很传神的名字，叫"嫌疑之地"。蜀汉之中处于相似位置的人还有一个人，那就是马超。

但是刘备似乎并没有把这件事放在心上，在他看来，刘封"有武艺，气力过人"，就是个单纯的年轻武将，派他去打仗就好了，没啥好多虑的。于是就在这一年，刘备一称王便立刻将刘禅立为王太子，并打发刘封率军从汉中顺汉水东下，与孟达在上庸会师，并统率孟达军队攻打上庸。上庸太守申耽一看坚持无益，便爽快地投降了刘封，并大方地让妻子宗族全去成都为质，以示忠诚。刘备很高兴，不知怎的就昏了头，立刻公布了一系列错误的人事安排。

第一，上庸土豪申耽仍然保留他的官爵（上庸太守和员乡侯），并加拜征北将军。这可是个重号将军，仅比前后左右将军低半级，相当于一方诸侯，可以说是东三郡战区最高军衔。

第二，任命申耽的弟弟申仪为建信将军领西城太守。

第三，提拔副军中郎将刘封为副军将军，主管整个东三郡战区。这个安排就太无脑了，刘封只是一个"废太子"，而且年纪轻轻不到三十，战功与名望也没有很突出，却要管理军衔与五虎将齐平的申耽（征北将军）和自视甚高的孟达。刘封太难了。

第四，以房陵土豪邓辅为房陵太守。

完了，这就是所有的人事任命，孟达发现居然没有自己啥事儿。更糟糕的是，他率军北上后，原先宜都太守的位置也没了，给了一个以前不知名的叫樊友的人。

这下孟达就很尴尬了，总以为自己是个王者，没想到现在竟成了个青铜。顶头上司也从原先的华夏神将关羽，变成了个二十多岁的毛头小伙"废太子"刘封，名义上是合作，分明就是监视，看来刘备还是信不过自己啊！再对比一下自己的老搭档法正，孟达感觉自己太惨太委屈了。自己怎么也是密谋迎请刘备进入益州的核心成员之一，多少算个开国功臣，没想到竟受到如此冷遇。刘备将法正视为心腹，是言听计从，信赖有加，就连对刘巴、李邈、王连、张裔这样的昔日仇敌都能予以信用，为啥偏偏对我如此残酷，如此无情，如此无理取闹，我不服啊我不服！

于是，"姿度纯茂，器量优绝"的孟达，也变成了一个残酷无情无理取闹之人。关羽水淹七军以后，虽然再加把劲就能拿下樊城，但由于要安排兵力在江陵防范东吴，前方兵力不足，于是呼叫孟达、刘封前来助战。[1] 当时，曹魏的荆州各县已纷纷投降关羽，包括荆州刺史胡修（驻地在南阳郡新野县）、南乡太守傅方（曹操分南阳郡西部所置之郡，位于今河南淅川及湖北省老河口市一带）等曹魏荆州高官也都临阵倒戈，[2] 如今只剩襄阳、樊城两座孤城苦苦支撑。特别是樊城城墙被大水浸泡，已多有崩坏，城中也只有数千人，而且人心惶惶，多有兵将出城投降者，就连城中统帅曹仁都想弃城而走了，好在满宠极力劝说曹仁再坚持一下，曹仁才杀白马与将士立盟同心固守。

曹操此时正在从长安返回洛阳的路上，他听说于禁全军覆没的消息后赶紧派徐晃前去支援，但大雨过后道路泥泞，徐晃援兵多是新兵，且陆续抵达速度很慢，[3] 而樊城"外内断绝，粮食欲尽"，已在崩溃边缘。如果这个时候孟达与刘封能够率兵从上庸沿堵水、汉水而下，只需十几天就可以赶到樊城之下，[4] 到时两

---

① 见《三国志·蜀书·刘封传》："自关羽围樊城、襄阳，连呼封、达，令发兵自助。"

② 见《晋书·宣帝纪》："帝（即司马懿）又言荆州刺史胡修粗暴，南乡太守傅方骄奢，并不可居边。魏武不之察。及蜀将羽围曹仁于樊，于禁等七军皆没，修、方果降羽，而仁围甚急焉。"

③ 见《三国志·魏书·徐晃传》："晃所将多新卒，以羽难与争锋，遂前至阳陵陂屯。太祖复还，遣将军徐商、吕建等诣晃，令曰：'须兵马集至，乃俱前。'"

④ 这一路本要经过曹魏南乡郡太守傅方的地盘，但傅方已然投降蜀汉，且太守之职已交给了蜀汉将领郭睦，孟达南援之路，不会有何阻碍。

面夹击，就算曹仁、满宠的心理素质再好，也架不住手下崩溃了。如此关羽便可在曹魏援军大部队到来之前拿下荆北，自然也就不必从江陵抽调守军前去围攻樊城，而孙权看到无机可乘也就不会偷袭江陵，甚至可能会出兵淮南也趁乱占点便宜，那么整个战场就活了。到时候中原震动，人心倒向，也许消灭曹操的时机也将成熟。

但是很可惜，由于孟达的心态已经发生了微妙的变化，他不可能愿意再出兵为别人做嫁衣了。就算赢了，功劳也都是关羽、刘封这些"皇亲国戚"的，没他孟达啥事儿！于是，孟达便以"山郡初附，未可动摇"之由，拒绝出兵。其实这个理由相当牵强，本地最大豪族申氏兄弟为表忠心，已将妻儿以及宗族都迁往成都为质；蜀汉又正在上升期，他们没有背叛的理由。况且，刘封、孟达占据东三郡的目的，就是为了策应关羽拿下荆北，如果没有荆北，占着这贫瘠的东三郡山区一点儿意义都没有。

事实上，东三郡就是诸葛亮所说"跨有荆益"的狭长走廊，周围遍布群山，险塞四固，只有两个管口通往外界，一个管口通往汉中，一个管口通往荆北，只要占住汉中和荆北两个管口，东三郡如在囊中，根本不用死死捂着。有些书上说刘封、孟达所在东三郡归益州管，不受关羽调遣，但依照我前面分析，东三郡的行政归属早已划到了荆州，而且刘封、孟达与关羽几乎同时在东三郡与荆北发动攻势，这显然绝非偶然，而是刘备实行跨有荆益整体战略的统一安排，他应该在事前就已部署了二人必须配合关羽（刘封被任命为副军将军，这副军二字，就是预备队的意思），只是由于刘备错误的人事安排，让孟达心理失衡，破罐子破摔，这才导致了后来的荆州危机。

刘备最大的错误在于：孟达听安排，自然不需要派刘封去，孟达不听安排，刘封也没办法让他听安排（用人不专，这是用人的大忌）。事实上，刘封不仅指挥不动孟达，而且把事情闹得更僵了，闹到最厉害的时候，刘封甚至抢了孟达的鼓吹，把孟达现在唯一能显摆的东西也给夺走了，[1]这简直就是将孟达按在地上摩擦（先主责封之侵陵达）。孟达怒极生恨，心中便已埋下了降魏的种子。

更糟糕的是，刘封、孟达二位有一个共同点，他们都曾经风光过，而现在都

---

[1]　即军乐仪仗队。汉制，万人将军给鼓吹。孟达军队只有四千人，刘备却特赐其鼓吹，可见这是孟达目下最大的荣耀。

有点被排挤的感觉。他们甚至觉得，如果不是命运，刘禅和法正的位置应该是他们的，而现在呢，他们被排挤到这穷山恶水之中，[1]还被要求以偏师的身份去给主力打配合，这让他们心理无法平衡，无法发泄，甚至内讧，所以哪里有心思去管荆北的战事？而关羽见刘封、孟达迟迟未至，着急上火，便干脆把江陵后方的军队大部抽调到荆北前线，想赶在曹魏援军大部队到达之前拿下樊城，而这，终于给了吕蒙机会。

结果，让所有人震惊的事情发生了，仿佛在一夜之间，战事急转直下。八月份，关羽还水淹七军威震华夏，十月份，江陵就被吕蒙偷袭得手了，接着曹操各路援军也陆续抵达，关羽稍一犹豫，北上东三郡的路线已被堵死。关羽只得南下，败走麦城，最后只剩十余骑，欲翻山越岭逃回蜀汉，却遭到东吴军队围追堵截。十二月，关羽遭擒，誓死不降，终被孙权斩杀。蜀汉就此失去了唯一的一位水军名将，为日后的夷陵陆战惨败埋下伏笔。

消息传到上庸，刘封、孟达这才知道自己闯了大祸，没想到关羽竟然这么快就完蛋了，现在在该怎么办？孟达没啥好想的，蜀汉这里肯定是待不住了，之前刘备派刘封过来管东三郡，明显就是信不过自己，如今又出了关羽的事情，况且他和刘封也根本合不来，如今之计，只能反出去投降曹魏了。

但孟达知道，自己先从刘璋投降刘备，现在又从刘备投降曹魏，名声传出去不大好听，所以临走之前给刘备上了一表，这表写的文采飞扬，尽显孟达的浮艳本色。在表中，他大夸刘备"将建伊、吕之业，追桓、文之功"（言下之意刘备终究只是霸主之姿，做不了帝王），又将自己比拟成古代名臣范蠡、伍子胥、蒙恬、乐毅（言下之意刘备是勾践、楚平王、秦二世、燕惠王），因为小人所害（临走还坑了刘封一把），不得已下，只得投了魏。[2]总之，像自己这样的国家栋梁之材竟不被重用，刘备真是有眼无珠。表中最后还引用了乐毅的名言"交绝无恶声，去臣无怨辞"，言下之意咱买卖不成仁义在，何况孟达的妻子家人还留在成都，他也希望刘备看在往日的面子上不要为难。

---

① 据南宋王象之《舆地纪胜》，宋时此地犹落后偏僻，"男子烧畲田，女人绩麻为布，以给衣食"。比之南郑与蜀中的富饶不可道里计。

② 据《水经注·沔水注》记载，孟达打败刘封后曾登上庸白马塞，"为《上堵吟》，音韵哀切，有恻人心，今水尚歌之"。可见孟达对蜀汉仍有情义，只是迫于无奈，故心中哀切。

　　刘备看了信后果然没有诛杀孟达的妻子家人，[①]而把气全撒在了刘封身上。因为孟达叛变后，被曹魏任命为散骑常侍、建武将军，封平阳亭侯，并联合徐晃与夏侯尚的魏军共同杀入了东三郡，刘封抵挡不过，狼狈逃回成都。刘备这下气坏了，你这臭小子把事情搞成这样，还有脸回来见我！

　　其实孟达在攻打刘封时，曾写过一封劝降信，要拉刘封一起下水。这封信也写得极有文采，信中说我是忠臣你是孝子，但忠臣孝子碰到小人谗言都没啥好下场，一旦"势利所加"，分分钟"改亲为雠"，"况非亲亲乎"！比如申生、卫伋、御寇、楚建这样亲生嫡子都会被谗害，何况你跟刘备根本没有血缘关系，终究只是"道路之人耳"！而且刘备这个人表面宽厚，其实多疑，你要是战败回去，必然没有好下场，不如跟着我一起投效曹魏，曹魏会让你回来继承你亲生父亲罗侯的爵位，并且会给你更大的封地，总共三百户，如何？

　　面对孟达的花言巧语，刘封终究没有答应，因为他跟孟达早已势同水火，投降曹魏也是被欺负的命，不如回去向刘备负荆请罪，干爹也是爹，刘备这人心软，一般不杀人，只要保住性命，日后还有东山再起的机会。

　　果然，刘备虽然对刘封痛恨之极，却没有杀刘封的想法。大概刘备自己也意识到他这次人事安排是有问题的，刘封之罪，情有可原，罪不至死。

　　然而，刘封千算万算，他算漏了一个人，这个人就是诸葛亮。诸葛亮这个人，平常看似温厚淳良，但每到关键时刻，他就会展现出他的杀伐决断。如今刘备竟因护前，准备放过刘封，诸葛亮觉得自己应该站出来做这个大坏人了。

　　诸葛亮对刘备说："刘封之罪且不提，然此人刚猛，吾恐易世之后终难制御，不如除之。"诸葛亮的意思说你刘备要饶过干儿子当然没问题，但日后刘禅即位，该如何处置刘封这疯子呢？要知道就连孟达都被他欺负挤兑，这就是个定时炸弹啊！你要把这炸弹留给我们亲爱的阿斗吗？

　　刘备一听，顿时明白了。益州这个地方比较特殊，由于刘焉、刘璋统治时期的历史遗留问题，导致益州官场拥有很不好的派系斗争政治传统，刘备的荆州集权进入后，使得这片水更加浑浊。诸葛亮留守成都期间，虽然花了很多精力改善

---

①　详见《三国志·蜀书·费诗传》。其实刘备还真是个好老板，至少从不罪及家人，如黄权、孟达降魏，糜芳降吴，刘备都没有牵扯他们妻子家人。糜氏家族甚至仍备受恩宠，糜竺之子糜威任虎贲中郎将、孙糜昭任虎骑监，皆掌中央禁卫，可谓帝王心腹；而孟达之子孟兴也官至议督军，黄权的儿子黄崇则官至尚书，季汉亡时还为国殉难了。通常来说，政治是无情的，历史上多少政客都是政治动物，蜀汉却难得保有人性之温情，这便是其最感动读史者之处。

这种情况，但成效缓慢。刘封作为一个喜欢搞事的"废太子"，很容易被别有居心的益州豪强们勾搭上，对蜀汉政权造成无法挽回的政治裂痕。当年刘焉死后，本来该二子刘瑁即位，但益州豪强们却突然拥立幼子刘璋上位，导致东州派与益州派连年争战，刘瑁也莫名其妙发狂疾而死，这就是前车之鉴啊！与其日后让刘禅背上杀兄的负担与恶名，不如现在老子就把这不稳定因素处置了。

更重要的是，刘封罔顾上命，排挤同侪，丧军辱国，若不处死，何以正国法，何以明军纪，何以立军威！这叫作大义灭亲，这叫杀鸡给猴看！

于是刘备终于下了决定。襄樊惨败也就罢了，东三郡的丢失才是最无法容忍的。刘备迟早要取回荆州，而取荆州最好的路线不是从江州沿长江而下，而是从上庸沿汉水而下，这是五百年前就已经被秦国名将白起证明了的战略理论（即公元前279年的鄢郢之战），而如今东三郡就这么丢了，日后蜀汉要取荆州是难上加难。总之，这一连串的失败，必须有人站出来负责，关羽负责吗？关羽已经死了。糜芳、孟达负责吗？这两位已经叛逃了。刘备负责吗？刘备不能表示负责，否则他统治的权威将受到损伤。所以没办法，刘封必须以死谢罪，你可以委屈，也可以不服，但是对不起，你被淘汰了！

就这样，刘备给刘封下达了赐死通知书，刘封一声长叹"恨不用孟子度之言"！早知如此，还不如跟着孟达投降曹魏呢，也不用死得如此窝囊。

刘封死后，刘备哭了，刘备很少哭的，但这次哭得很伤心。干儿子也是儿子啊，虎毒不食子，这一次，刘备终于体会到了一个王者的无奈。但这又怪谁呢？怪只怪他任人唯亲，将刘封、糜芳这样有性格缺陷的皇亲国戚放在他们无法胜任的岗位上，结果不仅害了他们，也对蜀汉事业造成灾难性的后果。

古话说得好，三人之行，必有我师；十步之泽，必有香草；四海之中，各有奇秀。这个世界缺的不是人才，而是平台和资源。所以相较曹魏东吴，刘备用人其实还是相当开放的，如老兵黄忠、部曲魏延，在他手下都能做到后将军与镇北将军的高位。但刘备的关键问题在于，对属下特别是亲近的属下太过宽纵，就连有人叛国投敌，往往也不追究他们的家属；如此一旦关键岗位之人恃宠生娇，或者理想动摇，或者因私忘公，没有了敬畏之心，情势一失控，就连止损的机会都没有了。

第三十六章
斩杀关羽并全取荆州
是孙权一生最大的失败

公元219年可以说是三国时代最波澜壮阔、风起云涌的一年。这一年，黄忠杀了夏侯渊；这一年，刘备取了汉中与东三郡，并做了汉中王；但这一年最最震撼人心的，还是华夏神将关羽的迅猛爆发与迅速败亡。如果说公元207年赤壁之战是三国史诗的序幕，那么公元219年襄樊之战就是三国史诗的高潮。这一高潮，由万军中阵斩颜良的传奇武神、蜀汉第一上将、荆州守护者、各方名将的挚交、诸葛亮评价最高之同僚、曹操最想得到之人、即将登临神坛的关帝圣君关二爷关羽关云长而起。

从襄樊之战的整个过程来看，关羽似已完全控制了襄阳以南地区与荆北上下数百里汉江水道。看来诸葛亮之前对荆州的治理相当成功，所以关羽才能在刘备入蜀与诸葛亮入蜀增援两次抽空荆州力量之后，还能对曹魏的荆北战区形成压倒性优势，不仅将襄阳与樊城团团围住，使曹仁、满宠命悬一线，还能斩杀庞德，将前来增援的于禁七军予以毁灭性打击。消息传出，临近荆北的"曹统区"士民大为震动，纷纷响应关羽，起兵反魏，许昌以南，烽火一片。就连曹操的大本营邺城竟然也发生了叛乱，大量当年投降曹操的原刘备属下荆州官员子弟卷入其中，留守邺城的曹丕乃大开杀戒，"连坐死者数千人"。要知道这数千人的宗族关系可都在襄樊一带，经此一事，曹魏在荆北的民心尽失，被关羽拿下恐怕只是时间问题。

但关羽已不能再拖了，因为曹操的各路援军已从四面八方赶来，关羽必须尽快拿下襄樊，才能凭借坚城守住胜利成果。而他又自恃江陵、公安守固，非孙权旦夕可拔，[①]便干脆把江陵后方的军队大部抽调到荆北前线，想尽快搞定已穷途末路的曹仁，而这，终于给了吕蒙机会。

原来，当年荆州南三郡之争与联盟重要推手鲁肃的去世，让孙刘的联盟关系面临危机。这时孙权却突然主动提出要与关羽结亲，希望为世子孙登迎娶关羽之女，若此事得成，关羽之女日后有可能成为东吴的皇后甚至太后，而关氏家族也将身兼蜀汉重臣与东吴外戚的身份，成为两国关系的纽带。然而关羽却断然拒绝了，这让两国的关系出现了重大裂痕。

其实这事儿双方都有错。孙权错在绕过刘备直接找关羽，有挑拨刘关君臣情谊之嫌；关羽则错在表现太过强硬，竟"骂辱其使"，这就让孙权太丢面子了。于是鲁肃的继任者吕蒙向孙权提出了完备的攻略荆州计划，并通过外交迷惑、暗中联曹、白衣渡江、收买人心等一系列战术手段最终予以实现。

结果，让所有人震惊的事情发生了，仿佛在一夜之间，战事急转直下。八月份，关云长还壮志凌云，长风万里，水淹七军，威震华夏，十月份，江陵就被吕蒙偷袭得手了，接着曹操各路援军也陆续抵达，关羽稍一犹豫，北上东三郡的路线已被堵死，只得南下，欲夺回江陵，或还有一线转机。但是吴军的进展速度太快，十一月，在吕蒙平定南郡的同时，孙权又派蜀汉降将潘浚率兵攻打武陵郡，击败武陵从事樊伷，斩杀之，平定了武陵郡，接着又转战零陵郡，打败了占据七县反吴的零陵郡北部都尉[②]习珍，亦斩杀之（见《襄阳耆旧传》）。

其实荆州被东吴轻松偷袭得手，与江陵守将、南郡太守糜芳莫名叛变有关，也与刘备忽视荆州、持续抽调荆州人才到益州有关，诸葛亮、庞统也就罢了，甚至就连向朗、廖立、孟达等人也不放过。等关羽打襄樊再抽走一批，留守人员的水平就更加堪忧了。比如宜都太守樊友，如此关键岗位之大将，却胆怯无能，吴军来袭即弃城逃走，让陆逊轻易地占据峡口要地，掐住了关羽沿江退回益州之路，也阻断了刘备东援关羽之路。

虽然蜀汉在秭归一带仍有不弱的力量，当地将领及土豪詹晏、陈凤、文布、邓凯等人也拼死抵抗，但毕竟不是主力部队，结果被陆逊轻松击败。吴军遂攻占

---

① 据《水经注》及《元和郡县图志》，关羽曾大规模增修江陵城。另《三国志·魏书·董昭传》亦载董昭对曹操言："且羽为人强梁，自恃二城守固，必不速退。"

② 所谓部都尉，即汉朝在新开辟少数民族地区设立的一种特殊军事区，以便为设置正式政区的郡做准备。

秭归、枝江、夷道，彻底控制了三峡通道。蜀汉的房陵太守邓辅、南乡太守郭睦等人率军从房陵翻越神农架南下，欲打通三峡通道，但也都被陆逊打败。短短一个月内，竟已有数万蜀汉军队被陆逊斩杀、收降。关羽手下军队见援兵难至，大势已去，遂纷纷逃亡。关羽败走麦城，最后只剩十余骑，欲翻山越岭逃回蜀汉，却遭到东吴军队围追堵截。十二月，关羽遭擒，誓死不降，终被孙权斩杀。

此战孙权虽然获得荆州，还招降了荆州及三峡地区兵马至少五万以上，[①]实力大增，但也为此付出了极其高昂的政治代价。孙刘是抗曹联盟，联盟出现了问题，应该坐下来谈，而不应鹬蚌相争而让渔翁得利——毕竟蜀汉虽然在局部上取得了一些军事胜利，但在整体实力上仍不足以挑战曹魏的老大位置，东吴没必要这么早跳出来破坏三方的实力均衡；就算不满荆州的划分，那也可屯积重兵在边境，逼刘备再来谈判，相信刘备除了南郡作为北伐基地不能让给东吴，其他零陵、武陵二郡都可以坐下来慢慢谈，何必要搞这种偷袭背盟、杀害忠良的烂招数；就算要背盟，那也没必要杀掉关羽，关起来当个人质，也多一点谈判的筹码，多一个选择的退路。关羽已经六十多了，何必担此恶名。

而这之后，孙权为了自保，又鼓动曹操篡汉，然后又向篡汉的曹丕称臣，完了又狡言背曹，完全没有一个稳定的战略与立场，反反复复，在人们心中可以说是政治信用破产；从此既不能以魏臣之名攻蜀，也不能以复兴汉室为名伐魏，而只能守住自己的一亩三分地了。所以在此之前，孙权还能算是个"承父兄之烈，尊礼英贤"的雄主（见郝经《续后汉书》），但是此后，他便算是彻底撕下了自己的遮羞布，成了一个地地道道的无战略、无立场的军阀，一个"反复倾危，惟利是视，阴谋狡猾，史评以勾践相比"的小人了。[②]要再说东吴日后终能统一天下，千秋万世，恐怕孙权自己都不相信。其实说到底，孙权也就是一个加强版的刘表罢了，要不是当年周瑜在关键时刻拉了他一把，这小子早就废了。

事实上，此后东吴之扩张，也大多向南方发展，甚至航海跑去台湾抢人

---

① 据《三国志·吴书·陆逊传》："（刘）备宜都太守樊友委郡走，诸城长吏及蛮夷君长皆降……前后斩获招纳，凡数万计。"光陆逊收降的三峡部队就有数万，再加上吕蒙收降的关羽水军，五万只是保守估计。

② 见王鸣盛《十七史商榷》。语出《三国志·吴书·吴主传》："孙权屈身忍辱，任才尚计，有勾践之奇，英人之杰矣。"陈寿之语，皮里阳秋。勾践与孙权同为江南人，都曾屈身事敌，忍辱负重，任用贤臣；但也都曾背信弃义，滥杀功臣，都是刻薄寡恩之人。

口，① 却对北方的曹魏采取"限江自保"的战术（《三国志·蜀书·诸葛亮传》注引《汉晋春秋》之诸葛亮所言），即便"时有出师动众，以示武警敌者，北不逾合淝，而西不过襄阳，未尝大举轻发，以求侥幸于魏"。（何去非《何博士备论·吴论》）搞得王夫之亦对孙吴怒其不争，叹说："自汉末以来，数十年无屠掠之惨，亦无苛繁之政，生养休息，唯江东独也。惜乎吴无汉之正、魏之强，而终于一隅耳。不然，以平定天下而有余矣。"（《读通鉴论》卷十）

总之，这一切都说明孙权只是个政治投机分子，鼠目寸光，气量狭小，即便后来封王、建元、称帝，步步提升，却步步都畏畏缩缩。② 此外，孙权还大兴特务制度，③ 又大力制造祥瑞，频繁更改年号，可以说除了武则天外，东吴政权是中国历史上最喜欢改年号的。而越是喜欢派特务监视民众，越是喜欢改年号，越是喜欢制造各种祥瑞，就越说明其内心之虚弱，民众之离心，统治合法性不足。

其实当时曹操为增援荆北战场，为了表示与孙权合作的诚意，已将夏侯惇、张辽等二十六军共十余万淮南部队尽数调走，弃守合肥，④ 另外就连兖州刺史裴潜、豫州刺史吕贡的地方部队也被抽调征赴襄樊。⑤ 孙权此时若占领合肥，兵指兖豫也是一个极好的机会。到时曹操就太被动啦，打孙权吧，那樊城、襄阳肯定得丢，宛城、许昌都可能不保；打关羽吧，那孙权很快就可以在淮海平原站稳脚跟，再花两年培养出精锐的淮泗精兵以加强陆战能力，而刘备也休养生息够了，可率益州之众再出一路兵线于秦川，三路齐发，到时别说灭掉曹魏，至少可以将

① 见《三国志·吴书·吴主传》载卫温与诸葛直之事。孙权由于北方发展受阻，故中年以后对开发南洋特别感兴趣，曾多次遣使下南洋，而吴国使者也留下了大量南洋见闻著述，这些著述到隋朝仍未散佚，其中被收入《隋书·经籍志》的有：万震《南州异物志》、朱应《扶南异物志》、沈莹《临海水土志》、康泰《交州以南外国传》等。

② 此后221年孙权正式降魏，曹丕封其为吴王，但夷陵之战后，孙权威胁解除，遂与曹魏决裂，但仍保持大魏吴王的封号，并建元黄武，表示自己虽然没有对外称帝，但对内是独立的。黄武这个年号应是从曹魏的年号黄初、季汉的年号章武里各取一字拼成的，可以说相当凑合。再后来孙权以天命已去汉，"皇帝位虚，郊祀无主"而称帝，可称帝后的孙权其实并不郊祀，甚至在群臣奏请后表示："郊祀当于土中（指中原），今非其所，于何施此？"（《三国志·吴书·吴主传》注引《江表传》）大概他本人都不相信自己有天命吧！

③ 据史书记载，直到孙权死后，诸葛亮之侄诸葛恪以太傅身份辅政，才"罢视听，息校官"，所谓"视听"就是监视文武百官和民众的耳目特务，所谓"校官"就是东吴的特务组织"校事官"。可悲的是，诸葛恪被杀后，吴帝孙皓很快又恢复了这套特务制度，且变本加厉。

④ 见《三国志·吴书·吴主传》注引《魏略》载孙权上奏曹丕之书："先王以权推诚已验，军当引还，故除合肥之守，著南北之信，令权长驱不复后顾。"

⑤ 见《三国志·魏书·温恢传》："建安二十四年，诏书召潜及豫州刺史吕贡等。潜等缓之。恢密语潜曰：'此必襄阳之急欲赴之也。所以不为急会者，不欲惊动远众。一二日必有密书促卿进道，张辽等又被召。辽等素知王意，后召前至，卿受其责矣！'潜受其言，置辎重，更为轻装速发，果被促令。"

曹操赶到黄河以北去！.

可惜刘备、关羽的外交任性，与刘封、孟达的军事不作为，让孙权选择了在大战略上最不理智的军事计划，最终导致了魏盛、蜀弱、吴孤的不利局面。曹操总说生子当如孙仲谋，还真是啊，孙权这么帮曹操，真乖真懂事！

幸亏，曹操在第二年公元220年年初死了，[①]救了孙权一命。若不是曹操及时丧命，曹丕根基不稳，战略格局也不够，吴蜀恐怕接下来会被曹魏一锅端掉。[②]

事实上，虽然孙权后来凭借运气与权谋逃过一劫，但夷陵之战仍让东吴遭受巨大战争创伤。据《三国志·吴书·吴主传》记载，夷陵战后，曹魏准备大举进攻，而刚好这时东吴内部"扬、越蛮夷多未平集，内难未弭"，孙权吓得赶紧给曹丕写保证书让曹丕给自己一个改过自新的机会，"若罪在难除，必不见置，当奉还土地民人，乞寄命交州，以终馀年"。

曹丕看了信真是又生气又想笑，孙权这货可真不要脸哪，堂堂吴王居然号称会自我流放去交州，这也要有人信才行哪！你可真是"埋而掘之，古人之所耻"，[③]总之无耻到了一定境界。

于是，魏吴之间终于爆发大战，内外交迫之下，孙权不仅长江以北的土地全部丢失，还损失一万多士兵；曹真、夏侯尚、张郃对江陵的半年围城之役，更沉重打击了当地的经济与民生，[④]让当年诸葛亮与关羽苦心经营的南郡从此残破，不仅百姓死伤流离，田畴荒芜，还造成瘟疫流行，"疠气疾病，夹江涂地"（《三国志·魏书·文帝纪》注引《魏书》丙午诏）。

此战后，劫后余生的江北民众要么被曹魏迁去中原，要么逃亡到长江南岸，[⑤]东吴只得将南郡治所从江陵移到长江南岸的公安。江北富饶的江汉平原，

---

① 曹操死后，孙权竟乘虚夺取了襄阳，全取荆州，完成了人生夙愿，走上了人生巅峰。当然，没多久，曹军就打了回来。见《三国志·魏书·曹仁传》："后召（曹仁）还屯宛。孙权遣将陈邵据襄阳，诏（曹）仁讨之。"

② 据《三国·魏书·刘晔传》注引《傅子》，夷陵之战期间魏臣刘晔便力劝曹丕说："吴、蜀各保一州，阻山依水，有急相救，此小国之利也。今还自相攻，天亡之也。宜大兴师，径渡江袭其内。蜀攻其外，我袭其内，吴之亡不出旬月矣。"可惜曹丕不听，若曹操尚在，必能行此计划，先吞灭吴，再蚕食蜀，数年内必能成就一大业。

③ 裴注引《国语·吴语》："狸埋之，狸掘之，是以无成功。"乃先秦时之古谚，喻反复小人。

④ 见《三国志·魏书·曹仁传》："使将军高迁等徙汉南附化民于汉北。"及《三国志·夏侯尚传》："旧民多居江南。"

⑤ 见《三国志·吴书·朱然传》："江陵令姚泰领兵备城北门，见外兵盛，城中人少，谷食欲尽，因与敌交通，谋为内应。垂发，事觉，然治戮泰。"

就此变成一片荒凉的军事区，沮、漳流域则沦为魏国襄阳郡领土，从前繁荣的江陵大城，也变得郊野荒芜，只有屯兵而无居民，演变成孤悬北岸的一座纯军事化堡垒。直到刘宋时期，何承天仍说此地乃"斥候之郊，非畜牧之地，非耕桑之邑"（见《宋书·何承天传》）。

所以说，孙权虽然得到了荆州，但得不偿失的。荆州虽然地域广大，但南郡的江北区域才是其经济核心区，仅凭荆州南四郡的出产，供养吴国十余万驻军与郡县官吏已经很吃力，更别说向朝廷提供财赋了，甚至还需要江东输血才行。举个例子，孙皓后来迁都武昌，首都的物资供应仍然得靠吴会地区，逆水长途运输，劳民又伤财，以至于"扬土百姓溯流供给，以为患苦"（《三国志·吴书·陆凯传》）；乃至编出民谣："宁饮建业水，不食武昌鱼；宁还建业死，不止武昌居。"所以后来西晋杜预攻打荆州，没有经济基础的荆州吴军一触即溃，且江陵一下，则孙吴在整个荆州以及岭南地区的统治即告瓦解。看来孙权这笔生意确实亏了，是赔了信誉又折兵！这人哪，就不能太会算计；太精明的男人，格局都不大。

第三十七章
刘备为何不趁曹操死后
北方大乱而大举北伐？

公元220年，是一个真正的多事之秋，多少英雄人物在这年落幕，一个伟大的时代终结了，一个更伟大的时代即将到来。

而作为这个时代最后一位坚守者刘备，他的心中充满了壮怀激烈与沧桑悲凉，他的老兄弟、老部下们，关羽、黄忠、法正都死在这一年，他的老对手、老冤家们，曹操、程昱、夏侯惇、吕蒙、孙皎、蒋钦也都死在这一年，再过一两年，董和、张飞、糜竺、许靖、于禁、马超、刘巴、张辽、马良、曹仁等牛人也会相继离世，刘备感觉自己相当孤独。但就在这个时候，以诸葛亮、李严为首的蜀汉群臣，突然开始一个劲地拥戴刘备称帝，此时襄樊之战刚结束，蜀汉刚丢了荆州与东三郡，国土丧失近半，每个人的心情都相当沉重。这就好像输钱的人，要么回家大哭，要么急眼翻本，不可能装赌神酷炫登场。那么刘备集团为何要在这当口创建帝业呢？

第一，公元220年十月，曹丕已在许昌曹魏军营旁的繁阳亭登坛（显然是出于对汉献帝军事控制的考虑），即位为曹魏皇帝，历时四百年的大汉王朝终告灭亡。刘备集团需要在巴蜀重新立起大汉帝国的旗帜，将正统的名号夺回来。

第二，世人盛传汉帝刘协已被曹魏所害，所有忠汉的仁人义士必须联合起来，为汉帝报仇。四百年前，杀害楚怀王的项羽曾被汉朝先祖刘邦宣布为天下公敌，如今汉朝后裔刘备如何就不能效法先祖，发丧讨逆，复兴汉室？

有些人认为，刘协被害的消息是蜀汉伪造的，目的就是给刘备称帝造势，这种观点明显是因果倒置。汉献帝禅让之后，就被赶出了许都皇宫，软禁在河内郡的浊鹿城做山阳公了，①中原的忠汉人士找不到刘协，当然会引发刘协被害的传言。事实上，此传言流传极广，并非只在巴蜀一带，凉州、青州、东吴一带也在传，比如，曹魏的金城太守苏则、临淄侯曹植就都听说了这个流言，以为献帝被害而服丧致哀，二人还因此遭到了曹丕的打击报复。②而已向曹魏称臣的孙权一方也以为刘协被曹丕杀了，故孙权手下南郡太守诸葛瑾就曾在夷陵之战前写信给刘备说："陛下以关羽之亲何如先帝？俱应仇疾，谁当先后？"所谓先帝，自然就是盛传被害的汉献帝刘协了。宫崎市定考证文献后亦指出，曹操死后，汉魏之间曾出现过剑拔弩张的紧张局面：曹丕即魏王时，并没有请示天子诏命，而汉献帝也迫不及待地改元"延康"，想要"打压魏国的气焰"，向天下宣告汉朝的政治影响力，以"恢复缺失的主权与领地"。③这件事必然大大刺激了魏廷，天下忠汉人士由此担心汉献帝的人身安全，也是理所当然的。

总之，刘备、诸葛亮对献帝被害一事应该是深信不疑的，所以当时蜀汉给刘协的谥号是可怜的汉愍帝（在国遭忧曰愍），而非识时务的汉献帝（聪明睿智曰献）。正所谓"更始尚存而光武举号，夫岂忘主徼利，社稷之故也"（《三国志·蜀书·费诗传》注引习凿齿论），故主更始帝还在的时候刘秀都能称帝，何况蜀汉集团认为刘协已死，刘备如何不能称帝？这都是为了大汉的社稷啊！

第三，襄樊惨败之后，刘备的基本盘与政治威望遭到重大打击，所以迫切需要各种祥瑞、谶纬、天命来维持政权的稳固，以此来让那些蠢蠢欲动的益州豪强们老实点，不要在这关键时刻搞事情。更重要的是，刘备跟孙权不同，刘备已经老了，再不称帝就要老死了；刘备跟曹操也不同，曹操的儿子曹丕已留守邺城多年，在曹魏已经建立了一定的威望，而刘禅还是个孩子，刘备再不赶紧给他铺路就来不及了。

第四，就是诸葛亮说的："昔吴汉、耿弇等初劝世祖即帝位，世祖辞让，前后数四，耿纯进言曰：'天下英雄喁喁，冀有所望。如不从议者，士大夫各归求主，无为从公也。'世祖感纯言深至，遂然诺之。今曹氏篡汉，天下无主，大王

---

① 《晋书·武帝纪》："（泰始二年）罢山阳公国督军，除其禁制。"也就是说，直到公元265年刘协死后三十年，晋朝的时候才解除了汉宗室的禁锢，可见此前他们都是被军队监管、软禁的。

② 《三国志·魏书·苏则传》："（苏）则与临菑侯植闻魏氏代汉，皆发服悲哭。"及注引《魏略》："初，（苏）则在金城，闻汉帝禅位，以为崩也，乃发丧。"苏则遂因此"见惮"，仅四年后，黄初四年（223），苏则在调任河东相的途中病逝。曹植从此也屡屡被徙封，受尽流离之苦。

③ 宫崎市定：《九品官人法研究：科举前史》，大象出版社，2020年，第78页。

刘氏苗族，绍世而起，今即帝位，乃其宜也。士大夫随大王久勤苦者，亦欲望尺寸之功如纯言耳。"刘备在这个时候必须称帝，天下不可一日无主，现在曹丕已篡汉，刘备如果继续带着这汉中王的头衔，那么按照法理，就只能带着蜀汉士大夫一起去做曹魏的臣子，这像话吗？

在诸葛亮看来，曹操这人虽然凶暴，但多少还算有一点功绩可以称述，可曹丕这家伙算个啥？听说曹魏有个将领叫王忠，军队没粮食了，曾经杀人来吃，曹丕听说这件事后，竟派人挖坟掘墓搞来一个骷髅，系在王忠的马鞍上，"以为欢笑"（见《三国志·魏书·武帝纪》注引《魏略》），如此沉重之事，曹丕居然大感欢笑，真是毫无人性。还有当年张绣之乱，曹丕的长兄曹昂与堂兄曹安民遇害，曹丕写文章记述此事时，不去哀悼亲人，反而吹嘘自己骑术高超逃得很快，真是个冷血动物（见曹丕《典论》）。怪不得他即位后便疏忌骨肉，虐杀妻妾，[①]纳父后宫，[②]就连司马光写《资治通鉴》到这里，都忍不住吐槽说，魏文帝这个人啊，有时候真不配当个皇帝！[③]可就这样一个小人，竟在受禅称帝之后，大言不惭说："舜禹之事，吾知之矣！"[④]曹丕这样一个最多只能算是文学家的公子哥儿，[⑤]居然还好意思将自己比作有开创华夏与治水大功的舜禹，如此不要脸，这天下若是被这种人统一了，诸葛亮打死也不会服气。

总之，基于这四点充足的理由，刘备终于决定登基称帝，国号为汉，以有"季兴"之志，故又称"季汉"，而与西汉、东汉有所区别。

这时候是公元221年四月。而诸葛亮也以拥立之功，成为季汉建国四十年间

---

① 据《魏略》及《汉晋春秋》，甄姬入殓时，"被发覆面，以糠塞口"。

② 见《世说新语》："魏武帝崩，文帝悉取武帝宫人自侍。及帝病困，卞后出看疾；太后入户，见直侍并是昔日所爱幸者。太后问：'何时来邪？'云：'正伏魄时过。'因不复前而叹曰：'狗鼠不食汝余，死故应尔！'至山陵，亦竟不临。"

③ 见《资治通鉴·魏纪一》臣光曰："文帝……斯为不君矣！"陈寿《三国志·文帝纪》亦曰："文帝天资文藻，下笔成章，博闻强识，才艺兼该；若加之旷大之度，励以公平之诚，迈志存道，克广德心，则古之贤主，何远之有哉！"陈寿这夸人的话比骂人的话还难听，言下之意曹丕虽然文采非凡，但后面这些大度、宽容、公平还有道德他统统都没有。

④ 曹丕没有说尧舜，而是说舜禹，可见他内心希望所谓禅让就此为止。当然，他不可能知道，他的曹魏江山最后也"禅让"给了别家。

⑤ 曹丕的文学成就颇高，他不仅开创了六言、七言、杂言诗的体例，且是中国早期最优秀的文学评论家。《三国志·魏书·文帝纪》甚至表示，曹丕虽然是皇帝，但"以著述为务"，他亲自编订的作品就有将近一百篇，组织儒生分类撰集的经传多达上千卷。总之，曹丕确实有点"不务正业"，他还曾专门发布诏书宣布葡萄比荔枝好吃，而安邑御枣是世界上最好吃的枣子（见《凉州府志备考》引曹丕《凉州葡萄诏》及《太平御览》引曹丕《与朝臣诏》）。一个国家元首竟然在政府公文上大谈自己爱吃的水果，这公子哥儿也真是"望之不似人君"。

唯一丞相，并录尚书事。七月份张飞死后，诸葛亮又领司隶校尉，集行政、监察大权于一身。刘备不愧是一代英主，在这关键时刻给予了诸葛亮最大信重。人主就必须如此，懂得信任，才能收获忠诚，懂得付出，才能收获回报。

基本上在刘备办完称帝一干手续之后，就在准备伐吴了。那么刘备既然要打，为何不讨篡汉的国贼曹丕，而要攻打孙权呢？要知道这一年可是讨伐曹魏的最好机会，因为定海神针曹操死了，曹操一死，北方各地立刻发生了动乱。[①]

首先发难的是军队。军队的稳定是一个国家稳定的基石，然而在乱世，军队特别倚仗统帅，所以统帅一死，往往会发生骚乱，据《魏略》记载：

> 时太子（曹丕）在邺，鄢陵侯（曹彰）未到，士民颇苦劳役，又有疾疠，于是军中骚动，而（臧）霸所部及青州兵，以为天下将乱，皆鸣鼓擅去。

青州兵是曹老板当年在兖州创业时收的黄巾私人武装，所以曹操一死，他们也就不干了。不干就不干呗，还鸣鼓搞事，这是在向曹丕示威啊，太嚣张了！

接着发难的是凉州的河西诸将，凉州的动乱折腾了东汉两百年，这当然也不是曹操一代能解决的问题。曹操在世，还能镇一镇，曹操一死，河西诸将与羌胡各部便也立刻发动叛乱，据《三国志·魏书·苏则传》记载：

> 太祖崩，西平麹演叛，称护羌校尉。（苏）则勒兵讨之。后演复结旁郡为乱，张掖张进执太守杜通，酒泉黄华不受太守辛机，进、华皆自称太守以应之。又武威三种胡并寇钞，道路断绝。

另据《三国志·魏书·文帝纪》注引《魏书》记载，河西叛乱的规模非常浩大而且持久，叛军人数在十五万以上，且一直持续了近两年才被曹真平定：

> （公元221年）十一月辛未，镇西将军曹真命众将及州郡兵讨破叛胡治元多、卢水、封赏等，斩首五万馀级，获生口十万，羊一百一十一万口，牛八万，河西

[①] 官崎市定甚至认为，曹丕在这一年迫不及待地提出九品中正制，其实也是为了对接收汉朝官僚进入魏廷，而进行的一次人物政审。说得更直白一点，就是对北方忠汉人士的一次政治大清洗（《九品官人法研究：科举前史》）。

遂平。

屋漏偏逢连夜雨，偏偏该年中原也发生重大灾荒，据《三国志·魏书·辛毗传》："文帝践阼，欲徙冀州士家十万户实河南。时连蝗民饥，群司以为不可，而帝意甚盛。"中原灾荒还有一大重要影响，那就是曹魏再也无法供应襄樊战区的粮草了，只能将这一大片区域放弃，并将征南将军的治所都后撤到了宛城，以收缩战线，据《晋书·宣帝纪》）记载：

魏文帝即位，朝议以樊、襄阳无谷，不可以御寇。时曹仁镇襄阳，请召仁还宛。仁遂焚弃二城。

关羽费尽千辛万苦都未能攻下襄樊，却被曹魏因为易世之际的政治动荡和给养缺乏而放弃了，足见曹魏当时之虚弱。可惜东吴如此好的机会，孙权却只派了一个无名小将陈邵率领少量部队乘虚去占据襄阳，结果曹丕"诏（曹）仁讨之，仁与徐晃攻破邵，使将军高迁等徙汉南附化民于汉北。"（《三国志·魏书·曹仁传》）陈邵又被轻易赶了回去。曹孙关系也因此出现了裂痕。

那么这么好的讨伐曹魏的机会，刘备为何要放过呢？

首先，刘备没有办法，非不为也，是不能也。我们前面的篇章已经详细分析过，由于曹操的拆迁行动，刘备得汉中之地而未得其民，所以并没有能力以其为基地北伐，而荆州又丢了，刘备北伐的路线在短期内已被封死。事实上，曹丕即位后，曾召集群臣讨论刘备是否会攻打孙权为关羽报仇，当时所有魏国大臣都认为"蜀，小国耳，名将唯羽。羽死军破，国内忧惧，无缘复出。"（《三国志·魏书·刘晔传》）可见，当时天下公认季汉已废，非但无能力攻打曹魏，甚至也无能力攻打孙权。

其次，季汉政权迫切需要一场胜利来挽回尊严，来鼓舞士气，而刘备也需要这样一场胜利来证明自己这位新皇帝的天命所归与能征善战。[1]既然曹魏暂时打不了，那就去打孙权，孙权从前曾旗帜鲜明地骂曹操为"汉贼"，如今却主动向

[1]　故刘备称帝后年号为"章武"，意谓彰显武力。事实上，此前曹魏的谋臣刘晔就预言："蜀虽狭弱，而（刘）备之谋欲以威武自强，势必用众以示其有馀。"而后来当黄权劝刘备说："臣请为先驱以尝寇，陛下宜为后镇。"刘备亦不肯听从。因为他必须亲自拿下这个战功以"章武"，黄权赢了算咋回事儿？

"汉贼"屈膝称臣、劝进，还偷袭杀害了在前线奋力讨贼的关羽，这让刘备的东征已有了足够的正义性，先诛走狗再讨首恶，这不是也说得过去吗？

另外，此次东征是为关羽报仇，同时也是为荆州士人夺回家乡，哀兵必胜，足以激励汉军士气。而孙权那边又刚病死了吕蒙、孙皎和蒋钦，剩下陆逊、朱然一干小辈刘备根本没看在眼里。刘备一生的战绩虽然不尽如人意，但手底下毕竟有一支全程参与过汉末北方鏖战的陆战老兵，又刚刚在汉中杀败了夏侯渊和曹操，士气正盛，只要"舍船就步"，避免与吴军在水上争锋，要打败那帮只懂得偷袭的软脚虾还不随随便便？吴军的陆战能力向来为人所诟病，近年来他们在东线与曹军争合肥，除了偷袭赢了一次，其余五战全败，几乎成了合肥城魏军兵将的"升级大礼包"，尤其是六年前逍遥津一役，孙权十万大军败给了张辽八百兵，孙权本人还差点命丧渑水，一举荣膺"逍遥津马术冠军"称号，这事儿也成了刘备酒桌上的多年笑料。

总之，刘备这一战并不是为了灭掉孙权，而是要打得孙权不敢图蜀，^①打得孙权割地求和，以挽回自己的颜面。为了达到这个目的，刘备甚至不惜在曹操死后试图与曹魏交好，以改变季汉以一敌二的不利局面。说到底，刘备与曹操的敌对更多是出于公义，而在私谊上，曹操可没有对不起刘备过。只可惜曹丕意气用事，竟不顾政治规矩，下令斩杀了使臣韩冉，让季汉与曹魏的关系彻底破裂。^②事已至此，刘备只能硬着头皮上，希望曹丕自己能看出个中利害，使汉魏双方在没有外交关系的情况下，也能形成一点默契与配合。

① 见《三国志·魏书·周泰传》："后（孙）权破关羽，欲进图蜀。"
② 据《三国志·蜀书·先主传》注引《典略》说到曹操死后刘备曾遣掾吏韩冉"赍书吊，并贡锦布。冉称疾，住上庸，上庸致其书"云云。同传注引《魏书》略同，但谓"文帝恶其因丧求好，敕荆州刺史斩冉，绝使命"。曹丕这人向来小家子气，熟悉其史事的人，应该不会为他的这种做法感到意外。

第三十八章
刘备为何会犯下
连营七百里的低级错误？

上一篇我们详细分析了刘备在称帝后为何要坚持伐吴，总之，刘备此举，是经过深思熟虑的算计，而不是一拍脑袋的冲动决定。《三国演义》上说，刘备这是为了给二弟关羽报仇，才不惜赔上整个季汉集团，不惜放弃自己的一切，也要成全桃园结义的誓言。这故事固然能令人锥心刺血般感动，但刘备作为一个复杂的政治人物，绝非如此单纯就可以解释。为兄弟报仇只是一部分，但更重要的是刘备觉得自己一定能赢，而且在政治上这仗也必须要打。正如魏臣刘晔所言："蜀虽狭弱，而备之谋欲以威武自强，势必用众以示其有馀。"刘备以军事起家，若此时表现软弱，这位子恐怕就坐不稳了。

所以，虽然很多朝臣都劝刘备暂缓攻吴，但刘备都不肯听。[1]而诸葛亮对此虽没有具体意见体现于史料之中，但他应该也是持保留意见的，《隆中对》说："若跨有荆、益，保其岩阻，西和诸戎，南抚夷越，外结好孙权，内修政理。待天下有变……"显然，诸葛亮的战略很清晰，他认为应该先凭借岩阻（汉中、东三郡）立于不败之地，然后与正在闹独立的河西诸将及羌氏民众联合（西和诸戎），同时搞定南中，获取其丰富自然资源（南抚夷越），并且要结好孙权，等待天下有变，再去北伐曹魏。当然，当刘备与孙权武力争夺荆州南三郡，接着又跟孙夫人分居、[2]离婚、撕破脸皮抢孩子，就已经开始偏离这条道路了，诸葛亮只

---

[1] 见《资治通鉴·魏纪一》："群臣谏者甚众，汉主皆不听。"当然，刘备背后自然也有支持他东征的大臣，《三国志·吴书·诸葛瑾传》上记载了诸葛瑾写给刘备的求和信，信上说："陛下若抑威损忿，暂省瑾言者，计可立决，不复谘之于群后也。"其中"群后"应该就是某些失去了故土的荆州士人，他们对刘备执意东征或起到了推波助澜的作用。

[2] 据唐朝李吉甫《元和郡县图志》："孙夫人城在屏陵城东五里。汉昭烈夫人，权妹也，与昭烈相疑，别筑此城居之。"

能眼睁睁地看着机会来来去去，而无能为力。

所以，虽然史书没有记载，但诸葛亮在私下里肯定也劝说过刘备，这也是领导班子解决分歧的通行方法。主要领导若是想推行一项决定，那么一定要在决策层内部先寻求支持，酝酿成熟以后，才会公开。一般不会出现一把手贸然提议，二三把手当场反对的情况。据《三国志·吴书·顾雍传》记载，东吴丞相顾雍也常在私下里与孙权交换意见，"若见纳用，则归之于上，不用，终不宣泄，（孙）权以此重之"。以诸葛亮的谨慎，他的丞相风范应该不会比顾雍差，当然，最后诸葛亮肯定是被刘备给说服了。毕竟，他这位老板二十多岁就起兵，在东汉末年黑暗丛林中摸爬滚打了近四十年，是天下成百上千军阀中仅存的三个幸存者之一，军事政治斗争经验无比丰富，诸葛亮此时只能尊重他的权威。而也正因为如此，诸葛亮才会在夷陵惨败后痛惜法正不在（《三国志·蜀书·法正传》），季汉决策层少了一位理性之关键人物，否则在二比一的情况下，刘备或许会改变想法。

不管怎么说，诸葛亮失败了，他只能眼睁睁看着刘备孤注一掷，出动近十万大军伐吴，这几乎是季汉能够调动的全部机动兵力了。[①]

与刘备强硬的风格不同，孙权办事，更为圆滑无赖。所以当刘备刚出动的时候，孙权就放低姿态遣使求和，但刘备一眼就看出孙权的表态全是虚的，表面上客客气气，实际上却一点便宜都不肯让。更可恶的是，刘备东征前夕，好兄弟张飞率军汇合时被帐下张达、范强所杀害，这俩叛贼还带着张飞的首级投奔了东吴。而孙权居然也开开心心地接受了这两个叛将，既没有遣返，也没有一句道歉赔罪，足见孙权的求和毫无诚意，只是为了摆一个姿态，以将刘备此战定位在报仇与意气之争，从而避开自己背盟降曹的政治软肋，消解刘备的道义优势。

所以刘备快气死了，看来像孙权这样的笑面虎，不打到他哭不行啊，于是断然拒绝了孙权的求和。孙权一看这刘备不好糊弄，就只好跑去糊弄曹丕，向曹丕称臣，接受曹魏的吴王封号。总之，在名位方面孙权尽可以让步，但一旦牵涉到实际利益，那就能拖就拖，能赖就赖，老熟人都知道孙权这德性，但曹丕年

---

① 虽然《三国志·魏书志·文帝纪》注引《魏书》上记载了孙权当时的上书："刘备支党四万人，马二三千匹，出秭归，请往扫扑，以克捷为效。"但这四万人只是支党，即前锋部队，不是刘备东征军的全部。而据《三国志·刘晔传》注引《傅子》说："权将陆议大败刘备，杀其兵八万馀人，备仅以身免。"可见刘备军光阵亡的人数就在八万以上，再加上黄权及其他部队投降者，刘备兵力总数应该在十万左右。

轻啊。

　　曹丕认为，现在孙刘大战一触即发，我正好坐山观虎斗，更重要的是，正如前文所分析，曹魏内部根本没有做好战争准备，他们认为刘备遭受襄樊之败的重创后，非但不能攻打曹魏，甚至也不敢攻打孙权。打仗不是过家家，组织数万乃至数十万大军，需要长时间的准备工作。比如刘备在关羽死后的公元221年初就开始准备伐吴，却直到该年七月才宣布开打，且很快击破陆逊、李异，拿下了巫县与秭归，首战告捷。但刘备却没有继续打下去，而是回去继续准备，直到第二年春正月才又回到秭归，然后才继续向东进发。这一方面是刘备谨慎，但更重要的还是想以打促谈，仍希望孙权能看清形势，道个歉，服个软，割个地，求个情，让刘备有个台阶下。可没想到孙权一点亏都不肯吃，甚至让诸葛瑾写信给刘备劝其以大局为重，再做一次让步，放弃仇恨也放弃荆州，不要忘了大敌曹魏在北啊！刘备气坏了，见过无耻的，没见过这么无耻的饿狼，于是下定决心，整顿兵马于次月向夷陵（今湖北宜昌）大举进发。汉军兵分两路：水军由吴班、陈式率领，至夷陵后便夹江屯驻，以扼守三峡峡口；^①陆军则由刘备亲自率领，从长江南岸缘山截陵，一路杀至夷陵，并继续向西挺进至长江南岸夷道（今湖北宜都）城下的猇亭扎营。大军从三峡到猇亭，联营五十余屯，绵延七百里，声势极为浩大。^②

　　如此一来，曹丕的机会就来了，他完全有时间、有能力来个螳螂捕蝉，黄雀在后。而且孙刘两边没交手几个回合便在夷陵、夷道形成了相持，这一持，又是大半年的时间。而在这大半年的时间内，虽然曹魏谋臣刘晔屡屡劝谏曹丕联合刘备瓜分东吴，但曹丕始终没有动手。孙权难得服软一次，曹丕很享受这种"远人来服"的感觉，^③结果最终混成了"吃瓜群众"。

　　这下刘备郁闷了，他之所以连营七百里，以紧逼盯人的方法缠住陆逊，目的

---

①　《读史方舆纪要》卷七十八《湖广四》："南津口，在州（夷陵城）北二十里，当三峡之口。相传汉昭烈尝据守此津之南，故名。"

②　《三国志·吴书·孙桓传》："（刘）备军众甚盛，弥山盈谷。"汉军水军停驻上游扼守峡口，而以陆军出击，主要还是因为汉军水军较弱，不敢与吴军在宽阔的下游争锋。

③　归根结底，曹丕不如曹操，他既无觅机布局的能力，也无扫平北方的功绩，作为中国历史上威望最差的开国皇帝，他需要孙权称藩为自己添一笔"远人来服"的政治油彩。所以面对刘晔的屡屡劝谏，曹丕只能表示"人称臣降而伐之，疑天下欲降来者心，必以为惧，其殆不可！"事见《三国志·魏书·刘晔传》注引《傅子》。

就是要伺机待变。而他所等待的机会与变局到底是什么呢？

第一就是要将荆州南四郡的蛮族全发动起来。[①]这招其实作用有限，吴军别的本事没有，屠杀、征服少数民族那可是经验丰富，技能满点，其主帅陆逊更是曾在东吴后方打了十几年山越，光打一个"丹杨贼帅"费栈，就抢了数万精卒充实兵力。[②]所以刘备此举，只是聊胜于无，结果却给荆南蛮族带来了巨大灾难，足足一万多人被斩首俘虏。[③]

第二就是要将心向大汉的荆州士民也发动起来，为此，刘备这次带的兵将大部分都是荆州人士，能力不重要，对荆州士民的影响力更重要。但很可惜，刘备这一招也被陆逊破了，他让孙权"尽除荆州民租税"（见《三国志·吴书·吴主传》），并大力提拔荆州降臣与士人，给予他们极高的政治地位，[④]以抵挡刘备的宣传攻势。结果荆州大姓豪族都被孙权收买，失去了反吴拥汉的政治意愿（其实坚定拥汉的荆州大族早就跟着刘备入川了）。另据《长沙走马楼简牍》显示，东吴还对荆州南四郡百姓实行了严密的保甲、连坐监管制度，使其难以形成组织对抗东吴统治（只有一些不堪其压迫的"叛走"者）。

第三点就是刘备确实在等，等谁呢？等曹丕。当年曹操一死，孙权就去偷袭襄阳，结果被曹仁、徐晃揍扁，孙权吓得赶紧"遣使奉献"，曹丕感觉孙权这人不太可靠，便不断催逼孙权将其世子孙登送去洛阳做质子，可孙权光奉献就不奉子，一直百般拖延，只要刘备能将战争再拖几个月，曹丕就会发现机会的千载难逢与孙权的虚伪面目，到时候一怒出兵，孙权再不让步就只有死路一条，刘备的春天就来啦！所以刘备一直苦苦撑着，就是在等曹丕智商上线，能够自己看出个

---

① 见《三国志·蜀书·先主传》："先主于夷道猇亭驻营，自佷山（南）通武陵，遣侍中马良安慰五谿蛮夷，咸相率响应。"另据郦道元《水经注》卷三十七《沅水注》记载，马良在此期间还曾远赴义陵（今湖南溆浦县），绥抚蛮夷，指导他们筑城垦田。

② 事实上，东吴军队，大部分的来源，就是被征服的山越人。据何兹全《三国史》估算，这个数字约在十三万人以上，及至东吴中后期，军队中山越叛民占到72%，招募占12%，收编占12%，豪强部曲约占4%。凌文超则根据走马楼吴简的记录，发现吴国生口的价钱颇低。简19、20所记官生口的价钱甚至还不如一头牛，而西汉时期大婢与服牛的比价约为1：6.7。凌文超据此指出，这种情况可能还是因为孙吴在征讨山越、武陵蛮的过程中，俘获了大量蛮夷生口，投入市场的生口充足，导致了生口价钱较低。详见凌文超：《吴简与吴制》，北京大学出版社，2019，第151—152页。

③ 见《三国志·吴书·潘濬传》："五谿蛮夷叛乱盘结，（孙）权假（潘）濬节，督诸军讨之。信赏必行，法不可干，斩首获生，盖以万数。"

④ 据《三国志·吴书·陆逊传》记载，陆逊一到荆州，就为荆州降吴长吏及蛮夷君长"请金银铜印，以假授初附"，并针对"荆州士人新还，仕进或未得所"的情况上疏说："昔汉高受命，招延英异，光武中兴，群俊毕至，苟可以熙隆道教者，未必远近。今荆州始定，人物未达，臣愚惷惷，乞普加覆载抽拔之恩，令并获自进，然后四海延颈，思归大化。"孙权感觉有理，乃"敬纳其言"。

中利害，使汉魏双方在没有外交关系的情况下，也能形成一点默契与配合，让孙权自食其果，付出代价。

　　然而，刘备最终还是高估了曹丕，而低估了孙权、陆逊。孙权在这近一年的时间内尽显其狡诈外交手段，对曹丕催他送上质子一事百般拖赖，实在不行了，甚至亲自下场表演，施展其影帝级政客演技，在魏使面前又是"流涕沾襟"，又是"指天为誓"，将曹丕忽悠得团团转。可怜刘备不惜七百里联营与陆逊相持，[①]目的就是为勾引曹魏在孙权后方动手，没想到曹丕不但不动手，[②]反而嘲笑刘备不知兵，[③]刘备听说后估计要气得跳脚。

　　更糟糕的是，陆逊这个年轻人竟然如此有定力，在内外上下的催逼之下，竟然硬扛着就不出战，[④]就死死龟缩在夷陵、夷道一线，将江面、陆路都守得滴水不漏，让刘备毫无可乘之机。夷陵乃三峡入荆的峡口，所谓"水至此而夷，山至此而陵"，故名；陆逊放弃秭归主动后撤至此，便是要将刘备大军封堵在这隐天蔽日的三峡峡谷与江南岸旁山谷之中，[⑤]七百里联营打酱油。与此同时，在交州拥有丰富平蛮经验的东吴大将步骘，也率领一万交州兵北上长沙，并进驻益阳，以镇压荆州南四郡蠢蠢欲动的蛮族各部。

　　由于外交的大获成功，曹魏的淮南军队大多退守在汝南郡的召陵（今河南省漯河市召陵区）与陈郡一带，[⑥]孙权在东方几乎没压力，从而得以部署重兵在武昌，[⑦]给予陆逊强大后援力量。《三国志·吴书·2陆逊传》说："权命逊为大都

---

① 当年，刘备正是以此联营战术，有效保护了自己的补给线，步步为营，最终攻杀了夏侯渊，耗走了曹操的。拥有此成功经验，刘备乃再次联营保障后方补给，并以守为攻，谋而后动，待敌之变，亦不失为稳妥战略。

② 曹丕不动手的理由前注已述，但曹丕表示不攻吴之后，却又表示"不若且受吴降而袭蜀之后"，完全不顾曹魏军队大部分在东部的事实。

③ 见《三国志·魏书·文帝纪》："初，帝闻备兵东下，与权交战，树栅连营七百余里，谓群臣曰：'备不晓兵，岂有七百里营可以拒敌者乎！''苞原隰险阻而为军者为敌所禽'，此兵忌也。孙权上事今至矣。'后七日，破备书到。"

④ 陆逊不仅是个军事天才，还是个政治天才，他对于上下关系的应对，可以说是教科书级的。孙权胆小，陆逊就跟他故意贬低刘备的军事能力，说："寻（刘）备前后行军，多败少成，惟此论之，不足为戒。"以鼓舞孙权支持他继续打防守反击；而诸将好战，陆逊就跟他们故意抬高刘备的军事能力，说："刘备天下知名，曹操所惮，今在境界，此强对也。"以压制众将不得出战。

⑤ 见《三国志·吴书·陆逊传》注引《吴书》陆逊所言："若此间是平原旷野，当恐有颠沛交驰之忧，今缘山行军，势不得展，自当罢于木石之间，徐制其弊耳。"

⑥ 见《三国志·魏书·夏侯惇传》："督诸军还寿春，徙屯召陵。"及《三国志·魏书·张辽传》："关羽围曹仁于樊，会权称藩，召辽及诸军悉还救仁。还屯陈郡。"

⑦ 吕蒙夺荆州后孙权便迁都公安，刘备称帝后他又迁都鄂县（即当日刘备长坂之溃后，栖身之樊口），并更名"武昌"，以示东吴武运昌隆。

督、假节，督朱然、潘璋、宋谦、韩当、徐盛、鲜于丹、孙桓等五万人拒之。"这指的仅仅是第一线兵力；东吴这边还有左将军诸葛瑾屯公安的第二线兵力[①]以及孙权屯武昌的第三线兵力，加起来总兵力应超过十五万（孙权之前光收编季汉的荆州与三峡部队恐怕就已超过五万）。

这样一来，刘备就惨了，因为他不仅要分兵给马良去武陵与蛮族配合抵挡步骘，还得分兵给黄权驻扎在江北防备曹魏，而随着时间的推移，曹丕迟迟也不动手，刘备的心态终于崩了。陆逊抓住机会，于六七月盛夏骄阳正烈时突然动手，利用其夷陵以东的"制水权"优势（季汉水军屯驻在夷陵以西的峡口），用船将各军运送到汉军沿江各个山寨前面，然后同时俱攻，火烧连营，汉军猝不及防，首尾难顾，[②]一时土崩瓦解。虽然夷陵的程畿、陈式水军在三峡峡口拼死奋战，在一定程度上阻滞了吴军水军的追击，[③]却已无法回头接应刘备大军。况且，巫峡与西陵峡两岸山道崎岖，江流湍急，又多有礁滩险阻，进易退难，所谓"下水五日，上水百日也"（郦道元《水经注》卷三十四《江水二》）。也就是说，虽然山路纡险艰困，但仍比逆流而上要快些，所以季汉败军只能"逾山越险"，在长江南岸的巴山山野间被吴军"截其径要"（《三国志·吴书·孙桓传》），分割包围，堵截追杀，消灭殆尽，刘备亦仅得生入白帝城。[④]

看来，刘备最大的错误并不是七百里联营，而是为了压迫吴军而将中军主力过于突前，成头重脚轻之势。假使刘备把大本营放在秭归，而将其主力大军作为后继，这样就算前锋溃败，刘备以天子之尊，也可以坚守秭归让败军稳住阵脚，不至于全线崩溃。总体说来，陆逊这种极度谨慎的军事风格，正是喜欢弄险浪战的刘备的克星。

总之，夷陵一战，季汉惨败，汉军"前后五十余营"（《三国志·吴书·吴主

---

① 见《三国志·吴书·诸葛瑾传》："黄武元年，迁左将军，督公安，假节，封宛陵侯。"

② 《三国志·吴书·朱然传》："刘备举兵攻宜都，（朱）然督五千人与陆逊并力拒（刘）备。（朱）然别攻破（刘）备前锋，断其后道，（刘）备遂破走。"可知朱然所部五千人的任务，就是截断汉军前锋张南所部与刘备猇亭大营之间的联系。

③ 《三国志·蜀书·杨戏传》"追人遂及（程）畿船，畿身执戟战，敌船有覆者。众大至，共击之，乃死。

④ 三峡全长近200公里，其中瞿塘峡仅8公里，在三峡中最短却最为险峻。而白帝城（今重庆市奉节县白帝镇白帝村）就位于瞿塘峡西侧出口处的瞿塘关的关城。据说，自古东入瞿塘峡，往往要每一舟入峡数里，后舟才能续发，否则湍急的水流很容易让船队追尾导致船毁人亡（如今十元人民币的背面图案，就是瞿塘峡）。所以，东吴军队虽一路"蹱蹑先主军"（《三国志·蜀书·先主传》），但看到刘备已在白帝城站稳脚跟，他们便知无法向西攻入，只得撤兵讲和。

传》），被吴军"破其四十馀营"（《三国志·吴书·陆逊传》）。刘备十万大军，大半灰飞烟灭，舟船器械，水步军资，一时略尽，尸骸漂流，铺满了整个三峡水道，一眼望去，两岸火光映彩云，万重山川变血海，上千里长江变冥河，猿声不啼，家家举丧，刘备多年来南征北战积累的精兵与诸葛亮十余年辛苦经营，在这三国的赌桌上输得血本无归。而失去了主力大军的黄权与马良，自然也无力回天，黄权被迫降魏，马良惨死五溪，其他战死投降的汉军将领，更是数不胜数，①季汉朝廷，为之半空。

而另外一边，曹丕直到夷陵之战后三个月才发现孙权的真面目，这时才想着攻打东吴（刘备六月底败于猇亭，曹魏攻打孙权在九月份），但此时孙权已与刘备讲和修好，曹丕就这样完美地错过了这难得的几个月"蜀弱吴孤"的局面，也错过了曹魏统一天下的唯一机会。

曹操曾说："刘备，吾俦也。但得计少晚。"

笑死人了，还好意思说刘备行事迟疑，曹操也不看看，自己儿子都迟成啥样了，简直被孙权当猴耍！而此番曹孙刘不在一个层次的博弈，也真是害苦了机关算尽的刘备。

事已至此，刘备虽然还活着，但跟死了也没啥区别，整个季汉的重任，自此全部压在了诸葛亮瘦弱的肩膀上。公元前223年初，刘备病危，诸葛亮被紧急召往白帝城，接受刘备最后的托付。此时此刻，早春的寒意正浓，三峡的江面上平湖如镜，暗流涌动，水汽氤氲，白雾茫茫，诸葛亮身披鹤氅，面色凝重，心中虽然翻涌着无数泪水，但就是流不出来，直到刘备一句话，终于让诸葛亮心防崩溃，泪水有如三峡急流，一时倾泻而出，再也停不下来。

---

① 据《三国志》诸人传记，季汉此次损失的文武官员甚多，光黄权这一路降魏的将领及官员，就有三百多人，《三国志·魏书·文帝纪》注引《魏书》曰："（黄）权及领南郡太守史郃等三百一十八人，诣荆州刺史奉上所假印绶、棨戟、幢麾、牙门、鼓车。"这其中的重臣就包括镇北将军黄权、领南郡太守史郃，荆州治中庞林三人，所以曹丕大喜，乃拜黄权为侍中、镇南将军，封史郃等四十二人为列侯，为将军郎将百余人（可见黄权所辖的江北降兵至少有一两万人）。而阵亡的重臣，则有侍中马良、前部将军张南、护军冯习、别督赵融、傅肜，以及从事祭酒程畿、荆州议曹从事王甫等七人。另外，季汉将领杜路、刘宁等人也因走投无路而投降东吴。

第三十九章
白帝城托孤没有刀斧手，
只有刘备对诸葛亮的苦苦哀求

季汉章武三年（223）春二月，诸葛亮自成都在一片早春的寒意之中来到水汽氤氲、白雾茫茫的永安①白帝城，接受季汉先主刘备最后的托付。

诸葛亮在成都担任丞相并录尚书事，又领司隶校尉，集行政、监察大权于一身，同时还要亲自抄课本当家教，负责刘禅同学的教育工作，②简直是忙得不行，而刘备在前线打仗，诸葛亮在后方监国，其实已把帝相的活儿都给干了。如今刘备惨败于夷陵，不久一病不起，只得将尚书令刘巴召至白帝城（见《三国志·蜀书·马忠传》），助刘备处理前方政务与善后事宜，刘巴去世后，刘备又将辅汉将军李严招来继任此职，并让诸葛亮在成都南北郊修筑祭坛，并代自己在冬至日举行祭天仪式。③春秋时卫献公曾对权臣宁喜说："政由宁氏，祭则寡人。"没想到在这非常时期，诸葛亮连祭祀的活儿也要帮着干。

而经过一个寒冷的冬天，刘备的病势更加严重，于是准备向诸葛亮和李严托

---

① 永安原名鱼复县，刘备惨败退守此地后，期望季汉西境永安，故更其名为"永安"，并将其地位提升为季汉陪都。后来唐朝时为旌表诸葛亮"临大节而不可夺"又将其更名为"奉节县"，并沿用至今。《论语·泰伯》载曾子曰："可以托六尺之孤，可以寄百里之命，临大节而不可夺也：君子人与？君子人也。"无论奉节、托孤还是寄命，诸葛亮实为千古一人。

② 见《三国志·蜀书·先主传》注引《诸葛亮集载先主遗诏》："射君到，说丞相叹卿智量，甚大增修，过于所望，审能如此，吾复何忧闻！闻丞相为写申、韩、管子、六韬一通已毕，未送，道亡，可自更求闻达。"及《三国志·蜀书·后主传》之册立皇太子刘禅书："使使持节丞相亮授印绶，敬听师傅，行一物而三善皆得焉，可不勉与！"

③ 见《三国志·蜀书·先主传》："冬十月，诏丞相亮营南北郊于成都。"此"郊"与今日之"郊"意思大不同，郊，郊祭也，乃帝王祭祀之所，南郊祭天，在冬至日主祭，北郊祭地，在夏至日祭。北京的天坛和地坛，就是清代的南郊和北郊。郊祀是帝王最重要的祭祀活动，代表着国家的正统性与合法性，西汉大臣匡衡云："帝王之事莫大乎承天之序，承天之序莫重于郊祀。"（《汉书·郊祀志》）诸葛亮竟代刘备郊祀，可见刘备托孤之意早已明确。

付后事。诸葛亮的能力与忠诚自不必说了，李严在这两方面历史上提及得比较少，但从有限的资料来看，李严恐怕是当时剩下的这帮季汉文武之中除诸葛亮外对刘备最忠诚也最有能力的一位。

李严，字正方，荆州南阳人，少时入职荆州郡吏，"以才干称"，刘表曾让他遍历诸郡县，干吏之才得以充分磨炼。曹操进入荆州时，李严任秭归县令，驻守在荆州向西进入三峡的峡口处，李严不想跟随刘琮集团降曹，而投奔了益州的刘璋，可见他对曹操并不认同。而刘璋也很看重李严，任用他为成都县令，后来二刘反目，刘璋又派李严为护军，带兵前往绵竹抵抗。李严一到前线就倒戈投降了，可见他早已归心刘备。刘备遂任命他为裨将军，转任犍为太守，迁兴业将军（此将军名号很有深意）。刘备与曹魏鏖战汉中期间，益州豪强蠢蠢欲动，刘备最终能耗到曹操撤走，这多亏诸葛亮镇守后方足兵足食，另外也多亏李严率兵四处平定叛乱，尤其是马秦、高胜聚数万人叛乱，李严却没向刘备、诸葛亮要一个兵，自己带着五千民团（郡士）就轻松搞定了。自此，李严更得刘备的青眼相看，又被拜为辅汉将军（此将军名号更有深意）。

所以说，李严是益州旧臣中少有的坚决拥刘派。《三国志·蜀书·先主传》中的群臣劝进表所言"间黄龙见武阳赤水，九日乃去，大王当龙升，登帝位也"以及《华阳国志·蜀志》中说的"建安二十四年，黄龙见武阳，赤水九日，蜀以刘氏瑞应"恐怕就是犍为太守李严所整出来的把戏，因为武阳县（今四川省眉山市彭山区）正是犍为郡的郡治。而根据宋代洪适《隶续》记载，李严还曾在武阳的赤水河边留下证据，立"黄龙甘露之碑"，"碑侧题太守李严、并丞、令二人姓名"。

为什么要特意提到李严的忠诚呢？因为当时在季汉，对刘备仍然忠诚的臣子还真的不多了。

刘备不像孙权、曹操，他孤微起家，辗转一生，无兄弟子侄可以屏藩，无宗族乡党可以倚托，[①]只靠一帮兄弟义气打天下。但这帮老兄弟也死得差不多了，如今只剩了翊军将军赵云和固陵太守刘琰两人而已；后来的荆州派倒也可以倚仗，但夷陵惨败又损失了过半了。

---

① 故刘备称帝，宗庙里立的都是两汉的历代皇帝，没有一个是他自己的直系祖先。而且季汉政权中除了张飞和简雍外几乎没有出身于涿郡的。

另外我们前面也分析过，自建安二十年（215）刘备不去打汉中，而跑去与孙权争夺荆州南三郡，刘备的政治威望就开始逐年下降。益州名士、号称李氏三龙之一的李邈就当面责问刘备说："邈以将军之取鄙州，甚为不宜也。"甚至就连刘备的嫡系、侍中廖立后来也忍不住批评刘备战略失误，错过了争夺汉中的最佳时机。过了三年，刘备却又想打汉中了，很多蜀中名士表示反对，^①刘备在盛怒之下遂不顾诸葛亮求情硬杀了蜀中名士张裕，更导致刘备政治威望大损。

我们前面的篇章还分析了，在建安二十四年（219）刘备称汉中王后又犯了一系列人事安排上的错误，不仅害死了关羽，还害死了刘封，逼走了孟达，让季汉政权遭受重创，不仅丢失了近半国土，还损失了关羽数万水军与吴蜀之间三峡地区数万汉夷军队。所以廖立又批评刘备说："后至汉中，使关侯身死无孑遗，上庸覆败，徒失一方。"

基于此等原因，刘备称帝之时，虽已做足准备，但仍有不少人反对，其中不乏刘备集团中的核心人物，如前部司马费诗、尚书令刘巴，及其主簿雍茂。其中刘巴是朝廷重臣且是诸葛亮的老友，后来又在刘备登基过程中刻意表现，亲自书写了所有的诏书文告，刘备这才没动他；可其他两位就没那好命了，最终费诗被贬到蛮夷之地永昌郡（今云南西部与缅甸东部一带）担任从事，雍茂则因他事被借故杀害。^②而刘巴经此事后也郁郁不欢，一年多后在白帝城病逝，死时年仅三十九岁。

而刘备称帝之后，本想用亲征孙权来挽回威望并巩固统治，不料竟被陆逊、孙桓等一干小辈打败，刘备不仅损失惨重，而且颜面俱失，进而恨声说："吾乃为（陆）逊所折辱，岂非天邪！"跟项羽那样将自己的失败推脱为天意。又说："吾昔初至京城，（孙）桓尚小儿，而今迫孤乃至此也！"而当曹丕大军终于南下攻打江陵，刘备又写信给陆逊幸灾乐祸说："贼今已在江陵，吾将复东，将军谓

---

① 据《三国志·蜀书·周群传》："先主欲与曹公争汉中，问（周）群，群对曰：'当得其地，不得其民也。若出偏军，必不利，当戒慎之！'时州后部司马蜀郡张裕亦谏先主曰：'不可争汉中，军必不利。'先主竟不用裕言，果得地而不得民也。"当然，曹操在建安二十年（215）拿下汉中后就开始安排徙出汉中之民，纵然徙民需要一个过程，但也无待周群和张裕在两年之后再来预测争汉中将"不得其民"，这只说明了这些蜀中名士对刘备并不十分拥护，对蜀汉的北伐事业亦谈不上支持。

② 见《三国志·蜀书·刘巴传》注引《零陵先贤传》："是时中夏人情未一，闻备在蜀，四方延颈。而备锐意欲即真，巴以为如此示天下不广，且欲缓之。与主簿雍茂谏备，备以他事杀茂，由是远人不复至矣。"雍是益州大姓，汉什邡侯雍齿之后，被刘备所杀的雍茂，以及后来在南中叛乱的雍闿，大概都是这一族的人。

其能然不？"①

　　其实这也难怪刘备接受不了，根据我们前面的分析，刘备在夷陵之战中又损兵近十万，并损失文武重臣十余人，包括镇北将军黄权，荆州治中庞林、领南郡太守史郃，侍中马良，前部将军张南，护军冯习，别督赵融、傅肜，从事祭酒程畿，荆州议曹从事王甫，将军杜路、刘宁等，加上这两年集中病逝的刘备集团老人，包括黄忠、法正、董和、霍峻、许靖、马超、刘巴、麋竺、孙乾、简雍、习祯、邓方、益州别驾从事李朝等人，再加上前几年战死及投降的大将，包括关羽、关平、赵累、郝普、潘濬、樊仙、习珍、麋芳、士仁、陈凤、文布、邓凯、张飞、孟达、申耽、申仪等人。也就是说，季汉在短短两三年内，竟然被刘备败掉了近半国土，近二十万大军，②并损失了四十多员文武重臣，这对于一个地方性政权来说不亚于一场瘫痪性打击。

　　也正因为如此，在刘备病居白帝城的这段时间，季汉内部也正不断地发生叛乱，事实上，诸葛亮前脚刚离开成都前往白帝城，汉嘉（今四川雅安一带）太守黄元"闻先主疾不豫，竟举郡反，烧临邛城"。与此同时，南中三郡也脱离了季汉的控制，联结东吴，闹起了独立。建宁大族雍闿甚至嚣张大呼："盖闻天无二日，土无二王，今天下鼎立，正朔有三，是以远人惶惑，不知所归也。"不仅投降东吴，杀害季汉了派过来的建宁太守正昂，并且绑架了再派过来的益州太守张裔，送给东吴做礼物，张裔半路逃跑，流落街头，那是相当的惨。③

　　我想，在大家了解了我给大家分析的这些背景之后，应该不会再认为刘备托孤诸葛亮时所说的那句话是一种试探了，④哪里有什么搞笑的刀斧手，这分明就是一种哀求。我们现代人不理解，一是官场文化的盛行，导致国人对权谋心术的沉迷；二是经历了长期专制历史后，国人对那段时代政治环境太陌生。所以我们

---

①　以上见《三国志·吴书·陆逊传》及注引《吴录》与《三国志·吴书·宗室传》。刘备迎娶孙夫人的时候，应该见过这当年年仅十二岁的孙桓，没想到十二年后，孙桓成了陆逊派去追杀刘备的主将，还差点让刘备命丧巴山。

②　包括荆襄之战损失关羽水军数万，陆逊斩杀招纳的三峡地区汉夷军队数万，东三郡降魏军队一两万，夷陵之战战死八万多，还有降魏的黄权部队一万以上，以及马良招纳的武陵蛮一两万，加起来差不多二十万，估计占当时季汉所有军队的四分之三强。

③　见《三国志·蜀书·李恢传》："高定恣睢于越嶲，雍闿跋扈于建宁，朱褒反叛于牂牁。"及《三国志·蜀书·张裔传》诸葛亮在该年十月对即将出使东吴的邓芝所言："（张）裔自至吴数年，流徙伏匿，权未之知也。"

④　原文为："君才十倍曹丕，必能安国，终定大事。若嗣子可辅，辅之；如其不才，君可自取。"同为"八〇后领导人"（曹丕生于187年，诸葛亮生于181年，孙权生于182年），曹丕差孙权远矣，孙权又差诸葛亮远矣。

看乾隆在《御批通鉴辑览》中就写道："昭烈于亮平日以鱼水自喻，亮之忠贞岂不深知，受遗时何至作此猜疑语，三国人以谲诈相尚，鄙哉！"你看乾隆就不相信有这种君臣之情。当然啦，他可是自称"十全老人"的所谓圣君，怎么可能有举国托付给磕头奴才的道理！

其实刘备这句话，放在几百年前的西汉，或者几百年后的隋唐，都会让人惊掉下巴，但在当时的历史环境下——具体就是魏晋南北朝时期并没有很吓人。在经历了东汉末年的党锢之祸后，社会思潮开始崇尚虚君无为，皇权也变得不再神圣不可侵犯。①况且，在中国的文化传统里，禅让是儒家追求的至高境界。即便在现实中屡次被权臣利用，但人们始终相信这种天下为公的理想是存在的，上古尧、舜、禹的理想国也是能实现的。只是后世人心坏了，才觉得这不可能而已。

所以刘备说这句话，一是哀求诸葛亮帮忙，他认为值此危急存亡之秋只有诸葛亮才能安国，才能终定大事；二是在法理上赋予诸葛亮至高无上的权力。中国的官场极其复杂，权力的大小不完全取决于制度，也不完全是由官位决定。比如说中国历史上那么多宰相，有的跟帝王没啥区别，有的跟个摆设没啥区别。总之，中国的传统文化虽讲究制度设计，但更讲究人事安排。刘备说这话，就是要给季汉日后的权力格局定下基调：诸葛亮才是主心骨，才是他事业的真正接班人，刘禅、李严等人都必须好好配合，做不好就下课换人。

从后来历史的发展来看，刘备这个安排是深谋远虑、卓有成效的。三国之中，魏国和吴国都曾经发生过惨烈的宫廷斗争、流血政变和地方叛乱，但季汉政权却一直相对稳定。即便诸葛亮死了，其政局还能保持稳定二十年，直到最后十年才开始混乱（确切地说是公元253年费祎被刺，刘禅掌权之后），这就是高人的高明，自然生命虽已死亡，身后仍能发挥强大而持久的影响力。

总之，白帝城托孤并没有什么刀斧手，只有刘备对诸葛亮的苦苦哀求；刘备入蜀以来屡屡刚愎自用，终于葬送局面，结果两腿一蹬，却要诸葛亮替他儿子来收拾这内忧外患的烂摊子，不说点好话求求诸葛亮那脸皮就真太厚了。要换作是

---

① 可详见《后汉书·汝阴老父传》以及两晋思想家阮籍和鲍敬言的"非君论"与"无君论"。事实上，从东汉初年，皇权已经开始向豪族势力低头了。如汉明帝行复古"养三老五更"之礼，即亲临辟雍跪拜"三老"儒臣，并亲自给他们割肉、执酱、奉酒。此后，从曹魏到北周都曾实行其礼。直到唐朝以后，这个古礼开始被冷落，只徒有其文，并不实行。在元明典礼中，连虚文都不见影了。乾隆一度心血来潮，打算选几位三老行一下礼，被张廷玉婉言劝止，说："臣下谁敢受之！"乾隆随即回心转意，还特意写了一篇《三老记》以辟其礼之谬。参阅阎步克：《中国古代官阶制度引论》，北京大学出版社，2010年，第222页。

司马懿、孙权这样的老狐狸接受刘备这托孤，恐怕转手就会把益州这不良资产打包卖掉，免得砸在手里烂掉。

事实上，曹魏有很多所谓世族名士都不理解诸葛亮的所作所为，他们不懂得诸葛亮到底在坚持些什么，为何要死守着那一州之地的小国与中原抗争，这实在是世界上最愚蠢的事情。[①]甚至就连刘备给诸葛亮安排的副手李严也不懂诸葛亮，他觉得诸葛亮这么大威望，这么大功劳，为何不取刘氏而代之呢？[②]正如刘备所言，诸葛亮之才何止曹丕十倍，就算代刘而立，那也是众望所归。相信如果诸葛亮松口，李严会第一个站出来支持，可得拥立头功。事实上，纵观李严一生，就是一个政治投机者，而他后半生的所作所为也只是在向诸葛亮求官罢了，因为刘备临终前给他安排的职位远不如军政权力一把抓的诸葛亮，所谓"中都护，统内外军事"，统的只是陪都永安内外的一两万防吴部队，且刘备也没有给他录尚书事与开府的权柄。之所以多给他个托孤大臣的名号，只为安抚东州派罢了，毕竟此战荆州派损失惨重，再不拉拢东州派，季汉政权的维系就很成问题。所以其实李严并没有资格做诸葛亮的政敌，而只是诸葛亮手下一个不听话的坏小孩，[③]可以说是随便拿捏。

至于那些益州豪强大姓，恐怕就更无所谓了，随着时代的流转，秦汉时的忠君观念早已淡漠，士族们的主要诉求就是土地钱粮、政治地位与家族利益，至于老板是谁并不重要，管他是刘老板曹老板诸葛老板司马老板，乃至后来的两晋成汉宋齐梁陈，反正城头变幻大王旗，换个招牌一样吃饭，几百年就这么混过去了，何必那么认真呢？

总之，正如前面所分析的，刘备此时话语并没有试探和震慑，只有苦苦哀求，所以诸葛亮在听到刘备这句话后的反应也不是惶恐，而是涕泣。

没错，诸葛亮并没有像评书演义和影视剧里描述的那样跪下连连磕头，汗流

---

① 据《三国志·蜀书·诸葛亮传》注引《诸葛亮集》："是岁，魏司徒华歆、司空王朗、尚书令陈群、太史令许芝、谒者仆射诸葛璋各有书与亮，陈天命人事，欲使举国称藩。"

② 据《三国志·蜀书·诸葛亮传》注引《诸葛亮集》："是岁，魏司徒华歆、司空王朗、尚书令陈群、太史令许芝、谒者仆射诸葛璋各有书与亮，陈天命人事，欲使举国称藩。"

③ 后来废黜李严时，诸葛亮在上后主表中就表示："自先帝崩后，平所在治家（时李严已改名为李平），尚为小惠，安身求名，无忧国之事。"足见李严并非大奸大恶之人，只不过是个名利之徒，跟诸葛亮不是一路人。

狭背，惶恐不敢受，而是非常伤心地哭了。[①]

诸葛亮哭，是因为他与刘备二十年君臣，性情相契，[②] 相知甚深。他非常清楚刘备的个性。刘备此人，外柔内刚，折而不挠，是个咬定青山不放松的牛脾气，是个宁折不弯的犟脾气，是个孤注一掷不服输的狠脾气。可没想到在这最后时刻，刘备竟然会如此哀求自己，说出这样的话来。

看来，刘备不愧是刘备，果然通透，虽然他有太多的缺点，但仍可以算是千古帝王中最可爱的一位。他甚至还在遗诏中要求后主刘禅要好好做人，坚守良心，孝顺诸葛亮，至于雄才大略，刘备根本不敢奢望，[③] 尤其是那句"汝父德薄，勿效之"，更是尽显刘备一生悔恨。这可不是客套话，而是父子之间的最后交心，刘备觉得，是自己没能按照诸葛亮隆中对的规划行事，结果导致了如今的危局，千错万错，刘禅不能再刚愎自用，重蹈覆辙。另外，刘备知道诸葛亮还没有儿子，只从哥哥诸葛瑾那里过继了一个养子诸葛乔，而诸葛亮已经四十三岁了，可能以后都不会有亲生儿子了（诸葛亮四十七岁才有了诸葛瞻），那就让失去父亲的刘禅、刘永、刘理三兄弟，来做诸葛亮的儿子吧。[④] 如果三子都不肖，刘备宁愿让诸葛亮来做皇帝，毕竟刘备一生都是将兴复汉室的事业放在第一位的，只要能够保住季汉的事业，哪怕儿子做不了皇帝也没啥了不起。

钱穆《国史新论》有言："三国士大夫，重朋友更重于君臣，追随曹操、刘备、孙权，造成三分鼎立的，不是君臣一伦的名分，而是朋友一伦的道谊私情。"确实，刘备虽有百般缺点，但他对一干创业兄弟的肝胆真诚，实可感动千古，绝不似《三国演义》中那般作伪。还是陈寿说得好，刘备托孤孔明，此乃"君臣至公，古今盛轨"也！

所以诸葛亮哭了，其实诸葛亮此人，颇为淡泊宁静，[⑤] 万事尽在掌中，甚少

---

① 正如东晋袁宏《三国名臣序赞》所言："其临终顾托，受遗作相，刘后授之无疑心，武侯处之无惧色，君臣之际，良可咏矣！"

② 见清代赵翼《廿二史札记》："曹操以权术相驭，刘备以性情相契，孙氏兄弟以意气相投。"

③ 见《三国志·蜀书·先主传》与《诸葛亮传》刘备遗诏敕后主书："勿以恶小而为之，勿以善小而不为。惟贤惟德，能服于人。汝父德薄，勿效之。汝与丞相从事，事之如父。"

④ 见《三国志·蜀书·先主传》裴松之注："临终时，呼鲁王（刘永）与语：'吾亡之后，汝兄弟父事丞相，令卿与丞相共事而已。'"刘备、诸葛亮也都是少年丧父，都深知孤儿的孤苦与无助，刘备在死前让儿子认诸葛亮做爹，这应是一种最真诚的信任与托付。

⑤ 如刘备称汉中王时，大封群臣，三公九卿毫不吝惜，却独独没有考虑仍只是军师将军的诸葛亮，但诸葛亮仍兢兢业业，并不在乎这些虚名虚利。

大悲大喜。①但刘备的三顾茅庐与临终话语最终改变了诸葛亮，让诸葛亮成了一个"竭股肱之力，效忠贞之节，继之以死"的人，他是这么承诺的，也确实是这么做的。从此，"夙夜忧叹""夙兴夜寐""忧恚呕血"成了诸葛亮的常态。就算到了最艰难、最困苦的时刻，诸葛亮都没有一刻想过放弃。司马懿在参观了汉军军营后称赞诸葛亮说"天下奇才也！"但恐怕他永远也不会明白，一个天下奇才，为何要选择去走一条最难走的路，而将这一生奉献给一个几乎没有希望的小国，正如他永远也不会懂得忠诚与信念的力量。

其实魏明帝曹叡在临终前也曾托孤于司马懿，而且情深意切，其哀恳与刘备不遑多让，史书记载他紧紧握住司马懿的手，说："以后事相托。死乃复可忍，吾忍死待君，得相见，无所复恨矣。"还让将要即位的齐王曹芳上前亲热地抱住司马懿的脖子，将这小孩郑重其事地托付给了司马懿。司马懿感动得连连磕头，并哭着说："陛下不见先帝属臣以陛下乎？"

但事实证明，曹叡与司马懿上演的这出八点档一点儿都不让人感动，反而有点恶心。仅仅十年后，司马懿就干了三件大事。第一，在曹魏的首都洛阳修建司马氏的祖庙。第二，自己不上朝了，有大事反而让皇帝到他府邸办公。第三，把曹魏宗室软禁在邺城，并派人监视。而到了司马懿的儿子司马师上位，立刻就非常痛快地废掉了曹芳，撕开了最后一块遮羞布。

---

① 季汉经历了数次背叛与惨败，史书记载刘备很多如"忿恚""惭恚""唏嘘而三叹""恨之"等负面情绪（见《三国志·陆逊传》《孟达传》与《三国志·吴书·宗室传》），但诸葛亮只有一个"叹"字（见《三国志·蜀书·法正传》）。

第四十章
益州士人的降魏情结

《三国志·蜀书》中有一特殊篇章，叫《杜周杜许孟来尹李谯郤传第十二》，写的是三国时期的益州名士，其记述非常详尽，字数达到八千八百多字，要知道季汉五虎将的合传也不过三千六百多字，不到名士传的一半。

为什么会这样呢？因为《三国志》作者陈寿自己也是益州名士的一员，本篇传记中的人物，大多是陈寿的老师、师叔、师祖，其传承有序，脉络清晰，陈寿对这些前辈的事情相当了解，自然可以说得比较清楚。

另外，陈寿在这篇传记中也埋藏了一条引线，隐隐约约告诉了我们蜀地名士虽然敬重诸葛亮，且对季汉数十年统治颇有赞许，但私下里并不支持季汉政权，以至于邓艾三万疲卒兵临城下，以谯周为首的蜀地名士就立刻劝后主投降，巴不得季汉早点灭亡。

这条引线其实就是一句话，确切地说，是一句流传甚久、流传极广的著名谶语，据说它出自汉初儒家高人对儒家经典《春秋》的神学解读《春秋谶》之中，原文是："汉家九百二十岁后，以蒙孙亡，授以承相，代汉者，当涂高也。"

两汉加起来只有405年，这句话前半部分就错了，但这并不影响它后半部分的传布。因为，第一，汉朝人对谶语有一种莫名狂热的迷信；第二，这条谶语词句简单，朗朗上口，便于记忆和传播，满足了爆款文的一切要素，自然像谣言那样迅速蔓延开来；第三，这条谶语非常奇妙，它具体而又模糊，似乎已经把汉朝灭亡的具体时间，乃至灭汉与代汉的具体人物都交代清楚了，但好像又什么都没讲清楚，就让你们一代代后人去瞎猜，结果有拆字的，有意会的，五花八门，谁都以为自己参透了玄机，结果又好像谁都没有。

总之，这句谶语由于关系着汉朝的兴亡，所以传播极广，就连汉武帝自己都忍不住推波助澜，有一次在宴会上对群臣说："汉有六七之厄，法应再奉命，宗室子孙谁当应此者？六七四十二代汉者，当涂高也。"（《太平御览》引《汉武故事》）

到了西汉末年，王莽真要代汉了，他为了宣扬自己的统治的合法性，当然更要大力发展谶纬。我们前面就说过了，谶语古已有之，但随着西汉儒教的发展，一些脑洞大开的儒生开始将其穿凿附会于儒家经典（故称"纬"，以相对于"经"），从而将儒家经义曲解与迷信化、宗教化、神学化。王莽本人就是儒生，自然也想利用这个工具。当然，相较于经书在士人圈的普及化，充斥着图谶的纬书较难理解，故被称为秘术或内学。而能够掌握这门秘术的高级人才，往往被称为谶纬或数术大师，是汉朝士人圈中顶级的人物，对政治与文化具有相当的影响力。

我们知道，蜀地作为巫风盛行的三星堆文化的发源地，其神秘主义色彩本就颇为浓厚，故而益州很快就成了儒家谶纬的重要发展基地。当时就有一位广汉郡的谶纬学者哀章跑出来搞了一个《金策书》预言王莽为真命天子，从而成为新莽的开国功臣，封美新公，成为新莽四辅之一。

后来，王莽改革失败，天下大乱，蜀地的割据者公孙述也想称帝，并基于蜀地传统亦大力发展谶纬学，并找到了当时的蜀地谶纬大师广汉新都人杨春卿，高官厚禄养起来，要他寻找对自己称帝有利的谶纬。杨春卿翻遍纬书，终于被他找到了三句话，即《录运法》之"废昌帝，立公孙"；《括地象》之"帝轩辕受命，公孙氏握"；《援神契》之"西太守，乙卯金"。值得注意的是，王莽与公孙述都没有使用"春秋谶"，大概是他们研讨了半天觉得自己跟这句话扯不上干系。所以后来刘秀也写了一封公开信回击公孙述说：

> 图谶言"公孙"，即宣帝也（汉宣帝乃戾太子刘据之孙）。代汉者当涂高，君岂高之身邪？乃复以掌文为瑞，王莽何足效乎！

结果事实证明，王莽与公孙述都没能代汉，这位代汉的"涂高"到底是谁，还有待历史进一步验证。

而杨春卿这位蜀中谶纬宗师也由此迎来了自己的结局，汉军攻入成都后，杨春卿决定自杀殉主，临终前告诉儿子杨统说："吾绨帙中有先祖所传秘记，为汉家用，尔其修之。"所谓"秘记"，就是关于阴阳灾异谶纬数术的神秘学说。杨春卿要求儿子好好学习这些学问来为汉朝服务，因为他知道，随着公孙述的灭亡，汉朝的国运应该还会持续很长一段时间，子孙后代们必须跟着汉朝好好混，同时也要继承好这家传的学问，等待汉室天命终结、真正要被"涂高"取代的那一天。

从此以后，杨统及其子杨厚就凭借家学，并广泛学习各种"天文推步之术""阴阳消伏之法"与黄老之术，[①]成了蜀地儒宗。据《后汉书·苏竟杨厚列传》记载，杨厚历东汉安、顺、冲、质、桓五帝，名重于世，光正式登记入学的门生就有三千多人，[②]乃至乡人私谥其曰"文父"，并为之立庙，每年春秋的"飨射之礼"，学官都要率领郡中儒生前往祭祀。

值得一提的是，正是哀章与杨氏家族的"伟大成功"，让谶纬数术在东汉时代成为蜀地第一显学，也让道教思想开始在蜀地萌发。个人以为，西汉儒教经东汉两百年发展至魏晋时期可以说分裂成为三派，一派是以郑学、王学为代表的古文经学，一派是发源于荆州学派并与老庄、周易结合而成的玄学，[③]一派则是由谶纬数术进一步走向神秘主义的道教。[④]

而以广汉杨氏为首的蜀中谶纬学派，不仅名震东汉，也一路影响了三国乃至两晋。据史载统计，杨厚一派自西汉末年直到晋代，师承不绝，有名望者共有三十余人。而其中的佼佼者就是杨厚的学生董扶、周舒和任安三人，以及任安的学生杜微、杜琼、何宗等人。

董扶这个人我们知道，当初刘焉之所以来益州，就是因为董扶跟他说了一句话："京师将乱，益州分野有天子气。"这才开启了汉末州牧割据时代的来临，可以说是董扶一句话影响了历史的进程。而从此以后，精通谶纬数术的益州士人便

---

① 关于这些数术学问，《汉书·艺文志》有"数术略"归纳这方面的书籍，现代考古也发现在当时的书籍里，这一类几乎占了最大宗，可见数术在汉代儒士中相当流行。

② 三千多人，杨厚一人肯定是教不过来的。吕思勉认为古代儒师教徒动辄成千上万，是因为当时的教育制度和今天很不一样。当时的老师，他们的学生是由三部分人构成。一种是登堂入室，亲炙师教者，是所谓"受业""及门""入室"的弟子，如司马迁就说孔子有"受业身通者七十有七人"（《史记·仲尼弟子列传》）。一种是登记在册，不一定能见到老师，而由前者辗转传授，则是所谓"编牒""著录""在籍"的弟子，这就是孔子或者说杨厚的这三千多有登记的弟子。另外还有一些，只是仰慕虚名、借资声气的热心追随者，除了大会都讲，站在远处观望，一睹大师风采，其实学不到什么。参阅吕思勉：《吕思勉读史札记》，上海古籍出版社，1982年，上册，第675—678页："讲学不亲授"条。

③ 玄学的创始人正是当年荆州牧刘表的曾外孙王弼。王弼吸收了荆州学派大儒宋忠的《周易注》和《太玄经注》一部分思想，还继承了其祖父王粲的一部分道家思想，以及王粲老师蔡邕从吴地带回的王充《论衡》的一部分自然命定论思想与反儒思想（《论衡》里提出了十六个问题来讽刺儒家）。

④ 蒙文通先生在《巴蜀史问题》中认为蜀地文化有自己的特点，既受中原影响，也受楚地影响，又有固有的地域特质，并指出"把词赋、黄老、阴阳、数术合为一家的很多，这种风气好像在巴蜀是有深远的基础。"杨照等学者进一步认为，源于巴蜀的道教，正是从西汉经学的"天人感应"与谶纬方术发展而来的。

走上的历史前台，用自己独特的蜀学渊源影响着三国历史的走向与大势。

董扶以降，接下来对历史影响最大的就是其师弟周舒，及周舒子孙周群、周巨等周氏家族三代人。

周舒，巴西阆中人，与董扶一样，也是杨厚的学生。此人除了谶纬之外，还专修天文学，也就是占验天算之术，即根据天文星象来预测时事。周舒成名之时，正是东汉王朝即将要分崩瓦解的汉灵帝末年，可谓人心浮动，妖孽丛生，就连当时的司空袁逢，身为朝廷重臣，竟然都给儿子袁术取字"公路"，而"公路"刚好可以跟春秋谶中的"涂（途）高"都解释成"大路"，看来袁家心怀不轨久矣，而这也就是后来袁术敢冒天下之大不韪公然称帝的源头所在。可以想象，在这山雨欲来风满楼的乱世前夕，有多少好事者与野心家正苦苦追寻这句谶语的真相。而作为蜀地谶纬学派的嫡传弟子周舒，他对此又作何看法呢？

周舒对此的回答只有六个字："当涂高者，魏也。"当时还是汉灵帝末年，大家还不知道这涂高为啥是魏，也不知道这个魏到底是谁，具体是姓魏，还是名魏呢？但周舒只回答到这里，再问就讳莫如深，结果这句话在蜀地学者之中流传了三四十年，始终莫衷一是。直到季汉后主刘禅即位，掌权的益州牧诸葛亮提拔了蜀地大儒谯周做了管理教育的劝学从事，[1]这谯周之父谯岍是位《尚书》学者，兼通诸经及图、纬。谯周家学渊源，对天文数术也很感兴趣，他听说太常卿杜琼是周舒师兄任安的弟子，便偷偷请教这位老前辈："昔周徵君（周舒）以为当涂高者魏也，其义何也？"

杜琼回答："魏，阙名也，当涂而高，圣人取类而言耳。"原来，在古代，宫殿大门外的宫阙被称为"魏"。魏的本义为高、大，与后来的"巍"同义。显然，称阙为魏即取义于高大。杜琼的意思是说：魏阙高而且大，又正当大路之上，所以当涂而高，就是"魏"的一种隐喻。

谯周这下明白"当涂高"为何被解释成"魏"了，但他还是没想通为什么会是魏来取代汉朝，能不能再给点明确的指示呢？

---

[1]　刘备、诸葛亮当年都曾亲历过荆州刘表时期的学术兴盛，所以他们刚在益州站稳脚跟，便着手兴学传教，设立了一整套学校制度。据史书记载，刘备定益州，领州牧后，随即便设立学官，以尹默为劝学从事，以来敏为典学校尉，周舒之子周群为儒林校尉，这些都是与教育有关之学官。此外，季汉政府还征召了许慈、胡潜、孟光、来敏等人"典掌旧文"，整理图书文献，使季汉学术文化渐成繁盛。季汉还和两汉一样，建立了自己的太学，晋朝时很多出身巴蜀的官员，都有过"游于太学"的经历。反而曹魏的太学极度荒废，高门大族子弟都凭借九品中正制上位，而寒族子弟在太学读得再好也难以出头，结果最终"学者遂废"。

杜琼于是又进一步解释说："古者名官职不言曹；始自汉已来，名官尽言曹，'使'（下级的办事官员）言'属曹'（属于曹氏），'卒'（官府的勤务人员）言'侍曹'（侍奉曹氏），此殆天意也。"

杜琼这番解释，已经讲得很清楚了，这个代汉的魏，就是曹魏。虽然此时，以周巨（周舒之孙）、何宗、杜琼为首的蜀地谶纬学派都在季汉朝廷任职，而且在刘备称帝时也曾以"谶纬"劝进，[①]而在背地里，他们却认为，四百年前乃至更早的上古圣贤就已经预测了天命在曹魏，这是人力不能违逆的。

当然，杜琼等人的"反动言论"，是不敢在公开场合讲出来的，只在他们自己极小的圈子内暗中传播，平常都是非常谨慎的。比如杜琼虽然位居大鸿胪与太常的九卿高位，主管整个季汉的礼仪与文教，却"静默少言，阖门自守，不与世事"。所以没被任何人抓住小辫子；而另一位蜀地名士张裕就没他这么机灵了，特别喜欢乱说话，而且不注意保密，结果死得相当惨。

张裕，字南和，蜀郡人，是与杜琼、周群同时期的谶纬大师，此人的才华天赋在这群大师之中也算得上是佼佼者，但为人狂直，情商太低。当初刘备入蜀之时，他曾在欢迎晚宴上嘲笑刘备无须，搞得刘备颜面全无。三年后刘备拿下了益州，却没为难张裕，还任命他为益州后部司马，算是很给他面子了。但张裕仍然变本加厉，他不仅反对刘备争夺汉中，言"军必不利"，大肆散布失败论调，还通过图谶，算出了一个惊天预言在私下传播。刚开始还只在他们自己的小圈子里传播，后来一不小心说漏了嘴，竟然传到外面，甚至传到了刘备的耳中，这下刘备气坏了，心中终于动了杀机。

原来，张裕这句惊天预言是：

岁在庚子，天下当易代，刘氏祚尽矣。主公得益州，九年之后，寅卯之间当失之。

意思是说，到了庚子年（220），天下将改朝换代，刘氏王朝将灭亡。另外，刘备虽然得到益州，但九年后就会失去。

---

① 见《三国志·蜀书·先主传》载，公元221年杨洪、张裔等蜀籍官员以及时任从事祭酒的何宗，议曹从事的杜琼，还有周巨、谯周等人的劝进书。

　　这样的话没有人听了会高兴，所以刘备在汉中之战后就找了个机会要杀掉张裕。诸葛亮虽然也不喜欢张裕，但他很清楚这群谶纬大师在益州士人之中的影响力，你只有哄着他们，拉拢他们，好好改造他们，尽量让他们改口说汉朝的好话才行；你大开杀戒解决不了根本问题，只会让事情更糟。但刘备已经气到上头，顾不了那么多了，于是一句"芳兰生门，不得不锄"，还是把张裕给除掉了。而且判的弃市之刑，也就是当街处斩，以震慑这帮口无遮拦的算命大师。

　　然而，到了庚子年，也就是公元220年，曹丕竟真的篡汉自立；接着公元223年，刘备就去世了，这离刘备得到益州的公元214年竟然刚好就是九年！这神神叨叨的大师居然算得这么准，不管是巧合，还是他真有超能力，又或者这整件事其实是有心人事后捏造的谣言，总之，这都让季汉政权的统治合法性受到了损害，也让这帮谶纬大师在民间拥有了更大的影响力。基于此，刘备在死前决定让诸葛亮执政，这不仅因为诸葛亮的能力与忠诚，也因为诸葛亮与这帮大师关系还不错，可以缓和双方的关系。

　　我们知道，在季汉政治集团中有诸多派系，其中赤壁之战前就跟随刘备的元老派，他们最为忠诚。还有就是赤壁之战后跟随刘备的荆州派与原刘璋的嫡系东州派，他们对季汉政权也是相当忠心的。特别是这两派中的南阳人，如李严、邓芝、陈震、王连、宗预、吕乂、樊友、樊伷等大多是东汉功臣后裔（刘秀是南阳人，所以南阳是东汉皇族与功臣集团的根据地），对季汉的忠诚也可以保证。只有最后一派，也就是土生土长的益州人，他们对季汉最不感冒，对所谓北伐更是相当抵触；而诸葛亮在典章制度、礼仪、教育等方面，又多仰仗这些儒学经师，所以为此做了相当多的工作，并用自己的人格魅力与耐心、恒心最终征服了这帮人。

　　比如杜微作为谶纬宗师任安的大弟子，在益州名士中地位相当高。但刘备定蜀后，盛情邀请他出来做官，杜微却声称自己耳聋，闭门不出，明显是采取非暴力不合作态度。刘备去世后，诸葛亮接过他曾担任的职务益州牧，并广邀广大益州名士进入益州牧府，如将夷陵战前因劝谏刘备东征而被下狱的广汉名士秦宓放出，并提拔其为益州别驾，迁大司农；另外还以犍为名士五梁为功曹，杜微为主簿。不料杜微坚决推辞，诸葛亮便派豪车将杜微请来府中，亲自引见，盛情邀请。杜微虽然有点感动，但仍表示辞谢，并继续装聋。诸葛亮也不生气：你既然听不见，那我现在就手书给你。

　　于是诸葛亮当场亲自写道：

服闻德行，饥渴历时，清浊异流，无缘咨觐。王元泰、李伯仁、王文仪、杨季休、丁君干、李永南兄弟、文仲宝（都是与诸葛亮相熟的益州名士）等，每叹高志，未见如旧。猥以空虚，统领贵州，德薄任重，惨惨忧虑。朝廷今年始十八，天姿仁敏，爱德下士。天下之人思慕汉室，欲与君因天顺民，辅此明主，以隆季兴之功，著勋于竹帛也。以谓贤愚不相为谋，故自割绝，守劳而已，不图自屈也。

然而，杜微仍然不给面子，说自己又老又病又聋，实在当不了官。诸葛亮也真是有耐心，接着又跟他手书道：

曹丕篡弑，自立为帝，是犹土龙刍狗之有名也。欲与群贤因其邪伪，以正道灭之。怪君未有相诲，便欲求还于山野。丕又大兴劳役，以向吴、楚。今因丕多务，且以闭境勤农，育养民物，并治甲兵，以待其挫，然后伐之，可使兵不战，民不劳而天下定也。君但当以德辅时耳，不责君军事，何为汲汲欲求去乎！

话说到这儿，就算杜微，也无法拒绝诸葛亮这份诚意与礼敬了。一个国家的掌权者，对一个民间的政治异见者，竟然如此谦虚，如此耐心，自古以来未有，就算今日也未闻；何况诸葛亮平常还是个"刑法峻急"的法家，这样做实在难能可贵。老杜微也知道"做人可以傲，但给你脸你得要"，于是乖乖去季汉朝廷上班，虽不担任益州府主簿这种实权要职，却也担任了谏议大夫的高位顾问职务。另据《太平寰宇记》记载："诸葛相蜀，筑台以集诸儒，兼待四方贤士，号曰读书台，在章城门路西，今为乘烟观。"为了笼络这帮益州名士，诸葛亮真是操碎了心。

除了秦宓、五梁、杜微、杜琼这帮老前辈，诸葛亮对季汉名士中的后起之秀——秦宓弟子谯周也非常看重，提拔他担任劝学从事，负责全蜀的教育工作。谯周心中其实对季汉政权也不感冒，但他敬仰诸葛亮的为人，佩服诸葛亮的能力，所以在职期间对季汉是尽心竭力，对诸葛亮也是忠诚款款。诸葛亮在五丈原逝世时，刘禅下诏书禁止各地官员前往汉中奔丧，以免影响公事，但谯周却因为得到消息较早并赶在诏书下达前迅速出发了，竟独以门生故吏的身份参加了故主诸葛亮的葬礼，可见其对诸葛亮的忠诚与崇敬。毕竟，"去官奔丧"在当时是严重的"违科"行为，魏、吴当时都有人因此被杀（见《三国志·魏书·吉茂传》与《三国志·吴书·胡综传》），谯周这么做是冒了极大的政治风险的。

总之，谯周忠于季汉完全就是因为诸葛亮，哪怕季汉末年刘禅已经放弃理想开始躺平了，谯周都还想抢救一下，遂奋笔撰写《上谏后主疏》，以刘秀"以弱为强"，终成帝业的道理，劝谏刘禅道："今汉遭厄运，天下三分，雄哲之士思望之时也。……先帝之志，堂构未成，诚非尽乐之时。"并直言不讳地指责刘禅："四时之祀，或有不临，池苑之观，或有仍出。"最后建议刘禅："愿省减乐官、后宫所增造，但奉备先帝所施，下为子孙节俭之教。"

可惜，谯周不是诸葛亮，刘禅不必听他叽叽歪歪，故仍然我行我素。谯周失望透顶，对季汉政权也彻底死心，从此便为自己的忠诚画上了句号：他竟然也开始像杜琼那样偷偷传播起不利于季汉的"反动言论"来。

想当年，谯周也曾与杜琼一起劝进，大肆宣扬刘备的名字见于河图、洛书和五经谶纬，以此作为刘备当受命称帝的证据；但如今，他在被刘禅一路提拔为太子家令、光禄大夫，坐享高官厚禄的同时，却偷偷从刘备父子的名字中琢磨出了相反的结论：

汉灵帝名二子曰史侯、董侯，既立为帝，后皆免为诸侯。先主讳备，其训具也，后主讳禅，其训授也，如言刘已具矣，当授与人也；意者甚于灵帝之名子。

原来，汉灵帝之前的皇子全都夭折了，所以最后两个儿子全都不敢养在皇宫中，一个寄养在道人史子眇的家里，所以又取名"史侯"，这就是后来的汉少帝刘辩，另一个由董太后抚养，所以又取名"董侯"，这就是后来的汉献帝刘协。结果就因为这俩破名字，刘辩和刘协最后都由天子被废为诸侯。而刘备的"备"字可解释为具有、用完、用尽，而刘禅的"禅"字就是"授予""禅让"的意思，意思就是刘氏政权到刘禅已是尽头，应当禅让给他姓了。换句话说季汉必定二世而亡，根本传不到第三代。

等到蒋琬、费祎这些名臣也都去世了，谯周等人对季汉的前途更加悲观。延熙二十年（257），谯周写出了影响极大的《仇国论》，极力反对姜维北伐。景耀五年（262），姜维再次北伐失败，又遭黄皓谗毁，只得出屯沓中以避祸；而与此同时，汉宫中一棵大树突然无故自折，谯周心内震撼，竟然在宫中的一根柱子上题了一句"反诗"，说："众而大，期之会；具而授，若何复？"原来，"众"就是"曹"的意思，"大"就是"魏"的意思，意思说期待曹魏统一，至于"具而授"，我们已经解释了，"复"则是兴复汉室的意思。总之，谯周认为，天命早已不在刘汉，就算再怎么努力，也不可能"兴复汉室"的。

而更夸张的是，谯周又是乱军心，又是题反诗，居然没有受到任何惩罚。可见包括后主在内的整个季汉集团已经人心离散，信念崩塌。事实上，诸葛亮死后，大家就已经在混日子，只不过如今再也混不下去了。

果然，在谯周题"反诗"后的第二年，曹魏就开始南征季汉，先是钟会攻下了汉中，接着邓艾又偷渡阴平，径趋成都，消息传来，人心惶惶，但季汉群臣中仍不乏主张坚持抵抗之人，毕竟当年刘备取蜀，以刘璋之暗弱不武，犹且坚守了两年多，何况如今季汉外有盟友，内有粮兵，虽不能胜，多坚持几年还是没问题的。然而，当诸葛亮之子、行都护、卫将军、平尚书事诸葛瞻战死后，谯周等人终于彻底抛弃了对季汉政权的认同。一向以来，"蜀人追思（诸葛）亮，每朝廷有一善政佳事，虽非（诸葛）瞻所建倡，百姓皆传相告曰：'葛侯之所为也。'"但现在就连诸葛瞻都死了，以谯周为首的益州名士们算是彻底没了牵挂，于是不断给刘禅洗脑，狺狺嗷嗷，力主投降，终于让刘禅放弃抵抗，交上了降书。其实此时邓艾才不过刚刚进军到雒城而已，离成都还有近百里，且姜维、霍弋、阎宇、罗宪等各地季汉忠臣还有精兵十万，剑阁、江州、永安等军事要地乃至汉中的汉、乐二城也都还在汉军之手。

谁说阿斗扶不起来，"扶我起来，我要去投降！"

数日后，当邓艾意气昂扬地来到成都城北，发现城门果然大开，后主刘禅"舆梓自缚"，亲自率领太子、诸王、群臣等六十多人绑住自己，并抬着棺材到城外曹魏军营请降。邓艾大喜，这真是天上掉下来的馅饼哪！于是手执符节，解开绑缚，焚烧棺材，接受投降，表示宽恕。但事情并没有就此和谐下去，很快，邓艾、钟会之乱爆发，刘禅的太子刘璿，及其弟瑶、琮、瓒、恂、璩六人，全都死在乱军之中。季汉皇宫中的妃嫔婢女，魏军也没有放过，有的被奸淫，有的被赐给无妻军士，李昭仪不堪受辱，自杀身亡。

但这些与谯周都没什么关系了，他老老实实待在家中，终于等到了司马昭"全国之功"的封赏，受封阳城亭侯。谯周很高兴，因为司马昭历封高都侯、晋公，与"当涂高"的语意非常相似，看来这就是天意啊！又过了几年，司马昭和谯周都病死了，司马炎建立了晋朝，于是任命谯周的得力助手与高徒尚书文立为梁州（即汉中）^①首任别驾，协助晋廷安抚巴蜀士庶，并从此官运亨通，后升至晋朝卫尉。

历时两代人，益州谶纬学派终于算是实现了自己的政治理念。然而，即便如此，数十年的故国之情也不是那么轻易就能忘怀的，谯周的弟子陈寿在写《三国志》时，虽然以魏为正统，以吴蜀为地方政权，但在字里行间仍对季汉政治人物充满了深情，^②哪怕他的父亲曾因军法受到诸葛亮处罚，他自己的政治道路也遭到诸葛瞻打压，^③但他仍编订《诸葛亮集》二十四篇献于晋武帝，^④让其流芳百世，而他撰写的《诸葛亮传》也是千古史传中的佳作名篇。这就是诸葛亮的人格魅力，就算与他政治立场相差十万八千里的愤青刺头，也忍不住对他肃然起敬。陈寿对诸葛亮最不以为然的一点，只有说诸葛亮未设专职史官，不太在意保留符谶灾异之类的官方记录而已。^⑤

在这一点上，陈寿就不如他的老同事、故蜀尚书向充（向宠之弟）脑筋活了。向充在季汉灭亡前夕，还和步兵校尉习隆向后主上表，请求为诸葛亮立庙，可见他是比谯周还忠诚的诸葛亮粉丝。季汉亡后仅仅第二年，他便效仿杜琼、谯周故技，说汉国的最后一个年号"炎兴"，就是代表晋王司马昭的太子司马炎要兴起啊！^⑥司马昭听了很高兴，便拜向充为梓潼太守，没多久司马昭死了，司马炎即位，并很快篡夺曹魏建立了晋朝。

我真服了这帮会看风向的文人！

---

① 见《三国志·蜀书·先主传》载公元221年杨洪、张裔等蜀籍官员以及时任从事祭酒的何宗，议曹从事的杜琼，还有周巨、谯周等人的劝进书。

② 正如清代史学家王鸣盛《十七史商榷》所言："计蜀亡之岁，寿年已三十有一，旧君故国之思，最为真切，具见篇中，可一一寻绎而得之。"另从陈寿专门为蜀人先贤士女、英彦方士编撰的《益部耆旧传》亦可看出其故国情深。还有在《三国志》中，陈寿对孙权、孙皓始终是称"权""皓"，而对刘备、刘禅，却是称"先主""后主"，刘备的夫人也叫皇后。

③ 见《晋书·陈寿传》："寿父为马谡参军，谡为诸葛亮所诛，寿父亦坐被髡，诸葛瞻又轻寿。"另外，《魏书·毛修之传》载毛修之言："昔在蜀中，闻长老言，寿曾为诸葛亮门下书佐，被挞百下。"但陈寿生于233年，诸葛亮死时他才一岁，这个传言恐怕弄错了，将陈寿"被挞百下"的应是诸葛亮的儿子诸葛瞻，据《华阳国志·卷十一》，陈寿曾"初应州命卫将军（诸葛瞻）主簿"。

④ 这一年（274），恰好是诸葛亮去世四十周年。而为了能够顺利献书而不得罪晋朝当政者，陈寿还不得不说出非常恶心的马屁话："亮毗佐危国，负阻不宾，然犹存录其言，耻善有遗，诚是大晋光明至德，泽被无疆，自古以来，未之有伦也。"（《三国志·蜀书·诸葛亮传》）

⑤ 见《三国志·蜀书·后主传》："国不置史，注记无官，是以行事多遗，灾异靡书。诸葛亮虽达于为政，凡此之类，犹有未周焉。"

⑥ 汉乃火德，季汉年号"炎兴"即乃汉兴之意，虽然炎兴元年季汉即亡，未免讽刺，但向充竟说"炎兴"是司马炎要兴，真是拍马屁拍到了一个境界。

第四十一章
诸葛亮骂王朗，是骂给孙权听的

章武三年（223）四月，季汉皇帝刘备驾崩，谥曰"昭烈"。

昭者，明心见性，诚善无欺，可对日月。

烈者，刚正宏济，不屈不挠，至死不渝。

重重夜幕里有发光的星，茫茫尘世中有不屈的人！这世上多有被这世界的流俗所化，蝇营狗苟，求田问舍，躺平一生之人，但也总有人坚守着德行与梦想，一以贯之地度过他英雄的一生。从鞭打督邮，到白帝托孤，昭烈二字，真乃刘备一生写照。

五月，后主刘禅在成都即位，随即改元建兴。[①]丞相诸葛亮作为托孤大臣，季汉的真正执刀人，封武乡侯，开府治事，并领益州牧。[②]季汉政权的诸葛亮时代正式到来。然而，诸葛亮从刘备手里接过的，是一个内忧外患、人心惶惶的烂摊子。

首先是内忧。早在去年十二月，汉嘉太守黄元就趁着刘备病重举兵拒守，这年二月诸葛亮前往永安后又开始大着胆子向东进军，火烧临邛（今四川邛崃），西距成都仅七八十公里，所幸诸葛亮留下辅佐刘禅的益州治中杨洪相当能干，一

---

① 西汉第一个年号为汉武帝之"建元"，光武中兴，东汉第一个年号则为"建武"。两汉的第一个年号中，都有一个"建"字。季汉所用年号"建兴"中的"建"字，应该与此有关。"兴"字应该是取中兴、复兴的意思。诸葛亮选用"建兴"二字作后主的年号，应该是在表达其志在复兴两汉基业的意思。参阅饶胜文：《大汉帝国在巴蜀——蜀汉天命的振扬与沉坠（修订本）》，北京联合出版公司，2022年，第262页。

② 刘备取益州后，自领益州牧，但称帝后就取消了益州的州级建制。而季汉政权的实际统治区域仅止于巴蜀，若此州级建制长期虚缺，容易令人以大汉帝国即巴蜀的观感，对复兴汉室的事业产生消极影响。所以诸葛亮恢复了益州牧的设置，意在强调益州乃大汉帝国天下十三州之一，也就是将巴蜀置于大汉帝国完整的天下图景之中。如此，季汉在巴蜀的统治才不是割据偏安。日后南朝时辅政大臣也常常兼领扬州刺史，也是这个意思。参阅饶胜文：《大汉帝国在巴蜀——蜀汉天命的振扬与沉坠（修订本）》，北京联合出版公司，2022年，第266页。

番神操作轻松擒斩黄元。

而更糟糕的是益州南部的南中四郡。自东汉末年刘璋时期，南中就已处于半独立状态，刘备入蜀后，在南中地区设庲降都督，也就是统管四郡的最高军政机构，欲加强对南中的控制。然而刘备一死，益州郡（今云南东部一带）豪强雍闿便引兵杀死郡太守正昂，宣布独立。而牂柯（今贵州一带）太守朱褒与越巂（今川西南一带）夷王高定看到雍闿挺牛啊，也纷纷响应雍闿，举兵反叛。

另外，孙权虽然刚在夷陵之战打败了刘备，很想乘胜追击占点便宜；但曹丕大军压境，让他不得不克制贪欲，先对付北方的威胁。所以这时西边有豪强绑了季汉官员来降，自然又让孙权心思活动了——这是一笔无本包赚的好买卖啊，不做白不做。

于是，孙权送了一顶空头官帽"永昌太守"给雍闿，让他去攻打永昌郡（今云南西部一带），同时任命刘璋的儿子刘阐为益州刺史，让他居于交州和益州的交界处，与朱褒、雍闿等人相呼应。原来，刘备拿下益州后，就将刘璋父子迁居南郡公安，而荆州被孙权拿下后，刘璋父子又归了孙权，成为孙权图谋益州的新棋子。刘备气个半死，你孙权还想让他们故地重游不成？火起来干脆让季汉的庲降都督李恢兼领交州太守，以示对东吴交州的图谋，怎么也要恶心一下对方。

但无可否认，最近几年，益州南中四郡已几乎算是脱离了季汉的控制（只有孤悬西陲的永昌郡还在坚持抵抗），再加上夷陵惨败，刘备驾崩，季汉政权一时人心惶惶，岌岌可危。曹丕就想着是否能不战而屈人之兵，给季汉政权来个和平演变，于是授意手下的笔杆子们不断写信给季汉高层与知名人士，劝他们放弃帝号，向曹魏称藩。其中诸葛亮收到的信最多，据《诸葛亮集》记载，这一年，魏司徒华歆、司空王朗、尚书令陈群、太史令许芝、谒者仆射诸葛璋都给诸葛亮写过劝降信，其中华歆、王朗是曹魏三公，陈群是刘备故交，诸葛璋是诸葛亮的同族子弟，许芝则是曹魏的符瑞与谶纬专家，曾专门负责曹魏称帝的意识形态宣传工作。[1]

关于这些劝降信的内容，史书没有记载，但《三国志·蜀书·许靖传》中记载了三封王朗写给季汉司徒许靖的信，其中第一封里提道："故遣降者送吴所献

---

[1] 见《三国志·魏书·文帝纪》注引《献帝传》："太史丞许芝条魏代汉见谶纬于魏王曰……群臣奏曰：'伏见太史丞许芝上魏国受命之符……'"

致名马、貂、罽，得因无嫌。"魏使以孙权所献贡品作为礼品，意在以江东的称藩感召巴蜀。另一封信则云："于时忽自以为处唐、虞之运，际于紫微之天庭也。徒慨不得携子之手，共列于廿有二子之数，以听有唐'钦哉'之命也。"把曹丕比作取代唐尧的虞舜，将曹魏比作紫薇天庭，千载而下读之，仍觉恶心到家。

　　总之，这是一场没有硝烟的舆论战。虽然诸葛亮等季汉核心大臣不会被这些破信影响，但就怕一些不明真相的群众与意志薄弱的豪强被对方带着走。于是，诸葛亮决定来一次"笔战群儒"，集中火力，让大家看清楚曹魏篡汉称莽、厚颜无耻的真面目！

　　昔在项羽，起不由德，虽处华夏，秉帝者之势，卒就汤镬，为后永戒。魏不审鉴，今次之矣；免身为幸，戒在子孙。而二三子各以耆艾之齿，承伪指而进书，有若崇、竦称莽之功，亦将偏于元祸苟免者邪！昔世祖之创迹旧基，奋羸卒数千，摧莽强旅四十馀万于昆阳之郊。夫据道讨淫，不在众寡。及至孟德，以其谲胜之力，举数十万之师，救张郃于阳平，势穷虑悔，仅能自脱，辱其锋锐之众，遂丧汉中之地，深知神器不可妄获，旋还未至，感毒而死。子桓淫逸，继之以篡。纵使二三子多逞苏、张诡靡之说，奉进鵩兜滔天之辞，欲以诬毁唐帝，讽解禹、稷，所谓徒丧文藻烦劳翰墨者矣。夫大人君子之所不为也。又军诫曰："万人必死，横行天下。"昔轩辕氏整卒数万，制四方，定海内，况以数十万之众，据正道而临有罪，可得干拟者哉！

　　从这篇被称为《正议》的文章可以看出，诸葛亮对北伐曹魏、兴复汉室的信心是非常足的。战争是必然性与偶然性的结合体，同时也是硬件资源与软件资源的全方位比拼，资源、人口、国力等硬件因素固然重要，但动员能力、人心向背、战斗意志等软件因素也不容忽视，甚至运气都是实力的一部分。当初刘秀以万人之军，几乎全歼王莽四十万主力大军，一举摧毁了看似强悍的新莽政权，这就是偶然性因素与软件因素起到了重要作用。而你们曹丕就是下一个王莽，兵再多，也不过是给我军刷经验的，该颤抖的，是尔等才对！

　　所以很多人说"蜀汉人少国小就不该穷兵黩武"，这是完全错误的"投降主义路线"，如果实力稍不如人就割据偏安，闭守退缩，萎靡不振，坐等别人来统一，那么刘邦被放逐汉中时就不该反抗，刘裕也不要北伐，农民起义全都该尽早招安，岳飞也不用收复中原，朱元璋一开始给陈友谅跪了就行。

与这篇《正议》类似的还有诸葛亮写给成都谶纬大师杜微的信，内云："曹丕篡弑，自立为帝，是犹土龙刍狗之有名也。欲与群贤因其邪伪，以正道灭之。"看来正史中的诸葛亮，也还是很会骂人的，总之，曹丕是土龙刍狗，曹魏是邪门歪道，是伪政权，全天下的正道人士应该共灭之！

从这篇文章也可以看出，诸葛亮不仅完全不认同曹魏政权的合法性，而且对曹丕本人也非常厌恶。曹丕这个人不仅是汉朝的乱臣贼子，而且"临戎不武，为国好奢，忍害贤良，疏忌骨肉"（刘知几《史通》）。人说宰相肚里能撑船，曹丕一个皇帝，心眼儿却比针尖还小。曹魏大臣杨俊、鲍勋不过是说了些曹丕不爱听的话，曹丕就以权压法，无罪杀之。这鲍勋的父亲鲍信还是曹操的救命恩人，曹丕却如此恩将仇报，实在令人齿冷。而杨俊也是河内望族，还是司马懿的好朋友，所以司马懿等河内乡党皆"叩头流血"向曹丕求情，可曹丕却仍无情将其杀害，众人皆"冤痛之"。①

此外，曹丕还因叔（曹洪）杀妻（甄妃），奸淫了从前曹操后宫里的女人，几乎具备了昏君的一切要素。所以曹丕死的时候，卞太后与魏明帝都不愿前去送葬。这样一个连亲生母亲与亲生儿子都唾弃的人，身为敌国的诸葛亮自然更不可能接受曹丕，就算死也不会向他称臣。

所以，诸葛亮这些公开信的效果还是蛮好的，自这番笔战过后，季汉政权的合法性得到大大增强，益州北部也再没有发生过叛乱，季汉臣民众志成城，为了"兴复汉室"这一共同目标而紧密团结了起来；而曹魏见季汉铁板一块，也基本放弃了"和平演变"的思路。就算日后要再用这招，也得等诸葛亮死后了。

至于南中四郡的叛乱，诸葛亮"以新遭大丧，皆抚而不讨"，让他们先折腾几年。等季汉这边"务农殖谷，闭关息民，民安食足"之后，再来对付他们。况且，如今雍闿在名义上还算是孙权的臣子，若加以讨平，等于是跟孙权又开干了。以目前季汉的国力，实在不可再与魏吴两国同时交恶，所以当务之急，还是要与东吴重新结成联盟，以共伐曹魏。至少要让孙权保持中立，不能再让他支持南中叛乱、跟曹丕藕断丝连了。

---

① 见《三国志·魏书·杨俊传》。也许，正是曹氏带给司马氏的这种不安全感，让司马氏最终走上了篡魏之路。

"联吴"本是《隆中对》的基本观念，诸葛亮对于这一点有极明确的认识，但是过去因为种种不好说的原因，而使这种路线未能坚持，到了此时再来重弹联吴的旧调，则襄樊与夷陵两战的历史问题就不好定性，大家的心理障碍也非常难以克服。但诸葛亮作为世界级的一流战略家，他心中非常清楚，国家战略必须诉诸理智而不可诉诸感情。战略路线只要符合国家利益，那就必须力排众议，坚持到底，而不受任何感情因素的影响。因此，面对季汉如今内部混乱、臣民颓丧、外交孤立之窘状，诸葛亮决定排除万难，重提"联吴制魏"之战略总路线而不动摇，并坚持西和诸戎，南抚夷越，内修政理，以攻代守，只有这样，季汉这艘大船才能继续航行，不致倾覆。

正好这个时候，尚书邓芝主动找到诸葛亮，说："今主上幼弱，初即尊位，宜遣大使重申吴好。"

邓芝，字伯苗，东汉第一开国功臣邓禹的嫡系子孙，也就是南阳豪族新野邓氏的家主，东汉末年大乱时举族迁至蜀地。诸葛亮一看，这不正是最好的大使人选吗？于是在刘禅即位仅四个月后，便任命邓芝为中郎将，去东吴开展外交工作。

然而，季汉与东吴连年大战，互相敌视，信任基础已非常薄弱，而且最近曹魏一直在搞"和平演变"，谣言四起，孙权都吃不准刘禅、诸葛亮他们能否坚持下去，[1]所以对邓芝避而不见。邓芝明白，现在是展现自己话语术的时候了，于是写了封信给孙权说："臣今来，亦欲为吴，非但为蜀也。"

孙权一看，哎呀这邓芝挺有意思啊，那就见见吧。两人见面后，孙权倒也坦诚，直接就说："孤诚愿与蜀和亲，然恐蜀主幼弱，国小势偪，为魏所乘，不自保全，以此犹豫耳。"

邓芝一看，这次出使，果然首要任务还是要打消孙权的顾虑啊，于是当场表态说："吴、蜀二国，四州之地。大王命世之英，诸葛亮亦一时之杰也；蜀有重险之固，吴有三江之阻。合此二长，共为唇齿，进可并兼天下，退可鼎足而立，此理之自然也。大王今若委质于魏，魏必上望大王之入朝，下求太子之内侍，若不从命，则奉辞伐叛，蜀亦顺流见可而进。如此，江南之地非复大王之有也。"

---

[1] 诸葛亮最顾虑的也就是这一点，所以《三国志·邓芝传》说："丞相诸葛亮深虑权闻先主殂陨，恐有异计，未知所如。"

邓芝表示，季汉的实力并没有你孙权想的那么差，不仅自保有余，而且也不怕你们吴、魏，夷陵战后，刘备在永安布置了重兵，特别是白帝城就设在长江江北伸入江心的长滩上，四面都是崇山峻岭，独此城雄踞江中，三面临水，极难攻取，只要重兵把守，吴兵便永远无法进入蜀中（就算进了蜀中，战线拉太长也极易崩盘）；反而是吴、魏若开大战，季汉军队趁机顺流而下，东吴可就要面临灭顶之灾了。

孙权领略到邓芝纵横家的风范，大为震撼，看来蜀国还有好些能人哪！吕蒙可以白衣渡江偷袭江陵，难道诸葛亮就不可以吗？去年十一月的曹丕三路伐吴，不仅使得荆州残破，而且东面战场也损失了近万人。[1]看来还是不宜和蜀国搞僵。而且吴蜀交恶后，孙权这些年不得不迁都武昌以为防备，但如前所述，大战之后荆州残破，首都武昌的物资供应都得靠吴会地区，逆水长途运输，劳民又伤财，久居武昌不是长久之计，还是早日与蜀盟好再将都城迁回建业为好！没过多久，诸葛亮笔战王朗等人的公开信也传遍了天下，孙权一看蜀国的精气头还挺足啊，那还何必去曹丕那边装孙子呢？于是正式与曹魏绝交，并在建兴二年（224）夏，以太子太傅张温为辅义中郎将，出使成都以表交好。

张温是吴郡四大家族（顾、陆、朱、张）中张氏家族的家主，乃当年西汉开国功臣留侯张良之后，其身份、名望并不低于邓芝，而且"少修节操，容貌奇伟"，"文辞占对，观者倾竦"，不仅模样、品行没的说，还是个外交大才，东吴丞相顾雍甚至赞他"当今无辈"（没有人能和他相提并论），看来孙权还是很有诚意的。而张温一到季汉，就上了一封拍马屁的表章，不仅承认了季汉的帝位（称刘禅为陛下），还将刘禅比作上古时代的中兴之主殷高宗与周成王，[2]言下之意诸葛亮就是中兴名臣傅说与周公旦，季汉君臣一体，国势必兴。

诸葛亮非常高兴，又欣赏张温的才干、品行与名士风度，遂与他义结金兰，

---

① 见《三国志·吴主传》："冬十一月，大风，（吕）范等兵溺死者数千，徐军还江南。曹休使臧霸以轻船五百、敢死万人袭攻徐陵，烧攻城车，杀略数千人。"

② 但孙权当时还是吴王，并不肯承认刘禅的帝位（否则便低人一等了）。所以，张温回国后最终因对蜀政"吹捧"太过而被孙权贬斥，几年后郁郁而卒。自此，张氏败落了，张温的两个弟弟也被废，他的妹妹本来是嫁给顾雍孙子顾承的，也被强令改嫁许氏，张妹妹不肯，结婚之日，饮药而死。诸葛亮听闻好友张温之败，不由大为震惊，他不敢相信张温这么好的人怎会遭遇此等厄运，于是一连苦思了好几日，终于长叹道："吾已得知矣，其人于清浊太明，善恶太分。"看来，东吴朝堂这浑浊之水，养不了张温这至清之鱼，怪只怪，武侯、张温相识太晚。

成就了两国士族间友谊的一段佳话。^①接着在建兴二年与建兴三年（225），诸葛亮又两次派邓芝与陈震回访东吴，与孙权缔盟。而张温回到吴国后，也在朝野间大肆"称美蜀政"，于是，两国的关系进入蜜月期，比刘备时期还要蜜。

当然，季汉虽与东吴结盟，却没有放弃自己的政治原则，邓芝回访东吴时，孙权很嘚瑟地说："若天下太平，二主分治，不亦乐乎！"不料邓芝却义正词严地拒绝道："夫天无二日，土无二王，如并魏之后，大王未深识天命者也，君各茂其德，臣各尽其忠，将提枹鼓，则战争方始耳。"看来追求统一是季汉集团的共识，汉吴联盟只是过渡阶段，不到最后统一，战争不会结束。这不是穷兵黩武，而是一个政治集团的理想与信念。而孙权对此也表示理解，大笑道："君之诚款，乃当尔邪！"于是正式与季汉签订盟约，约定攻守同盟、互不侵犯与共伐曹魏，^②并明确了诸葛亮伐魏讨贼盟主的地位。^③有学者指出，这个盟约是中国历史上两个帝国站在完全对等的立场上缔结的第一个，也是最后一个独一无二的互不侵犯条约。^④

既已结盟，双方自然要表示诚意。于是，季汉撤掉了李恢的交州刺史职务，以示对东吴的领土尊重，而孙权也投桃报李，将刘璋之子刘阐召回东吴，由益州刺史改任御史中丞。这样雍闿等南中叛将没有了靠山，诸葛亮就随时可以去讨平了。建兴三年（225）春三月，曹丕第二次大举伐吴，季汉北方压力大减。诸葛亮觉得这是一个解决南中问题的好机会，于是正式上表后主，准备大张旗鼓，南征！

---

① 见《太平御览》引《吴录》："张温英才瑰玮，拜中郎将。聘蜀与诸葛亮义结金兰之好焉。"从张温入蜀后的言行来看，这位东吴大臣恐怕也是一位心怀汉室之人，故能与诸葛亮如此投契。

② 《三国志·吴书·吴主传》载胡综《汉吴盟约》："自今日汉、吴既盟之后，勠力一心，同讨魏贼，救危恤患，分灾共庆，好恶齐之，无或携贰。若有害汉，则吴伐之；若有害吴，则汉伐之。各守分土，无相侵犯。传之后叶，克终若始。"

③ 盟约中特意提到"诸葛丞相德威远著，翼戴本国，典戎在外，信感阴阳，诚动天地，重复结盟，广诚约誓，使东西士民咸共闻知"。在两国正式外交文件中，没提到两国君主，却对一国的丞相大力颂扬，在历史上恐怕再也找不大第二例。这说明此攻守同盟的盟主既不是孙权，也不是刘禅，而是诸葛亮。

④ 参阅［日］金文京：《三国志的世界：后汉三国时代》，广西师范大学出版社，2014年，第147—148页。

第四十二章
魏晋史家对诸葛亮的种种污蔑

　　《资治通鉴》在写到曹操占领汉中后，刘晔、司马懿就劝曹操趁胜攻取益州，曹操不从。过了七天，突然来了一些投降的蜀人，说："蜀中一日数十惊，守将虽斩之而不能安也。"然后曹操的小心思又活动了，想着不然打益州试试，刘晔却说："今已小定，未可击也。"然后曹操就回老窝去了。

　　这段记载的原始资料出自曹魏文学家傅玄的《傅子》，不算正统史书，主要写的是一些"经国九流及三史故事"（《晋书·傅玄传》），其原文是：

　　居七日，蜀降者说："蜀中一日数十惊，备虽斩之而不能安也。"

　　不过，事实上，刘备当时还在荆州与孙权谈判南四郡的分配问题，不可能有分身术去蜀中杀人，所以《资治通鉴》说的是"守将虽斩之而不能安也。"但即便如此，还是有问题，因为当时为刘备镇守后方的正是诸葛亮。那么这里难道是诸葛亮心狠手辣？

　　真若如此，诸葛亮在我们心中的形象就要改观了，看来，诸葛亮也是一个狠人，杀伐决断，为达目的不择手段！

　　然而，《傅子》中的这段记载其实是有问题的，且不说这是一篇二手材料，傅玄本身也是著名的魏吹与郭嘉、刘晔粉，就说这些莫名其妙的蜀降者，其言也不一定可信。无非是些被刘备、诸葛亮收拾了的益州豪强想争当带路党罢了，当然是有多夸张说多夸张。

　　当然，益州人心惶惶的情况还是属实的，所以诸葛亮此时其实并不在成都，而在江阳（今四川泸州江阳区）。见《太平寰宇记》引《蜀志》："曹公入汉中，诸葛亮出屯江阳。"

江阳在哪儿呢？不如来看看地图，但看完后是不是觉得更懵了——曹操大军压境，诸葛亮不在成都，为何反而往南边跑了。其实答案很简单，要从汉中攻向成都必须通过一夫当关的剑阁，这对强弩之末的曹操来说太难了。所以曹操的计划是，先让张部率军透入巴中，抢夺人口，伺机夺取阆中、宕渠与江州，这样就可以控制住包括嘉陵江与长江的东川水道，切断刘备从荆州回援益州之路，然后各个击破，方为上策。

所以，诸葛亮才从成都出屯江阳，也就是沱江与长江交汇之处，以就近支援巴中与东川战场。若张部胆敢进犯江州，那么诸葛亮就可以和回援的刘备大军两面夹击，保准你曹军来多少灭多少。

这就是高手过招，不用打，只要摆个架势，曹操就知道自己赢不了了，所以打道回府，只留夏侯渊和张部在这儿捡点便宜。

现在来看看《傅子》这些不靠谱的史料到底是咋回事儿，其实很简单，傅玄身为关中世家子弟，还曾任司马氏老家河内温县县令，他不仅是魏臣，且与司马氏关系密切，后来甚至还给司马懿唱过赞歌《宣受命》：

宣受命，应天机。风云时动，神龙飞。御诸葛，镇雍梁。边境安，夷夏康。务节事，勤定倾。揽英雄，保持盈。渊穆穆。赫明明。冲而泰，天之经。养威重，运神兵。亮乃震毙，天下宁。

这可恶心到家了。居然说诸葛亮眼睁睁地看着司马懿"养威重，运神兵"，还没有等到开战，就精神受创被震死了。[1]这种马屁毫无美感，也没有一点技术含量，亏他写得出来。

以这样的心态来写历史，其水平可想而知。所以傅玄与王沈在写《魏书》时，也是大放厥词：

亮粮尽势穷，忧虑呕血。一夕，烧营遁走。入谷，道发病卒。

---

[1] 另有一文人为晋朝所撰之庙堂擘舞歌《天命篇》更有意思："诸葛不知命，肆逆乱天常。拥徒十馀万，数来寇边疆。我皇迈神武，秉钺镇雍凉。亮乃畏天威，未战先仆僵。"这才是真正的巅峰宣传啊，你看，诸葛亮拥兵十余万哪，居然被我皇司马懿的天威给镇住啦，吓得还没开战就死掉了，你说好不好玩？

竟然说诸葛亮不是病死五丈原，而是吓得吐血，然后烧营逃走，在逃走路上病死的。至于《晋书·宣帝纪》中对双方战绩的描述那就更是大放厥词了，这个我们后面的篇章再来详细分析。

王沈出身太原王氏，本是曹爽的故吏，高平陵政变被牵连而免去了侍郎的职位。后来曹髦即位，以为他是曹魏忠臣，便重新起用他为治书侍御史，转为秘书监，成为皇帝宠臣。后来曹髦欲起兵讨伐司马昭，召王沈商议，王沈一看这是发达的好机会，就立刻向司马昭告密，导致曹髦尚未冲出宫就被弑杀。而王沈也从此转换命运，平步青云，最后官至骠骑将军、博陵县公。看来这家伙比傅玄还会见风使舵，几乎没有政治节操可言。就连《晋书·王沈传》也说他的《魏书》"多为时讳，未若陈寿之实录也"。所谓实录，就是"其文直，其事核，不虚美，不隐恶"的史书；而所谓"时讳"，就是对执政者所忌讳的重大政治话题避而不谈，对政治黑幕和敏感事件讳莫如深，甚至为了趋势求荣不惜按照当权者的意图杜撰故事，这类"史书"就属于"多为时讳"的"秽史"。

再比如东晋史官孙盛写的《魏氏春秋》也很有问题。裴松之注《三国志》时便表明："检（孙）盛言，诸所改易，皆非别有异闻，率更自以意制，多不如旧。"意思说孙盛很喜欢凭自己的意思乱改原始资料，其言多不靠谱。刘知几《史通》亦云："孙盛撰《魏氏春秋》，王隐撰《蜀记》，张勃撰《吴录》异闻错出，其流最多。"而且，孙盛出身魏晋名门太原孙氏，高祖孙资是司马懿上位的最大推手，所以在政治立场上，孙盛最喜亲魏黑蜀。

比如孙盛《魏氏春秋》在讲到南中叛乱时，有这么一段：

初，益州从事常房行部，闻（朱）褒将有异志，收其主簿案问，杀之。褒怒，攻杀房，诬以谋反。诸葛亮诛房诸子，徙其四弟于越巂，欲以安之。褒犹不悛改，遂以郡叛应雍闿。

这段话的意思是说，刘备夷陵惨败后病重期间，益州从事常房在巡视南中时，听说牂柯郡太守朱褒"将有异志"，于是抓了朱褒的主簿进行审讯，不小心给审死了。朱褒大怒，于是杀了常房，并诬陷常房谋反。而诸葛亮为了安抚朱褒，竟不惜下令将常房的几个儿子全部杀死，并将他四个弟弟全都流放到越巂郡的蛮夷之地。没想到朱褒还是死性不改，等到刘备一死，就立刻响应雍闿造反！

这段史料如果是真的，那么诸葛亮也太不是东西了，人家常房就算犯了错，但也已经被朱褒杀了，也算是为国牺牲，诸葛亮哪有为了安抚奸人而枉杀无辜的道理？而且最终也没能防止朱褒造反，只是将时间推迟了几个月，等到刘备死了以后再发难，危害更大。诸葛亮此举，不但残忍，而且愚蠢。

相信很多诸葛黑看到这段史料后一定欣喜若狂：原来诸葛村夫如此不堪，总算挖到他的大黑料了？

然而，很可惜，这段史料是假的。

南中叛乱，看起来很吓人。其实并没有威胁到季汉的核心统治。事实上，雍闿叛乱后，光打个永昌郡就打了三年，毛都没啃下来一点。而越巂郡的治所邛都（今四川西昌东南）虽然被越巂夷王高定占住了，但诸葛亮派去的越巂郡太守龚禄也不过是换个地方，在邛都北部的安上县（今四川屏山县西北）驻守，高定也不敢打过来。另外，南中叛乱爆发后，季汉的庲降都督李恢一直驻扎在牂牁郡平夷县（今贵州毕节市）进行镇抚，虽无法平息叛乱，但也老神在在地管着手头的事情，该吃吃，该喝喝，完全没有分崩离析、落荒而逃的感觉。

所以，诸葛亮也没有急着解决南中问题，而是"以新遭大丧，故未便加兵"，一直等了三年才动手南征。总之，诸葛亮没必要大费周章去稳住朱褒，他还不够格！事实上，甚至相对于雍闿、孟获、高定而言，朱褒都只是小角色。因为其他三位还是诸葛亮亲自平定的，朱褒却只是诸葛亮派了门下督马忠就搞定了。

那么关于常房的事情到底是怎么回事儿呢？不要看《魏氏春秋》，看看巴蜀本身的地方志《华阳国志》就可以了：

先主薨后，从事蜀郡常顼行部南入，以都护李严书晓喻（雍）闿。闿答曰："愚闻天无二日，土无二王。今天下派敝，正朔有三，远人惶惑，不知所归。"其傲慢如此。（常）顼至牂柯，收郡主簿考讯奸。（朱）褒因杀顼为乱。

《华阳国志·南中志》里记载的常顼，应该和常房是同一个人。而根据《华阳国志》，常房巡行南中并不在刘备死前，而在刘备死之后，[①]而且只是抓了主簿审讯，并没有杀主簿，然后朱褒就直接杀了常顾（房）响应雍闿造反了。根本没有留给诸葛亮安抚朱褒的时间。

值得注意的是，《华阳国志》的作者常璩，乃蜀郡江原（今四川成都崇州）大族，与常房正是同族，他对常氏家族的事儿非常清楚，如果诸葛亮恶待常氏家族，他不可能不在书中写到。另外，两晋时期，常氏家族为避世乱，长期迁居南中之地，对当地的掌故了解得非常清楚，不存在隐瞒疏漏的情况。

总之，《魏氏春秋》中这段诸葛亮的黑料根本经不起推敲，南朝史学家裴松之在给《三国志》作注时，虽然引用了这段史料，但随后就说："安有妄杀不辜以悦奸慝？斯殆妄矣！"认为这都是假的，不足为信。

所以说，看三国史还是得专注于陈寿的《三国志》，虽然稍嫌简略，但史料有据，不会被带偏。[②]而对于裴松之注引的诸多魏晋时史献，还是要多加甄别，独立思考才行。

当然，读陈寿的《三国志》也需要技巧，正如北魏政治家、史学家崔浩所言，《三国志》"微而显，婉而成章"（《魏书·毛修之传》），很多意思要从字面底下看出来。对于晋臣陈寿来说，季汉既是敌国，也是故国，曹魏既是前朝，也是很多晋臣的老东家，其间的政治尺度极难把握，仕途无望只是小事，稍不留神还有可能掉脑袋。但陈寿最终仍以如椽史笔，写出了令当时西晋文学政治领袖荀勖、张华都折服的当代史。[③]所以崔浩又说："班史以来无及寿者。"清人钱大昕也说："三国介汉晋之间，首尾相涉，垂及百年，两史有违失者，往往赖此书正之……予性喜史学，马班而外，即推此书，以为过于范、欧阳。"（《三国志辩疑序》）可见中国古代史学家中，司马迁、班固下来，陈寿得排第三名，范晔、欧阳修都得靠后。

---

① 《三国志·蜀书·吕凯传》也证明了该时间点："时雍闿等闻先主薨于永安，骄黠滋甚。都护李严与闿书六纸，解喻利害，闿但答一纸曰："盖闻天无二日，土无二王，今天下鼎立，正朔有三，是以远人惶惑，不知所归也。"

② 故裴松之赞之"铨叙可观，事多审正"，《晋书·陈寿传》则赞之"虽文艳不若（司马）相如，而质直过之"。但也正因为如此，陈寿在西晋仕途非常坎坷，虽大有才华，却多次被贬，屡次受人非议。比如，作为欣赏他治史才华的中书监荀勖，却因其《魏志》有失勖意，勖不欲其处内，表为长广太守"。（《华阳国志·陈寿传》）

③ 见《华阳国志·陈寿传》："（《三国志》）品藻典雅，中书监荀勖、令张华深爱之，以班固、史迁不足方也。"张华还由此想把晋朝国史的修纂托付给他："当以《晋书》相付耳。"

而从这一点也可以证明，人民的眼睛是雪亮的。魏晋士人很喜欢写史，关于三国时期的史书多如牛毛，但只有陈寿的《三国志》千古流芳，而其他史书则默默无闻，[①] 某些秽史则直接被扫进了历史的垃圾堆，[②] 如果不是有南朝裴松之这个考据狂的存在，那些秽史连只言片语都不会留下来。所以唐朝史学家刘知己在《史通》之《曲笔》一篇说"蜀老犹存，知葛亮之多枉"。[③] 所有试图篡改历史的帝王都应该好好听听这句话，当你胡说八道的时候，要想想那些蜀老尚在，到时被无情戳穿，则更丢面子，何必呢？

---

① 正如南朝刘勰《文心雕龙·史传》所云："及魏代三雄，记传互出，《阳秋》《魏略》之属，《江表》《吴录》之类，或激抗难征，或疏阔寡要，唯陈寿《三志》，文质辨洽，荀（勖）、张（华）比之（司马）迁、（班）固，非妄誉也。"

② 当然，当时也有一些作者，在看到陈寿的《三国志》后，自愧弗如，主动放弃了类似的写作计划。如与潘岳有双璧之称的夏侯渊曾孙夏侯湛，便是销毁了他正在撰写的《魏书》，而从吴国来的陆逊之孙陆机，本来正在酝酿《吴书》，也被打乱了节奏，最终没能写完。

③ 孙盛《晋阳秋》："盛以永和初从安西将军平蜀，见诸故老。"毛修之亦言："昔在蜀中，闻长老言。"（《魏书·毛修之传》）这是季汉历史的一个很有意思的现象。朝代兴亡本常事，但季汉的历史却在那么长的时间里，流传在蜀老的口耳相传中，仿佛那段历史是他们记忆里最堪咀嚼的一段往事。

第四十三章
诸葛亮到底是不是
架空刘禅的权臣?

诸葛亮刚开府治事时,他的得力助手丞相府主簿是杨颙。杨颙,字子昭,荆州襄阳郡(今湖北襄樊)人,与诸葛亮另一位心腹杨仪是同族兄弟,不过杨仪此时因同事关系不好已被刘备所贬,诸葛亮重用他还是在杨颙死后。

而早逝的杨颙能在历史上留名,只因为他是诸葛亮"鞠躬尽瘁,死而后已"的见证者。

据习凿齿《襄阳记》记载,杨颙刚当上丞相府主簿后,就发现诸葛亮工作有个特点,大小事务都喜欢亲力亲为,甚至会亲自校订一些政府文件与统计报表(自校簿书),这让杨颙非常不解,常劝诸葛亮说:

"治理国家必须建立一定的体制,上级与下属不可互相干预。请让我用治家之事为明公您打比方:有一个人,让奴仆负责耕种,婢女负责烧煮,鸡司晨,狗吠盗,牛负重,马远行。家中的事务井井有条,主人就能够悠闲从容,高枕无忧,不用自己动手就能吃现成的,喝现成的。然而,有一天他忽然决定所有的事情都由自己一个人来做,最终不但自己筋疲力尽,而且一件事情都没能做好。这难道是他的智慧比不上奴婢甚至牲畜吗?不是,这是由于他忘记了一家之主的规矩。所以古人说,坐着议论治国之道的是三公,站起身处理事务的是士大夫。丞相邴吉看到路上横躺着的尸体不闻不问,却因牛的喘气而担心;丞相陈平也不肯回答皇帝关于钱谷树木的提问,说自有主管其事的官吏。他们是真正明白政务职责的人。如今您治理国家,却要亲自核对公文簿册,一天到晚忙得汗流浃背,这不也是忘记了规矩搞得自己太累吗?"

这段史料,常常被人提及论述管理之道。很多人认为,诸葛亮虽然鞠躬尽瘁，死而后已，代表了中国两千年士大夫公忠体国的榜样；但他凡事亲力亲为，最终活活把自己累死，也是一种很不可取的行为。工作要懂得分工，懂得授权，哪有某人所有事情大包大揽的道理？这一则会把自己累死，二则有专制揽权之嫌。要知道，当时诸葛亮的职务全称是"丞相录尚书事，假节钺，开府治事，领益州牧，并领司隶校尉"，几乎相当于建安年间曹操（丞相领冀州牧）、荀彧（尚书令）、钟繇（司隶校尉）三人职权的总和，身兼军事、枢密、行政、人事、监察五大权力于一身，可谓超级权臣，其揽权之广度、深度，可与著名的专制君王兼工作狂嬴政和朱元璋相媲美。总之，诸葛亮这样做，大有权力欲太重之嫌，特别是对某些不明真相的群众而言，这个指控是相当致命的。事实上，后来诸葛亮北伐，曹魏就立刻发布宣传通稿攻击他说："（诸葛）亮外慕立孤之名，而内贪专擅之实。刘升之兄弟守空城而已。"[①]

刘升之就是指刘禅，曹魏这么做，就是要挑拨季汉君臣的关系，抹黑诸葛亮，将其打造成一个专擅权臣的形象。虽然刘备托孤时都说了"君可自取"，但我曹魏就是替刘禅打抱不平！

但事实上，曹魏的指责是很没有道理的，一个专擅嗜权之人，必定会想方设法在关键岗位上安插亲族，以培养自己的家族势力，稳固自己的权力结构，也好日后将权力传给子孙。然而，诸葛亮的弟弟诸葛均只官至长水校尉；而他当时从哥哥诸葛瑾那里过继来的儿子诸葛乔，才官至驸马都尉，都只是禁军的一些中级官职而已。

另外，可以想象，如果诸葛亮真是一个专擅嗜权之人，那么杨颙一举点破他的心思，还要他放弃专权，去当"坐而论道"的三公，其结局恐怕要堪忧了。可事实上，诸葛亮非常感谢杨颙的劝谏，并让他兼任组织部副部长（东曹属），负责季汉两千石及以下官员的提拔任用（典选举）。五年后，杨颙病逝，诸葛亮十分悲痛，连续流泪三天。没过多久，负责丞相府官吏任用的西曹令史赖厷也去世了，诸葛亮不由哀叹道："令史失赖厷，掾属丧杨颙，为朝中损益多矣！"

我前面说过，在正史中，刘备为人坚毅，喜怒不形于色，一生只为田豫、刘表、庞统、法正、刘封五个人哭过；其实诸葛亮的情绪更加克制，除了写《出师表》之时，他一生只有在刘备、马谡和杨颙三人死后哭过。可见诸葛亮对杨颙是真心感谢。所以明末王夫之在《读通鉴论》中就一针见血地指出："公之泣杨颙

---

① 《三国志·魏书·明帝纪》注引《魏略》所载《魏明帝露布天下并班告益州》。

也，盖自悼也。"

而从杨颙工作的调迁来看，诸葛亮也是真心想要解脱的。既然杨颙深谙管理之道，那就让他负责组织方面的工作，为朝廷发现一些卓绝的人才，或能给自己多分担一些吧。

另外，当时还有个阆中人姚伷，曾向朝廷推荐了好几个文武之才，诸葛亮因而称赞他说："忠益者莫大于进人，进人者各务其所尚；今姚掾并存刚柔，以广文武之用，可谓博雅矣，原诸掾各希此事，以属其望。"随即将其提拔为丞相府参军，随同诸葛亮一起北伐。

此外还有个董恢，曾以宣信中郎作为费祎的副手出使东吴，并以卓越的外交才干受到孙权的称赞。诸葛亮知道后，在他回来不到三天时，就立刻将他从县级干部提拔为丞相府属，迁巴郡太守；还有何祗，不仅出身贫寒，而且好声色，不持节俭，但为人极其聪明有能力，诸葛亮于是抓大放小，将他从一个小小文书（书佐）提拔到成都令再到广汉太守，真是不拘一格用人才。

看来，诸葛亮之所以累得半死也不肯放权，就是因为季汉人才太少啊。刘备时期，季汉倒是人才济济，统帅之才有刘备、关羽；大将之才有张飞、黄忠；军事谋略有庞统、法正；经济人才有刘巴；政治人才有董和；此外还有打辅助的军政全才马良、黄权；到如今却全没了！最痛心的就是夷陵一战，季汉荆州籍的人才损失大半。等到刘禅即位，朝廷里要么就是忠诚度或廉洁度不够的益州豪强，要么就是年资尚浅的年轻人，尚未有一个人可以帮诸葛亮分担责任。所以有时候，诸葛亮也忍不住说了重话，要求这些年轻人多向董和、徐庶、崔州平、胡济四人学习。这四人中董和是诸葛亮最得力的副手，可惜已死于刘备称帝前夕，[①]徐庶、崔州平则是诸葛亮的荆州旧友，虽然能力很强，但已不可能帮到诸葛亮了。所以诸葛亮是羡慕、怀念加急切，真希望季汉的年轻人快点成长起来！

这些诸葛亮寄予厚望的年轻人中，应该有刚从尚书郎被提拔为丞相府东曹掾的蒋琬，也应该有诸葛亮好友马良的幼弟、刚被提拔为丞相府参军的马谡，还有陪着刘禅一起长大的黄门侍郎董允、费祎，他们都是才华横溢的创二代，好好成长，前途无量。

另外，诸葛亮非常看好的一个年轻人——益州郡太守张裔，南中叛乱时被雍

---

① 见诸葛亮《与群下教》："董幼宰参署七年，事有不至，至于十反，来相启告。"可见此期间蜀汉政务乃诸葛亮与董和二人共同分担、反复商定，至少彼时诸葛亮还未总揽全局。

阎绑架送给了东吴，诸葛亮也特意交代出使东吴的邓芝一定要把他救回来。人才难得，少一个都是巨大的损失。[①]另外还有虽性情狷狭但办事能力很强的杨仪，以及善养士卒、勇猛善战但性情孤傲的汉中大将魏延，这俩人极度不和，每次开会都要吵起来，魏延口才不如杨仪，好几次被骂得灰头土脸，最后忍不住拔出刀来扬言要砍死杨仪，吓得杨仪哇哇大哭，鼻涕流了一地，搞得诸葛亮哭笑不得。同事间再有矛盾，也不能动刀子，而大男人哇哇大哭，更是丢人至极，所以就连远方的孙权都说这两位是"牧竖小人"，劝诸葛亮不要用他们。

可是诸葛亮惜才啊，魏延、杨仪虽然有万般缺点，但在军事方面，季汉实在缺乏好用的人才，所以诸葛亮最终还是重用了他们，不仅让魏延做北伐军二把手，而且还将已被刘备投闲置散的杨仪（当时只有遥领弘农太守这个虚职）提拔为丞相府参军，负责大军的后勤准备工作。为此，诸葛亮还特意写了一篇《甘戚论》，以调解魏延、杨仪的矛盾，苦口婆心，劝他们以大局为重。

总之，这些年来诸葛亮是又当爹又当妈，哄了这个哄那个，吃喝拉撒一把抓，只盼着一群小朋友快长大，累呀！

然而，对于诸葛亮亲征南中之事，仍有很多人不理解，还有一人对诸葛亮提出了极其恳切的劝谏。此人就是诸葛亮当时最重要的经济助手、司盐校尉领丞相长史王连，他说："此不毛之地，疫疠之乡，不宜以一国之望，冒险而行。"认为诸葛亮不应亲征南中，派一大将即可。

诸葛亮何尝不知道南中乃瘴疫之地，山穷水恶，遍布毒虫猛兽，去了有回不来的危险，东汉名将马援就是这样牺牲的。但诸葛亮此次征南中，不只为平叛，还要攻心，诸将之中也有能征善战者，但善于攻心、愿意攻心，且能够解决复杂民族、政治与外交问题的，基本上没有，所以诸葛亮还是不得不亲自去冒险；而且自从入蜀一战，他已经十年没带兵打仗，手有点生了，为了日后的北伐事业，必须先拿南中练练手，再苦再累，也没有人能代替自己。

有时候诸葛亮真的很羡慕对面的曹真，手里头有司马懿、张郃、郭淮、徐邈、夏侯霸等一干军政人才，而且不必兼管经济与后勤的工作，只要专心搞军事就可以。而自己这边是处处捉襟见肘，能帮得上忙的没几个，不把自己累死，还能怎么办呢？

---

① 据《三国志·蜀书·杨洪传》，张裔被叫回国后，诸葛亮曾写信给他，说当年张裔被绑架后，"吾之用心，食不知味；后流迸南海，相为悲叹，寝不安席；及其来还，委付大任，同奖王室，自以为与君古之石交也。"爱才之心，跃然纸上。

第四十四章
诸葛亮征南中，
季汉与南中汉人豪强的丝绸战争

　　建兴元年（223）大爆发的南中叛乱，其实跟当地夷人没有太大关系，仔细分析下来，你会发现全是南中的汉人大姓豪强在搞事情。

　　中原政府对南中的开发最早可以追溯到秦始皇时代，当初，秦相吕不韦在政治斗争中失败，自杀身亡；嬴政就将吕不韦一家发配到了季汉。汉武帝开发西南夷，吕不韦的后代便响应号召，来到了今云南省保山市东北扎下根来，繁衍生息，渐渐形成了南中历史上第一个郡县设置——元封二年（前109）首设益州郡，下辖24县，其中就有不韦县。东汉以后，西北边疆虽日渐收缩，西南疆域却因汉人南迁而有一定扩展，故东汉政府又将不韦县等益州郡西部六县设为益州郡西部都尉，以管理"哀牢人、楪榆蛮夷"事务。公元69年，哀牢（今云南哀牢山以及缅甸北部部分地区）夷王柳貌向慕华夏，遂率属下77个邑王，及民众5万余户、55万余人举国内附；汉明帝便将其地与益州郡西部都尉合而建立永昌郡，并将不韦县设为永昌郡治，而吕不韦的后人吕氏一族则世代担任永昌郡吏，同时也是永昌郡最大的汉人豪族。[①]看来，吕不韦虽然在政治上失败了，但他的后人几百年来一直为汉人守边，也算是另外一种贡献了。

　　而在永昌郡东边的益州郡治滇池县（今云南昆明），则在汉武帝以后迎来了另一个强大的汉人家族。这就是曾为西汉什邡侯的雍氏家族。雍氏的老家在泗水

---

① 见《三国志·蜀书·吕凯传》注引孙盛《蜀世谱》："初，秦徙吕不韦子弟宗族于季汉。汉武帝时，开西南夷，置郡县，徙吕氏以充之，因曰不韦县。"《华阳国志·南中志》则认为是汉武帝将反汉的南越丞相吕嘉的子孙宗族迁去，并用吕不韦的名字命名的。

郡沛县，听到这个地名是不是有点耳熟？没错，雍氏的先祖雍齿与汉高祖刘邦是老乡，当年曾随刘邦一起反秦，刘邦委以他重任，让驻守起义军的老窝丰邑。没想到这雍齿觉得刘邦是个臭流氓，不甘屈居其下，竟然背叛刘邦投靠了魏国。刘邦没了老窝相当狼狈，只得回攻，却两次攻城失败，最终只得投靠项梁，借兵前来才拿下丰邑，雍齿逃往赵国，加入赵王歇麾下。再后来刘邦西击秦，势如破竹，雍齿才厚着脸皮回归了刘邦集团。

雍齿敢于回归，是因为他心里非常清楚——刘邦是个极其理性的政治人物，虽然对政敌心狠手辣，却不会因为私人恩怨打击报复。[1]果然，刘邦称帝后，为了安抚人心，在第二次大封功臣时第一个封雍齿为侯，是为什邡侯，封邑两千五百户。什邡县就在益州的广汉郡，今四川什邡市。汉武帝元鼎五年（前112），雍齿的孙子雍桓因酎金而被废除了爵位。再过几年汉武帝便开始开发西南夷，也许就在这期间雍氏家族响应号召离开了什邡，来到益州郡，成为当地第一大家族。益州郡后来被诸葛亮改名为建宁郡，所以雍氏为首的益州郡汉人大家族又被称为建宁大姓。其中还有号称班超后裔的爨氏家族，与俞元县（今云南省澄江县）李氏家族（李恢所在家族），都被称为建宁大姓，但爨氏的夷化程度远超其他家族。

而在益州郡北部的越巂郡，则有大姓焦氏；越巂郡以东的朱提郡（原为犍为属国），则有大姓朱氏。另有一汉人大姓孟氏，分为朱提孟氏与建宁孟氏，而大名鼎鼎的孟获就出自建宁孟氏。刘禅即位之初的南中叛乱，其实就是南中这些汉人大姓的大乱斗。这些汉人移民及大姓当时有个专门的称谓——南人，以区别于夷人；故南中之反，实际主要是南人之反，夷人反而是附从的。

首先发动叛乱的南人是雍齿后人、建宁大姓雍闿，响应他的则是朱提大姓、牂柯太守朱褒，以及越巂郡大凉山中的夷王高定。其中正宗的夷人只有一个高定。

雍闿为何要发动叛乱？据他自己说，原因是：

盖闻天无二日，土无二王，今天下鼎立，正朔有三，是以远人惶惑，不知所归也。

---

[1] 见《史记·留侯世家》刘邦之语："雍齿与我故，数尝窘辱我。我欲杀之，为其功多，故不忍。"

意思大概就是现在乱世，我不承认你什么季汉，我要自己单干！

可是，按照雍闿的说法，他反对成都政权，他要独立，可他打的人、杀的人，全是南中汉人大姓。雍闿叛乱的第一件事，就是杀了当地太守正昂，而这位正昂就是永昌郡的汉人大姓（春秋时宋国上卿正考父之后）。与此同时，高定也杀了越巂郡郡将、大姓焦璜。正昂死后，诸葛亮又派了成都人张裔来接班，雍闿却说张裔外表光鲜内里却是个粗人，不值得杀，将他绑架送给了东吴。[1]这说法一看就是推脱、掩饰之语，张裔乃成都大儒，精通《春秋》与《史记》，博学多才，著名人物品评家许靖认为他干练敏捷，可以和曹魏的钟繇类比。这样的人无论如何也跟粗人沾不上边。事实是，雍闿根本就不敢杀张裔，因为张裔曾担任巴郡太守与司金中郎将（冶金部部长），是季汉政权的核心人物与诸葛亮的心腹，如果杀了，会立刻遭到成都豪强与季汉政权的疯狂镇压，而雍闿其实并不想这么快就摊牌，因为他还有更重要的人要对付。

雍闿要对付的人，就是永昌郡大姓吕氏家族以及永昌郡功曹吕凯。那么奇怪了，雍闿反汉，应该往北打，为何要去西边打永昌呢？

这就又要从汉武帝开发西南夷说起了。汉武帝开发西南夷，首先是军事目的，公元前139年，张骞凿空西域来到大夏（今阿富汗），在这里他见到了原本只有蜀地才有的蜀布，邛地才有的邛竹和竹杖，于是他就问大夏人这些都是从哪里来的，大夏人就说道："从距离大夏数千里的身毒国那里来的，在那里可以和蜀地的商人做生意。"

所谓身毒国，就是今天的印度阿萨姆邦一带。张骞一听，这不就是攻打匈奴的绝好战略吗？只要从"西南夷"地区打开通往身毒国的道路，之后汉军就可以借道身毒国，绕过西域，直接从背后突袭匈奴了。

汉武帝在听了张骞的建议后，不久便开始了西南地区的开拓。不料却被昆明人阻道。直到69年哀牢夷人附汉，东汉置永昌郡，并在此地开凿博南山道，又在兰苍水（今澜沧江）上架桥，这一西南通道遂以全线开通。从此，永昌郡就成了从巴蜀到达印度的重要中转站，同时也是中国西南地区最大的对外贸易与丝织品经济中心。《后汉书·南蛮西南夷传·哀牢夷》载其："土地沃美，宜五谷、蚕桑。知染采文绣，罽毲帛叠，兰干细布，织成文章如绫锦。"可见永昌本就丝织

---

[1]　见《三国志·蜀书·张裔传》："张府君如瓠壶，外虽泽而内实粗，不足杀，令缚与吴。"

业发达。大量的蜀地物产特别是生丝、蜀锦都是通过云南保山（永昌）西行到达缅甸八莫、密支那，再到印度巴特那（身毒），然后再经阿富汗（大夏）辗转输出到欧洲罗马，这是陆上道路；另外还可以从保山南下到缅甸曼德勒、仰光可直达印度洋出海，远至西亚及欧洲。[①]这就是著名的南方丝绸之路，也就是日后的茶马古道。二战时期沿此道路而修筑的滇缅公路，更作为当时中国唯一的一条国际通道，运送了大量战略物资，在反法西斯战争中起到了非常重要的作用。

基于以上原因，在东汉时期，历史记载说在永昌做官可以"富及十世"，除上述丝织品生产与贸易外，当地还盛产珠宝、玛瑙，于是大量汉族商人来到此地经商。根据东汉桓帝永寿三年（157）人口普查上报的数字，永昌郡是全国第二大郡，人口达到189万，仅次于南阳郡的243万，而旁边的建宁郡（益州郡）只有可怜的11万。永昌郡虽然要比建宁郡大一些，但人口不至于差这么多。关于这个问题，我在成都与古代人口专家葛剑雄教授出差时曾请教过葛老，葛老说这个郡的情况比较特殊，汉人多这是一个因素，更重要的是，这里汉人大族比较强大，拥有大量依附于汉人豪强的夷民，所以他们把所有夷人都报上去了，而夷人是不用交税的。如前所述，永昌这个地方可以说是东南亚的交通枢纽与经济中心，各地各族的人口都在这里会聚，有穿胸、儋耳（今缅甸得楞族）、越濮（缅族）、鸠獠（仡佬族）、僄越（骠族）、躲濮（卡钦族）、身毒（天竺）之民，阿萨姆的印度族人也居住在永昌郡内，文化高人一等的汉人豪强在这里可以说过得相当滋润。

另外，东汉末年再怎么天下大乱，人口锐减，也波及不到偏远的南中，所以公元214年刘备入蜀时统计人口只有可怜的94万，显然并不包括南中四郡的人口，当时南中四郡只是名义上归附季汉而已。即便263年季汉亡国，益州豪强们上报的人口数字仍只有可怜的98万，显然益州特别是南中也是名义上归附魏晋的统治，想要足额缴纳人口赋税，那是不可能的。

到这里，雍闿反抗季汉却向西攻打永昌的原因已经呼之欲出。雍闿之反，最终的目的不是推翻季汉的统治，而是要向西取得商贸重地永昌郡，以垄断中西贸

---

① 见《三国志·魏书·乌丸鲜卑东夷传》注引《魏略·西戎传》："大秦道既从海北陆通，又循海而南，与交趾七郡外夷比，又有水道通益州、永昌，故永昌出异物。"该路线之详细分析可见大塚恒雄《中国商业经济史概说》。另有学者根据西方考古资料指出，中国丝绸至少在公元前600年就已传到欧洲，比公元前138年开通的"北方丝绸之路"早了400多年，因而这些丝绸不是从北方经西域传到欧洲，而是从成都经南方丝绸之路传到欧洲。参阅何一民、王毅：《成都简史》，四川人民出版社，2018年，第91页。

易，获取高额的贸易利润。但永昌郡的汉人豪族的实力相当强，人口、财富都是益州第一，所以，雍闿即便联合了朱褒与高定两家，然后打了足足三年，也奈何不了永昌，还被永昌大姓功曹吕凯一通数落，说他世受汉恩，却有负先君雍齿得怨高祖而受封的美名，故劝他幡然改途，赶紧向诸葛亮投降。

到了建兴三年（225），诸葛亮终于开始南征，雍闿这下慌了。永昌连根毛都没啃下，汉军又打了来，两面夹击，这下岂不是要完蛋了吗？雍闿没办法，只好找到另一位建宁大姓孟获帮忙。孟获虽然也是汉人大姓，但夷化程度更深，素为夷、汉所服（见《三国志·蜀书·诸葛亮传》注引《汉晋春秋》），所以雍闿让孟获哄骗夷人说："官欲得乌狗三百头，膺前尽黑，螨脑三斗，斫木构三丈者三千枚，汝能得不？"（《华阳国志·南中志》）意思是说，官府向南中征要黑狗三百只，连胸前的毛都得是黑的；螨脑一说是蟒蛇的脑子，一说是玛瑙三斗，第二种说法比较可信，蛇脑子有啥用处？斫木就是被砍伐的大树，云南虽然山多林密，但大部分树木顶多长到两丈高，三丈那要算是神树了，哪里去找来三千根？结果，孟获就编了这么个段子，成功哄骗夷人造反了，可见其威望之高。

然而，诸葛亮南征刚到半路，叛军已爆发内讧，高定手下的夷人竟把雍闿杀了，永昌郡也终于化险为夷。诸葛亮听说后，非常高兴，上表赞扬吕凯等人说：

> 永昌郡吏吕凯、府丞王伉等，执忠绝域，十有余年，雍闿、高定偪其东北，而凯等守义不与交通。臣不意永昌风俗敦直乃尔！

于是，诸葛亮拜王伉为永昌太守，封亭侯；拜吕凯为云南太守，封阳迁亭侯，后又让其子吕祥继承其官爵。另据孙盛《蜀世谱》记载，吕祥后任西晋南夷校尉，其子孙世为永昌太守，公元331年，成汉皇帝、氐人李雄攻破宁州（西晋建立后，将南中地区分出益州，建立宁州），永昌吕氏子弟不肯归附，仍举郡固守，以尽正节。

总之，正是由于吕凯等永昌汉族大姓的牵制，诸葛亮才得以顺利进入越巂郡，将高定与雍闿各个击破。而诸葛亮派的另一路军队也由门下督马忠率领收复了牂牁，击杀了朱褒。三路叛军都失败后，孟获接过了叛乱的大旗，与建宁郡亲汉派的爨氏家族与俞元李氏家族展开了对攻，直到诸葛亮大军开到，孟获这才土崩瓦解，被教做人。此战李氏家族的李恢立功最多，被封为汉兴亭侯，并由庲降都督加拜安汉将军。李恢的姑丈、爨氏家族的爨习则被提拔为行参军偏将军，后官至领军。五胡乱华后，天下大乱，爨氏家族便成了南中之地的土皇帝，雄霸南中四百余年，直到唐玄宗天宝七年（748）为南诏所灭。

至于大家耳熟能详的诸葛亮七擒孟获的故事，出自常璩《华阳国志》与习凿齿的《汉晋春秋》，不算孤证，但还是有很多人怀疑这件事是假的，因为诸葛亮三月从成都出征，五月才打败三路叛军渡过泸水（即金沙江的中流），秋天就平定了孟获开始还朝，十二月份回到成都，与孟获交战的时间最多五个月，如何做到七擒七纵？其实我觉得七擒七纵可能是诸葛亮与孟获玩儿的一场游戏，否则没必要让孟获参观自己的军营布防，[①]这等于是打牌却把手里的牌给对方看，看完再打，打完再看，在七擒七纵中不断谈判博弈，各自清晰了对方的实力与底线（同时也借此一步步拉拢叛军中的亲汉派，打掉叛军中的顽固派），最终才能妥善分配利益，而共结盟好，达成协议。[②]从此，季汉政府负责向南中输入资金与技术，教给民众织锦手艺[③]与营建农耕之法，[④]并保障与促进中西蜀锦贸易，以换取南中物产用于北伐，[⑤]同时给南中带来发展。另外，诸葛亮还承诺坚持南中自治不动摇，用南人治南，[⑥]在保证南人利益的同时，又壮大了季汉的力量，这是皆大欢喜的结局。所以最后孟获拍着胸脯向诸葛亮保证："公，天威也，南人不复反矣。"

据《华阳国志·南中志》记载，孟获最后做了季汉的御史中丞（这可是当时司马懿在曹魏的官职）。朱提孟氏中的孟琰最终也做了辅汉将军（这可是李严投降刘备后所封官职），在诸葛亮第五次北伐的时候还担任虎步监，率领六千精锐虎步军，与司马懿数万曹魏骑兵对攻而能坚守不动，也算是一员名将。

---

① 见《三国志·蜀书·诸葛亮传》注引《汉晋春秋》："建兴三年，亮至南中，所在战捷。闻孟获者，为夷汉所服，募生致之。既得，使观于营陈之间。"

② 据《华阳国志·南中志》记载："（南中）其俗征巫鬼，好诅盟，投石结草，官常以盟诅要之。诸葛亮乃为夷作图谱，又与瑞锦、铁券，今皆存。"铁券就是象征永久的铁铸的盟书；瑞锦也应指用珍贵的丝织品书写的盟书。西南各地还有会盟遗迹七处，都说是当年诸葛亮与孟获等人盟誓之所。

③ 至今云贵的苗族与壮族仍传说当年是诸葛亮为他们带来了蜀锦与织锦技术，苗族称他们的锦为"武侯锦"，壮族则称其"诸葛侗锦"。

④ 见明人杨慎谪居云南所写之《滇载记》："诸夷慕武侯之德，渐去山林，徙居平地，建城邑，务农桑。"

⑤ 见《华阳国志·南中志》："出其金、银、丹、漆、耕牛、战马给军国之用。"

⑥ 见《汉晋春秋》："南中平，皆即其渠率而用之。"也就是说，在南中，只有郡一级的太守主官用其他地方的人，以下的吏员乃至县级官员，全都用南中大姓。"后世羁縻州县土司之建制，尚不脱诸葛公之遗意也"（顾颉刚，史念海《中国疆域沿革史》）。

　　总之，诸葛亮平定南中，军事攻伐只是表面，政治工作才是核心，所以不过数月，就在南中达成了"纲纪粗定，夷汉粗安"的良好局面。此后，诸葛亮又招募了大量南中劲卒用于北伐，[①]其余羸弱者，诸葛亮也让焦、雍、娄、爨、孟、量、毛、李等南人大姓出钱雇佣其为私人部曲，但凡收用部曲多者，便可得到更高的官职乃至世袭。如此一来，季汉朝廷得到了强大的夷人雇佣军"无当飞军"，南人大姓则由此合理地分配了他们在地方的势力范围，不会再像从前因分配不均而起纷争或叛乱，而夷人也得到了钱财与工作，真是个三方得利的好办法。诸葛亮的民族政策，不仅攻心，而且共赢，千载之下，仍令今人佩服不已。据《三国志·蜀书·诸葛亮传》注引《襄阳记》记载，诸葛亮逝世时，出现了"百姓巷祭，戎夷野祀"的现象。这里的戎夷，应主要指的就是南中地区的少数民族。诸葛亮为他们带来了富足的生活，所以他们真心怀念丞相。

　　当然，由于季汉"国不治史"，关于诸葛亮在南中的具体行事史书上记载非常少，但根据有关方志与古地志，历代西南各地都有大量以诸葛亮命名的地名、桥梁、关隘和水利设施，其遗迹据不完全统计共有八十七处之多。而在各族传说中，包括打井、灌溉、牛耕、纺织、茶叶、建筑（吊脚竹楼）等汉人先进技术，都是由诸葛亮带给南中的。据清代地方志记载，当时贵州有十八座武侯祠，云南更有三十四座之多。

　　另外，传说吊脚楼就是诸葛亮根据自己帽子的形状为夷民发明的，以抵御低矮处可怕的瘴气与毒虫。还有云南思茅这个地名据说也是诸葛亮取的，取思念茅庐之意，思茅这个地方还盛产普洱茶，传说普洱茶就是诸葛亮找到的茶种，用以帮助汉军与当地百姓抵御瘴气，故被称为"武侯遗种"，至今当地仍称诸葛亮为"茶祖"，每年农历六月十九日（据说是孔明生日）都要举办茶祖会来祭祀诸葛亮。佤佤族人还说是诸葛亮教会他们祖先盖房子、编竹箩。另外近代学者章太炎曾游历云南，作《思葛篇》，篇中云："云南缅甸俚人，皆截发以为三撮，中撮以表武侯，左右以表父母。每饮茶，必举杯至额，以示祭报。其能汉语者，至称武侯为诸葛老爹。"

---

① 据《华阳国志·南中志》，诸葛亮南征后，将大凉山中的"南中劲卒青羌万余家"迁入蜀地，设为五部，这些青羌山地步兵可以在山野间健步如飞，所当无前，所以又被称为"无当飞军"，是季汉的主力精锐部队，在诸葛亮北伐中起到了重大作用。20世纪末，在甘肃省舟曲县立节镇华年村出土过一方"无当司马"印，此地属于当年蜀汉和曹魏战争激烈的陇南山区，这方"无当司马"印就是当年在前线作战的无当飞军官长所佩之印。

而在傈僳族、景颇族与佤族，诸葛亮甚至被奉为创世的造物天神，称"诸葛阿公"。据说近代西方传教士去传教，说耶和华才是造物主，结果被打；然后他们赶紧改口说耶和华有两个儿子，大儿子叫孔明，小儿子叫耶稣，信孔明与信耶稣是一样的，真让人无语。后来，1934年前后，英国侵略者两千余人进犯云南，还非法侵占了佤族班洪和班佬等部落地区的银矿，激起佤族人民的愤怒。班洪王与班佬王邀集周围部落，剽牛立盟，效忠他们最尊崇的"阿祖阿公"——诸葛亮，誓曰：阿佤地区"自昔远祖，世受中国抚绥"，我们"宁血流成河，断不作英帝国之奴隶；即剩一枪一弩、一妇一孺，头颅可碎，此心不渝"。遂组成三支武装，抗击英军。虽被英军炮毁十余村寨，仍坚持斗争，终于在当地兄弟民族支援下击退了入侵者，收复了失地。

这才是真正的千古流芳啊，哪怕过去了一千七百多年，诸葛亮依然是南中人民的精神支柱与信仰旗帜！

至于常有人以南中后来局势败坏，"叟夷数反"，来贬低诸葛亮平南的功绩，甚至否认"七擒孟获"的真实性与"攻心计"[①]的有效性。这种说法是站不住脚的，因为这些少数民族叛乱大部分是发生在建兴九年（231）以后，也就是诸葛亮第四次北伐而由李严署理丞相府事期间，当时，庲降都督建宁人李恢病逝，李严便向诸葛亮推荐蜀郡太守张翼接任。这位张翼乃犍为郡武阳县人，是世代显宦的犍为大族，而李严在季汉建国前曾长期担任犍为太守，两家关系还不错，其能力也有可称者。不料这次人事变动却坏了大事了！

原来，张翼到任后，执法极严，处处招惹南夷，结果没两年就叛乱四起。此时正是诸葛亮第五次北伐的前夕（233），大军正要准备出发，没想到后院起火，诸葛亮气个半死，但也没办法，只得赶紧将张翼调回朝廷，另外安排自己的故吏、巴西阆中人马忠前去接任庲降都督，并以巴郡南充人张嶷为越巂太守，二人联手，再次前往南中平乱，这才稍稍稳定了局势。但不久后诸葛亮也去世了，南中良好而和谐局面再也回不来了，等到邓艾兵临城下，刘禅都不敢逃去南中，惜哉！

---

① 据《三国志·蜀书·马谡传》注引《襄阳记》记载，诸葛亮征南中时，马谡曾建议说："夫用兵之道，攻心为上，攻城为下，心战为上，兵战为下，愿公服其心而已。"结果"亮纳其策，赦孟获以服南方。故终亮之世，南方不敢复反"。

第四十五章
成都与诸葛亮的千古情缘

辛弃疾有词曰："我最怜君中宵舞，道'男儿到死心如铁'。看试手，补天裂。"诸葛丞相开府治事，初掌蜀政的五年，是他一生中最繁忙的五年。夷陵惨败后，益州疲弊，内忧外患，处于危急存亡之秋，季汉君臣梦想的统一大业也难度倍增，从"普通模式"进入"地狱模式"。所幸，季汉还有逆风翻盘的关键人物，这个人当然就是诸葛亮。

首先，诸葛亮要做的，就是大力发展农业生产，以恢复夷陵惨败对季汉经济的创伤。其实蜀地的农业基础是很好的，四川盆地西侧的横断山脉高耸入云，孕育出巨大冰川，冰川消融及降水形成的河流裹挟着砾石泥沙冲出峡谷，不断在山前的盆地沉积。历时上百万年之后，龙门山、龙泉山之间的沉积物的厚度已超过300米，这些沉积物饱含营养元素众多的腐殖质，从而形成了四川盆地中河网最稠密、土地也最肥沃的天府之国——成都平原！

所以，面对这么好的农业基础，诸葛亮决定先停止一切战争动员，"务农殖谷，闭关息民"（《三国志·蜀书·后主传》）；并"外结好孙权，内修政理，南抚夷越"（诸葛亮《隆中对》），"诸夷慕武侯之德，渐去山林，徙居平地，建城邑，务农桑"（明代杨慎《滇载记》）。诸葛亮还在自己家周围也种了八百株桑树，"躬耕陇亩"以劝农桑。

蜀地农耕，以都江堰为本，近五百年前就是秦国统一天下的基石，如今对季汉的北伐事业当然更加重要。《华阳国志·蜀志》说："绵（竹）与雒各出稻稼，亩收三十斛，有至五十斛。"达到了中国史料上所见的古代最高粮食产量，这自然也是都江堰之功。所以诸葛亮不仅征丁一千二百人专职负责维护堰体，还设置了专职堰官负责日常管理，开辟了以后历代设专职水利官员管理都江堰的先河。

　　至今，都江堰仍流传着当年诸葛亮签署的政令拓本，内容详细程度令人叹为观止，无论是每年清淤工作的日期，还是掏挖深度都有具体描述。当年诸葛亮用于清淤维护的石标尺，直到今天仍然在用，区别只是换成不锈钢的了。事实上，诸葛亮当初立下的维护法规，已被严格执行了近二千年，到如今依然原样执行，因为岁月无数次证明了这份法规的行之有效。另外诸葛亮修的成都九里堤，既能防洪，又是漂运木料的码头，一举两得，使成都受益千年。中国历史上历经战乱，总能有四川这个天府之国后花园支撑，全靠诸葛亮遗泽啊。

　　诸葛亮，真是一位"六边形战士"，全才！

　　另外，西晋人袁准《袁子》还说："亮好治官府、次舍、桥梁、道路"，在古代政治家中，很少有诸葛亮这样的"基建狂魔"，或许他已经懂得了用基础设施建设来强化经济发展吧！

　　此外，诸葛亮还大力发展教育。汉景帝末年，蜀郡太守文翁曾于成都城南筑石室，立文学，创办了我国第一所地方官办学校，称"文翁石室"，季汉时期，诸葛亮将其发扬光大，广邀学者，在石室开班授课，为季汉培养人才。如今，成都石室中学仍然蜚声海内外，是国家级重点示范性高级中学，位于成都市文庙前街93号。

　　此外还有盐铁专营与蜀锦贸易等经济战略，都是诸葛亮工作的重点，这些内容我们前面已有专篇论述，这就不详提了。值得一提的是，成都城西南郊的锦官城（即今"锦里"）闻名天下，紧邻锦官城西南面的车官城，名气要小很多，但其重要性却毫不差于锦官城。所谓车官城，也就是季汉车官衙门及造车、修车的工厂所在地，四面都修有军营垒城，故曰车官城。

　　如前所述，成都虽地处西南腹地，但却又是中国最早打通外域交通（南方丝绸之路）的起始地。[1]自古以盐铁、蜀锦及绚丽的漆器闻名于世。据考古发现，早在夏末商初，成都就是亚洲最大的自由贸易城市与商品物资集散中心。[2]事实

---

[1]　事实上，在公元前四世纪脱烈美《地志》书中，提到一个产丝之国叫 seres，其南有 sindhu 和 sinae。据考证，seres 便是古代蜀国的音译，sindhu 则是身毒（古印度）的音译，sinae 则是古滇国。

[2]　在夏商时期的三星堆遗址及周代成都指挥街遗址都出土了大量来自东南亚的象牙、海贝，以及来自川西高原的白唇鹿犄角标本。另外，从三星堆及成都平原上出土的权杖、黄金面具等大量西方风格的制品来看，我们说成都是远古中国第一大自由都市与工商业中心，而古蜀文明是东西方多元文化整合的结果，应当是恰如其分的。

上，在秦灭蜀之前，成都作为自由都市，连城墙都不设。^①

所以，历朝历代，成都都是中国西南最为重要的交通枢纽之一，而勤劳的成都人也在数千年间，不断修建道路，铺设了一张严密的物流网，四通八达，繁荣无比。诸葛亮希望能通过官营方式统一管理车辆的制造、修理以及调配，以对成都的物流进行合理控制，这或许是设置车官城的重要意义所在。

同时车官城的设立也有军事上的意义。根据记载，当时车官城四周有军营城垒，因此从某种意义上而言，车官城当是成都最早的军事工业区，其生产的车辆，不仅要负责运输紧邻的锦官城的大量蜀锦，还要负责为诸葛亮北伐提供大量辎重车与战车。日后北伐时大放光彩的木牛流马，应该也是诸葛亮与蜀地工匠们在这里精心研制的。

另外，诸葛亮还有一项重要的工作就是练兵，所谓"治戎讲武，以俟大举"，东吴学者张俨在《默记》中说，夷陵惨败后季汉"处孤绝之地，战士不满五万"，而到了诸葛亮北伐之时已至少有十万兵力以上，而这超过五万的新兵，就是诸葛亮这几年心血的结晶。其中包括南中的一万多无当飞军、涪陵郡的三千连弩士与五六千中军虎步军等（见《华阳国志》等记载）。

至于武器战备方面，诸葛亮不仅亲自发明木牛流马、诸葛连弩，而且非常重视兵器铸造，他的《诸葛亮集》就收录有《作斧教》《作匕首教》《作钢铠教》等文。如《作钢铠教》云："敕作部皆作五折钢铠，十折矛以给之。"所谓"五折"和"十折"，是说要经过五次和十次折叠反复锻打才算合格。这样精打细造的铠甲和长矛，都是诸葛亮一手操办的。此外，诸葛亮还利用蜀地多竹的优势，打造了大量物美价廉的长竹枪，据文献记载，^②这些竹枪长一丈二尺，竹竿铁头，拆装简单，可以迅速地大量装备部队。

另外，诸葛亮还大力培养铸造人才。康定铁匠郭达，一夜打箭三千支，称为能手，诸葛亮封他为将军，至今四川康定市仍有郭达山与郭达庙。还有冶炼大师蒲元，淬火技术炉火纯青，他在斜谷为诸葛亮造钢刀三千把，每把都能劈开装

---

① 见五代李昊《创筑羊马城记》："管钥成都，而犹树木栅于西州。"考古人员在今成都主城区也未发现有先秦时期的城墙遗迹。故学者们认为古蜀国国力强大，无须建设城墙，故其都城只利用江河为屏障，以木栅土垒为垣。参阅王文才：《成都城坊考》，巴蜀书社，1986年，第1页，以及何一民、王毅：《成都简史》，四川人民出版社，2018年，第48—49页。

② 据五代冯鉴《续事始》："诸葛亮置苦竹枪，长丈二。"明代罗顾《物原》："诸葛亮做馒头夹馅，造竹枪。"黄一正《事物绀珠》："枪木杆金头，始于黄帝，扩于诸葛孔明。"

满铁珠的竹筒，被誉为神刀。诸葛亮提拔他做西曹掾，掌管整个丞相府的吏员任用。姜维投降季汉后的第一个职务就是丞相府仓曹掾，与蒲元同时关系极好，曾亲自为他作《蒲元别传》。而这些先进的铸造技术又被用于生产更多的铁制农具，使得蜀中良田得以精耕细作，农业发展一日千里。

总之，诸葛亮在五年内，做到了一个丞相能做到的极限。从古到今，乃至未来，恐怕都没有人能够在这么短的时间内，为成都做这么多事情。所以，成都有马超东路，马超西路，有黄忠小区，但诸葛亮，直接就是一个区，武侯区。中华上下五千年，历史人物如过江之鲫，能在大都市的主城区上拿到冠名权的，恐怕只有诸葛武侯一个。这充分说明了成都人民对诸葛亮的爱，百世不绝，虽历千年而弥新。我们都知道，如今的成都武侯祠本是刘备的帝庙与陵墓，却在明代因为诸葛亮祠庙的迁入而"君臣易位"了。明朝政府本意应是想让诸葛亮进去"伺候"刘备，没想到最后却让诸葛亮"鸠占鹊巢"了。老百姓才不管什么"君臣名分"，来祭祀诸葛亮的人就是远比刘备多。更夸张的是，昭烈帝庙的名字在民间竟逐渐被遗忘了，武侯祠反而成了这座祠庙流传最广的名字。出现这种场面，显然不是诸葛丞相的本意，但正所谓"民意不可违"，无论再过多少年，季汉永远只属于武侯，北伐永远只属于丞相，昭烈帝注定只是配角。

有意思的是，如今知乎网站上还有"给诸葛亮北伐军送现代物品"的热门问题，包括无限量方便面、可乐、肯德基、冲锋枪、大学生、手机等各种脑洞。甚至几年前，成都—西安高铁隧道打通将要通车前夕，很多人微博是这么写的："丞相，你看到了吗？"

如今三个小时的车程，丞相却走了半辈子。

但好在：

千年之下，丞相未酬的事，大家仍然记得。

第四十六章
天不生孔明，季汉如长夜！

如前所述，诸葛丞相开府治事后初掌蜀政的五年，是他一生中最繁忙的五年。发展生产，恢复经济，训练新军，平定南中……每一个都几乎耗尽了他的心力。当大家说他揽权的时候，其实他也把所有担子都挑在了自己的肩上，他以他那个时代的标准，最大限度地避免了科层组织的贪污浪费与效率损耗；这是他用自己鞠躬尽瘁的生命，献祭出了一个高效、廉洁、不打折扣地执行中央政策的行政管理体系。如此辛苦的权臣，世所罕见。

但成都平原发展上去了还不够，更重要也更艰难的问题还有汉中的人口问题。汉中是季汉的北伐基地，对于季汉至关重要，张浚曾言："汉中形胜之地，前控六路之师，后据两川之粟，左通荆襄之财，右出秦陇之马，号令中原，皆基于此。"（见《宋史·张浚传》）但我们前面就说过，当初曹操占领汉中期间，曾将其数十万百姓几乎迁光，使汉中从鱼米之乡变成了荒凉的军管区，以致曹丕篡汉后刘备无法以汉中为基地北伐秦川，而只得向东与孙权争夺荆州，结果惨败。事实证明，季汉前途的关键还是在于汉中，必须迁移人口充实汉中，否则一切都无从谈起。

于是，诸葛亮在平定南中后的隔年（227）三月，亲率诸军来到汉中，花了足足一年的时间，来主持迁民与筹备后勤、组织练兵工作。具体成效如何呢？公元244年曹爽攻打汉中，有人认为要坚守城池，不要出城拒敌，左护军刘敏却认为如今汉中"男女布野，农谷栖亩，若听敌入，则大事去矣"。可见在诸葛亮的努力下，汉中又渐渐恢复了生机与繁华。《袁子》亦云："亮之治蜀，田畴辟，仓廪实，器械利，蓄积饶，朝会不华，路无醉人。"论发展生产、足兵足食，诸葛亮称三国第二，没人敢认第一。

现代考古也发现，在褒水、沔阳、黄沙一带有大量季汉时的水利、屯田与冶铸遗址；比如今天的褒水石门水库，原本就是诸葛亮在汉初萧何堰（后讹传为山河堰）的基础上修复扩建的水利设施（见《汉中府志》），其规模之大，至今还是汉中地区灌溉面积最大的水利工程。据民国初年著名水利学家李仪祉先生考察而知，"山河堰尚灌褒城田八千余亩，灌南郑县田三万零六百余亩，沔县七千余亩，共四万六千余亩。"

据调查统计，汉中地区至今尚保留有三国以来古堰七十多处，"西北的小江南"可不是白来的，这都是诸葛亮的心血。其实我们看陈寿的《诸葛亮传》，把诸葛亮写得那么好，总觉得其中必有溢美之词。但事实恐非如此，因为陈寿在诸葛亮本传的最后，竟向晋武帝司马炎请起罪来（我读史千万，从没见过这等史文），并再三解释自己没有变着法儿夸敌国丞相，那人就是这么牛，我这已经是诚惶诚恐地收着写了，您就饶了我吧。[①]

另外，诸葛亮还增修了大量陂池、陂塘用于屯田。1978年，我国考古队在汉中市勉县老道寺镇沙家庄村（正是第一次北伐期间，赵云、邓芝屯田的赤崖附近）曾发掘出一批季汉古墓葬，共出土文物60余件。这些文物，有持锸俑、[②] 陶陂池、陶陂塘、[③] 陶冬水田模型等，应与诸葛亮在汉中北伐期间的军屯耕战有密切联系。其中有一件完整而典型的缘铅釉红陶冬水田模型，呈正方形、直壁、平底，边长31.3厘米，高5厘米，田内有五条不规则形田埂，将田面分为大小不等的六个田块。在田中，还塑有青蛙、鳝鱼、螺蛳、草鱼、鳖、鲫鱼等水生动物。

所谓"冬水田"，又叫一季稻，因地势而就，多为不规则形，是在水利设施缺乏、灌溉条件差的陕南浅山丘陵地带，用以农闲冬季蓄水的保春播栽插、培养土壤肥力、增强抗旱的一种特殊稻田。从本地考古资料看，三国以前的两季田模型在勉县、汉中均出土过，但季汉墓中出土的"冬水田模型"，除在勉县发现外，

---

① 《三国志·蜀书·诸葛亮传》："伏惟陛下迈踪古圣，荡然无忌，故虽敌国诽谤之言，咸肆其辞而无所革讳，所以明大通之道也。谨录写上诣著作。臣寿诚惶诚恐，顿首顿首，死罪死罪。泰始十年二月一日癸巳，平阳侯相臣陈寿上。"

② 《释名》曰："锸，插也，插地起土也。"可见是一种掘土的农具。所以这些持锸俑，应该就是汉中屯田军民的形象。值得注意的是，持锸俑有两种，一种红的，一种灰的：灰陶锸俑的衣着和细腰及下部的喇叭形，是汉墓中常见的仆俑，应属当地居民耕作的形象；红陶锸俑的衣襟为燕尾状，其下部为圆筒状，应是季汉屯田兵的形象。从数量看，锸俑红二灰一，说明耕种的军士多于当地居民，与实际的历史情况相当吻合。

③ 都是不规则蓄水设施，其中坡池修于丘陵地带，蓄水量较小，坡塘修于平川地带，蓄水量较大。

各地不见有例；而在冬水田中繁养鱼类和栽植莲藕、菱角等水生植物，更是国内首见，所以这些，很可能都是诸葛亮首创的生产措施。另据《三国志·蜀书·吕乂传》："兼领督农，供给军粮。"及洪饴孙《三国职官表》："蜀置督农，供继军粮，屯汉中。他郡无考。"更见屯田乃汉中的首要工作，重中之重。总之，为了北伐事业，诸葛亮在汉中投入了最多的心血与感情，他死前遗愿也是要葬在此处，永远留在这个他生前奋斗的地方。

北伐事业是诸葛亮毕生之追求，但它谈何容易，面对庞杂繁多的军政事务，面对千头万绪的后勤准备，面对锱铢必争的战术筹谋，诸葛亮感觉心力交瘁，而他这一离开成都，至少要一两年的时间，甚至三年五载或者更长，这让诸葛亮忽然产生了一种将要出远门的父亲，把一群孩子丢在家里的感觉。

历史上将领统兵出征的事不少见，但怀有诸葛亮这种心情的绝无仅有。毕竟，刘禅还是个孩子，蒋琬、费祎、张裔这些年轻新人也从没独自担当过治国大任。总之，此时此刻，诸葛亮心情非常复杂。

于是，在离开之前，诸葛亮做了非常细致周密的安排，并给后主刘禅上了一道表文，这就是感动了中国人两千年的《出师表》。

在这篇表文中，最让人感动的就是诸葛亮与刘备二十年的君臣际遇，诸葛亮说：

先帝创业未半而中道崩殂，今天下三分，益州疲弊，此诚危急存亡之秋也。然侍卫之臣不懈于内，忠志之士忘身于外者，盖追先帝之殊遇，欲报之于陛下也。

臣本布衣，躬耕于南阳，苟全性命于乱世，不求闻达于诸侯。先帝不以臣卑鄙，猥自枉屈，三顾臣于草庐之中，谘臣以当世之事，由是感激，遂许先帝以驱驰。后值倾覆，受任于败军之际，奉命于危难之间，尔来二十有一年矣。先帝知臣谨慎，故临崩寄臣以大事也。

相信诸葛亮在一盏孤灯下书写这段文字的时候，那二十年的往昔岁月，必会一幕一幕浮现眼前，如是昨日。当年，诸葛亮父母双亡，兄弟离散，飘零乱世，辗转逃难，只求一安身之所以躬耕山野，而这时刘备不以他年轻位卑，三顾草庐，向他请教天下大事，并盛情相邀，真诚信任，引领他进入了这个风云激荡的大时代，与各方枭雄颉颃捭阖。屈指算来，至今已整整二十一年了。

这二十一年来，诸葛亮与刘备相遇相从，到相知相契，再到相依相托，相濡以沫；特别是白帝城那个孤冷的夜晚，刘备在病榻前气若游丝，颤颤巍巍，将诸子遗孤与复汉大业相托；诸葛亮便已下定决心，愿付出一生来报此知遇之恩！而今北望中原，曹丕已死，曹魏已传至第三代曹叡，九品中正制也日益受到士族的欢迎，其统治日趋稳固；若再不北伐，季汉必将日益萎靡，等死而已！所以时不我待，"今南方已定，兵甲已足，当奖率三军，北定中原，庶竭驽钝，攘除奸凶，兴复汉室，还于旧都。"这就是诸葛亮一生的理想与责任，这就是诸葛亮在使命牵引下的孤忠与热忱！

总之，诸葛亮就要离开成都，去达成他的使命了。但诸葛亮人如其文，是一个"丁宁周至"之人，[①] 而作为刘禅的导师、首辅与监护人，诸葛亮更要在离开前对他这个倾注心血培养的孩子（当时诸葛亮还没有亲生儿子）耳提面命，谆谆嘱托，并对成都宫中、府中、营中都做一番妥善的安排。

首先，诸葛亮语重心长，叮咛刘禅"宜开张圣听，以光先帝遗德，恢弘志士之气；不宜妄自菲薄，引喻失义，以塞忠谏之路"。要听得进意见，不要刚愎自用。

其次，诸葛亮要求刘禅要赏罚分明，坚持法家路线不动摇，"若有作奸犯科及为忠善者，宜付有司论其刑赏，以昭陛下平明之理；不宜偏私，使内外异法也"。

最后，诸葛亮要刘禅吸取东汉末年的经验教训，坚持以外朝士族大臣作为执政基础，而不要为了扩张皇权而以内朝的近臣、外戚、宦官侵蚀政府职能，从而导致宫府争权、小人乱政的情况。正所谓"亲贤臣，远小人，此先汉所以兴隆也；亲小人，远贤臣，此后汉所以倾颓也"。季汉灭亡后，季汉旧臣李密到晋朝为官，就曾评价刘禅说："齐桓得管仲而霸，用竖刁而虫沙（指非正常死亡）。安乐公（刘禅）得诸葛亮而抗魏，任黄皓而丧国。"由于刘备一生戎马倥偬，对刘禅少有教导，偶尔谈话也是相当严厉，刘禅的母亲又早亡，这都导致刘禅缺爱缺

---

① 见陈寿《三国志·蜀书·诸葛亮传》："论者或怪亮文彩不艳，而过于丁宁周至。"

乏安全感，形成退缩逃避型人格，不仅贪玩畏难，缺乏权修智谋，①而且自制力也不强，很容易受亲近之人影响。正所谓"素丝无常，唯所染之"（《三国志·蜀书·后主传》）。所以，诸葛亮在表文中特意提出要"宫中府中，俱为一体"，即宫中与府中要各守分际，各司其事，又保持协调，以保证政令畅通，而政通则人和，人和则业兴！基于此，诸葛亮对成都的宫中、府中、营中三大机构都做了妥善的人事安排。

宫中，也就是内朝，由尚书令（秘书长）陈震与侍中（皇帝高级私人秘书）郭攸之、费祎、董允负责。同时董允还"领虎贲中郎将，统宿卫亲兵"，负责皇宫的安保工作。这几个人，陈震"忠纯之性"，郭攸之"性素和顺"，费祎"天下淑德"，董允"秉心公亮"，有这些以德行著称的清流大臣待在刘禅身边，诸葛亮才稍稍放心。

府中，也就是以丞相府为首的外朝，由留府长史（秘书长）张裔与留府参军（军务总管）蒋琬负责。这两个人，张裔"天姿明察""干理敏捷"，蒋琬"托志忠雅""方整有威重"，有这两位德才兼备的能臣统管后方，诸葛亮才稍稍放心。

诸葛亮率诸军北驻汉中后，丞相府机构也必须一分为二，部分官员跟随诸葛亮前往汉中，协同处理北伐事务，这就是长史向朗与参军马谡、杨仪这些人了；这几位虽然很有才干，但德行稍逊，所以诸葛亮将他们带在身边用于北伐前线，一可进取，二也可加以管束；而留在成都的这部分相府机构，负责处理后方日常政务与大军的后勤供应事宜，所以被称为"留府"。此时多灾多难的张裔已被邓芝从东吴救回，所以担任留府长史；而被诸葛亮重点培养的蒋琬则被任命为留府参军，负责协助张裔。三年后张裔去世，便由蒋琬接替留府长史之位，而由巴西人马忠接替留府参军之职。史书记载，诸葛亮北伐期间，蒋琬"足兵足食以相供给"，与当年诸葛亮给刘备"足兵足食"做得一样好，所以诸葛亮称赞他为"社稷之器"，并在临终前以大业相托。

营中，也就是成都的防务工作，由中领军向宠负责。向宠这个人虽然缺乏谋略，也不够勇武，难以胜任攻城野战之事，亦从不见赫赫战功，但他"性行淑均，晓畅军事"，不仅办事贤能公正，而且擅长军事管理，治军严整，以约束见

---

① 《三国志·蜀书·先主传》注引《诸葛亮集》载先主遗诏敕后主曰："闻丞相为写申、韩、管子、六韬一通已毕。"明代杨慎表示："后主宽厚，襟量有余而权修智谋不足，识者咸以为忧。《六韬》述兵权，多奇计，《管子》贵轻重，慎权衡，《申子》核名实，《韩子》切事情，施之后主，正中其病矣。"

长。夷陵之败，季汉诸军在陆逊的猛烈火攻下近乎崩溃，成建制地被打散，只有向宠的军队完好无损，受到刘备热烈称赞。诸葛亮让他来镇守空虚的后方，发挥其严整、公正的特点，正是人尽其才，是诸葛亮在季汉人才单薄的情况下尽力做出的最好安排。果然，后来诸葛亮长期率大军北伐或屯驻汉中，成都却从未发生过重大事变，这其中应该也有向宠的功劳。唐代《文选六臣注》刘良就大赞向宠，称其"使士卒和美，强弱得其所宜也"。

总之，"侍中（郭攸之、费祎、董允）、尚书（陈震）、长史（张裔）、参军（蒋琬），此悉贞良死节之臣，愿陛下亲之信之，则汉室之隆，可计日而待也。"

最后，诸葛亮告诫后主，要"深追先帝遗诏"，好好学习，天天向上，努力让自己成长。从今天开始，老臣就要离开成都很长一段时间了，此时此刻，心情复杂，不胜依依，"临表涕零，不知所言"。

诸葛亮这篇表文，只有七百多字，虽言简意赅，①但纸短情长，字字滴泪，其切切开导，殷殷叮咛，如严父，如慈母，真是为刘禅操碎了心。它有没有感动刘禅不知道，但确实得到了千古士人的广泛共鸣。杜甫诗曰："三顾频烦天下计，两朝开济老臣心。"白居易诗曰："前后出师遗表在，令人一览泪沾襟。"元稹诗曰："凛凛《出师表》，堂堂八阵图。如公全盛德，应叹古今无。"陆游诗曰："出师一表真名世，千载谁堪伯仲间。""凛然《出师表》，一字不可删。"文天祥诗曰："至今《出师表》，读之泪沾胸。汉贼明大义，赤心贯苍穹！"尤其是在公元1138年的中秋节前夕，岳飞率北伐军途经南阳，顺路拜谒了武侯祠，当晚风雨如晦，岳飞在祠内秉烛读完《出师表》后，百感交集，思绪万千，"不觉泪如雨下，竟不成眠，坐以待旦"，第二天清晨，他就唤道士拿来笔墨，将前后《出师表》全文写了一遍，在写的过程中，岳飞异常激动，挥涕走笔，直到写完才稍稍吐去心中的郁闷之气。我曾在杭州岳庙见过岳飞这手书的《出师表》碑文，刚开始十几个字还算工整，后面越写越草，到最后字都飞起来了，足见岳飞内心之感动与澎湃，所以才能写出如此气韵天成、沧海横流、酣畅淋漓的书法佳作来。故成都武侯祠诸葛亮殿前有联曰："《出师表》惊人文字，千秋涕泪，墨痕同溅岳

---

① 诸葛亮的文章，虽然朴实且"丁宁周至"，但很擅长运用最精简的形式来包含最丰富的内容。因此诸葛亮也成为一个"成语大王"，如《出师表》中他发明的成语就有近二十个：三顾茅庐、不毛之地、危急存亡、临危受命、妄自菲薄、引喻失义、作奸犯科、有所广益、亲贤远佞、叹息痛恨、计日而待、苟全性命、夙夜忧叹、斟酌损益、察纳雅言、感激涕零、不知所云，等等。而其另一篇《诫子书》才不到一百字，竟也产生了成语：静以修身，俭以养德；淡泊明志，宁静致远。

将军！"

这就是感动了中国人两千年的《出师表》，短短几百字，就能让一人入圣，就能凝聚成中华文化中最璀璨的瑰宝。其最感人之处在于，诸葛亮受刘备重托，以臣子之位，行相父之职，每天都得教皇帝怎么做人做事，所处实在敏感，但他竟能使上不生疑心，下不兴流言，人人信赖，无他，诚挚二字是也！这便是圣贤为人处世的精髓，也是全体中国人要学习的榜样。我曾在知乎上看到一个很奇怪的问题："《出师表》应不应该退出中学课本？"也许这位题主对于语文课有什么误解，其实语文课的意义不在于要你成为文学家，而是要培养你的国民精神，塑造国家共同体。《出师表》之所以入选语文课本，甚至要你全文背诵，就是因为它代表了中国人的精神，它是我们中国人千年传承下来的中华文化浓缩而成的烙印与符号，是我们民族的内核与魂魄。

当然，少年们初背时必然无法明了其中真意，恐怕还会觉得很烦；但多背几次，就能感觉到文字中涌动着一股真率诚恳、朴素而充沛的情感，直入肺腑，让人口齿生香，心神荡漾；而随着年岁见长，就会越来越品味到文中的智慧，感受到文中的力量，而不断得到精神的洗礼与升华。最重要的是，这些文字并非道貌岸然的官样文章，而是诸葛亮最终用生命践行了的血泪史诗！慷慨陈词，人人都会；说到做到，这才是足以传承万世的精神力量！

所以正如李岳瑞先生所说："武侯之政策，积极者也，非消极者也。进取者也，非退守者也。国家之存亡盛衰，一视其国家之独立精神，其精神可用也，虽至弱小，必有兴者。"

总之，无论是诸葛亮那种不计利害的独立精神，还是他不计成败的人生态度，或是他践行道义的伟大信念，都是中国的优秀传统文化基因，它们塑造了我们，它们就是我们灵魂深处不可分割的一部分，是我们生而为人，生而为中国人的根本。嗟夫，天不生孔明，季汉如长夜！诸葛亮天生就是来照亮这人世间的黑暗的，而当《出师表》发布之时，就是这黑暗乱世中最明亮的一刻！

第四十七章
魏延为何会提出
如此不靠谱的"子午谷奇谋"？

据《三国志·蜀书·魏延传》记载，魏延对诸葛亮的北伐战略是颇有微词的，诸葛亮每次北伐，魏延就要唠叨一番，说要自己单独率兵一万，与诸葛亮分道出击，会于潼关；就像当年韩信还定三秦，也是分道出击，使章邯分不清主攻方向，从而一举拿下关中。但是很可惜，诸葛亮每次都驳回了魏延的请求。魏延因而常常私下说诸葛亮胆小，叹息自己太过屈才，被诸葛亮压制，所以没办法立下奇功。

魏人鱼豢通过自己的渠道也了解到一些情况，写在了自己的私人著作《魏略》里。鱼豢说，诸葛亮准备第一次北伐时，曹魏这边是驸马夏侯楙担任安西将军镇守长安，魏延就说：

闻夏侯楙少，主婿也，怯而无谋。今假延精兵五千，负粮五千，直从褒中出，循秦岭而东，当子午而北，不过十日可到长安。楙闻延奄至，必乘船逃走。长安中惟有御史、京兆太守耳，横门邸阁与散民之谷足周食也。比东方相合聚，尚二十许日，而公从斜谷来，必足以达。如此，则一举而咸阳以西可定矣。

魏延这段话的意思是说，他可以率领五千精兵与五千个背粮食的后勤兵，从汉中盆地的东侧进入秦岭，穿越660里子午道，不过十日可以直达长安下。长安城内的雍凉都督夏侯楙怯而无谋，只是因为娶了曹操的长女清河公主才平步青云，实际只会营置家产，玩弄女色，他看到我这五千精兵肯定会吓得立刻弃城坐船从渭水逃跑，如此长安城只剩京兆太守等一群文官，可以轻松拿下。长安周围还有横门邸阁（粮仓）与散民之谷，汉军可以以战养战。曹魏发兵从关东来援要二十多天时间，但此时诸葛亮的大军也应已从褒斜道杀来会师了，这样长安以西可一举而定。

魏延这个计划，相当有气魄，相当震撼，而且诱人无比。

但是，这世上有很多乍一看很美的事儿，当你细品之后，却会发现很多问题。

为什么这么说呢？首先，咱们得把秦岭谷道解释一下。

原来，汉军要从汉中盆地进入关中平原，必须穿越广袤而高峻的巍巍秦岭。而秦岭作为中国地理南北的分界之山，汉水与渭水的分水岭，其平均海拔高达2000余米，东西绵延400—500公里，南北则宽达100—150公里，其主峰太白山更是海拔高达3771.2米，既是青藏高原、横断山脉以东中国大陆的第一高峰，也是唯一能让人感受雪山的地方，山上常年积雪，风光旖旎，唐代元稹《南秦雪》诗云："才见岭头雪似尽，已惊岩下雪如尘。"描写的就是秦岭的雪山风光。

而正因为这些雪山，秦岭中形成了多条河流，冲刷出来数条河谷，得以沟通关中与汉中之间的交通。古人便将驿路修在河谷中，既有捷径之利，又有夷平之便，甚至可以开通漕运，在后勤运输上作用巨大。这些通道，从西到东，共有五条，分别是：

第一条，祁山道。这条道路虽然最远，而且是向西经武都通往陇西而非关中，但因有水量充沛的西汉水可以漕运粮草，所以甚是便捷。虽然两汉时期，这里经常发生地震，[①]导致河道壅阻，自汉中以西的水运几乎废弃，好在一百年前东汉名将虞诩在担任武都太守时，曾在此处开漕船道，开通了自沮县到武都郡治下辨（今甘肃成县）这一段从蜀中嘉陵江到西汉水的航道，[②]使其水运稍加改善，虽仍有部分路段无法通航，但比其他几条谷道要好走得多。

第二条：散关道（又称陈仓道、故道、嘉陵道、秦蜀古道）。这条也许是秦岭之中最古老的一条谷道了。清乾隆年间，在今宝鸡市的渭河南岸的西周古散国境内，出土了一个散氏盘，铭文中就有"周道"一词。郦道元的《水经注》中，也提到了一个"周道谷"，据王国维先生考证，这个"周道"，就是"故道"，也

---

① 据《汉书·五行志下》："高后二年正月，武都山崩，杀七百六十人；地震至八月乃止。"及《后汉书》诸帝纪所载地震情况。

② 据《后汉书·虞诩传》："自沮至下辨数十里中，皆烧石翦木，开漕船道，以人僦直雇佣者，于是水运通利，岁省四千余万。"

就是周人与蜀人最早交通的要道，其开通当在商周之际。此道由南郑西行至阳平关，然后过沮县（今陕西略阳）、河池（今陕西徽县），然后沿嘉陵江东源的故道水（故又称故道）而上，过大散关，再经由渭水支流姜水（即今清姜河）抵达陈仓。当年韩信偷入关中还定三秦，便是经由此道。

因历史悠久，维护频繁，散关道可以说是一条大道，不仅平坦易行，且各河谷川道一般都比较开阔，物产丰富，居民稠密，村落众多，还有故道、沮县、河池等好几个县级治所，故险段较少，其平坦大道足有二百五十多公里，是秦岭诸通道中最易通行的一条，又有嘉陵江水运之便，所以历来也颇受人们重视，但缺点是嘉陵江上游部分峡谷深险，中途需绕山（青泥岭）而行，迂回遥远，包括关中平原和汉中平原的里程在内，其长度达600公里以上，出口陈仓又远离长安政治中心，所以《史记·河渠书》上说："抵蜀从故道，故道多阪，回远。"且由于有韩信暗度陈仓的前车之鉴，曹操以来曹魏都对陈仓道口的陈仓城重兵把守，季汉基本上没有什么机会从这里攻入关中。

另外，陈仓以南有一座天下雄关大散关，乃关中四塞之一（东面潼关，南面武关，西面大散关，北面萧关），位于今宝鸡市西南五十二里的大散岭上，是关中的西大门。大散岭也就是今东峪口附近的秦岭分水岭（姜水与故道水都源于此），两山关控斗绝，形势险要，陆游有"铁马秋风大散关"之名句。

第三条：褒斜道，其历史也很悠久，至少在西周末年便已开通（周幽王宠妃褒姒便是来自褒斜道上的褒国），后来秦惠文王取蜀，也是经由此道。比起上述两条道路，该道距离较短，大约为470里，[①]且在两汉时期多次扩修，所以交通条件较为完备，又有褒水和斜水通航，所以是汉代关中通往巴蜀的官道与驿路，可容纳通行人数最多，非常适合大规模部队行进。

第四条，傥骆道。因北口有骆水，南口有傥水，故名。傥骆道虽得名于二水，但二水之间距离很远，中间还要经过黑水、湑水、酉水等河谷，并翻越四五座高山大岭，号称"屈曲八十里，凡八十四盘"（见顾祖禹《读史方舆纪要》），甚至还有被称为"黄泉"的险地；所以该道的谷道虽只有420里，是诸道中最短的一条；但大部分都是绝水路段，且只有华阳镇（关）一个交通枢纽与大型人群聚居地，其余遍布高山峻岭与原始森林，其间人烟稀少，多有毒虫猛兽与有毒植

---

① 这些数据都来自唐《元和郡县图志》，其里数为唐里，一唐里约合今466.5米。

物，行人视为畏途，故在两汉时期从未见官方开发，直到三国后期姜维和曹爽才开始利用，而其大规模开通，要等到唐高祖武德七年（624）了，特别是唐代中叶以后，关中多事，每当长安危难，皇帝多由此道南逃，取其近便，比如安史之乱时，唐玄宗到四川避难，走的就是傥骆道。

最后一条就是魏延说的子午道了。这条谷道，也就是当年刘邦从咸阳退入汉中所走之道，当时被称为"蚀中道"，不过为了迷惑项羽，这条路上的栈道全被张良烧了。直到西汉末年，权臣王莽为了鼓吹他的儒教神学，大量更改中国地名，才将"蚀中道"改为子午道，并大力整修了栈道。所谓"子午"，就是正南正北的意思，①据《汉书·王莽传》："以皇后有子孙瑞，通子午道。子午道从杜陵直绝南山，径汉中。"这子午道显然是一条正南正北的直道，其路线由汉中郡治西城②出发，穿越秦岭经杜陵可直达长安，全程虽有660里，却是距离长安最近的一条谷道。不过，大家通常以为的子午道，乃南北朝时南梁将军王神念别开的子午新道（见《隋书·地理志》及《元和郡县志》），其路线是从南郑到长安，而非我们前面说的王莽子午旧道（从西城到长安）。所以魏延所要通过的，乃是子午旧道，这条道全程都在曹魏境内，③归当地土豪魏兴太守申仪管辖。孟达背叛曹魏后，这条通道已被司马懿锁死，④根本行不通。

现在看出哪里不对劲了吧？秦岭虽然说有五条谷道，但只有前三条可供季汉北伐所用，傥骆道当时则还未开发，而子午道更是全境都在曹魏的管辖范围内，可魏延却认为，他可以率领精兵从汉中盆地的东侧进入秦岭，穿越660里子午道，不过十日可以直达长安城下。后面那段怎么拿下长安咱们就先不分析了，光这个前提就是妄想！如果魏延先打下西城再进入子午道，则根本起不到偷袭长安的效果；而如果勉强偷入，则恐怕反会被司马懿从后偷袭，抄截后路；子午道狭窄险峻，一旦遭到袭击，魏延恐有全军覆没之忧。

总之，你觉得诸葛亮战术不如韩信灵活，觉得他"于治戎为长，奇谋为短，

---

① 北方曰子，南方曰午，地理上的"子午线"也是取自这个概念。中国的建筑讲究正直，所以秦始皇曾修直道沟通长安至九原长城于子午岭，王莽则修复蚀中并改名为子午道。

② 其实汉中郡治一直在西城（即今陕西安康），直到东汉光武帝建武元年（125），才由从西城迁至南郑。建安二十一年（216）曹魏攻占汉中，分郡之东为西城郡，而以西城为其郡治，归当地土豪魏兴太守申仪管辖。

③ 详细分析考证可见严耕望《唐代交通图考》。

④ 据《三国志·蜀书·刘封传》注引《魏略》："太和中，（申）仪与孟达不和，数上言达有贰心于蜀，及达反，仪绝蜀道，使救不到。"

理民之干，优于将略”，那是因为你没有好好去研究历史地理。

其实，即便退一步讲，这子午谷还真被魏延一万人给偷偷潜入了，而正驻扎在东三郡的司马懿兵团还真傻傻没发现，魏延一行仍然凶多吉少。因为，子午道大部分是极为狭窄险峻的山路，只有少量路途沿沣水河谷（秦岭北麓）与直水（今池河）河谷（秦岭南坡）修建，总之是相当难走；另外，该道自王莽后便年久失修，“缘山避水，桥梁百数，多有毁坏”。（据《元和郡县志》）所以，到了东汉顺帝即位，便“诏益州刺史罢子午道，通褒斜路”。（见顾祖禹《读史方舆纪要》）

总之，子午谷太过险峻，根本无法用牛车大规模运送给养，魏延想要十天就走出子午谷相当困难（后来曹真走了一个多月也只走到一半），就算十天能走出来，五千人力来背的粮食也太少，随时有可能饿肚子，万一耽搁了几天大家全得完。而且，子午道的北出口就在长安，所以自王莽起便在这里设置了一道雄关子午关（见《元和郡县志》），又名石羊关，两旁大山就像两座大石门，紧束沣河，天似一条线，地为一峡谷，山如一裂缝，河若一盘龙，地形异常险要。当地谚语说：“石羊关，鬼门关，进门都把命交天。”但凡曹魏在这里布置几百兵力，魏延想要突破这里就比登天还难。

事实上，中国历史上后来确实有人实践过魏延的战术，但都失败了：曹真困在子午谷一个多月，最后狼狈退回；桓温北伐派大将司马勋出子午谷，也被前秦苻雄击败；明末闯王高迎祥（李自成的前任）更是在子午谷遭孙传庭伏击被俘，押送北京凌迟处死。还有西安事变时驻守汉中的王耀武为表忠心前往解救蒋介石，“师魏延之故智，率部出子午谷，及入谷中无宿无食，方知诸葛亮到底高明”（《唐纵日记》），最终只能狼狈退回。

总之，子午谷就是死亡之谷，从古到今想从子午谷偷袭长安的，没有一人成功过。

再退一步，就算奇迹发生，魏延在十日之内突破子午关，顺利出谷，但接下来的路更危险，因为汉军已吃光了随军兵粮，必须在关中平原上以战养战，这也太难了。自赤眉之乱以来，长安附近三辅的人口就开始急剧减少，至公元140年三郡总共只剩下52万人口，只有南方蛮荒之地零陵一郡的半数（101万），而东汉末年以来，这里更是战乱相寻，先被董卓、李傕等人祸害了好几遍，后来曹操打马超与张鲁时也对关中征敛过度，所以即便沃野千里，此时也是遍野荒芜，人烟稀少。即使六十年多后，西晋元康二年（292）潘岳出任长安县令，仍不忍直视，而在《西征赋》中描写说：长安街市萧条，居民四散，宫室官府，店铺仓库，百不存一，很多闾里都被夷为平地，名存实亡；昔日雄伟的宫殿，仅剩残垣断壁，幽美的池苑，变得荆棘丛生；到处野鸡啼鸣，狐兔出没，整个城市呈现出一片破败荒凉的景象。

总之，魏延所谓"横门邸阁与散民之谷足周食也"，八成是在吹牛，"散民之谷"肯定靠不上，长安北门的横门邸阁倒是有少量军用积储，但长安也不是那么好打的，事实上，魏延所谓"（夏侯）楙闻延奄至，必乘船逃走"以及"长安中惟有御史、京兆太守耳，咸阳以西一举可定"的事情不可能发生。

首先，魏延以区区五千步兵就想吓得夏侯楙弃城逃跑？就算夏侯楙跑了，长安的京兆太守守土有责，也绝对不会跑。

根据曹魏史料，当时长安的京兆太守名叫颜斐，虽然是个文官，但深得民心，[①]能力极强；而且家世显赫，乃复圣颜渊二十三世孙；更曾担任过曹叡的太子洗马，[②]是魏明帝的心腹。他一定会坚守到底，起码坚守个二十多天不成问题。

再退一步，就算魏延顺利攻下长安，夺取了横门邸阁，但万一颜斐发起狠来，在撤退前主动烧掉邸阁的粮草，魏延更得傻眼。

再再退一步，魏延有了足够的粮食，但在攻打长安的这二十多天内，曹魏的关东援兵怎么也应该到了。洛阳到长安也不过700里，且一路都是通途，入援何须二十多日？远至五百年前华阳之战，秦将白起曾八天率军疾行千里援韩，近至几个月后司马懿平孟达之叛，同样只花了八天疾行1200里，魏延此谋却认为曹魏入援长安"尚二十许日"，实在是严重地低估了魏军的反应速度。反而是诸葛亮步兵大军那边，几乎没可能在二十天内既要走出褒斜道，还得连克郿县、周至、武功而赶到长安与魏延会师（如果过城不攻，则漫长的后勤线将遭到曹魏地方军的严重威胁）。事实上，诸葛亮第五次北伐，光走褒斜道，就足足走了一个

---

① 据《三国志·魏书·颜斐传》记载，后来颜斐调任平原太守时，百姓舍不得他走，"吏民啼泣遮道，车不得前，步步稽留，十馀日乃出界"。

② 官名，亦作太子先马（古时先与洗同音）。《汉书·百官公卿表》中记载为太子的属官，共设十六人，有如侍从。如淳为《汉书》作注说："前驱也。"《国语》曰：勾践亲为夫差先马。先或作洗也。"

多月。①总之，魏延的会师计划完全是痴人说梦，恐怕还没等诸葛亮走出褒斜道，魏延就被中心开花包了饺子。

再再再退一步，就算魏延真拿下了长安，且与诸葛亮顺利会师，长安的政治意义如此之大，必定会逼着曹魏倾国之力与立足未稳的季汉进行生死对决。而汉中与长安一线交通险阻，支援不便，后勤噩梦；反之长安附近则无险可守，曹魏的关东援军可以源源不断杀至长安城下，其渭水漕粮比季汉的秦岭后勤线便捷十倍。除非魏延在攻下长安后，还能再向东急进三百里，赶在曹魏援军到达之前再把潼关也拿下，将整个关中封了口子，让诸葛亮慢慢蚕食。但这对魏延步兵来说也未免太难了，就算现代装甲部队恐怕都难以做到。事实上，当年长平之战赵国从秦国虎口夺食而取上党，最后陷入了长平绞肉机而将国力耗尽，就是季汉夺取长安后最好的结局。

总之，魏延的计划中有着太多的不确定性，完全不可行，甚至就算可行，诸葛亮也不会赌这一把。自从关羽荆州军覆没，刘备夷陵惨败以来，诸葛亮苦心经营这个烂摊子五六年，才有了今天的数万北伐大军，这是季汉最后的本钱，不能再用它孤注一掷了！所以，诸葛亮认为，季汉北伐路线还是应该沿西汉水与祁山道西取陇西，路线虽长，但能联合西戎，且漕运便利，进退无虞。

事实上，诸葛亮的北伐大战略，本是季汉集团二十年苦心规划的结果，怎么可能是魏延拍拍脑袋就能推翻的？我们从头来分析：

早在二十年前，诸葛亮在隆中隐居时就对刘备说要"西和诸戎，南抚夷越"。利用少数民族对抗曹魏，这是季汉早在立国以前就确立了的民族政策。

所以，虽然荆州战场如今已不可为，但至少南抚夷越，结好孙权，内修政理，这些都已实现，接下来要做的，自然就是"西和诸戎"了。曹魏政权虽已历三世，但并非铁板一块。它至少有两个软肋：一个就是以臧霸为首的青徐豪霸势力，长久以来都处于半独立状态，甚至在诸葛亮北屯汉中的前两年（公元225年）还爆发了利城郡（属徐州，治今江苏连云港市赣榆区西）兵蔡方等人据郡反叛，杀太守徐质的事件，这是孙权可以利用的点；另一个软肋就是凉州西戎势力，他们对曹魏也很不感冒。当年，曹操在打败马超、韩遂后，终于将凉州纳

---

① 《三国志·蜀书·后主传》说："十二年春二月，亮由斜谷出，始以流马运。"而《三国志·明帝纪》却说："夏四月，大疫。是月，诸葛亮出斜谷，屯渭南。"这一个多月的时间差，应该就是诸葛亮路上的时间。

入曹魏版图，但这里一直叛乱不断，从建安末年至曹叡即位，几乎每年都有人造反。甚至在诸葛亮北屯汉中的这一年（227），还有"西平麹英反，杀临羌令、西都长"（《三国志·魏书·明帝纪》），而诸葛亮第一次北伐时，更有"安定民杨条等掠吏民保月支城"（《三国志·魏书·曹真传》），月支城应与内迁的月支部落有关，杨条据保月支城，说明战后有大量陇西安定郡的民众响应诸葛亮反抗曹魏。而与此同时魏将郭淮亦"破陇西名羌唐蹏于枹罕"（《三国志·魏书·郭淮传》），枹罕在今甘肃省临夏县西，说明凉州河湟一带的羌人也出来响应诸葛亮北伐了。另外，这年鲜卑轲比能也率三万骑兵，围曹魏护乌丸校尉田豫于故马邑城，虽然史书中并没有说鲜卑出兵与诸葛亮北伐有关，但时间如此巧合也不能不说明问题。

总之，有这么多西戎、北狄愿意响应诸葛亮，诸葛亮实在没道理不先打陇西，而去冒险打长安。《三国演义》第九十二回写诸葛亮第一次北伐前特意亲祭了马超墓，此事史书虽无载，但其实颇符合当时诸葛亮的心境。马超在陇西羌、氐间有良好的群众基础，若他尚在，当对季汉北伐有相当大的助力。

另外，南宋名将虞允文有论西北形势云："关中天下之上游，陇右关中之上游，故欲控关中，宜先控制陇右。"诸葛亮的计划很明确，他就是要先拿下陇西与凉州，然后联合羌、氐，居高临下（陇西的平均海拔比关中高1500米左右），进可以陇山之险与渭水之便，将大军如水一般泼向关中平原；退则可以利用陇中黄土高原的复杂地形来削弱曹军的骑兵优势，增加季汉的回旋空间。更重要的是，陇西、北地、上郡等处虽然如今居住了很多放牧的羌、氐，但这里的黄土高原自古就易于旱作农业，在新石器时代就是仰韶文化分布的重要地区，经过周、秦、汉三代经营，它还是拥有非常不错的农业基础的。而季汉得到陇右后，则进一步可得湟中与河西走廊之地，如此不仅可以"广农积谷"，还可以得到优质的凉州大马与丰厚的鱼盐之利。通常以为，中国只有东海齐地可以经营鱼盐，其实西北羌族亦有"西海鱼盐之利"（《后汉书·西羌传》）。西汉末年还曾将临羌县改名为"盐羌县"（《汉书·地理志》）。事实上，后来曹魏的凉州刺史徐邈就"修武威、酒泉盐池"，并且"广开水田，募贫民佃之，家家丰足，仓库盈溢。乃支度州界军用之馀，以市金帛犬马，通供中国之费"（《三国志·魏书·徐邈传》）。

此外，还有一点，诸葛亮北伐重点攻略的地区，是陇右天水郡。而西汉水便是发源于天水西南的嶓冢山，传说又与天上的银河相连（故古代又称银河为银汉、天汉）。天水既是秦人发源地，又连接天汉，可以说是秦汉两大王朝的福地，将以此为核心的凉州陇右地区作为季汉的北伐基地，这彩头是再好不过了。而这，其实也是季汉集团从始至终一直贯彻的战略规划。当初孙权向刘备讨要荆州时，刘备就说："须得凉州，当以荆州相与。"而诸葛亮后面五次北伐，也都是围绕"降集羌氐""控制陇右"而展开的，就算第二次攻打陈仓，第五次兵出五丈原，目的也只是为切断关中与陇西的联系，或寻求与魏军主力决战，以便孤立陇右，伺机夺取之。正因为如此，季汉北伐军的大本营也是在汉中盆地西面出口的沔阳，①以就近运兵；而非盆地中部的郡治南郑和盆地东侧的城固、南乡等县。由此可见，在拥有足够实力之前，诸葛亮就从没想过拿下那个已被董卓、李傕啃成骨头渣的关中，那只是一个负担罢了。

另外，诸葛亮先取凉州也有打通丝绸之路的贸易战略考量。我们前面已经论述过，当时西方的丝绸供应，百分之九十是从益州而来的蜀锦，这可是一笔大买卖，整个季汉的经济都靠它支撑。之前诸葛亮征南中，目的也是打通从永昌—印度—阿富汗—罗马的南方丝绸之路，但这样毕竟绕远，不如直接打通从凉州—西域—阿富汗的北方丝绸之路，这样季汉就可以凭借凉州、西域、南中三大枢纽，垄断所有东西方的大宗贸易，②成为世界上最大的贸易帝国，到时碾平曹魏，易如反掌！

事实上，后来诸葛亮第一次北伐时刘禅的露布天下诏书中就提到"凉州诸国王各遣月支、康居胡侯支富、康植等二十余人诣受节度"（《三国志·蜀书·后主传》注引《诸葛亮集》）。支富当是从中亚东迁到凉州的大月氏酋长，康植则出自粟特康国，而当时来中国的粟特人基本上都是商人。所以，虽然这些在凉州的中亚胡人首领称为国王，且拥有军队，但他们的真实身份恐怕还是西域武装商人集

① 位于今陕西勉县武侯镇，该地处于褒斜道、陈仓道与祁山道的中心位置，北伐的主要三个方向都可以兼顾。

② 当时东西方的贸易除了丝绸，还有大量胡货。案《汉书·五行志》："灵帝好胡服、胡帐、胡床、胡坐、胡饭、胡空侯、胡笛、胡舞，京都贵戚皆竞为之。"在汉灵帝的引领下，汉末三国时期权贵圈子有一股流行胡货的风潮，从河西走廊到成都到建业再到洛阳，胡汉贸易都非常繁盛，曹丕就曾问金城太守苏则说："前破酒泉、张掖，西域通使，敦煌献径寸大珠，可复求市益得不？"（《三国志·魏书·苏则传》）而当时萨珊波斯帝国灭安息，服贵霜，为丝路西线创造了相对安全和稳定的政治环境，使得丝路贸易更加繁盛，以致成都"异物崛诡，奇干八方"（左思《蜀都赋》），建业"致远流离（琉璃）与珂玼，缤賄纷纭，器用万端"，洛阳则"商贾胡貊，天下四会"（《三国志·魏书·傅嘏传》注引《傅子》），可以说都是国际贸易大都市。另外一边，从中国到罗马的丝绸贸易也越发繁盛，至公元4世纪罗马史学家马赛里努斯更在其著作《历史》中宣称："过去我国仅贵族才能穿着丝服，现在则各阶层人民都普遍穿用，连搬运夫和公差也不例外。"

278

团，他们派人来联络、支持诸葛亮北伐，主要还是为了生意。

总之，季汉实力弱于曹魏，当以"蚕食"之策由西向东渐次推进，而不是突然鲸吞长安直至潼关。楚汉时项羽远在彭城，故韩信闪击三秦乃是良策，而此时曹叡近在洛阳，入援关中非常快捷。所以此一时彼一时也，魏延的"子午谷之谋"太不现实了，甚至连冒险都算不上，简直就是送死。事实上，这个漏洞百出的计划或许根本不存在，毕竟，魏延是刘备从基层一手提拔上来的军事骨干，给人的感觉相当务实，军事经验也相当丰富，而且长期驻守汉中，对周边的地理、经济情况了如指掌，他怎么可能提出这种极不靠谱的计划呢？

如前所述，陈寿良史也，《三国志》所载原文部分基本可信，但裴松之补注的那些东西却得打个问号，我们要好好思考一下再决定要不要采纳。魏延的这个所谓"子午谷奇谋"，出自曹魏郎中鱼豢私撰的史书《魏略》，《魏略》中关于曹魏的史料很有价值，毕竟鱼豢是魏帝身边之人，但季汉方面与曹魏山河阻隔，又是敌国，鱼豢能有什么渠道得到季汉高层军事会议上的信息？而且鱼豢后来并未仕晋，他也得不到灭蜀之后晋所获取的资料。所以这些恐怕只是他道听途说来的野段子罢了。① 这位鱼豢，似乎相当喜欢这些八卦，他还在《魏略》中记载说刘禅小时候曾被拐卖过，最后还和刘备上演了一番寻子认亲的苦情戏。②

---

① 饶胜文亦指出，《魏略》为曹魏的历史补充了不少有价值的史料，而叙述蜀汉之事，裴松之不是辩其为"妄说"，就是指其为"乖背"，其原因即在于其资料来源的局限。参阅饶胜文：《大汉帝国在巴蜀——蜀汉天命的振扬与沉坠（修订本）》，北京联合出版公司，2022年，第322页。

② 见《三国志·蜀书·后主传》注引《魏略》："初备在小沛，不意曹公卒至，遑遽弃家属，后奔荆州。禅时年数岁，窜匿，随人西入汉中，为人所卖。及建安十六年，关中破乱，扶风人刘括避乱入汉中，买得禅，问知其良家子，遂养为子，与娶妇，生一子。初禅与备相失时，识其父字玄德。比舍人有姓简者，及备得益州而简为将军，备遣简到汉中，舍都邸。禅乃诣简，简相检讯，事皆符验。简喜，以语张鲁，鲁为洗沐送诣益州，备乃立以为太子。"

第四十八章
诸葛亮第一次北伐为何失败？

公元228年春，诸葛亮第一次北伐，他的策略是这样的，如今季汉能够独当一面的统帅除了自己，就只有镇东将军赵云了。那就奇正配合，兵分两路，一路就由赵云为统帅，与中监军、扬武将军邓芝搭档，扬言将由斜谷出击，而兵至箕谷；[1] 诸葛亮则亲自率主力大军由武都出祁山道，[2] 攻打曹魏军事重镇祁山堡。[3] 另外与此同时，诸葛亮还策反了东三郡的孟达，以牵制曹魏中原兵力无法西援。总之，这是一个完美的战略。

诸葛亮这一招奇谋奏效了：武都与祁山道虽在曹魏境内，但地处偏远，人口荒芜，当时曹魏在这里只有少数军事据点与斥候戍卫，且毫无防备，加之赵云部队吸引了曹魏大军的注意力，结果诸葛亮轻松突破祁山，攻占了秦山东北二十里的西县（皆位于今甘肃礼县东）。此时魏人才回过神来，于是"南安、天水、安定三郡吏民叛魏应亮，关中响震"！不仅陇西一带的官民立刻向诸葛亮投诚，就连关中人也吓坏了。因为大家都明白，陇西是由关中通往西域乃至波斯的交通贸易线，七年前才刚被曹真打通（见《三国志·魏书·文帝纪》注引《魏书》），为关中之地的经济恢复作出了重大贡献，此战一旦被诸葛亮吞并凉州，将这条东西贸易线垄断在手，那么关中人的命运将非常可悲，经济也必将遭受重创。而陇西

---

① 箕谷位于今陕西省太白县东部，乃褒水多条支流汇集处。此处既在秦岭深处，又可通过多条河谷进入关中，可以说既安全，又极具威胁性。

② 这条通道是从汉中盆地西源起始，沿着嘉陵江与西汉水指向西北，形如一条走廊。走廊的南墙是南秦岭和岷山山系（即武都、阴平二郡即在此处），北墙是北秦岭，完全是穿山寻地而行，婉转曲折，最后抵达之处，便是曹魏在陇西防务的桥头堡——祁山了。

③ 位于今陇南市礼县城东23公里的祁山乡，乃一建在平川（即西汉水西面之河谷盆地，今称"店子川"）孤峰上之城堡。据康世荣先生考证，祁山堡应该就是从前秦国开国君主秦襄公列为诸侯后郊祀天帝的西畤所在，在当时也可算是一个历史古迹了。

的商人们则会因此享受到高额的蜀锦利润,他们怎么能不欣喜若狂,热烈欢迎诸葛亮呢?

只可惜,谋略、时机再好,也比不过曹魏人才资源对季汉的全面碾压。

你别看魏明帝曹叡是个"贵N代",他却不是个"生于深宫之中,长于妇人之手"的纨绔子弟,想当年,曹操可是常常把他带在身边亲自教导,并作为真正接班人培养的,①而曹丕不过是个过渡的罢了。相信如果没有曹叡这位神童出世,那场夺嫡之争的最后赢家说不定会是曹植。

总之,魏明帝曹叡虽然刚即位且很年轻,却已是个老江湖的政治人物了,曹魏名臣刘晔甚至表示这位新皇才具非凡,可以说是个高仿低配版的秦皇汉武。②事实上,曹叡一收到西北军情,便高度重视,镇定部署,表现出超乎寻常的成熟冷静:首先果断换下夏侯楙,让大将军曹真都督关中部队对赵云严防死守,同时御驾亲征,亲自来到长安压阵;当陇右有险,他又命令张郃召集洛阳中军"马步骑五万"紧急西援。③曹真是曹二代中的翘楚,张郃则是曹魏五子良将中唯一在世之人,是传奇中的传奇,有他们出马,曹叡放心。另外,曹魏西北的重要主官雍州刺史郭淮与凉州刺史徐邈也都是曹操时期就已大放光芒的军政干将,有这二位在,曹魏的西北局势就不会崩溃殆尽。

然而,首次指挥大战的诸葛亮却相当乐观,他见形势一片大好,便决定兵分三路,全定三郡。其中天水郡是三郡的中心与重点,由诸葛亮亲自搞定;而南安郡北接诸葛亮的凉州西羌盟军、西接死忠曹魏的陇西郡,所以诸葛亮也非常重视,派去不少人马;只有安定郡在陇山以东,暂时无关大局,诸葛亮只派了少量人马去接应。虽然戎马倥偬,但身在西县的诸葛亮还是不忘给后主刘禅上了一道表文汇报工作,并给他介绍说:"祁山去沮县五百里,有民万户,瞩其丘墟(即

---

① 见《三国志·魏书·明帝纪》注引《魏书》:"帝生数岁而有岐嶷之姿,武皇帝异之,曰:'我基于尔三世矣。'每朝宴会同,与侍中近臣并列帷幄。好学多识,特留意于法理。"曹叡不仅相貌不凡,博闻强识,精通律法,过目不忘,而且还继承了父祖的非凡文采,是当时数一数二的文学大家。

② 《三国志·魏书·明帝纪》注引《世语》:"(魏明帝)独见侍中刘晔,语尽也。众人侧听,晔既出,问:'何如?'晔曰:'秦始皇、汉孝武之俦,才具微不及耳。'"

③ 此即曹魏之精锐中军,平常驻扎曹魏首都洛阳与陪都许昌周边,诸葛亮称之为"河南之众",东吴称之为"许、洛之众"或"许、洛兵"。

坟垄），信为殷矣。"① 看来，光祁山一带就有民万户，物资殷富，足以作为诸葛亮攻略陇西的基地。当地县志亦云"昔武侯出祁山，祁山万户出租五百石拱军是也。"

另外一边，诸葛亮三路兵马进展都非常喜人，"天水、南安太守各弃郡东下"（见《魏略》），北伐大军意气昂扬，随即又分兵向西攻打陇西郡，以为仍可以传檄而定，不料陇西太守游楚是曹魏名臣张既的门生，是个曹魏死忠派，他见形势危急，便召集吏民开会，以退为进，说："太守无恩德。今蜀兵至，诸郡吏民皆已应之，此亦诸卿富贵之秋也。太守本为国家守郡，义在必死，卿诸人便可取太守头持往。"

游楚为人慷慨，常常对百姓广施恩惠，又不好刑杀。所以关键时刻，吏民不忍背叛，都哭着说："死生当与明府同，无有二心。"结果，等汉军攻至陇西郡郡治襄武（今甘肃省陇西县东南），游楚不仅能从容布置反击，还在城上向汉军宣称："卿能断陇，使东兵不上，一月之中，则陇西吏人不攻自服；卿若不能，虚自疲弊耳。"（《三国志·魏书·张既传》注引《魏略》）游楚之言正中双方成败之关键：

从关中平原到陇西高原，必定要翻越陇山，虽然沿着陇山与秦岭间的渭河河谷，也可以由陈仓一路直线插到天水（即今连霍高速之一段），但这条河谷极其狭窄，且翻山越岭（所以古称"陈仓狭道"），极难通行（连霍高速是利用现代技术打了几十个隧道和桥梁才得以通路），而且渭水湍急，无法漕运，大部队想要通过，估计除了像秦岭谷道那样在河谷两岸悬崖峭壁上修建栈道外，别无他法。幸运的是，古人在渭河北边发现另一条穿越陇山的大道，那就是由陈仓沿着千河（汧河）河谷向北，到达陇县，然后经由这里的陇关进入陇山，途经关山草原（陇山高海拔处的一大片天然牧场，即当年秦国始祖非子牧马之地），到达今甘肃天水市张家川一带，这就是著名的"关陇大道"了。

所以，诸葛亮现在要做的，就是赶紧派兵堵塞关陇大道，让陇山以东的曹魏援军无法上陇，则陇西各郡必不攻自服，北伐大业就稳了。

---

① 沮县即今陕西勉县茶店镇，位于季汉汉中郡与曹魏武都郡交界处；祁山则应指当地西汉水河谷盆地中的祁山乡，这里地势开阔，气候温润，土质肥沃，虽只是西县一隅之地，却拥有万户居民，已达到一个大县的人口标准，可见祁山西县一带之富庶。现代考古也在这一带发现了大量先秦墓群，据考证应为春秋早期秦国的秦公墓与国人墓。总之，此地甚是繁盛，更是大秦帝国的发源之地。

　　然而此时，不仅季汉诸将被开局的过于顺利冲昏了头脑，甚至全军上下都滋生了一种过于乐观的情绪。明明赶紧"断陇"才是当务之急，但诸将都像打了鸡血一样忙着攻城略地抢军功，没有一个人冷静下来未雨绸缪。就连诸葛亮，也因为得到一人而欣喜若狂，竟而一时忘记了这个最重要的事情。

　　诸葛亮得到的这个人，当然就是姜维。

　　我们前面就说过，诸葛亮在刘备死后开府治事这五年，是他最辛苦的五年，关键是夷陵之战后季汉人才损失惨重，诸葛亮每天累得"流汗终日"，可称史上最辛苦丞相。所以诸葛亮无比渴望人才，而这次攻打天水，上天就送了一个"凉州上士"姜维，另外还打包赠送了好几个人才给他，你说诸葛亮能不高兴吗？

　　姜维，字伯约，天水郡郡治冀县（今甘肃甘谷县）人。他和刘备、徐庶、诸葛亮的命运比较相似，都是年少丧父，是靠着寡母与亲族拉扯大的。另外跟徐庶、刘备很相似的是，姜维文武双全，不仅"阴养死士"，而且精通"郑氏学"。我们前面讲过，季汉本土派儒生多以沿袭方术、谶纬为主，而姜维属于北方学派，以郑学为宗。所谓郑学，就是东汉末年大儒郑玄的学问，郑玄是北海高密人，早年在北地四处游学，后又到陇西拜当时的经学大家马融为师，博采今古文之长，集百家大成，故有"郑笺"之说。以年龄来看，天水人姜维很可能是郑玄的再传弟子；而刘备是卢植的弟子，也就是马融的徒孙，郑玄的师侄。这样算起来姜维还应该叫刘备一声同门师伯。

　　而姜维所在的姜氏家族也可算是天水大姓，姜姓本就与羌族同源，姜氏应为羌化的汉人家族，在当地汉、羌中都颇有威望，且世代为郡吏；[1]当初与凉州别驾杨阜联合击败马超的姜叙、姜隐应该是姜维的同族长辈；另外，姜维的父亲姜冏也曾担任天水郡功曹，后在汉末羌乱中阵亡，姜维于是子承父业，在天水郡担任上计掾，参本郡军事。古代地方行政长官要定期向中央呈上"计簿"，报告地方治理状况，接受考课，考绩优者，有望升官。而负责上报文书的官员就叫"上计掾"，[2]姜维既参军又上计，更见其文武双全。秦汉之时，陇西天水便是世出名将之地，李信、李广、李陵、赵充国、辛庆忌、马援、段会宗、隗嚣、庞德、杨阜都出自此处，如今又出了个姜维，可见陇西真乃强兵名将之源，诸葛亮梦寐以

---

① 　见《三国志·王朗传》注引《魏略·薛夏传》："天水旧有姜、阎、任、赵四姓，常推于郡中。"

② 　司马懿在二十七年前初入仕途，也是从河内郡上计掾起步的。

求之地。

诸葛亮率军攻下西县时，姜维以及天水郡功曹梁绪、主记梁虔（出自南安梁氏家族）、主簿尹赏（出自天水尹氏家族）、郡吏上官雝（出自天水上官家族）等人正跟着天水郡太守马遵与雍州刺史郭淮在天水郡西北与南安郡交界处的洛门（今武山县洛门镇）巡视，听说诸葛亮攻来，郭淮大吼一声"大事不好"，然后立刻向东退保上邽。[①] 这也真该是季汉倒霉曹魏运气好，郭淮身为雍州刺史，此时竟会跑到天水来巡视。[②] 要知道郭淮可是曹魏在雍凉一带最有军事经验的主将，十三年前便以丞相兵曹议令史随曹操出征汉中，后成为夏侯渊司马，长期与刘备交战，多有战功。或许，这就是他身为百战名将对危险的直觉吧，而也正是因为这一点，曹魏陇西残余势力才有了主心骨，得以坚持抗战，终于等来了张郃的主力援军，从而神奇翻盘。

郭淮率众抢占上邽后，天水太守马遵却不敢回老家抢占冀县。因为天水的郡治冀县位置偏西，此时已处于季汉势力的包围之中。马遵想了半天，实在没有胆量回去，便想跟着名将郭淮跑去上邽。上邽位置偏东，且濒临渭水，一旦有险，可顺着渭水向长安方向逃跑，总之是要安全得多。然而，马遵手下姜维、尹赏等人却说咱们守土有责，必须回冀县固守啊，而且依大魏律法，弃城而逃者必受严惩，再说咱们家属也都在冀县哪！不料马遵却回了一句非常伤人自尊的话："卿诸人叵复信，皆贼也！"然后连夜跑去了上邽。等到姜维等人发现，赶紧追去，上邽已城门紧闭，马遵一口咬定姜维等人居心叵测，不许他们入城。姜维等人只得再跑回冀县，没想到冀县里的别驾、治中等郡长官也不让他们进去。

郭淮、马遵等人的行为让姜维等人对曹魏彻底失望了。咱们这些天水大姓，当初为了你们曹魏拼死拼活，姜维的父亲姜囧战死沙场，姜氏家族的姜叙老母，以及尹氏家族的尹奉全家，当年也都因为反抗马超被杀；结果如今竟被你们曹魏像垃圾一样抛弃了，并且还说我们是"贼"？好啊，那我们这些天水人从此以后就不是魏人了，去诸葛亮那里继续做汉人！

---

① 位于今甘肃天水市清水县，乃陇西腹地的十字路口、交通要道：东沿渭水而下，可直抵关中；北上略阳（街亭），可截断陇道；西行则可由金城郡通往河西走廊；南下祁山可直逼武都。《读史方舆纪要》称它"当关陇之会，介雍、梁之间，屹为重镇"。而且土壤肥沃、气候温润，是陇西黄土高原上最适于发展农业的地区，可以长期据守。郭淮第一时间抢占这里，显见其谋略高超，诸葛亮碰上对手了！

② 按照汉魏常制，各州刺史巡视各郡的时间应在每年八月，而正月应该是他回洛阳述职的日子（见《后汉书·百官志五》），谁能想到他竟然没回家过年，正月还在坚守工作岗位，突击巡查各郡。工作狂，都很可怕！

于是姜维等人全都跑去投降诸葛亮了。诸葛亮一看，这几个人虽然年轻，但都是人才啊，特别是姜维，不仅忠勤时事，思虑精密，心怀胆义，深解兵意，而且在凉州羌胡中拥有极好的人缘与极高的威望。[①]更重要的是，姜维心存汉室，年轻有为，这年才二十七岁，与诸葛亮在隆中出道时的年纪惊人巧合，难道这就是玄之又玄的缘分吗？

诸葛亮高兴到什么程度？他在写给成都丞相府的留守长史张裔与参军蒋琬的信中，竟然盛赞姜维的能力远超早逝的马良与李邵。[②]要知道马良当年在荆州，可是号称"马氏五常，白眉最良"（马良眉中有白毛）；李邵在益州也号称"李氏三龙"之首；二人可谓荆州与益州士人中的俊杰翘楚，也是当年季汉重点培养的青年干部，甚至十三年后（241）杨戏作《季汉辅臣赞》，都大赞此二人，称马良为"楚之兰芳"，称李邵为"蜀之芬芳"。可如今诸葛亮却说姜维比他们都强，这就有点说话都欠考虑了。要知道，"马氏五常"中的马谡与"李氏三龙"中的李邈（时任诸葛亮参军、安汉将军）当时都在北伐军中，而诸葛亮如此称赞一个降人，他们会作何想法？姜维再牛也不过才二十七岁，且只是敌国的一个郡吏，何以能比过马氏与李氏的老大哥？总之，这对季汉集团的团结，并不是一件好事。

结果，就这样，悲剧终于爆发了。还没等诸葛亮在陇西站稳脚跟，张郃的五万援兵竟已经杀向了陇山。[③]而曹魏之所以能迅速派出这么多援兵，关键还在于东三郡的孟达太没用。本来，孟达起事的时间也是在这年正月，诸葛亮还指望他能拖上曹魏重兵几个月，没想到才十六天他就被荆州都督司马懿数万兵马干掉了，完全没起到牵制作用。当然，这也不仅是孟达水平不如司马懿，更因为他反复横跳的次数太多，政治信誉破产所致。

消息传来，本来稳坐钓鱼台的诸葛亮，也大吃一惊。看来曹魏果然是一台庞大的战争机器，它需要时间预热，可一旦开动起来，真有雷霆万钧之势。为今之计，只有立刻派一员大将率兵向西进发，赶在张郃上陇之前断陇。陇西郡太守

---

① 《三国志·蜀书·杨戏传》注引《益部耆旧杂记》："大将军姜维每出北征，羌、胡出马牛羊毡耗及义谷裨军粮，国赖其资。"

② 见《三国志·蜀书·姜维传》载诸葛亮书信："姜伯约忠勤时事，思虑精密，考其所有，永南、季常诸人不如也。其人，凉州上士也。"

③ 诸葛亮北伐曹魏的时间是公元228年春正月，而曹叡在丁未日（二月十七日）就已经亲自来到了长安坐镇，则张郃五万援兵上陇的时间必然更早。另据《三国志·魏书·张既传》注引《魏略》，陇西太守游楚放话之后，"后十馀日，诸军上陇"，亦足见魏国诸军响应速度之快。

游楚说他的投降条件是"一月之中，使东兵不上"，如今已过了十余日，也就是说，只要能再将张郃挡在陇山以东十日，襄武、冀县、上邽等曹魏据点必然不战自服。

但问题是，这员大将派谁去好呢？

当然，诸葛亮亲自去最好，毛泽东在点评此役时也说："初战亮宜自临阵。"但问题是，此前诸葛亮被胜利冲昏头脑，将汉军铺得太开，不仅陇西郡与安定郡还有正在略地的汉军，祁山、襄武、冀县、上邽等曹魏据点也各有一支围城部队。总之，季汉大军散布在陇西各处，必须部署紧急召回，形成拳头，才能全力阻击张郃五万大军。而这件事情千头万绪，只有诸葛亮能做，所以为今之计，只能先派一先锋大将在街亭城拖住张郃数日，等诸葛亮调齐各路汉军东下增援。[①]这个街亭城，也就是汉代的军事重镇略阳，位于今张家川回族自治县龙山镇，也就是关陇大道的终点，只要占住这里，张郃绝不敢擅自深入，否则就会被切断粮草供应。反之若张郃一旦突破这里，就算是彻底走出了陇山，一马平川，可以横扫陇西。

这件事说容易也容易，说难也难，关键是责任重大，不可轻忽。偏偏季汉人才匮乏，诸葛亮考虑了手底下几个人，发现一个都不合适。

据《三国志·马谡传》记载，当时在群众中呼声最高的两个人是镇北将军魏延与关中都督吴懿。可魏延虽然勇武，但喜欢冒险，作风太浪，诸葛亮认为他不够稳妥；而且"性矜高，当时皆避下之"，谁见到他都要绕着走，这同事关系搞得真让人无语，足见其不能辑和上下，非独当一面之才。至于吴懿，则是靠着国舅的身份在军中有一席之地，实际能力有限。所以诸葛亮非常纠结，而就在这时候，马谡也许是被姜维的事情给刺激了，这时突然自告奋勇，愿担此重任。

诸葛亮心想马谡这个人还行啊，当过荆州从事、绵竹令、成都令、[②]越巂太守和丞相府参军，既有基层经验，也有中央资历，还有军事谋略，又是烈士马良的家属，忠诚度可以保证。关键他年富力强，比自己小十岁左右，正是当打之年，而姜维比自己小二十岁，这样每十年安排一个接班人，季汉的事业就形成了完美的人才梯队建设，太好了！

① 见《三国志·魏书·马谡传》："论者皆言以为宜令为先锋，而亮违众拔谡，统大众在前。"
② 绵竹乃刘焉时期益州首府，成都乃刘璋、刘备时期益州首府，马谡一开始就担任这两个首县的县令，可见其乃季汉政府重点培养的年轻干部。

想到这里，诸葛亮立刻拍板，就是你了！不过马谡你千万要注意啊，你的任务就是据守街亭城池，守住数日即可，张郃从洛阳紧急来援，并无大型攻城器具，根本不必怕他，且其千里奔援，①体力消耗极大，咱们是以逸待劳，随便守没问题！总之，千万千万不要浪，要给我死守中路一塔，就在塔下清兵线，千万不要去送，专等我补好血并大招就绪，就去一套连招带走张郃，听到没有，不要送！不要送！切记切记！

可是结果呢，让丞相崩溃的事情发生了，马谡竟然"违亮节度，举措烦扰，舍水上山，不下据城"。

---

① 由于渭水上游极其湍急，逆流几乎不能行船，故张郃部队到达长安后的路途基本都要走陆路。

第四十九章
季汉街亭惨败的深层次原因

关于诸葛亮为何要用马谡为前锋去守街亭，另外一个重要原因是双方的政治理念高度一致。

诸葛亮早在隆中对时就说，想要"兴汉室，成霸业"，就必须"西和诸戎，南抚夷越"。但是，要做到这一点是不容易的，在整个两汉时期，朝廷一般都奉行民族高压政策，认为蛮夷戎狄都是野兽一般的低等民族，要么压榨奴役，[①] 要么驱逐，[②] 要么人道毁灭。[③] 诸葛亮竟然还想和他们合作共存、平等相处，这怎么可能呢？

但这就是诸葛亮的理想，他就是想创建一个各民族和谐相处的理想国。自东汉立都洛阳以来，汉人本位与关东本位思想就甚嚣尘上，那些浸透油脂的东方士大夫们，常常视西北边郡为包袱，动辄就要抛弃凉州，哪怕"百姓昼夜望朝廷救己，而公卿以为费烦不可"（王符《潜夫论》），结果抛弃了边郡百姓不说，还弄得各族叛乱席卷天下，朝廷花费何止千百倍。所以诸葛亮认为，季汉立国，与其被边患弄得焦头烂额，不如与各族人民合作共赢，一同开发边郡资源，岂不美

---

① 如孙权残酷镇压山越，将其强者为兵，羸者赐予江东大族为私人部曲，吴臣薛综说这就叫"荡涤山薮，献戎十万。野无遗寇，邑罔残奸。既扫凶慝，又充军用。"（《三国志·吴书·诸葛恪传》）前注还提到走马楼吴简载孙吴政权将少数民族俘虏卖为奴隶之事。另外《梁书·中天竺国传》还载有孙权赠予罗马使者（大秦贾人）山越奴隶之事。当时诸葛恪讨伐丹阳山越，俘虏了一批黟县与歙县的"短人"，罗马使者说我们那没见过这种人，孙权就大方地送给他男女各十人。由此还可推测，山越比当时的汉族更"短"。易言之，山越与汉族在体质上有差异。参阅川本芳昭：《魏晋南北朝时代的社会与国家》，复旦大学出版社，2022年，第413页。

② 见《后汉书·公孙瓒列传》："职统戎马，连接边寇。每闻有警，（公孙）瓒辄厉色愤怒，如赴仇敌，望尘奔逐。"

③ 如司马懿讨平辽东时，曾"男子年十五已上七千余人皆杀之，以为京观。"（《晋书·宣帝纪》）

哉？从这一点上，刘备可以说很早就是诸葛亮的同路人，[①]此外再有一人那就是马谡，[②]马谡入蜀后，曾常年担任越隽太守，对诸葛亮的民族政策了解很深，所以当诸葛亮征南中之时，马谡送之数十里，并献计道：

> 南中恃其险远，不服久矣，虽今日破之，明日复反耳。今公方倾国北伐以事强贼。彼知官势内虚，其叛亦速。若殄尽遗类以除后患，既非仁者之情，且又不可仓卒也。夫用兵之道，攻心为上，攻城为下，心战为上，兵战为下，愿公服其心而已。

诸葛亮感觉到季汉群臣之中，只有马谡最能领悟自己的治国理念，所以极力想培养他成为自己的接班人，于是让他督领偏、裨将军王平、张休、李盛、黄袭等诸军为前锋，前去据守街亭，阻击张郃。并安排将军高翔驻扎在街亭以南的列柳城，以为犄角之势，并阻止上邽的郭淮沿秦水河谷北上与张郃夹击街亭。

诸葛亮对马谡寄予了厚望，然而马谡却让他失望了。马谡虽然在军计上才气过人，能与诸葛亮侃上三天三夜，但在心理素质上并不具备统帅资质，用现在的话来讲就是抗压性太差。

这也难怪，面对"识变数，善处营陈，料战势地形，无不如计，自诸葛亮皆惮之"的曹魏名将张郃，面对足足五万曹魏精锐中央禁军，换作谁也无法泰然处之。但诸葛亮怎么也没想到，马谡一到街亭心态就崩了，"举措烦扰"，焦虑，烦躁，面对海量的战争准备细节方寸大乱。

因为前方斥候告诉他，张郃的速度远超预期，其前锋骑兵离此竟已不到百里，估计次日就会杀到。马谡闻信，顿时产生了恐慌畏缩心理，虽然诸葛亮千嘱咐万交代，让他据守街亭城，但此城虽原是略阳县治，却久已废弃为亭，城墙年久失修，又战事陡起，百姓也逃散已尽，一眼望去，田间长满杂草，城垣与民居

---

① 刘备多年转战天下，手中的核心主力便是"幽州乌丸杂胡骑"（见《三国志·蜀书·先主传》）与号称"西方上兵"的"白毦兵"（见《诸葛亮集》）。另外在夷陵之战时，刘备也得到了武陵蛮王沙摩柯的鼎力相助。

② 诸葛亮斩马谡之后，季汉还有二人继承了此等理想。一位就是姜维，他不仅收服了白虎文、治无戴等凉州胡王，"还安处之"；且"自以练西方风俗，欲诱诸羌、胡以为羽翼"。另一位就是安远将军王嗣，王嗣为人笃厚忠实，对羌胡各部施以恩信，羌胡"咸悉归服"，许多桀恶不驯的部落"皆来首降"；王嗣死时，"戎夷数千人号呼涕泣，为其送葬"；而王嗣的子孙，"羌、胡见之如骨肉，或结兄弟"，可见王嗣对羌胡的恩义。

则覆盖在尘灰里，发出腐臭的气息。总之，整个城镇毫无生机，到处透露出荒芜和破败。

马谡感觉在这里完全没有安全感，于是想带着大部队去城南的山上扎营据守。裨将军王平一看不对，赶紧劝谏，说这山上没水，咱们上去会被困死，还是应该据守街亭城，可就近略阳川水（即今清水河）取水，保证汲道安全，这样才更加保险！

王平，字子均，巴西宕渠人，出身板楯蛮，所以虽然长于军旅，却没什么文化，认识的字不超过十个，是个大文盲。更糟的是，他在曹操征张鲁时曾随巴中七姓夷王投降曹魏，后来又在曹刘汉中之战时率部投降回季汉，反反复复，人生有了污点，所以在季汉升迁极慢，十多年前在曹操那里他就是假校尉，如今却还只是个裨将军，手底下只有一千多人。

所以，马谡压根就看不起王平这个大老粗，对他的劝谏也不屑一顾：曹魏骑兵这么强这么快，咱们可能打硬仗打呆仗啊！丞相只要我们守三四天就会赶到支援，①三四天这汲道就能丢了？丢了也没事，抢回来不就是了？当年项羽破釜沉舟，韩信背水一战，这在兵法中就叫作"陷之死地而后生，置之亡地而后存"，韩信还说"此所谓驱市人而战，置之生地，遇敌皆走，宁得而用之乎？其势非置之死地，使人人自为战，是故勇气百倍，可以一敌十也。"《孙子兵法》也说："凡处军相敌，绝山依谷，视生处高，战隆无登，此处山之军也。欲战者，无附于水而迎客，视生处高，无迎水流，此处水上之军也。"再说了，我们汉军擅长山地作战，且以弩兵为主，这就应该跑山上去，居高临下向下射击，曹魏骑兵能奈我何？还记得当年定军山之战，黄忠老将军一个俯冲阵斩了夏侯渊吗？所以这占领高地是兵法常识。

王平虽然不识字，但平常也叫人给自己读"史、汉诸纪传"，并颇能领会其精神，"往往论说不失其指"；马谡说王平啥也不懂那就大错特错了。王平认为，我们只是普通的武将，按部就班、遵履法度就行了，不要去学韩信、项羽这样的军神。要知道项羽在破釜沉舟之前，已是百战名将，而且杀宋义、夺军权，在军中有相当高的威望；而韩信在背水一战前也已有暗度陈仓、木罂渡河等神奇战

---

① 诸葛亮确实只要两三天路程就能赶到了，据西晋袁准《袁子》记载，马谡大败时，诸葛亮距街亭只有数里了（亮之在街亭也，前军大破，亮屯去数里）。

绩，士兵们对他们既崇拜又信任，所以才愿意拼上性命绝地反击，因为他们知道统帅无论如何都会给他们带来胜利。而我和你则一个大老粗、一个弱书生，从来没打过啥，凭啥要求士兵跟着我们绝境求生？

然而，陷入焦虑中的马谡啥话也听不进去，更不会信一个"王兵哥"的话，仍是坚持把部队驻扎在南山上。第二天张郃杀到，一看这情况心里就有底了。张郃毕竟是张郃，他在韩馥手下打黄巾的时候，马谡还在他娘肚子里呢！这对阵就不是一个 level 的，果然，魏军也不攻山，只将南山团团围住，并切断了山下的水源与汲道。而由于南山的山体高度不够，没有形成永久性泉水，汉军只能下山取水，否则都得渴死。于是马谡派出敢死队，冲下山去欲打通汲道，却遭到曹魏军队顽强阻击，冲了好几次都被打了回来。汉军没水喝，又渴又累，进而军心崩溃，"众尽星散"（见《三国志·蜀书·王平传》）。就连统帅马谡与张休、李盛等将军都跑没了踪影，即《云别传》所谓"兵将不复相录"，也就是被打散了建制，将不管兵，兵找不着将了。只有王平所部一千多人建制完整，鸣鼓自持，且战且退。张郃也没想到汉军会败得这么快，害怕后面有伏兵，所以保险起见，未予追逼。王平于是一路收拾各营溃兵，与诸葛亮在后方会师。

诸葛亮真是气爆了。刘备在临终前就跟自己说"马谡言过其实，不可大用"。自己还不信，结果呢？败也就败了，最糟糕的是这胆小鬼竟然弃军而逃，导致了"士卒离散"的崩溃状况（见《三国志·蜀书·马谡传》），汉军败兵翻山越岭乱跑，其乱流乃至牵动季汉全军阵脚，使得高详也在列柳城被魏将郭淮所破。而看到前方魏军大胜，原本龟缩在河西走廊的凉州刺史徐邈也信心大增，派出自己的参军和金城太守前往陇西郡，与陇西太守游楚一起向东反攻而来。季汉大军若再不撤退，恐将陷入三面被围的窘迫境地（西徐邈，南郭淮，东张郃）。事已至此，诸葛亮只得一声长叹，宣布全军撤退，以及时止损。

而由于诸葛亮这边败得太快，赵云箕谷一路应变不足，也遭到曹真优势兵力攻击；好在赵云率亲卫亲自殿后，这才使得箕谷全军整建制地退回汉中，并保住了大部分军资辎重，虽有损失，但不致大败。看来，赵云虽应变不足，称不上奇谋名将，但至少和王平一样拥有极强的战术执行力，哪怕遇险，也能够镇定从容，约束兵将，遵法持重，稳扎稳打。基于此，诸葛亮在战后赏罚分明，将自己贬为后将军；而对于弃军而逃的马谡、张休、李盛等人予以诛杀，不遵法度的黄袭予以夺兵，包庇马谡的向朗予以免职，战斗不利的赵云予以降职，由镇东将军贬为镇军将军。只有王平一人升职并得到重用。经此一役，诸葛亮看到王平虽是个文盲，但拥有丰富的战斗经验与坚定的作战信念，关键时刻不会掉链子，于是不仅将他由裨将军升任讨寇将军，加拜丞相府参军，统率季汉最精锐的山地部队——五部"无当飞军"万余人并兼管营中事务，而且爵封亭侯，成为汉军中冉冉升起的一颗新星。虽然就在几天前，大家还以为这颗新星是马谡。

总结诸葛亮第一次北伐，似乎相当可惜，好像就因为马谡一个低级错误，导致大好局面一朝尽丧。其实，此次北伐的失败并不完全归咎于马谡。是，马谡丢了街亭，导致大量魏军上陇，于战局不利；但诸葛亮第二次出陇西时，也未能及时阻断司马懿上陇，却仍能与魏军周旋于陇上数月，还颇占了一些上风。可见此次北伐失败，还有更关键的原因，那就是汉军从上到下的战斗素质不够与心理准备不足。正如诸葛亮在战后上表后主欲自贬三级时所言：

> 臣以弱才，叨窃非据，亲秉旄钺以厉三军，不能训章明法、临事而惧，至有街亭违命之阙，箕谷不戒之失。

诸葛亮说，此次北伐自己最大的教训就是不能"训章明法"，对部队的军纪重视程度不够。另外，孙子曰："兵者，国之大事，死生之地，存亡之道，不可不察也。"统兵者应该戒慎恐惧，谋定而后动，可诸葛亮被开局一连串的胜利冲昏了头脑，不能"临事而惧"，[1]反在分兵略地时将摊子铺得太大，乃至应对仓促，没能集中兵力阻击张郃，后又用人不当，军纪不明，导致街亭稍有挫败，便产生了崩溃效应，将领逃亡，"士卒离散""兵将不复相录"。归根结底，季汉多年积攒的老兵宿将在夷陵一战中已损失殆尽，诸葛亮现在带的兵大多是这几年征召的新兵，将领的战斗经验也不足，最多南征过"南中"，跟南蛮打过几场小儿科似的战争，与身经百战的曹魏骑兵没法比。打打顺风仗还行，一碰到逆风局就拉胯了。只有跟着王平多年征战的板楯蛮还有赵云的亲兵团颇有战斗经验，兵将间也在长年累月的战争中形成了默契与信赖，打多难的仗都不惧，这才是季汉北伐的脊梁，必须作为中流砥柱培养。可惜赵云老了，没过两年就死了，另外同时

---

[1] 典出《论语·述而》："暴虎冯河，死而无悔者，吾不与也。必也临事而惧，好谋而成者也。"

期还死了一批经验丰富的宿将老兵，①王平这样的军事人才越来越少了，诸葛亮感觉自己太难了。

另外，据《汉晋春秋》记载，诸葛亮还总结此次北伐经验说：

> 大军在祁山、箕谷，皆多于贼，而不能破贼为贼所破者，则此病不在兵少也，在一人耳。今欲减兵省将，明罚思过，校变通之道于将来；若不能然者，虽兵多何益！自今已后，诸有忠虑于国，但勤攻吾之阙，则事可定，贼可死，功可跷足而待矣。

诸葛亮认为，北伐失败的最大原因不是兵少，而是兵将素质不够，纪律稀松。所以现在最应该做的事情是"减兵省将，明罚思过"，即裁掉一些弱兵，精简掉一些实在不会打仗的庸将，明确赏罚，反省过失，只要能够改掉这些缺点，季汉北伐仍然大有可为！

---

① 见诸葛亮《后出师表》："自臣到汉中，中间期年耳，然丧赵云、阳群、马玉、阎芝、丁立、白寿、刘郃、邓铜等及曲长、屯将七十余人，突将、无前、賨叟、青羌、散骑、武骑一千余人。此皆数十年之内所纠合四方之精锐，非一州之所有；若复数年，则损三分之二也，当何以图敌？"

第五十章
诸葛亮挥泪斩马谡
为何全军跟着痛哭？

街亭没守住，诸葛亮其实有心理准备，但他最生气的是马谡打了败仗后竟然弃军而逃，跑没了踪影，甚至战后也没来自首，直到被抓捕归案，才发现原来是丞相府长史向朗知情不举，这可把诸葛亮气坏了。没有担当，没有责任感，这可是当领导的大忌，马谡、向朗太令人失望了！另外，此次战败相当于是一触即溃，本就暴露了汉军军纪稀松的弱点，向朗还敢顶风作案，包庇罪犯，此人也必须严惩。

于是，本来前途无量的向朗[①]被革去一切官职，贬回成都老家面壁思过。而马谡该如何处置，这才让诸葛亮最为纠结。

诸葛亮只有一个杀马谡的理由，也有一百个饶过他的理由，但这一百个理由，都抵不过那个杀他的理由。

首先，诸葛亮和马谡有师徒之谊，甚至有父子之情。当年，诸葛亮在荆州时，也和刘关张那样，曾与马良结拜为兄弟，而当时才十七八岁的马谡，也常常跟在二人身边。后来马良在夷陵之战战死，马谡在诸葛亮心中便成了马良的影子，哪怕刘备临终前特意叮咛诸葛亮马谡不可大用，但诸葛亮仍不以为然，常常与马谡谈论军计，从白天谈到深夜都不自觉。诸葛亮征南中，马谡一路送出数十里，依依不舍，更见二人情意深重。马谡被捕后，自知罪责深重，也写了一封诚挚感人的书信：

---

① 陈寿称向朗"以吏能见称"，但"不治素检"，果然关键时刻掉链子。

明公视谡犹子，谡视明公犹父，愿深惟殛鲧兴禹之义，使平生之交不亏于此，谡虽死无恨于黄壤也。

大禹是鲧的儿子，鲧治水不当，罪孽深重，帝尧杀之，却重用其子大禹。马谡用此典故，就是希望诸葛亮看在往日的情谊上替他照顾子女，那么他就虽死无憾了。曾子有云："可以托六尺之孤，可以寄百里之命，临大节而不可夺也。君子人与？君子人也。"刘备和马谡都全心全意地向诸葛亮托孤，一则诸葛亮是真正的君子；二则也说明他们的感情是真的好。

其次，季汉人才匮乏，不仅缺良将，也缺参谋。马谡即便没有统兵之才，也是很好的参谋人员，杀之可惜。当时规劝诸葛亮饶了马谡的人应不在少数，向朗就不说了，另外参军、安汉将军李邈与留府参军蒋琬也都给马谡求情。

李邈说："秦赦孟明，用霸西戎；楚诛子玉，二世不竞。"

蒋琬说："昔楚杀得臣，然后文公喜可知也。天下未定而戮智计之士，岂不惜乎！"

李邈和蒋琬都把马谡比喻成了春秋时的楚国名将成得臣。当时晋楚争霸，成得臣因骄敌而败于晋国之手，结果被楚成王赐死。晋文公听到这个消息后，大喜过望说："莫余毒也已！"所谓"人莫予毒"这个成语就是典出于此。

总之，胜败乃兵家常事，何必为此自毁人才？但诸葛亮对此另有看法，他挥泪说道："孙武所以能制胜于天下者，用法明也。是以杨干乱法，魏绛戮其仆。四海分裂，兵交方始，若复废法，何用讨贼邪！"

诸葛亮是个法家，他深深明白法令严明是一个国家、一支军队的基石。正如诸葛亮兵书《便宜十六策》所言："当断不断，必受其乱，故设斧钺之威以待，不从令者，诛之！"而我们上篇也说了，此次街亭之战，败就败在汉军军纪散乱、战斗素质太差，导致稍有挫败便兵将离散，产生崩溃效应；所以，诸葛亮杀马谡，不是杀鸡给猴看，而是要杀猴给鸡看；虽然千军易求一将难得，但若千军拉胯，那么再牛的将也没辙。①

所以，即便有再多的不舍，诸葛亮也必须杀马谡，这不是为了谢众，而是为了示众！正如诸葛亮所言："吾心如秤，不能为人作轻重。"（见《诸葛亮集·杂言》）临阵脱逃的虽不止马谡一个，大家都跑了，但马谡是高层，是丞相的心腹，必须杀给大家看，以震慑军中。虽说法不责众，这次只杀马谡等几个带头的，但军法无情，要的是绝对的服从；以后打仗，千万不要再怕死了！

所以，《三国志·蜀书·马谡传》注引《襄阳记》记载，当马谡死时，"十万之众为之垂涕"。大家哭不是哭马谡可怜，而是哭自己这仗打得太窝囊，害得丞相连亲如子侄的马谡都要杀，我们对不起丞相啊！而从此以后，汉军无论顺风逆风，都再没有打过这样的窝囊仗，其正如西晋人袁准《袁子》所言："法令明，赏罚信，士卒用命，赴险而不顾，此所以能斗也。"

顺便说一下，《三国志·蜀书·马谡传》中说马谡"下狱物故"让很多人误会他不是被明正典刑而是病死在狱中。其实这是读史不多的缘故，因为《三国志》除了马谡本传，其他相关人员的传记中都明确记载了"斩马谡"；《马谡传》这么写只是"为传主讳"的记史传统罢了。毕竟，陈寿的父亲曾是马谡的手下，马谡也算是陈家的举主，这点面子还是要给的。

其实诸葛亮对马谡也算是仁至义尽了，马谡死后，他亲临哭祭，并一生为马谡抚育遗孤，视如己出。人生就是如此，有太多的不如意，也有太多的不得已，所以刘备必须杀干儿子，诸葛亮必须杀亲弟子，霹雳手段下隐藏着的是无穷与无奈的悲伤。更悲伤的是，诸葛亮从兄长诸葛瑾那里过继的长子诸葛乔也在此次北伐中去世了，死亡原因不详，只留下诸葛亮事前写给诸葛瑾的一封信，解释诸葛乔为何也要参与此次北伐：

乔本当还成都，今诸将子弟皆得传运，思惟宜同荣辱。今使乔督五六百兵，与诸子弟传于谷中。

---

① 所以，诸葛亮此后对部队的基础训练与军事纪律特别重视。其军事著作《将苑》云："若赏罚不明，法令不信，金之不止，鼓之不进，虽有百万之师，无益于用。"又云："有制之兵，无能之将，不可以败；无制之兵，有能之将，不可以胜。"基于此，诸葛亮还为汉军制定了相当详尽的军令、军法、军规，如清人张澍辑《诸葛忠武侯文集》中有关的诸葛亮军事教令就有三十余则，包括安营扎寨如何布置、行军应敌如何处置，甚至当敌军骑兵冲过来如何闪躲、弓箭手何时发射、长矛手怎样配合，一丝一毫都细致入微地进行设计。

据说，诸葛乔与在东吴的哥哥诸葛恪俱有名于当世，很多人都认为诸葛乔的才气不如其兄诸葛恪，但在品性修养方面则超过了诸葛恪。然而，这样一个本应前程似锦的优秀年轻人，竟然这么早就死了，实在令人悲痛。

另外，诸葛亮的好部下、好兄弟、好搭档，蜀郡太守杨洪也死在这一年。杨洪是本土派中最支持季汉政权的益州大姓，而且"忠清款亮，忧公如家，事继母至孝"，诸葛亮对他非常敬重。

另据《后出师表》所言，这一年还去世了很多人，包括"赵云、阳群、马玉、阎芝、丁立、白寿、刘郃、邓铜等及曲长屯将七十馀人，突将无前。賨叟、青羌散骑、武骑一千馀人"，虽然很多人认为《后出师表》乃东吴张俨伪托的作品，证据就是史书记载赵云其实死在后一年的公元229年，但公元228年年底的第二次北伐确实没有赵云的身影，赵云此时即便没死，至少也缠绵病榻了。可以设想，诸葛亮当时应会常常去看望这位老伙伴，慰问之余，二人也会怀念起当年与关羽、张飞、黄忠、法正这些老伙伴在拿下成都后喝庆功酒时的畅快吧，可惜他们一个个都走了，最终只留下诸葛亮一个人，独自撑起这个烂摊子，鞠躬尽瘁，艰难前行。

总之，在这一年间，诸葛亮失去了太多太多，他经历了功败垂成的扼腕，也经历了老年丧子的哀伤，他频繁出席同僚丧礼，频繁经受各种打击，这让他似乎一下子衰老了很多，虽然他这年才四十八岁，但皱纹与白发却一日日滋长，看起来已是年过六十的模样。其文字，也从《出师表》的诚挚热烈，变成了《后出师表》的悲壮沉痛，《出师表》说："今南方已定，兵甲已足，当奖率三军，北定中原，庶竭驽钝，攘除奸凶，兴复汉室，还于旧都。"《后出师表》却说："臣鞠躬尽瘁，死而后已。至于成败利钝，非臣之明所能逆睹也。"意思说这北伐还是要进行下去，且要做长期打算，虽然困难很多，但他只知道弯着腰干，尽一切努力，无论成败，至死方休罢了！

这就是诸葛亮的人生态度，只要认准一件事，就永远打不垮，吓不倒，干到底！无论你是曹操、曹丕、曹叡、曹真，还是张郃、司马懿、郭淮，都只不过是必将被踩在脚底下的困难，因为汉贼不两立，王业不偏安！从这一点来说，刘备与诸葛亮的精神是一脉相承的。刘备一生，折而不挠；诸葛亮一生，鞠躬尽瘁。所以刘备有髀肉之悲，诸葛亮则夙夜忧叹。每一个烛灯下的夜晚，诸葛亮都会在伏案小憩时突然梦见先帝临终前对他的托付，于是泪流满面，襟袖尽湿，于是寝不安席，食不甘味，这就是一种使命的牵引，这种牵引让诸葛亮衰老的身体仿佛瞬间又充盈了无数的力量，支撑他坚持下去，奋斗下去，直到他打造出一个全新的大汉，一个全新的天下！

　　一个悲壮的逆行者，这也许才是一个更加真实的诸葛亮形象吧；而那个在《三国演义》中多智近妖、好似神仙老道般的传奇形象，则只是中国人的美好想象罢了。他们觉得圣人不应这么苦，应当谈笑间运筹帷幄才对。其实诸葛亮是真的苦，虽然他确实是天才，但他选择了最难走的路，并将一个貌似没有任何希望的国家扛在肩上，所以即便他最后走上了神坛，但那台阶上流淌着的，满是触目惊心的血汗与泪水。

第五十一章
他用一千人保住曹魏江山　却在
光芒最闪耀时病亡

季汉建兴六年（228）冬，距离上次北伐不过八九个月，诸葛亮又要准备北伐了。

因为机会难得啊！就在这年秋九月，孙权、陆逊效仿当年周瑜、黄盖的诈降之计，[①] 再次在石亭之战大破曹魏大司马曹休，十万曹军崩溃，吴军"斩获万馀，牛马骡驴车乘万两，军资器械略尽"。曹休惭恨不已，不久便恶痈发背而死。当然，如果孙权能够少点机关算尽，多点合作精神，早几个月发动石亭之战，和诸葛亮北伐同时动手，马谡也不至于在街亭被张郃优势兵力完爆——这就是孙权的自私本性，每每让盟友先上，等前面斗个两败俱伤，然后自己冲出来独占便宜（而坏了大局），跟这种人同盟真恶心。

但不管怎说，曹魏的军界头号人物居然就这么窝囊地死了，勉强来说也可算是《隆中对》里说的"天下有变"，而且季汉身为东吴的盟国，有义务在西线牵制曹魏的力量，配合东吴趁胜进一步展开攻势。[②]

因此，虽然准备不足，但诸葛亮还是决定试一把，但这次就不从祁山道去打陇西了，因为两次北伐相隔太短，诸葛亮带的粮食根本不够打到街亭堵住陇道，

---

① 吴国的诈降计之所以屡屡得逞，估计也与吴人常常叛吴入魏有关。后来，孙权又在230年和247年分别对魏的王凌和诸葛诞策划了孙布和诸葛壹的诈降，但此时魏已经不再上当（这也玩儿太多次了），两次计谋都没有成功。

② 当然，这也是诸葛亮一厢情愿，孙权岂有这种魄力，这老滑头回头就趁胜称帝了。事实上，石亭大捷之后，东吴大将朱桓就建议孙权"乘胜长驱，进取寿春，割有淮南，以规许洛"，然而孙权陆逊"以为不可，故计不施行"（《三国志·吴志·朱桓传》）。

而且，自从上次北伐后，陇西已经加强了防备，雍州刺史郭淮从此常驻陇西办公，当初天水、南安、安定三郡望风而逃的曹魏郡领导们也都被处分免职，换上了更加精干的官员。总之，最好的窗口期已过，陇西没那么好打了。

所以，诸葛亮决定退而求其次，由陈仓道去拿下陈仓。而且，经过上次诸葛亮也发现了，分道北伐并不靠谱，这虽然可以起到迷惑敌人的作用，但几条道路出秦岭后相隔太远，难以配合，不如只攻一路，集中力量消灭敌人。而这次诸葛亮集中力量攻打陈仓，也有相当重大的军事意义。

陈仓，地如其名，此处从秦汉时期就是关中的一个大粮仓。2004年在陕西省凤翔县发掘的孙家南头西汉仓储遗址也证明，这里不仅是个古老的大粮仓，而且是一个重要的漕运码头。因它正处于故道水（即今嘉陵江之上源）、渭水、汧水的交汇处，水运便利，四通八达，所以它和今陕西华阴的京师仓，以及今河南新安的函谷仓，共同构建了秦汉时期贯通关中与关东的渭水—黄河漕运线。

另外，陈仓还地扼宝凤通道的隘路，即秦岭与陇山间的缺口处，号称"陇首突起""秦蜀之咽喉"（见顾祖禹《读史方舆纪要》），它南可沿嘉陵江及故道通往汉中，北可沿汧水与关陇大道（又名"关山道"）越陇山通街亭而至陇西，西可由陈仓狭道经临渭直通天水郡治冀县，东则可沿渭水直达长安。总之是东南西北四通八达，可以说是关中最重要的漕运中心与交通枢纽。想当年秦人因护卫周平王东迁，获封诸侯后，便开始由陇西向东发展，特别是公元前762年由秦文公率领族众将国都从天水迁到了所谓"渭汧之会"，也就是陈仓一带，从此才开启了秦的霸业之路。所以这里也可算是大秦帝国的龙兴之地了。若季汉占据此地，则不仅得到一个重要的养马之地，且等于从中切断了关陇大道与关陇漕运，日后曹魏再驰援陇西就要绕道渭北沿着泾水走萧关道，不仅距离更远，而且漕运不通，运输条件难度十倍不止。看来诸葛亮此举，仍然意在陇西。

据《三国志·魏书·曹真传》记载，关中曹军的总指挥大将军曹真事先已猜到了诸葛亮的进攻路线，所以在陈仓预先安排了郝昭、王双两员大将镇守，并修缮了城池。[1]但其实这只是在虚美曹真罢了，如果曹真真算得那么准，他就不会

---

① 见顾祖禹《读史方舆纪要》与当地方志，据记载，陈仓有上下二城，上城为当年秦文公所筑，下城便是郝昭所筑。

让张郃率关中诸军去宛城帮司马懿攻打荆州，①导致关中空虚，无法及时救援陈仓了。事实上，郝昭此前长期驻扎在河西，虽然十余年间曾平定过几次羌胡叛乱，但在中原没啥名气，就是个普通杂号将军，与祁山守将魏平、贾嗣同一个级别，没啥特殊的。至于《魏略》说"孔明素闻昭在西有威名，闻知在其中，大惊愕"更只是事后马屁，臭不可闻。另外一位王双也没啥战绩，当初只是曹仁手下将军常雕的手下，攻打东吴时被朱桓一锅端了，常雕战死，王双被俘虏，后来不知怎的又被放回曹魏，然后跟着郝昭来守陈仓，戴罪立功。

总之，曹真这些安排，显然只是正常的部署预防，毕竟诸葛亮的战略企图已不是秘密，关陇之间的重要关口自然要多加防范。如果曹真果真算准了诸葛亮的进攻路线，派驻陈仓的将军就绝不会只是郝昭这个级别。要知道，当年曹操从汉中退兵后安排驻守陈仓的可是曹真与曹洪、曹休三人。

所以，诸葛亮此举绝对是出乎曹魏意料的突然袭击，他这一则是想趁着关中空虚占点便宜，为日后再伐天水做铺垫（若无陈仓漕运粮草，第四次北伐司马懿恐危矣），二则也是想减轻曹魏对东吴方面的压力。正如诸葛亮在战前写给诸葛瑾的信上所说："有绥阳小谷，②虽山崖绝险，溪水纵横，难用行军，昔逻候往来要道通入。今使前军斫治此道，以向陈仓，足以攀连贼势，使不得分兵东行者也。"（见郦道元《水经注·渭水》）

看来，诸葛亮此次北伐，并非走的陈仓道，也无须突破大散关，而是直接从小路绕到了陈仓，即所谓绥阳小谷；而其最主要的作战目的，也是为了帮助东吴而"使（曹魏）不得分兵东行"的配合行动。

果然，当诸葛亮数万大军神奇地出现在陈仓城下时，魏明帝曹叡再次大惊，他觉得这孔明也太神出鬼没了，于是立刻用驿马将张郃从荆州紧急召回，并凑了足足三万洛阳禁军，甚至将保卫宫廷的武卫营、虎贲军也全都拨付给张郃，要他迅速回援关中。在送行的酒席上，曹叡不无忧心地说道："迟将军到，亮得无已得陈仓乎！"张郃赶紧宽慰明帝说："比臣未到，亮已走矣；屈指计亮粮不至十日。"

---

① 见《三国志·魏书·张郃传》："司马宣王治水军于荆州，欲顺沔入江伐吴，诏郃督关中诸军往受节度。至荆州，会冬水浅，大船不得行，乃还屯方城。"
② 即今宝鸡市陈仓区伐鱼河河谷，诸葛亮应是由褒斜道进入箕谷，然后向北沿伐鱼河河谷插至陈仓城下。

张郃身为名将，应该也预估到诸葛亮这次带的粮食不多，但也不至于能精准算到还剩几日，所以他心里应该也是没底的，这么说只不过是为宽慰皇帝罢了。证据就是他刚下酒席，就带着数万大军日夜兼程，狂奔如火，一刻也不敢歇息，生怕诸葛亮抢先拿下陈仓。何况，张郃也没跟郝昭同事过，对此人不了解，陈仓只有一千多守军，众寡悬殊，这家伙会不会像年初天水那帮郡县官员那样，撑不住直接投降，或者弃军而逃了呢？

另外一边，诸葛亮也想试试不战而屈人之兵。此次季汉大军翻山越岭而来，没法带上攻城器具，为今之计，只能劝降郝昭，这样管你曹魏来多少援军都不怕了。刚好汉军军中有一位靳详也是山西太原人，是郝昭的老乡，诸葛亮就派他去城外向城楼上喊话劝降，郝昭在城楼上当众拒绝道：

魏家科法，卿所练也；我之为人，卿所知也。我受国恩多而门户重，卿无可言者，但有必死耳。卿还谢诸葛，便可攻也。

诸葛亮想不通郝昭这么少人却还坚持个啥，于是又让靳详去劝降，劝他没必要做无谓的抵抗，空自破灭而已。郝昭仍是不从，又道："前言已定矣。我识卿耳，箭不识也。"

诸葛亮发现这家伙是说不通了，只好强攻陈仓。他这次虽然没带来攻城器具，却带了一大批木匠，秦岭多山林，伐木赶制便是。结果没几天，汉军便造出一堆云梯、冲车来。

这里有必要给大家普及一下古兵器知识了。古代战争中用的云梯，并不是影视剧里表现那种长梯子，这样爬起来怎么会稳呢？何况还要一手持着兵器，稍不留意肯定掉下去，而且人家在城墙上一推，整个梯子都得翻下去，所有人全摔成狗。

所以，真正的云梯可不是一个简单的梯子，而是一辆车。底部装有车轮，可以移动，梯身上下则可以俯仰，士兵们登云梯，根本用不着爬，而是像走楼梯一样，直接走上去！另外梯顶还装有钩状物，用于钩援城缘，总之绝不是敌方几个人就能轻松推翻的。守城的士兵，必须数十人一队，用一根巨大的长叉卡住云梯，一起使劲推，才能把云梯推翻。

后来到了宋代，云梯更加先进，它底座足足有六个轮子，梯的四周还蒙有生牛皮，里面的人可以像推着车一样，推着云梯冲到城下，然后转动转轴，将折叠的梯子打开，让后面的士兵爬上去（见《武经总要·攻城法》）。

另外，攻城用的冲车也与我们的既定印象不同：它高约12米，相当于四层楼一样高；宽约6米，长约8米，外壳钉有铁皮，简直就是个战斗堡垒；底下还有8个车轮，可以让士兵推着，共同用力向前推，用撞木冲撞城门。推塔一级棒！

面对这样的重型攻城武器，郝昭是不是吓傻了呢？

出乎所有人的预料，郝昭不但没有吓傻，而且突然爆发出了惊人的战斗力、意志力与天才般的守城才华。他让士兵用火箭射击云梯，使云梯尽情燃烧，成为一条条悬在空中的火龙，梯上季汉士兵站立不住，纷纷逃命；并用绳索连接石磨，制成一个巨大的流星锤，不断向下抛掷，狂轰滥炸，将一辆辆冲车砸得稀巴烂。这些手段貌似常规守城方法，但我翻遍史书，在郝昭之前竟从未有人用过，虽然《墨子·备城门》已将守城法研究得十分透彻，但郝昭竟在此基础上还有创见，这就是个天才！

诸葛亮相当郁闷。这郝昭名不见经传，咋就这么难搞呢？曹魏真是人才济济让人眼红啊，要是我有这等人才，哪里还用得着派马谡去守街亭城呢？唉！

现在还想那么多也没用了，于是诸葛亮咬咬牙又打造了一批更猛的攻城器具，这就是百尺井阑（汉尺23.7厘米，则百尺为23.7米），有八层楼那么高，比冲车还要再高一倍，可直接居高临下往城内射箭。诸葛亮还发挥人海战术，让士兵运土将护城河填平，并将井阑推到陈仓城下，向下射箭，以掩护士兵继续堆土，想形成一个可以直接冲上城垣的土坡。不料郝昭却见招拆招，竟然收集全城的木料，日夜赶工，在陈仓城墙内又修了一道高达百尺的重墙。[①]据《三国志·魏书·明帝纪》记载，郝昭在死前承认，自己为了守住陈仓，不仅拆了百姓的房屋桌椅、板凳，甚至不惜做出了挖人祖坟的龌龊事，将城周所有的棺材都挖出来，抛尸以取棺木，修治守城战具。这才是真正的变态基建狂魔啊。

面对这样的狂魔，诸葛亮只得再想办法，让工程兵挖掘地道，想从地下突入城中。不料又被郝昭用"地听"侦知，派人横着挖地道，将诸葛亮的地道截断，从而轻松活捉了季汉的"地老鼠"。总之，双方昼夜攻守，足足斗法了二十余日，

---

① 要在季汉井阑的箭雨下再修一道城墙似乎不大可能，也许陈仓早有重墙，郝昭只是将其加高。

直到公元228年的正月，双方依然僵持。最终，智如诸葛亮也拿郝昭没辙了，而且曹真已经集结了剩余的雍州郡兵，由将军费曜率领来救援了，张郃的大军也已在路上，更重要的是，诸葛亮粮食不够了，况且这正月天寒地冻的，继续耗在这里毫无意义，于是宣布退兵。此次北伐陈仓，主要目的是为牵制曹魏，减轻东吴同盟军的压力，同时找找机会占便宜。既然便宜没占着，那就退兵也罢，至少主要战略目标已经达成了，让张郃数万兵马来回跑，这就是一种胜利。

郝昭见汉军退去，这才长松了一口气，可惜他的搭档王双，还以为诸葛亮怕了自己，竟率领骑兵前去追击，结果被诸葛亮的殿后部队当场斩杀。经历街亭事件后，汉军吸取经验教训，不仅再也不曾崩溃过，而且无论进退，都是从容不迫，如入无人之境。时人评价其"止如山，进退如风"（见西晋袁准《袁子》）。王双不信邪，结果惨了；后来张郃不信邪，结果也要重新做人；所以最后司马懿也不得不信邪。

诸葛亮退兵后，最高兴的就是魏明帝曹叡了，最高兴的就是发现了郝昭这样一个大人才，特别是在天水那帮窝囊郡县官员的衬托下，显得尤其光辉高大。于是他不无愧意地将白跑一趟的张郃由左将军提拔为车骑将军，并宣布封郝昭为列侯，亲自召见慰劳，事后还不无得意地对自己的心腹宠臣、中书令孙资说："卿乡里乃有尔曹快人，为将灼如此，朕复何忧乎？"意思说你老乡真牛啊，朕手下人才这么多，随便拉出来一个都可以对抗敌国丞相，朕复何忧乎？

可惜，曹叡高兴早了。郝昭年岁虽不大，但在陈仓攻防战中已经耗尽了心力，还没等到被重用，就很快病死了。临死之前，郝昭交代儿子说："吾为将，知将不可为也。吾数发冢，取其木以为攻战具，又知厚葬无益于死者也。汝必敛以时服。"郝家的子孙也知道郝昭干这事儿太损阴德，于是谨遵祖训，世代不再为将。

而另外一边，曹叡更没想到的是，诸葛亮这次根本没消停，他退回汉中短暂补给后，不到一个月又派将军陈式向西进攻，想要攻取武都与阴平二郡。此二郡都地处陇南，其中武都在诸葛亮攻伐陇西的祁山道上，阴平则是蜀地的西北屏障，有"全蜀之防，当在阴平"之称（见《读史方舆纪要》卷五十九），所以势在必得。第一次北伐时诸葛亮之所以没管它，是因为这里的羌、氐民众早被曹操迁走，田野荒芜，地广人稀，曹魏驻军也很少，对季汉北伐线路并不构成威胁。但第一次北伐后，曹魏对其重要军事据点增派了驻军，加强了控制，所以诸葛亮还是决定趁此机会拿下二郡，为日后的北伐铺平道路。曹魏的雍州刺史郭淮是个颇有大局观的战略家，他知道武都、阴平二郡若丢失，陇西将承受季汉更大的压力，于是紧急率军救援，诸葛亮遂亲自带兵进驻祁山西南三十公里的建威（今甘肃成县西北），阻挡郭淮援兵。高手过招，一看架势就知道自己能不能赢，这就像围棋国手，可不是算一步两步，看个开局就能大概算个胜负。所以郭淮一看，心里顿时明白了，就这样过去，非但救不了二郡，还有被围歼的危险。于是立刻掉头退兵！二郡对季汉至关重要，但对曹魏也还好，救之代价太大，划不来。

知道进退，这才是真正的牛人啊！

第五十二章
曹魏四路大军伐蜀
却被诸葛亮完美反杀

陈仓之役，郝昭以一千多人逼退了诸葛亮数万大军，这让有的人开始膨胀了，开始不知道自己能吃几碗干饭了。

这人就是曹魏新任大司马曹真。

曹真，字子丹，是曹操的族子兼养子，年少时便鸷勇非凡，曾在狩猎时亲手射杀猛虎，后又以虎豹骑统领随曹操四处征战，可以说是一员真正的虎将。建安末年，曹真开始长期扎根关中与汉中一带，并与刘备军队多次交手。曹丕即位后，曹真正式上位，开始都督雍、凉州诸军事，并在曹叡即位后升任大将军，仅次于大司马曹休，成为曹军二号人物。曹真上任没多久，就运气爆棚。首先是街亭张郃破马谡，郝昭陈仓退诸葛，一连两场漂亮仗，让曹真的地位与威望陡升。虽然这两仗不是曹真亲自打的，但下属的功劳就是领导的功劳，没有英明的领导，下属能发挥得这么好吗？而恰好此时曹军一号领导大司马曹休病亡，诸曹夏侯之中，便只剩了曹真一根中流砥柱。于是为了抗衡中原士族集团越来越大的势力，曹叡决定抬高曹真的地位，升他为大司马，并赐剑履上殿，入朝不趋。这就不得了了，一个臣子所能达到的最高礼遇，也不过如此，自古以来就只有萧何、董卓、曹操三人获得过。

曹真走上人生巅峰后，便想要更上一层楼，结果他的命运却急转直下，走向悲剧。

原来，此前两年内诸葛亮三次北伐，搞得魏军疲于奔命，最近又丢了武都、阴平，防守起来愈发抓不住重点，所以曹真决定主动出击，并向魏明帝提出一个宏伟的计划："蜀连出侵边境，宜遂伐之。数道并入，可大克也。"魏明帝也觉得这些年连续被诸葛亮侵扰太烦人了，跟个苍蝇一样，嗡嗡嗡的，不如让曹真一次拍死，这个世界也就清静了。为此，魏明帝还特意跑到对蜀一线的上庸进行巡视，为接下来的伐蜀大战做准备。

两个月后，曹魏太和四年、季汉建兴八年（230）八月，曹真正式开始行动了。这次曹魏可谓是精锐尽出，第一路是大将军司马懿的荆州兵，进攻路线是沿汉水西上，斫山开道，水陆并进，挺进汉中；第二路是车骑将军张郃率领的雍凉兵，进攻路线是褒斜道南下进入汉中；第三路是曹真亲自率领的中央兵，进攻路线是由子午道南下进入汉中（见《三国志·曹真传》）；另外还有郭淮一路偏师从凉州的武威出发，从祁山道一路收复失地，攻入汉中。四路大军齐头并进，最终在南郑会师。且看诸葛亮如何抵挡。

然而，曹真万万没想到，诸葛亮对他的计划其实早有防备。毕竟，诸葛亮此前三次北伐，虽未能取得大进展，但是也收了西县千余家百姓与姜维等天水大姓，并又斩王双，夺武都、阴平，使得曹魏朝野震动，引来魏军报复性反击，也是极有可能。所以诸葛亮未雨绸缪，在前一年的冬天，就"徙府营于南山下原上，筑汉城于沔阳（今勉县），筑乐城于成固（今城固）"。所谓府营，即相府所在的中军大营，诸葛亮把它从汉水北岸的沔阳迁移到南岸的定军山麓，并在汉中平原的东西两侧修筑了乐、汉两座城池。

之所以迁移府营，是为了保障指挥中枢的安全。万一魏军突破谷口进入汉中平原，府营也可以凭借汉水之险与敌军周旋。而乐、汉二城也是为了在东西两侧插上钉子，以保障府营的安全，这样就算魏军突破汉水，汉军也可以利用坚固的城垒固守与之对抗，并背靠川中要道输血，立于不败之地。

所以，当魏军发动攻势后，诸葛亮早有准备，他一面亲率主力来到乐城以东的赤坂，一面让中都护李严率江州两万大军前来增援汉中。原来，在此前一年（229）的四月孙权已悍然称帝，这当然很不好，对季汉政权的合法性与政治权威性都是一大损害；但诸葛亮审时度势，最后决定与其虚与委蛇，对外承认孙权称帝的合法性，对内则将孙权定义为汉贼。

这是一个比较灵活的外交决策，一方面维护了汉吴联盟，另一方面也最大程度上维护了季汉的体面。而诸葛亮做出这个外交让步之后，季汉就再也没有了东顾之忧，可以把东方的兵力调来加强北伐力量。事实上，诸葛亮已决定在打退曹真后，便要趁着陇西空虚，再次兵发祁山；而李严的两万江州援军，就可以正式脱离东面防务，长期留镇汉中，并为北伐大军做好后勤保障工作。

另外，赤坂这个地方也是诸葛亮精心挑选的，据顾祖禹《读史方舆纪要》卷五十六《汉中府》记载："龙亭山，乃入子午谷之口。其山阪赭色，亦名赤阪。季汉建兴八年，魏曹真由子午谷，司马懿由西城汉水侵汉。武侯次于城固赤阪以待之。盖两道并进，此为总会之地也。"季汉第一次北伐，赵云退兵时烧毁了褒斜道上很多栈道，难以通行，根本不用担心；倒是子午谷的曹真大军与沿汉水而上的司马懿军队威胁较大，所以诸葛亮亲率主力进驻到这两条通道交会处的赤坂，并与后方的乐城互为掎角，以逸待劳，阻击来敌。

然而诸葛亮还是多虑了。首先，司马懿那个老狐狸精根本没沿着汉水向西来与曹真、张郃会师，而是斫山开道，翻越大巴山南下去攻打巴东了。这倒是一步好棋，因为李严撤走后，此处空虚，不过巴东山水险要，司马懿也占不了啥便宜，结果他只在朐忍（今重庆市云阳县）转了一圈就回去了。而郭淮那一路干脆连凉州都没走出来就被魏延堵回去了。当然他们也不是主力，无关大局。

当然，就算司马懿、郭淮认真打，曹真也打不出啥花儿来。因为各路魏军在进入秦岭后便遭遇了持续恶劣天气，整整三十天大暴雨，将褒斜道上的栈道进一步摧毁。而子午道本来路就不好走，粮食转运无法靠车，只能靠肩挑背扛，十分费力。更糟糕的是，这场暴雨不仅肆虐于秦岭，还席卷了中国整个西部地区，甚至包括豫西的伊水、洛水、黄河，也都泛滥成灾，这让本来就很困难的曹魏补给线越发难以维持。曹真、张郃等人走了一个多月，才入谷一半，还要边走边修路（见《三国志·魏书·王肃传》），这就不是远征军，简直就是工程兵了，而且大暴雨还造成了大量泥石流滑坡，让工程量大增，且造成了相当多的非战斗减员，有被泥石流冲走的，有掉下山崖摔死的，有一头栽进泥潭淹死的，有天天泡水病死的，还有天天扛粮累死的……总之，除了战死的，各种死法五花八门。最终，只有少量前锋轻装部队在偏将军夏侯霸的率领下走出了子午谷，但一出谷就被迎头痛击。夏侯霸被逼得"手战鹿角间"（《三国志·魏书·诸曹夏侯传》注引《魏略》），危在旦夕，亏得魏军后援部队奋力相救，否则夏侯霸又要重蹈其父夏侯渊的覆辙。曹叡一看这也别打了，赶紧回来吧，别丢人了。

曹真无奈只得退兵，或者说就坡下驴多少挽回点颜面。而这一个多月的大雨，也把他折腾坏了，或许是感染了风寒，或许是咽不下这口气，总之他一回到洛阳就生病了，苦苦撑了半年，第二年三月份还是病死了。说来也奇怪，那场旷日持久的大暴雨之后，关中再也没下过雨，甚至还发生了大旱。[①]曹真这真是倒霉透顶哪！

曹真死得相当可惜。《三国志·魏书·诸曹夏侯传》上说："（曹）真每征行，与将士同劳苦，军赏不足，辄以家财班赐，士卒皆愿为用。"魏明帝也曾公开下诏赞他"内不恃亲戚之宠，外不骄白屋之士"。可见与《三国演义》中的形象不同，真实的曹真平易近人，礼贤下士，谦逊朴素，深得军心，将士们也都乐意听从他的调遣。如果他不死，司马懿绝对没有揽权的机会。

这边曹真一退兵（甚至还没有退兵），诸葛亮就开始准备第四次北伐了。第一，因为曹真的四路大军中郭淮本也是一路，所以诸葛亮便预先派了魏延、吴懿去阻击郭淮，顺便为第四次北伐打个前站，同时联络一下凉州盟友即羌氏等部落。结果，善于用奇的魏延不走寻常路，竟然不在祁山道上正面封堵魏军，而是向西绕进了羌中的南安郡。郭淮与后将军费曜闻得后方被袭不由大惊，这是哪里来的神兵天降？于是连忙赶回去救援，两军一场大战，结果魏军败退。吴懿由此升任左将军，进封高阳乡侯；魏延则由此升任前军师、征西大将军，假节，进封南郑侯，与诸葛亮一起成为季汉仅有的两个县侯。次年，在表废李严的公文中，魏延的头衔更进位为"使持节"，依例可专杀二千石以下文武大员。至此，魏延也算是修成正果，成了季汉北伐大军中当之无愧的二号人物，诸葛亮应是对他寄予了相当大的厚望。

到了第二年，也就是建兴九年（231）春二月，季汉北伐大军正式到达祁山前线，开始围攻祁山堡内的魏将贾嗣与魏平。此次北伐诸葛亮准备得非常充分，首先是让另一位辅政大臣李严留守汉中，以中都护的名义署理丞相府事务，并督运粮草。

第二，诸葛亮这次不仅联合了凉州羌氏，还联系到了北方的鲜卑轲比能。曹魏对西方与北方胡人一向实行民族高压政策，比如建安二十四年（219），太原乌桓王鲁昔因不满被迁离故乡，带领妻子逃跑，结果双双被并州从事张景派兵射杀。鲁昔身为太原乌桓王，尚且有如此遭遇，下层少数民族群众的境遇可想而知。而季汉一向实行"西和诸戎"的民族友好政策，各族民众愿意联合季汉共抗曹魏，也就在情理之中了。

---

① 见《三国志·魏书·明帝纪》："三月，大司马曹真薨。自去冬十月至此月不雨。"

基于此，轲比能非常积极，他在诸葛亮北伐的同时，亦率兵进至北地郡的石城（今陕西铜川一带），以相呼应；石城距离长安只有六十多公里，换现在一个小时高速就到了；当然，轲比能是不可能攻下长安的，但由此处下一子便可牵制曹魏包括长安与雁门的大量兵力。毕竟，鲜卑轲比能有"控弦十余万骑"（《三国志·魏书·鲜卑传》），且"兵利马疾，过于匈奴"（《后汉书·鲜卑传》引蔡邕语），绝对不是曹魏能随意应付的对手。如此一来，从塞北鲜卑、陇西羌胡、西南益州再到东吴孙权，伐魏盟主诸葛亮便从北到西再到南，对曹魏形成了二百七十度合围之势（同时孙权也在试图联结辽东公孙氏，若成功就是三百六十度了）。

第三，鉴于秦岭难行，诸葛亮创造性地发明了"木牛"这种神奇机关术来运输粮草，以确保后勤运输。

第四，鉴于曹魏骑兵强大，诸葛亮经过长期潜心研究，终于创造了中国军事史上划时代的伟大发明——诸葛连弩与八阵图！

这两样大杀器一出，曾大杀四方的曹魏骑兵也总算尝到了绝望的滋味。

第五十三章
诸葛连弩与八阵图中的惊人秘密

诸葛亮第四次北伐，是他军事生涯的巅峰。经过前三次北伐后，不仅诸葛亮的战略战术水平大幅提高，而且在总结经验教训并努力科研之后，他开始正式将三项最新军事高科技发明运用于战争之中，那就是木牛、八阵图与诸葛连弩。

在古代，粮草运输多借助水路，而从荆襄到汉中再到凉州，有一条最重要的水道汉水，特别是在汉水上游略阳一带，有巨大的山间水道型湖泊，被称为"天池大泽"。正由于天池大泽的拦截缓冲，抬高了水位，汉水上游各河道大多通航，水路交通极其便利。当初韩信能够率领汉军西取陇西、北取关中，还定三秦，打下大汉基业，靠的就是这条黄金水道。然而，也不知为何，自打汉朝建立以后，汉中到陇西这一带就开始频发地震，导致周围山体常常发生巨大滑坡；这些山体滑坡日积月累，竟然使得天池大泽逐渐消失，以至于古汉水水位降低，水流变快，水运效率大不如前，且其河道从略阳处被截断为西汉水和汉水。也就是说，从汉水源头的宁强到略阳这一百多里，季汉北伐军的粮草只能走陆路，运输效率大减。基于此，诸葛亮发明了木牛。

所谓木牛为何物，众说纷纭，因为在《诸葛亮集》中，对其制造之法只有简要文字描述，没有使用说明，更没有设计图纸，而且这些文字描述也未免太抽象了：

木牛者，方腹曲头，一脚四足，头入领中，舌著于腹。载多而行少，宜可大用，不可小使；特行者数十里，群行者二十里也。曲者为牛头，双者为牛脚，横者为牛领，转者为牛足，覆者为牛背，方者为牛腹，垂者为牛舌，曲者为牛肋，刻者为牛齿，立者为牛角，细者为牛鞅，摄者为牛鞅轴。牛仰双辕，人行六尺，牛行四步。载一岁粮，日行二十里，而人不大劳。

我想大部分人看了这段话，仍然不知所云，专家们也只能通过"载一岁粮，日行二十里，而人不大劳"的结果推测"木牛"可能是一种经过大幅改良的独轮车。而所谓"一脚四足"，就是有一个轮子和四根支撑木。运输的时候用一个轮子为支点分担巨大重量，停驻的时候则通过四根支撑木立稳而不致倾覆。而牛鞅可能是牛头下的绳索，牛舌是牛头下用绳索悬挂的木头。车行进时，木头正常晃荡，而需要停车时，绳索伸长，木头拖地，置于轮前，能够起到很好的阻挡作用，这一套设计，实际上便构成了完整的刹车系统。对于山路崎岖的蜀中的运粮问题，自然是大有助益。而据其所称"载一岁粮（按居延汉简计算合今约650斤粮食）日行二十里而人不大劳"，可见此种独轮车应配有齿轮机械部件，则木牛的载量要比普通独轮车增加两倍以上，[1] 可见此种独轮车应配有齿轮机械部件，方能如此提高载量节省人力。另据《南史·祖冲之传》："以诸葛亮有木牛流马，乃造一器，不因风水，施机自运，不劳人力。"可见，在南北朝时期木牛流马尚未失传，还得到了南齐科学家祖冲之的改进，只可惜祖冲之也未能留下图纸，甚至连细节都未描述，只能令人凭空想象。中国古代轻视技术传承，扼杀科学发展，[2] 竟以至于此，实在令人扼腕。

总之，有了木牛，汉军的后勤运输效率大幅提升。前几次北伐，季汉大军都没有超过一个月的，但发明木牛以后，诸葛亮第四次北伐从二月坚持到了六月，长达四个月；而第五次北伐发明了水陆两栖的流马之后（详情等到第五次北伐时再细讲），季汉大军更是坚持了超过半年，若不是诸葛亮突然病逝，这次北伐恐怕还要持续下去。可见木牛流马之重大作用。

而所谓"诸葛连弩"，则是诸葛亮发明的高科技连发弩箭。其实在诸葛亮以

---

[1] 孙机也认为诸葛所改进的正是《后汉书》中所提到的"鹿车"即手推独轮车，并提出鹿车在文献中多用于载人，如《后汉书·范冉传》载范冉"遭党人禁锢，遂推鹿车，载妻、子，捃拾自资"，其所载最多一成人加一儿童，才仅仅约100公斤。参阅孙机：《载驰载驱——中国古代车马文化》，上海古籍出版社，2016年，第119—125页。

[2] 蓝勇发现，中国古代有关的技术文本也是较多的，但多是一种事功总结性文本，并不是一种技术性设计蓝本。直到近代，中国传统手工业技术的传承一直是经验性的父子、师徒口口相传为主，这种传承方式存在标准型不够、知识积累容易流失、知识互补不够等特点。比如我国古代川江木船制造技艺极其复杂先进，但完全没有准确图绘资料传世，其制造工艺完全保存在传统"水木匠"的头脑中，这种"先进制造技艺"与"落后传承途径"的矛盾，对于中国现代科学的产生造成了极大的制约（《话语提炼与中国历史研究》）。

前，中国的历史上已经有连弩了。1986年在湖北江陵战国楚墓中出土了一件双矢并射连发弩，可能是世界历史上最早的自动武器了，它每次击发之后，就会自动钩弦杆，将"虎形矢匣"（相当于机关枪的弹夹）内的箭矢落槽并进入发射管孔（即上膛），同时"牙"（弓弦挂钩）与"悬刀"（扳机）恢复原位。不仅像现代机关枪一般可连续发射，其两个并列的发射孔还可以同时发射，可以说是相当高科技了。不过，这种弩虽然设计先进，但构造复杂，难以大规模制作和装备军队，且形体较小，矢长仅14.3厘米，实战价值不大，恐怕更多只是一种稀罕的贵族随身玩物。

总之，连弩最早恐怕只是贵族的玩具，战场上用得很少。直到数百年后的汉武帝时期，汉军才开始装备一种狙击连弩，但这种连弩用材珍贵，威力强大，制作成本很高，操作难度较大，瞄准技巧也较多。《汉书·艺文志》中谓兵技巧家有《望远连弩射法具》十五篇，是兵技巧家八家射法中篇幅最多的，可见其操作并非普通人在短时间内可以掌握。另外，这种弩的强度也很大，并非那么容易拉开。

弓弩的强度是怎么计算的呢？最简单的方法，就是把一把弓或弩固定在墙上，然后往弦上挂重物，等弦完全被拉开时，弦上所悬挂的重物的重量，就是这把弓弩的强度。在汉代，重量是用"石"来计算的，根据北京大学所藏的陕西富平出土铜权，汉代一石约合现在30.2公斤，而根据居延汉简及未央宫刻字骨签显示，汉弩共有十八个等级，从一石到十五石，还有二十石、三十石，最高能达到四十石，其中超过十石的弩因为必须用强度极高的"黄连木"制成，所以被称为黄肩弩或者大黄弩。据史书记载，李广便是凭借了一把超过二十石的大黄叁连弩，接连射杀了好几个匈奴大将，射得匈奴人胆战心惊，每次入侵都绕着李广的防区走。

这种超过二十石的大黄弩，一般不是个人之力可以拉动的，必须使用多人合力，甚至兽力，用绞车来装弦，这就不能叫弩机，应该叫床弩或者弩炮了，其射程最多可达到千步以上，是当时世界上最先进、最精确、射程最远的远距离杀伤性狙击武器，其威慑力无异于如今的战略导弹。比如《后汉书·陈球传》就记载，陈球为零陵太守时，遇贼寇攻城，竟"弦大木为弓，羽矛为矢，引机发之，远射千余步"，也就是拿长矛当箭射，足见其杀伤力之强。

不过大家又要奇怪了，李广能以个人之力拉开超过二十石也就是超过600公斤的大黄叁连弩，故被赞为神射，可《三国演义》中黄忠只拉二石弓怎么就感觉了不得呢？

原来，弩与弓不一样，弓只能用双臂拉开，而弩可以弯腰，利用腰部力量上弦，称"腰引弩"，甚至可以半躺地上，用脚蹬，借助全身的力量上弦，称为"蹶张弩"，总之是比拉弓要容易得多。一般来讲，一石和二石的弩才是臂张弩，一般用于骑射，而三石以上的步兵弩则必然是腰引弩或蹶张弩。而经过测试，能引弓一石的人，可以拉开九石的腰引弩，[1]看来黄忠可不比李广的力气小多少。《后汉书》所记盖延、祭肜等猛将所用强弓也是三百斤，合今75公斤，换算一下就是两石半，与《三国演义》中的黄忠差不多。

那么诸葛连弩与汉朝连弩有何区别呢？据《魏氏春秋》记载："诸葛氏长于巧思，损益连弩，谓之元戎，以铁为矢，矢长八寸，一弩十矢俱发。"由此可见，汉朝连弩只能一发三连，诸葛连弩却能一发十连，一口气将发射效率提升了三倍以上。别小看这个进步，这在技术上太难了，因为自动上弦非常考验"牙"的精度，否则很容易发生类似手枪走火的事件，射到自己人那可就糟糕了。另外，诸葛连弩发射的箭矢能够长达八寸，也就是19.3厘米，比战国连弩提高了5厘米，杀伤力大增。最重要的是，诸葛连弩再也不是贵族与将领的玩物了，而是量产并装备到了汉军之中，用于实战。当然，曹魏军中也有连弩，但一则未大量装备，二则连发效率不够，六七年前魏文帝曹丕曾写过一首诗吹嘘自己的部队："长戟十万队，幽冀百石弩。发机若雷电，一发连四五。"其中"百石弩"明显是吹牛，而"一发连四五"的强大攻速则已被诸葛连弩碾压。总之，此次军事技术的提升是跨时代的。

这里再详细解释一下，诸葛亮为何要极力改进连弩发射效率。

在火药武器被发明以前，用步兵对抗骑兵是一个世界性难题。而曹魏的北方骑兵，乃吸收虎豹骑、幽州突骑、并凉铁骑与乌桓名骑之集大成者，一旦在平原上冲锋起来，那基本上是无敌的。我们前面的篇章也已经强调过，在当时曹魏已经拥有了具装骑兵也就是鞍镫齐全，且连人带马都覆盖铁甲的重骑兵，《魏书》记载，曹操打马超时，曾"列铁骑五千为十重陈，精光耀日，贼益震惧"，显然

---

[1] 《晋书·马隆传》："（马）隆限募腰引弩三十六钧，弓四钧，立标简试，自旦至中得三千五百人。"三十六钧计得九石，四钧计得一石。明代《武备志》称腰引弩"强者可十石，下者亦可七石"，与此数据相同。

都是全副武装的铁甲骑兵，所以精光耀日，有如神兵下凡。强悍如马超，也不得不心生畏惧了。

所以，面对兵种实力上的巨大差距，诸葛亮想到了利用自己的天才机关术来解决问题，将连弩的发射效率提高，形成可怕攻速，这样就可以从山上居高临下，或者从超远距离"放风筝"，对骑兵威胁很大。

说到这里，我必须再给大家普及一下古代的远射兵器知识。在古代战争中，弓箭兵确实比弩箭兵更常见，但弓箭兵只适合对付步兵，不适合对付骑兵。因为在战场上，射箭并不是像咱们印象中的那样瞄准平行射箭的，而是要把角度调高到向天45度的。为啥要调高呢？

一、要是不调高角度后面队友的箭就射到前面同志的屁股上了。

二、调高后的打击面更广，能射到很多后排的敌军，平行射箭只能射到第一排。

战场上弓兵追求的是密度和频率上的杀伤，而不是靠准度，使劲往天上一放，爱射哪射哪，赶紧就下一箭了。所以，对于准度不足的弓箭来说，只适合对付密集阵型的步兵，而对付阵型疏散、速度快、机动性极强的骑兵就不行了。因此古人才发明了弩箭。

弩兵对比弓兵，本来有两个巨大劣势：

一、速率慢。弩箭上弦是很麻烦的，一般来讲，发一弩的时间可以射四箭左右。

二、弩兵不能组成弓兵那种方阵。因为它是向前射的，只能一排散开。故可上阵的数量有限。

综上，弩兵对比弓兵有着密度、频率双低的巨大劣势。但是，它也有三大好处：

一、劲儿大。

我们前面说了，弓的强度有两石就很牛了，陆游亦有诗云："百斤长刀两石弓，饱将两耳听秋风。"而单兵弩一般都在两石以上，最多则可以达到二十石以上，故其射程能达到弓箭的二到五倍。一般来说，弓的有效射程不超过70米，而汉朝的单兵主力弩的射程在189米（三石弩）到252米（四石弩）左右（据居延汉简），二十石的弩则能超过480米（未央宫遗址骨签）。而骑兵的短距离冲刺速度最快能达到每分钟1000米，你等近了才射，那就是找死。

二、可以无时限地瞄准。

弓箭往往拉开就要射，你一直拉着胳膊受不了，但是弩却可以像手枪一样端着一直瞄准，保证准确地命中目标，也更有利于多人齐射，给敌方以突然而猛烈的打击。而诸葛亮的元戎弩，还改进了汉朝连弩的瞄准器，[①]使其精准度大大提高。

这也就意味着，杀伤力大的弩兵在瞄准一个目标后，一旦对方走进射程，极有可能一击毙命。

这样一来，提高了准度、攻速与射程的连弩兵，简直就是骑兵的克星。西汉名将李陵曾带领五千名精锐汉弩兵，对抗匈奴八万骑兵，且战且退，虽然几乎全军覆没，但也杀敌数万。而诸葛亮的连弩兵比李陵的弩兵更强！

当然，弩兵的第二个劣势是无法克服的，那就是他们只能一字排开平着向前射，无法像弓箭兵那样形成方阵，最多像拿破仑时期那样搞三排火枪轮射。再就是居高临下，从山上往下射击，那就无须排成一排了。季汉北伐的蜀地与陇西之地多为山地，正是诸葛亮连弩大发神威的好地方。

当然，连弩的复杂工艺与作战方式注定了连弩军无法形成万人以上的大规模战斗集群，仍然还是以特种部队的形式为主，一般三五千就差不多了。据《华阳国志·巴志》记载，诸葛亮曾在涪陵郡招募连弩士三千。涪陵郡辖今重庆市彭水、武隆、黔江、酉阳、秀山和贵州省务川、沿河一带。此地山险、水滩，人多戆勇，身强力大，质直好义，土风敦厚，正适合这种需要耐心、勇气与力气的战法。另外，该地区的射猎部族在秦国与先汉时就长期受政府之命负责清除巴蜀道路上的虎患，"以射白虎为业"，算是传统职业射手了。

另据考古与文献记载，季汉还有少量超级秘密大杀器，可对敌方首脑进行远距离斩首行动。这就是超十石重型连发毒强弩，它不仅射程远，而且劲儿大，足以射穿重甲，甚至在箭矢上涂有毒药，老虎中招都活不了，人马更是见血立毙（见《武备志》）。后来张郃应该就是惨死在这种超级大杀器之下，否则只是被射中右膝，何以就死了？

---

① 当时称"望山"，即北宋沈括《梦溪笔谈》所言"其侧为小矩，如尺之有分寸。原其意，以目注镞端，以望山之度拟之，准其高下，正用算家勾股法也。"这种标有刻度的望山，正是起着现代步枪瞄准装置中定标尺的作用。河北满城中山靖王刘胜墓中曾出土一支带有望山及刻度的弩机，刻度总高4.5厘米，最上刻线与机牙上端平齐，刻度用金、银线区分标注，度距从下自上递减，从7.5毫米到6.5毫米不等，让射手可以根据距离远近不同进行瞄准。

正如王应麟《玉海》所云：

西蜀弩名尤多，大者莫逾连弩，十矢，谓之群雅，矢谓之飞枪，呼为摧山弩，即孔明所作元戎也。又有八牛弩、威边弩、定戎弩、静塞弩。

以上在考古上也得到了证实，1964年在成都郫县就出土了季汉时期的一张铜弩机，上面清晰地刻着"景耀四年（261）二月卅日，中作部左典业刘纪业，吏陈深，工杨安作十石机，重三斤十二两"等三十余字铭文。[①] 所谓"中作部"，大概就是季汉中央专门负责手工业制作的官署。从铭文上看，季汉中作部实行了三级负责制度，追查便宜，责任明确。看来诸葛亮对季汉工业的法家式管理与大秦帝国也是一脉相承的。在《太平御览》引《诸葛亮教》中，也记载了诸葛亮在第三次北伐攻打武都战役后发布的一篇教令，说武都一战，先锋部队用刀斧破坏敌人的防御工事时，所用一千多把刀斧因质量问题，不仅没破坏掉敌人的鹿角，反使自损不能用，诸葛亮因而严厉惩治了主造者。

另外，诸葛亮还发明了一种筒袖铠，形制为胸背甲片连缀为一体，圆领较高，肩部和大臂部有长短不一的铁筒袖，故名"筒袖铠"。它是用小块的鱼鳞纹铁甲片或者龟背纹铁甲片穿缀成圆筒形的甲身，前后连接，腰束皮带。与之前的汉甲相比，"筒袖铠"有个明显的特点是不开襟，穿时就像穿现代的T恤衫那样直接从头部套入，这样一来，整个铠甲就没有薄弱环节，而且铠甲各部位的连缀更为合理，使得战士行动起来更为方便。据《宋书·殷孝祖传》记载，南朝刘宋明帝就将"诸葛亮筒袖铠"作为宝物赐给大将王玄谟，据说是"二十五石弩射之不入"，可见其强大之防护力，更别说陈仓之战诸葛亮改进的那些攻城武器，其器械之利，巧思微妙，令人折服。

诸葛亮这也是没办法，毕竟益州地小人少，打死一个少一个，不改进高科技以体恤汉军士兵生命，他这仗就没法打了。

至于八阵图，也是诸葛亮为了对抗曹魏强大骑兵而"推演兵法"所作的阵

---

① 景耀四年（261）已是季汉灭亡前两年，此时其军事制造业仍很强，这是因为诸葛亮后继有人。据《三国志·蜀书·杜周杜许孟来尹李谯邵传》记载，刘禅有宠臣李撰"博好技艺"，"弓弩、机械之巧，皆致思焉"。

法，^①即《晋书·志第十四·职官》所言"诸葛亮围阵用兵倚伏之法"。所谓"倚伏，"就是依托某种东西掩护和掩蔽部队。详细情况可见《晋书·马隆传》："（马）隆依八阵图，作偏箱车，地广则鹿角车营，路狭则为木屋施于车上，且战且前。弓矢所及，应弦而倒。"

所谓"偏箱车"，就是一侧加装了箱板装甲的辎重车，平常可以运输粮草物资，遭遇敌骑时便可相连，^②化为移动的战斗堡垒与临时掩体，与鹿角、^③扎马钉^④等配合使用，进行复杂而灵活的排列组合后，便可形成机动灵活、攻防兼备的装甲部队，对高速进攻的敌骑构成障碍，并形成曲折而狭窄的通道，既可迟滞、阻碍敌骑的冲击，又打乱了冲入阵内的敌骑的战斗队形，从而使敌方强大的骑兵方阵，变成参差不齐且失去了速度的骑兵单体，战斗力大打折扣；而隐藏在车后的诸葛连弩就可以发挥其连发优势，对敌骑构成纵深的杀伤威力；同时，使用矛、戟、刀、杖等兵器的士卒也在阵内掩护弩士，造成杀伤。^⑤另外，在步车阵后及侧翼，还布置有少量游骑兵以备应援，并可以在关键时刻两翼包抄，完成最后击杀。^⑥

至于有关八阵阵法的具体变化，据隋唐时期兵书《握奇经》记载，八阵其实"阵数有九，中心零者，大将握之。四面八向，皆取准焉。阵间容阵，队间容队"。简单来说就是八面布车，鹿角与扎马钉填充车辆间的间隙，指挥官则藏在中心，形成井字状，然后大阵再套小阵，如俄罗斯套娃一般。唐初名将李靖则进一步表示，八阵图乃"大阵包小阵，大营包小营，隔落钩连，曲折相对"（《唐李问对》）。如此，主帅在中军阵中，如章鱼大脑掌控全局；而周围八阵，包括前后左右四个主阵，及前左、前右、后左、后右四个机动阵，则如章鱼的八个腕足，

---

① 据吴晗《阵图与宋辽战争》："所谓阵法，就是野战的战斗队形和宿营的防御部署。"

② 见《诸葛亮集·军令》："敌已来进，持鹿角兵悉却在连冲后。"所谓连冲，就是连起来的冲车。

③ 即带有尖锐端头的树丫木桩，结成鹿角状，用于阻挡敌骑。

④ 传说扎马钉也是诸葛亮发明的。当然，这只是民间传说。大概诸葛亮北伐期间使用了大量扎马钉，专毁曹魏马蹄铁，所以有此传言。在今陕西勉县以及定军山一带（诸葛亮汉中大本营）出土了相当多的这种钉子，当地"土人（百姓）多藏之"（清代李复新《忠武侯祠墓志》）。

⑤ 见《诸葛亮集·军令》："敌已附鹿角，里兵但得进踞，以矛戟刺之，不得起住，起住妨弩。"诸葛亮真是"丁宁周至"之人，还特意写道步兵不得站立起来，否则会妨碍弓弩手射杀敌人。

⑥ 见《诸葛亮集·军令》："连冲之阵，似狭而厚，为利阵，令骑不得与相离，护侧骑与相远。"意思说诸葛亮的这种连冲之阵，需要收缩正面，加强纵深，以抵御骑兵的冲击，另外要在阵型的侧后方留一部分骑兵作为预备队，以掩护阵型的薄弱环节。

首尾相救，配合默契。[①]所以诸葛亮发明此阵后，不无得意地说道："八阵既成，自今行师，庶不覆败矣。"（《水经注·江水一》）

诸葛亮并没有说大话，自从有了八阵图，季汉在与曹魏正面野战时就再没输过。后来晋武帝司马炎手下的名将马隆，也只是学了诸葛亮八阵图的一点皮毛，就能在近五十年后的公元280年，只用步卒三千，转战千里，大破鲜卑数万骑兵，斩杀秃发鲜卑族首领秃发树机能，平定了凉州。事实上，司马氏起初对老对手诸葛亮的兵法还是相当重视的，毕竟司马懿曾御口亲赞其为"天下奇才也"，所以公元263年司马昭灭蜀后，就立刻派将军陈勰去学习诸葛亮"围阵用兵用兵倚伏之法，又甲乙校标帜之制"，后来晋武帝司马炎还让陈勰执掌禁军，每当御驾出入，陈勰便"持白兽幡在乘舆左右，卤簿陈列齐肃。"（《晋书·志·第十四章》）西晋大臣李兴在看过这些阵法后还表示："推子八阵，不在孙吴"（《诸葛亮故宅铭》），表示诸葛亮的八阵图具有极大的创新性，在孙吴兵法中见所未见。

然而很可惜，晋武帝死后，西晋的朝政开始混乱，诸葛亮的八阵图也渐渐失传了。到了公元347年东晋权臣桓温平蜀，路遇诸葛亮在鱼复（即白帝城）江滩上以大石布列的八阵图遗迹（应为诸葛亮训练阵法时用的定位点），满朝文武竟已无一人能识得此阵了。

为什么八阵图这么容易就失传了呢？因为在实战中运用阵法，并不像我们想象的那么简单，在操场上操演一下就可以了。真那么简单，张艺谋都能做到，还需要什么兵法大家？事实上，在实战中布置阵法，有四大难点。

第一，面对敌人迅猛的骑兵冲击，我方如何才能做到先于敌方展开阵型，迅速从行军纵队变阵为作战队形？

第二，如何根据敌我双方的兵种与战斗力进行分析，合理配置战阵的正面宽度与纵深配比？如果宽度不够，我方弓弩手就无法实现攻击范围的最大化；但如果纵深不够，我方步兵又无法抵御敌方骑兵的冲击。统帅必须具体情况具体分析具体变阵，毕竟我方兵力有限，如何才能做到最优？

第三，据说诸葛亮尝云："布阵之道，在于临时先料敌之多寡，我之强弱，彼之虚实，象地之宜而宜之。"（《诸葛孔明异传·布阵》）战场地形复杂多变。统帅在指挥列阵之时，必须综合考虑战场所在地的开阔程度与地势起伏，以确定战

---

① 当然，具体的阵法变化早已失传，隋唐以后的这些研究、资料都是不得要领，皮毛而已。

阵的间距与密度，以及我军预备队的位置等。特别是预备队的布置，在攻防两侧都非常重要，要如何才能最快支援我阵与打击敌阵的薄弱处，这可是大学问。

第四，阵在动而不在静。战场形势瞬息万变，统帅必须精密计算我军展开阵型要多久，两翼部队支援要多久，在这段时间，敌方推进到了什么位置，我方要在什么位置进行阻击，当防御出现薄弱环节，各阵应如何补充进去，而当阻击成功后，又要如何准确抓住时机，从防御转为进攻。总之，阵法的运用是一个统帅军事战术水平的集中体现，它千头万绪，变化多端，没有精密而冷静的头脑，绝对无法胜任。在中国军事史上，几乎所有精通阵法的军事指挥官都是名将，而且是名将中的名将，其含金量之足，几乎可以称作军事艺术家，比如孙膑、韩信、卫青、诸葛亮、刘裕、李世民、李靖、岳飞、戚继光等。而那些所谓名将却未记载其阵法水平的，往往军事能力都有水分，要么是吹出来的，要么就是混出来的，要么就是山中无老虎猴子称大王。

总之，晋王朝重文轻武，不重视培养军事人才，且对传统战车日益忽视，结果就这样轻易丢掉了自己对抗骑兵的最大武器，最终竟然五胡乱华，中原陆沉！直到百年后的军事天才刘裕自创车阵，一次以四千战车大破南燕数万铁骑，一次以战车百乘大破魏军三万多骑兵，一举将南燕与后秦灭亡，可以说是中国车阵的最后辉煌。再之后的南朝，刘裕后继无人，就只有被北方骑兵碾压的份儿了。

杜甫诗云："功盖三分国，名成八阵图。江流石不转，遗恨失吞吴。"其实武侯遗恨，何止吞吴？相信若丞相晚生数十年，断然容不得胡虏嚣张！后世不肖子孙屈辱至此，真是耻对先贤。[1] 后来隋朝名将韩擒虎及其外甥唐初名将李靖又不知从哪里搞来了诸葛亮八阵图的一些皮毛，[2] 竟得以横扫天下，可惜就这点皮毛，后来也失传了。北宋时期面对日益严重的西夏与北辽外患，宋神宗倒是组织了一帮专家想要恢复此阵，可惜仍以失败告终。关键在于唐宋二代，兵书被明确列为禁书，私藏者要"徒二年"，这对其流传与保存是相当不利的。等到宋神宗时期兵书开禁，很多关键资料已经失传了。所以此后宋、明两代文人论兵之风气虽盛，但多是纸上谈兵；这些书生没有实战经验，又受阴阳五行学说的强烈影响，

---

[1]　故西晋末年永兴年间太傅掾李兴有感于胡虏荼毒中原，乃作《诸葛故宅铭》而怀念诸葛亮之神奇军技曰："异世通梦，恨不同生。推子八陈，不在孙、吴，木牛之奇，则非般模，神弩之功，一何微妙！千井齐爨，又何秘要！"

[2]　北魏时柔然猖獗，大臣高间亦曾提议朝廷选用六万士卒，要"采诸葛亮八阵之法，为平地御寇之方"，可见当时八阵图在北朝仍有一定流传。

这进一步加重了军事理论特别是阵法研究的神秘化与复杂化。大量的兵书，纯粹从阴阳的理论模式——诸如阴阳五行、太极两仪、八卦九宫，等等，推演出了五花八门的复杂阵法，玄而又玄，在实战中则完全难以运用，其末流甚至堕落为奇门遁甲的法术。宋、明两朝，兵书撰著之丰创造了世界之最，而在实际战场上疲弱不振，屡战屡败，与此不无关系。①

看来，对于一个民族甚至文明而言，千万不能点错了科技树；这也是我最喜欢的一部科幻小说《三体》中的核心观点。宇宙就是一座黑暗森林，每个文明都是潜行的猎人，因为森林中随时随地都可能发生着技术爆炸。比如两汉的草原骑兵还只是轻装骑射兵，卫青、霍去病还可以吊打之；而到魏晋以后就逐渐发展成了具装骑兵，中原文明不去发展对抗骑兵的技术，反而去发展什么玄学、佛学理学，那可真是舍本逐末自毁江山了。

---

① 详见《东方早报·上海书评》第397期，《钟少异谈中国古代兵法及军事技术与文化》。

第五十四章
卤城大捷：
诸葛亮一生最辉煌也最隐秘的胜利

　　季汉建兴九年（231）春，诸葛亮发动了第四次北伐。从建兴六年（228）第一次北伐到现在，才短短三年多，诸葛亮就搞了四次北伐，这不是穷兵黩武，而是诸葛亮深深明白，曹魏地大物博，战争潜力远胜于季汉，只是因为汉末大乱中原饱受荼毒，人口大量流失，这才导致经济衰退，农业全靠吸血屯田客，工商与贸易更是全面弱后于季汉。所以，首先，诸葛亮要做的就是保持这一发展上的优势，破坏其经济复苏，干扰其生产建设，[①]蚕食其"分基地"，持续不断地对曹魏施加压力。否则待其渡过困难期，经济复苏起来，"民志既定，则难动也"（谯周《仇国论》）。到时候别说北伐，"单基地"的季汉恐怕连自保都难，迟早会在死水一潭的环境中被曹魏拖死！

　　其次，诸葛亮频频北伐，也是在履行与东吴的军事盟约；只有这样，爱占便宜的孙权才会有动力向北方用兵。事实上，只有将东吴牢牢绑在自己的战车上，让魏、吴两国都陷入长期的拉锯战泥潭中，才能真正保证季汉的国家安全；否则若魏、吴两国关系长期缓和，孙权这个投机分子又会想着搞小动作谋蜀了。

　　再次，蜀道是诸葛亮北伐的障碍，但同时也是曹魏反击的障碍。北伐即便失利，只要诸葛亮发挥正常，让汉军能全师退入蜀道以逸待劳，曹魏也不敢长途跋涉耗尽粮草追进来，所以这其实是个攻守兼备的选项。

　　另外，诸葛亮同时还在下一盘很大的棋。北伐大胜自然最好，但就算短期内无法成功，只要保持对其军事压力，曹魏就必须在关陇一线长期布置大军，并安

---

① 据《三国志·魏书·杨阜传》记载，因诸葛亮与东吴多次北伐，曹魏"十万之军，东西奔赴"，以至其"边境无一日之娱，农夫废业，民有饥色"。

排统帅长期镇守。这就不仅拉长了曹魏的后勤线，大大消耗了他们粮食资源，且必然会在曹魏内部产生拥兵自重的军事强人，从而在其间埋下分裂的种子与内乱的因子；如此一旦东方有变，那就是诸葛亮火中取栗、逆天改命的最好时机！《隆中对》里不是说要等"天下有变"吗？但如果天下迟迟不变，诸葛亮就只有以打促变！

然而，诸葛亮这一手布局虽在二十年后顺利实现（淮南三叛），只可惜他机关算尽，却无法敌得过寿命的安排，他最终没能等到这天下有变的那一天。

言归正传。诸葛亮这次北伐，仍然是由祁山道主攻陇西。第一次北伐时，诸葛亮并未拿下祁山堡，那是因为祁山所驻魏军不多，诸葛亮只留少量兵力与其周旋即可，而今曹魏在陇西与祁山堡都加强了防守，魏明帝曹叡更表示："先帝东置合肥，南守襄阳，西固祁山，贼来辄破于三城之下者，地有所必争也。"于是调集民工，对堡垒进行了加修加固。

基于此，诸葛亮只能更加谨慎，先以全军之力对祁山堡发动了围攻。别看这堡不大，竟极其难打，其四面都是高崖绝壁，只西面有门可入城堡，再沿盘折小径，迂回曲转上至山巅。所以，这山上平地虽仅3000平方米，守军不过千余，但攻城军队根本施展不开，诸葛亮数万大军也只能干瞪眼。

所以，祁山守将贾嗣与魏平并不特别慌张，他们一面坚守，一面派人向曹魏朝廷求援，此时大司马曹真已重病在床，魏明帝曹叡无奈，只得又紧急从荆州招来大将军司马懿，让他代替曹真出征。

说起来曹叡也挺无奈的。曹魏建国有两大支柱，一为颍川士人群体，一为谯沛武人集团。如今颍川士人集团已渐势衰，有让位于太原王氏、东海王氏、太原孙氏、北地傅氏、河东裴氏与河内司马氏等新兴北方士人集团之势；[1] 而以诸曹夏侯为主的谯沛武人集团也已凋零殆尽，[2] 所以在军事上，他也只能倚靠外姓统帅，东线是满宠，西线就交给司马懿吧，按照曹叡的原话："西方有事，非君莫可付者。"可以说是相当倚仗了。而中线的荆州战区目下压力较小，就交给才资平庸的夏侯儒。总得让诸曹夏侯占点位置才好。

---

[1] 柳春新研究了"正始改制"后发现，曹爽党与司马党之争，其实是河南与河北士人的地域之争，而较少的是所谓世家大族与寒门庶族之争，其观点别具新意。（《汉末晋初之际政治研究》）

[2] 此时，第一代诸曹夏侯早已死绝，第二代中的夏侯尚也死于曹丕时期，夏侯楙则不成器，曹休三年前就死了，曹真也没两口气了。

对于司马懿的军事能力，曹叡还是很放心的。五年前，曹叡刚即位，东吴就趁机进攻襄阳，时任抚军大将军的司马懿第一次领兵作战，便轻松击败了诸葛亮的大哥诸葛瑾，并斩杀了吴将张霸，在曹魏军界奠定了自己的地位。三年前孟达反叛，司马懿再发神威，只花了八天时间就率数万大军从宛城狂奔一千二百里杀到上庸，孟达毫无准备，大惊说"何其神速也！"于是凭险固守，以为司马懿大军轻装而来，粮食带不够，只要撑上二十天，则魏军必退。不料司马懿兵分八路八面齐攻，只用了十六天，就攻破上庸斩杀了孟达。看这战绩，古之名将不过如此。而孟达与诸葛瑾刚好都与诸葛亮渊源颇深，所以诸葛亮对司马懿也有过一番研究，结论就是此人不好对付，恐怕比曹真还要难办。总之这一次，真可谓卧龙对冢虎，好一场龙虎斗啊！！

而此次司马懿执掌雍凉兵权，也打破了自从曹操时代以来，军权一直掌握在诸曹夏侯手中的传统，是为曹魏政治的一大变局，也是司马懿个人权势扩张的一个重要机遇，亦是重大挑战。因为他所要面对的，是一个陌生的环境与一群陌生的属下。这个团队除了司马懿老大外，还有"六大金刚"，分别是车骑将军张郃、后将军费曜、征蜀护军戴凌、雍州刺史郭淮、军师杜袭、督军薛悌——瞧瞧这阵容，哪一位不是名臣宿将？

张郃就不多说了，硕果仅存的五子良将，街亭一战更是名扬天下，封户也由此增封到四千三百户，为当时曹魏名将之最（曹真亦只是在陈仓之战后才增封到二千九百户）。费曜则是曹真的老部下，十几年前就跟着他在凉州平叛，常年与羌胡作战，是个猛人。而戴凌更是一个不要命的硬骨头，当年还曾与侍中鲍勋一起顶撞曹丕，力谏其不要耽于弋猎，结果鲍勋被杀，他也被革了职，好在关系比较硬，曹叡即位后又再度重用了他。至于郭淮，为人虽比较低调，能力却不在张郃之下，这几年给诸葛亮北伐造成了不小的麻烦。杜袭则是颍川士族的老人了，建安中期就被荀彧推荐给曹操担任丞相军祭酒，后又任丞相长史，可以说是曹操的心腹，司马懿的老前辈。而薛悌则又是杜袭的老前辈，是最早一批参加曹操集团的兖州老人，他二十二岁就担任了兖州牧曹操的中领军与泰山太守，建安二十年（215）著名的逍遥津之役，他还是总管大局的护军，张辽、李典等牛人都得听他约束。

总之，这些文武大员都是有本事、有资历的猛人牛人狠人，当初曹真是靠着曹操义子的身份，以及"每征行，与将士同劳苦，军赏不足，辄以家财班赐"的手段，才获得了统率全军的威望。司马懿是靠着什么镇住这帮牛人的呢？

答案就是靠诸葛亮。

司马懿虽然至今都没有与诸葛亮直接对战过，但对诸葛亮的能力早有深入研究。据《三国志·蜀书·黄权传》记载，司马懿曾带着几分讨好写信给诸葛亮说："黄公衡（即降魏后拜镇南将军领益州刺史的黄权），快士也，每坐起叹述足下，不去口实（丝毫不怕落下口实）。"这可真是久仰久仰了。另据晋人裴启《语林》记载，司马懿还曾特意派人去偷看诸葛亮是何等人物，使者回报，说诸葛亮"乘素舆，葛巾，自持白羽扇（另有引文称"毛扇"）指麾，三军随其进止"。晋人稽含《羽扇赋序》曰："吴楚之士，多执鹤翼以为扇，"这是南方士人的风雅情趣与消暑习惯。至于素舆，即没有任何装饰的小车，诸葛亮身体不好，大概没办法顶盔掼甲，骑马奔驰，所以身着儒服坐在车上指挥军队，与穿着沉重盔甲（戎服莅事）的老头子司马懿是完全不同的做派。另外诸葛亮这么做，也是为了展现自己的自信与从容，表示自己在战前已做好了充足的准备，一切尽在掌握，无论遇到什么样的状况都能轻松解决。总之，这份气定神闲、潇洒自如与稳如泰山，只有诸葛亮才最适合，旁人那可是学不来的。就连对手司马懿，想见其卓然风采，也不由得怦然心动，忍不住痴痴感叹道："好一个诸葛孔明，真乃名士也！"

其实，司马懿与诸葛亮在领军之路上还颇有相似之处。二人均为官僚世家出身，年轻时便号为名士，且长期在本国负责内政事务，只因两国名将渐次凋零，二人才被推上了军事统帅的位置，且都表现出色，虽从前未曾对决，但也可算是久仰久仰了。

基于此，司马懿对诸葛亮既是相惜，又是敬佩，更是忌惮。于是他产生了一个非常清奇的脑回路：不如就让诸葛亮来磨磨雍凉这帮骄兵悍将，磨掉他们的棱角，磨掉他们的威风，他们就会乖乖跟着我司马懿混了。

于是，司马懿到达前线后，立刻作出部署：分兵四千交给费曜、戴陵去协助郭淮防守陇西四郡的粮食基地上邽，自己则与张郃率主力部队去救援祁山。不料张郃不同意，直接呛声反对此计划，他认为如今关中大军都被带到了陇右，关中空虚，应该分一些兵驻守雍城（今陕西凤翔）与郿县（今陕西眉县），以防诸葛亮像第一次北伐那样另有奇兵从褒斜道或陈仓道攻入关中。但司马懿表示："料前军能独当之者，将军言是也；若不能当而分为前后，此楚之三军所以为黥布禽也。"西汉初年，淮南王英布叛汉，攻入楚国，楚国兵分三路迎击，结果被英布集中力量击破一路，其余两路见势不妙，竟然崩溃四散。司马懿用这个典故批评张郃，实在是不知所谓。张郃所言，显然只是要留少量兵力，做必要防备而已，又不是说要像当年楚国那样平分三路。但司马懿故意曲解张郃的意思，目的就是要显示自己的能耐，打压张郃的威望。

张郃气得半死：老子的车骑将军虽然比你大将军要低一级，但论在军界的资历，老子比你要早出道三十年，你不过是仗着个士族的名头而已，有啥了不起！于是极力争辩，不料司马懿根本不听，竟直接结束了军事会议。

想想张郃也真够倒霉的，自打做了曹军，干的大部分都是副职，先后做过张辽、夏侯渊、曹真、夏侯尚、司马懿的二把手，可以说是千年老二，这也难怪他心理不平衡。不过这也没办法，张郃出身寒微，是靠着打黄巾起家的武人，在士族面前天然低人一等，虽然他平常也喜欢附庸风雅，号称"爱乐儒士"，但限于门第，士族们不可能因此就拉他入伙，这是输在了人生起跑线上，DNA已决定了他没办法跟大士族出身的司马懿平起平坐。

当然，张郃还真是有点多虑了。经过上次陈仓之役，诸葛亮已经见识到魏军的守城能力；而且自从第一次北伐诸葛亮了暴露自己的战略企图后，汉军就不再拥有战争的突然性，如今只能利用诸葛连弩与八阵图的科技优势与魏军主力骑兵在陇西高地上展开大规模野战，以图歼灭其主力后再硬取陇西。

为了吸引魏军野战，诸葛亮决定玩儿点诡计。其实陇西这个地方干旱且多山，产粮地不多，只有天水因秦末汉初时一场地震，地面塌陷，雨水聚集在塌陷处，日久形成湖泊，号"天水湖"（取"天河注水"之意），从此独有了良田沃野。这里土层深厚，山塬开阔，气候湿润，年降水量450—700毫米，而且森林覆盖率高，[1]水文资源丰富（还是西汉水的发源地），被誉为"陇上江南"，是陇西军粮的主产地。所以诸葛亮决定先去那儿把快要成熟的麦子给割了，[2]让司马懿大军来了也没粮，无法坚守，就只能与汉军在野外决战。

于是，诸葛亮分少量兵力继续围攻祁山堡，而自率大军主力前往上邽割麦。当时司马懿大军还在救祁山的路上，闻信大惊：诸葛亮不是在围祁山吗，怎么又跑到上邽去了？费曜戴陵只有四千人，就算加上郭淮的雍州地方兵，总共也就

---

[1] 《汉书·地理志下》："天水、陇西，山多林木，民以板为室屋。"《水经注·渭水》："（天水郡）其乡居悉以板盖屋，《诗》所谓'西戎板屋'也。"

[2] 天水南部地区属于暖温带，大部分是冬小麦区，麦熟时节当在五六月份，而当时只有三月。

七八千，能顶住诸葛亮数万大军吗？

此时司马懿大军还隃糜（今陕西千阳县东），距上邽还有三百里之遥，远水救不了近火，诸将都觉得糟糕了，司马懿却故作镇定道："不要慌，慌什么！诸葛亮虑多决少，必安营自固，然后芟麦。吾得二日兼行足矣。"于是卷甲轻装而行，昼夜兼程，狂奔两天两夜，终于赶到上邽以东，与郭淮等人会师。到这里，史书中出现了两种说法。

《晋书·宣帝纪》只有一句话："亮望尘而遁。"至于诸葛亮有没有割光麦子则没提。奇怪的是，《三国志·蜀书·诸葛亮传》也没。这当然不是陈寿等晋朝史官漏了提，而是不敢提。①

从侧面了解，诸葛亮应是把麦子割得差不多了，这才从容退去的。因为在《三国志·魏书·郭淮传》中有这么一段："是时，陇右无谷，议欲关中大运，淮以威恩抚循羌、胡，家使出谷，平其输调，军食用足。"说司马懿大军很快就陷入了粮食危机，最后还是郭淮凭借着自己在当地多年的威望从羌胡部落那里挨家挨户征集粮草，这才保住了司马懿的颜面。

而另外一部由东晋史学家习凿齿撰写的私史《汉晋春秋》详细道出了当时的真实情况。习凿齿是季汉广汉太守习祯的后裔，他另有消息渠道。

据《汉晋春秋》记载，当诸葛亮杀至上邽后，就开始割麦，费曜、郭淮可不能眼睁睁地看着，而且手下饿肚子的士兵也不答应，于是只能先行阻击，但结果都被诸葛亮轻松击破，"因大芟刈其麦"，等割得差不多了，这时司马懿才终于赶到，他却"敛兵依险"，不肯与诸葛亮交战。诸葛亮求战不成，便引兵向祁山方向撤退，以调动敌人主力，拉长其补给线，而在运动中觅机歼之。

望着光秃秃的上邽原野，司马懿感觉自己的老脸火辣火辣的，但在这关键时刻可不能被对手小瞧，于是他大手一挥，大笑道："吾倍道疲劳，此晓兵者之所贪也。亮不敢据渭水，此易与耳。"说我们昼夜兼程，远来疲敝，懂兵法的人都会贪此大功来攻，诸葛亮却不敢据守渭水，反而退兵走了，可见很好对付嘛！

可没想到那臭张郃太不识相，非要再打司马懿老脸，说啥："彼远来逆我，请战不得，谓我利在不战，欲以长计制之也。且祁山知大军以在近，人情自固，

---

① 故刘知几《史通·内篇·直书第二十四》云："当宣、景开基之始，曹、马构纷之际，或列营渭曲，见屈武侯，或发伏云台，取伤成济。陈寿、王隐，咸杜口而无言，陆机、虞预，各栖毫而靡述。"

可止屯于此，分为奇兵，示出其后，不宜进前而不敢逼，坐失民望也。今亮悬军食少，亦行去矣。"意思是说，人家是求战不得才想调动我们的。咱们应该把大军驻扎在这里继续迷惑敌人，然后分一支奇兵，包抄到蜀军背后，袭击诸葛亮补给线；而不该像现在这样进前而不敢逼，让陇西民众笑话！诸葛亮孤军深入，粮少难继，一旦补给出现问题，则必退。

从张郃两番提议分兵可以看出，他希望能脱离司马懿的掌控，各打各的，各自立功。而这却是司马懿最讨厌的，自己初来乍到，一定要加强掌控，怎么能让张郃这种老鸟自行其是呢？这样就算打赢了也无助于自己掌握兵权，这样的胜利他宁愿不要！于是他老脸一红，一反常态地暴吼道：分兵分兵，你就知道分兵！我不分不分偏不分！

张郃见司马懿这人是说不通的，只得长叹退去。司马懿于是纠集魏军全部主力，尾随诸葛亮一路追击。两人你追我赶，打打闹闹，一口气竟追到了位于祁山堡东北十公里处的卤城，诸葛亮突然不跑了。

诸葛亮选择在这里跟曹魏决战，是有其深意的。首先，上邽是平原地带，利于曹魏的骑兵发挥；而卤城位于祁山与秦岭之间，丘陵沟壑纵横，则利于汉军的步兵发挥。

其次，这卤城今天叫盐官镇，因此地有盐井，产出卤盐，故名。《西和县志》又云："盐官城内卤池，广阔十余丈，池水浩瀚，色碧味咸，四时不涸，饮马于此，立见肥壮。"因马匹需要从水草中不断补充盐分，故卤城附近地区养马业自古以来高度发达，在历史上也一直是西北著名的骡马集散地，至今遗风犹存。事实上，以养马发迹的大秦帝国也是发源于此（秦非子父亲大骆的都城西犬丘就在这一带）。所以，诸葛亮抢占这里，就是要抢占这里的盐业与马匹资源，逼迫司马懿不得不跟他决战。

不料，司马懿追击到卤城之后，仍只追不击，并"登山掘营"，就这样不远不近地跟着诸葛亮，不即不离，若即若离。

这下曹魏诸将实在受不了这个磨磨叽叽的司马懿了，就知道跟着蜀军屁股后面跑，像个跟踪狂一样，咱们可是来攻打诸葛亮的，不是来调戏诸葛亮的。

然而，司马懿不动如山，说不战就不战，这次耗光诸葛亮的粮草就算赢。诸将闻令纷纷摇头，别人倒还好，仍在坚守祁山的魏平、贾嗣却感觉快疯了：老子在这里坚守数月，粮食都快吃完了，脖子都等酸了，大将军还磨磨叽叽不来救我们，真是让人心寒哪！于是派敢死队冲出重围，送了封信给司马懿，毫不客气地抱怨道："公畏蜀如虎，奈天下笑何！"这话一出口，就是神仙也挂不住面子了，司马懿没办法，只好打一仗试试。赢了没话说，输了大家也就踏实了。

卤城有南北两座山，两座山的中间还有西汉水隔断，故诸葛亮将汉军一分为二，分别背靠南山和北山驻扎，诸葛亮作为主力军驻在北围，王平则率领五部无当飞军万余人驻扎在南围，互为掎角，以逸待劳。诸葛亮让王平独当一面，看来街亭之战后，王平已成了季汉的一张王牌。

于是，针对诸葛亮的布置，司马懿下令魏军对汉军南北夹击，发动钳形攻势：让张郃率兵攻打南围的王平，而自己则率领主力攻打北围的诸葛亮。

诸葛亮等的就是这一刻。他很快定下了南守北攻的战略，让王平坚守南围，而派征西大将军魏延、后将军吴班及右将军高翔自北围出战。此战，王平以八阵图布阵，坚守不动，他手下的无当飞军都是南中人，擅使弓弩毒箭，作风顽强勇悍，张郃骑兵冲了好几次发现只是送人头，无奈只得退兵。而在北围战场，魏延等人也以八阵图与诸葛连弩对敌，布车阵且战且前，有如摧枯拉朽，将一团一团的箭雨泼向前方，绞杀出一团又一团的血雾。曹军抵挡不住，纷纷后退，诸葛亮见时机成熟，于是派出阵后骑兵冲出，收割残血。结果，曹魏铁骑溃不成军，一路上人马狼藉，尸横遍野，损失惨重。这就是诸葛亮的野战之道，"密如神鬼，疾如风雷。进不可当，退不可追。昼不可攻，夜不可袭。多不可敌，少不可欺。前后应会，左右指挥。移五行之性，变四时之令。人也？神也？仙也？吾不知之，真卧龙也！"（苏轼《诸葛武侯画像赞》）

卤城之战，虽然不甚有名，却是中国战争史上，第一个有记载破解钳形攻势的大会战。战后，诸葛亮清点战果，共获魏军甲士首级三千，铁甲（玄铠）五千领，角弩三千一百张。在古代，铁甲是最珍贵的战略物资，最起码得低级士官才有铁甲，普通兵卒能有皮甲就不错了。如袁绍与公孙瓒于界桥决战，公孙瓒军在"甲首千余级"被斩杀的情况下，就慌乱溃败了，足见甲士乃一军之精锐中坚力量。官渡之战时，袁绍十万大军，也不过铁甲万领。由此推算，魏军损兵当在三四万以上，其战果不仅超过了几年前东吴的石亭大捷，也超过了当年关羽的水淹七军，甚至可以说，这是曹军在赤壁战败后损失最惨重的一次！然而《晋书·宣帝纪》仍然大放厥词，[①]不仅对季汉大胜绝口不提，反而一句"帝攻拔其围，亮宵遁"，说诸葛亮连夜从卤城撤退跑了。还说司马懿"追击，破之，俘斩万计"。

司马氏对史料的篡改简直丧心病狂。诸葛亮后来确实撤退了，但并非在卤城之战后（见《汉晋春秋》），而是又过了近一个月；[②]而且退军的地点也不是在卤城，而应在卤城东北百里的上邽附近。因为诸葛亮退兵后是在青封木门道射杀了前来追击的张郃，而青封木门道是在今天水市秦州区木门村一带，正好在卤城与上邽的中间地带。

这说明，诸葛亮在卤城之战后，又将汉军兵锋向前推进了近百里；而司马懿则应在惨败后退守上邽城了，然而由于李严这个猪队友，诸葛亮只能前功尽弃选择撤退。司马懿至少在上邽被困了十几天，这颜面实在有点挂不住，所以才派张郃前去追击，[③]结果却被诸葛亮伏兵反杀了。在主将被射杀的情况下，魏军还能"俘斩万计"，我只能说，司马氏的史官都是天才。[④]

---

① 在二十四史中，《晋书》的水平公认是最差的。清人张熷在《读史举正》举出《晋书》谬误达四百五十多条，钱大昕《廿二史考异》亦批评《晋书》"涉笔便误"，王鸣盛在《十七史商榷》中更直言此书"多污秽"。

② 据《汉晋春秋》，卤城之战发生在"五月辛巳"（五月初十），而根据《三国志·后主传》，诸葛亮退兵是在夏六月。这里顺便再说一下，虽然习凿齿记载诸葛亮此次大胜的《汉晋春秋》不在二十四史之列，其史学价值似乎不如《晋书》，但史学界一向认为其可信程度高于《晋书》。享有盛誉的史学批评家刘知几在其著作《史通》之《直书》篇中列举了唐代以前史学上"直书"饮誉的史家，他们是：董狐、齐太史、南史氏、司马迁、韦昭、崔浩、张俨、习凿齿、宋孝王、王邵等。班固、陈寿、范晔等著名史学家居然都未上榜，但习凿齿赫然在列。

③ 另外估计也是怕我后张郃在魏明帝面前告状，毕竟张郃乃嘎嘣宿将，可他的几个意见司马懿一个都没接受，这才导致魏军战败，张郃要是去朝廷闹起来，司马懿恐会被追责。

④ 唐朝房玄龄、褚遂良、令狐德棻等人编撰《晋书》所用的西晋史料，多出自晋元帝时的史官王隐、郭璞。此战后汉军并无任何将领被问责，以诸葛亮之赏罚分明，亦可见魏军"俘斩万计"的说法相当无稽。

第五十五章
诸葛亮和司马懿的权臣之路

季汉建兴九年（231）春，诸葛亮北伐曹魏，再一次来到了成功的边缘。

在这次北伐中，诸葛亮面对司马懿占尽上风，不仅抢收了曹魏大量军麦，而且在卤城大破曹军，司马懿被迫退守上邽。诸葛亮则趁胜大进，准备一次性搞定士气低落的司马懿军。然而很可惜，在这关键时刻，诸葛亮又被猪队友给坑了。

这一次，是后勤运输出了问题。

其实曹魏方面的后勤问题也不小，毕竟上邽的军粮大多被诸葛亮洗劫一空了，但魏明帝相当给力，他不仅没有因此给司马懿施加压力，反而"前后遣兵增宣王军，又敕使护麦"（见《三国志·魏书·明帝纪》注引《魏书》），持续增兵保护上邽附近仅存的一点珍贵麦粮，而雍州刺史郭淮也凭借其多年积攒的威望，从羌、氐部落中挨家挨户征来了一些粮食，堪堪帮助司马懿渡过了难关。但随着夏秋之际的连绵雨季来临，曹魏与季汉的后方粮草运输都出现了巨大困难。曹魏方面在魏明帝曹叡的亲自过问下，尚能勉强支撑，而季汉这边负责后勤运输的骠骑将军兼中都护署丞相府事李严却已感觉力不从心，于是写信问诸葛亮怎么办。诸葛亮列了上、中、下三计，上计是让李严带兵从散关故道进军，一举拿下陈仓，切断魏军从关中来的粮道，然后与诸葛亮两面夹击，将司马懿困死在陇西；中计是让李严再坚持一下，能运多少运多少，尽量拖到最后一刻，看两边谁先绷不住；下计是直接退兵返回汉中。

诸葛亮这三计，李严只要选择了上、中任何一计，季汉的这次北伐就大功告成了，因为据《华阳国志》记载，此时，曹魏搜刮羌、氐得来的粮食也快吃光了，"时宣王等粮亦尽"，只要再坚持坚持，陇西恐非曹魏所有。

可惜，缺乏魄力的李严最后选择了下计；并为了撇清责任，派来他手下的参军狐忠、督军成藩，向诸葛亮假传圣旨，说既然粮运困难，皇帝命令大军撤退。诸葛亮长叹一声，只得领旨。①大好局面，再次功亏一篑。

裴松之为《三国志》做注，注到这一段，少有地引了一段灾异史料——《汉晋春秋》曰："（是年）冬十月，江阳至江州有鸟从江南飞渡江北，不能达，堕水死者以千数。"

裴松之的意思大概是说，诸葛亮就像这渡江之鸟，即便高飞，即便执着，但注定永远不得北渡，堕水千数，岂不哀哉！？

李严，太可恶啦！

其实李严这个人，在政治上没有大问题，能力也很出众，②但就是私心太多，是个官场老油条，刘备安排他做诸葛亮副手，他却不好好工作，常常要官要爵才肯配合。如今因为下雨导致粮草运输出现了问题，不想办法解决，却只想退缩，其实这也没关系，好好解释一下，最多算是工作不力，受两句批评也就是了。偏偏李严在官场混惯了，中了权谋的毒，干什么都喜欢两面三刀，这边假传后主的旨意让诸葛亮退兵，那边却跟后主说诸葛亮退兵是为了诱敌深入，反正要把自己撇干净。为了推卸责任掩盖证据，李严甚至还想杀掉督粮的将领岑述。要知道岑述曾任季汉司盐校尉，那可是诸葛亮长期以来重点培养的经济后勤官员，李严可谓丧心病狂！这下诸葛亮真受不了了，于是与数十位季汉大臣联名弹劾李严。后主大怒，遂以矫诏之罪将李严罢官流放。李严万万没想到自己身为托孤大臣、骠骑将军、领丞相府事，到最后居然没一位季汉大臣肯站在自己这边，就连东州派的老兄弟吴懿、吴班等人都反对自己，只好乖乖认栽。

由此可再次证明，诸葛亮、李严二人虽然看上去官位差别不大，但实际掌握的权力却不啻于天壤之别。某些影视剧中将李严演绎成能与诸葛亮分庭抗礼的政敌，甚至有些学者过于看重李严的地位与作用，以及季汉人事中的主客新旧之别与派系斗争，③这是不符合白帝城托孤后诸葛亮主政时期特别是主政后期的真实状况的。

所以，诸葛亮对李严其实并没有你死我活，甚至觉得相当可惜。季汉本来就

---

① 《三国志·蜀书·后主传》："夏六月，亮粮尽退军。"
② 据《三国志·蜀书·李严传》记载，就连诸葛亮也称赞李严的工作能力"部分如流，趋舍罔滞"（办事行云流水，解决问题毫无停滞）。
③ 田余庆：《李严兴废与诸葛用人》，《秦汉魏晋史探微》，中华书局，2004年。

人才匮乏，但凡有辙，他真不想搞这些内耗，所以他仍重用了李严的儿子李丰为中郎参军（后官至朱提太守），并专门写了封信给他，春风化雨，勉励他不要因为父亲的事情而有什么思想负担，要继续为国立功尽力，并希望李严能够好好反省，改过自新，有问题随时可以找自己或蒋琬通气，日后仍有起复的机会。最后，诸葛亮还充满感情地写道："亮别无他言，只愿明吾用心，临书长叹，涕泣而已。"诸葛亮真是厚道啊，像李严这种人，若是落在司马懿孙权手里，不知要被灭族多少遍！

人非草木，孰能无情。李严看完信后，感觉自己惭愧，从此老老实实做人，三年后，诸葛亮在五丈原去世，李严闻听，心知除了诸葛亮没人敢用他，感觉自己仕途无望，更担心失去诸葛亮的保护后，有当政派会对其打击报复，结果竟伤心郁闷而死。

从这件事也可以看出，诸葛亮的政治智慧与处理复杂政治关系的能力是相当强的，甚至可以说是史上第一。我们看中国历史，几乎没有一个权臣能够全身而退：要么变成王莽、曹操、司马懿，违背初心，走上一条权力的不归路；要么变成商鞅、诸葛恪、严嵩，被权力反噬而身败名裂；哪怕是得到了善终的霍光、张居正，死后也不免被清算，或灭族，或抄家，还差点被鞭尸；即便号称圣人的周公旦，即便身为周成王的嫡亲叔叔，也不免遭到流言的攻击与声讨。正所谓"周公恐惧流言日"，权力这头恶兽，就连圣人都感到恐惧，诸葛亮为何独独能够守住底线，守住最初的承诺，而不被它吞噬呢？

更何况，诸葛亮手握兵权，连年同魏国交战，更是犯了"五大不在边"的大忌。所谓"五大不在边"，意思说有五种大人物应该待在朝中，而不应在边疆带兵。否则，若战胜则声势愈盛，猜疑的人更多；若战败则丧师辱国，弹劾之声难免；即便不打仗，兵权就是原罪，蒙恬又招谁惹谁啦？

总之，权臣难做，即便你权谋通天，只要处理稍有不当，便是身败名裂。然而诸葛亮在接受托孤的十余年中，上辅弱主，下安黎民，外拒强敌，内修庶政，除了李严敢使点小绊子，其他就连周公的谣言都没发生过。这除了诸葛亮此心如秤，至公无私之外；① 其他类似李丰书信这些细致的善后工作，诸葛亮究竟花了

---

① 李世民就常常向朝臣们称道诸葛亮说："为政莫若至公。昔诸葛亮窜廖立、李严于南夷，亮卒而立、严皆悲泣，有死者，非至公能如是乎！"（《通鉴纪事本末·贞观君臣论治》）

多少心血，我们又何尝真正知道？司马懿说他"食少事烦"，又何只日常的军政事务而已。

事实上，诸葛亮一死，霍光、张居正的身后危机也发生过。首先跳出来的是安汉将军李邈，这人就是个刺头，曾多次顶撞刘备，多亏诸葛亮求情才救了他。后来诸葛亮要处理马谡，他又来顶撞，结果被诸葛亮安排到后方做事情。李邈诸多不爽，又揣摩上意，认为诸葛亮一死，自己的机会就来了，于是上书后主，说：

> 吕禄（吕后之侄）、霍禹（霍光之子）未必怀反叛之心，孝宣不好为杀臣之君，直以臣惧其逼，主畏其威，故奸萌生。亮身杖强兵，狼顾虎视，"五大不在边"，臣常危之。今亮殒殁，盖宗族得全，西戎静息，大小为庆。

然而，霍光、张居正的悲剧并没有继续上演，后主看了这上书后，勃然大怒，当场将李邈下狱诛死。

李邈乃益州名士李氏三龙之首，且身任安汉将军，这可是刘备时期国舅爷糜竺的职位，可见其在季汉朝廷地位之高。但刘禅说杀就杀了，这是怎么回事呢？

其实，刘禅生性宽柔，很少诛杀重臣，此次杀人，目的还是要坚持孔明路线不动摇。毕竟李邈也太自不量力了！诸葛亮即便身死，其余威都能吓跑司马懿，何况是在季汉。要知道，就算季汉快灭亡了，季汉吏民们还在孜孜以求地争取给诸葛亮立庙。李邈这么做，只能犯众怒。后主聪明，当知如何表态。

而另外一边在曹魏，张郃的运气就没有李严好了。

当时，诸葛亮奉旨退兵，司马懿就让张郃前去追击。张郃本来是不想追的，《魏略》记载了他最后一句话："军法，围城必开出路，归军勿追。"但司马懿早被失败冲昏了头脑，竟以军法严令张郃出战。

大概司马懿觉得，自己新官上任，占据数倍于敌的实力，坐拥最精锐的关陇骑兵，却损兵折将，让诸葛亮在魏境内来去自如，这也太丢人了，必须打场胜仗挽回颜面，并告诉天下，我大魏国可不是你想来就来，想走就走的！当然，就算没打成胜仗，也可让张郃跟自己一样也输场惨的，这样司马懿也好回去跟魏明帝交代——你看，不是我一个人烂，张郃比我还烂，不怪我。

张郃身为老江湖，自然知道司马懿的心思。此时，魏军中有勇略的年轻将领并不少，为何偏偏要让张郃一个年近七旬的老同志去追击？况且，张郃向以巧变著称，"料战势地形，无不如计"，怎会不知追入山谷有危险？然而张郃却没有办法抗命。原来，司马懿有生杀予夺的"假黄钺"之权，①可斩杀"使持节""持节""假节"等三个级别的节将，②而张郃只是"假节"而已，③这次司马懿又下了死命令，他不得不听。

结果，一代名将张郃，就这样孤独地踏上了自己人生的终途，想他这一生戎马倥偬，为曹魏江山流血厮杀三十年，最终换来的只是无话可说、无处发泄的委屈。总之，这注定是一个无法归家的冷雨夜，冷雨纷飞，箭雨扑面，暖暖的血泪跟寒雨混成一块，眼前的色彩，忽然被掩盖，谁会愿意接受这最痛的意外……

这一次，诸葛亮也算是为弟子马谡报了仇。更重要的是，张郃此人乃如今曹魏诸将中最厉害的战术大师，"自诸葛亮皆惮之"，除掉这位曹魏牛人，日后的仗就好打多了。

张郃死后，魏明帝亦感到相当惋惜，不由长声叹道："蜀未平而郃死，将若之何！"司空陈群同感悲伤，说道："郃诚良将，国所依也。"

卫尉辛毗却道："陈公，是何言软！当建安之末，天下不可一日无武皇帝也，及委国祚，而文皇帝受命，黄初之世，亦谓不可无文皇帝也，及委弃天下，而陛下龙兴。今国内所少，岂张郃乎？"

陈群见老前辈辛毗站了出来，忙道："亦诚如辛毗言。"

聪明的魏明帝曹叡却从这番辩论中一下子看出了门道：颍川老士族辛毗竟然不待见他老乡陈群，反而更支持司马懿？看来，这帮士族要变天了。陈群身为颍川集团的领袖，又担任着司空录尚书事，却连个司马懿都制衡不了，实在令人失望。曹叡又想起一年前先帝的老臣吴质曾对自己说："骠骑将军司马懿，忠智至公，社稷之臣也。陈群从容之士，非国相之才，处重任而不亲事。"④看来这帮老

---

① 见《晋书·宣帝纪》："太和四年（230），迁大将军，加大都督、假黄钺。"

② 见《宋书·百官志》："假黄钺，则专戮节将，非人臣常器矣。"而"使持节"可杀二千石以下文武大员；"持节"则可杀无官位之人与两千石以下武将；"假节"权力最小，只能杀于犯军令之武将。

③ 见《三国志·魏书·张郃传》："太祖在长安，遣使假郃节。"

④ 吴质一生，桀骜不驯，曾折辱董昭，报复崔林，贬低陈群，羞辱曹真，可以说是个刺头，却偏偏讨好司马懿，可见士族之向背。后来吴质因生前肆意妄为，树敌颇多，死后被谥为"丑侯"。其子不服，持续上访数十年，直到司马氏掌权后才为其翻案，谥为"威侯"。

臣大多还是抱了司马懿的大腿啊，想到这儿，曹叡不由得心情复杂，忍不住揶揄陈群道："陈公可谓善变矣。"

其实，士族们大多投靠了司马懿，除了因他能力出众外，也因为河内司马氏人丁兴旺，组团出道，势力遍布朝野。如司马懿共八兄弟，号称"司马八达"，其中除司马朗、司马恂早卒于曹操时期，其余六人皆在曹魏任高官，封侯爵；而司马懿又有九子，其弟司马孚亦有九子，其中大部分都还算优秀。汉晋时期最重视家族，颍川陈氏虽名望高于司马氏，但人丁稀薄，实在无法与河内司马氏这个超级男团抗衡。所以，战后魏明帝还不得不派使者到前线劳军，并为战败的司马懿增加封地。[1]这便是司马懿用阴谋与人血铺就的权臣之路，没有了张郃，曹叡就只能更加依靠司马氏了。

从曹魏君臣这段对话也可以看出，此时虽尚未到两晋，但士族门阀已然暴起，甚至已经到了可以将张郃这样鼎鼎大名的寒门宿将抹去而不起波澜的地步，实在令人发指。其实这也是魏晋之际寒门庶族的宿命，比如另一位功勋卓著的灭蜀名将邓艾，除了略有居功自傲的迹象外，实无反叛之情，却被众士族构陷迫害，甚至连申诉的机会都没有就被半路杀死。其家属也很惨，"余子在洛阳者悉诛，徙艾妻子及孙于西域"。而其部寒门将士也受到牵连，他们如此艰险偷渡阴平，建伐蜀之首功奇功，却被司马昭以"州郡将督，不与中外军同"为借口剥夺了其应得的封赏。还有伐吴的首功寒门名将王浚也被多次陷害，若不是司马炎还算宽大，恐怕也会被士族们害死。还有曹丕四友之一的吴质，即便是魏帝的密友、智囊与心腹，也因出身寒门而屡屡得不到重用，最终郁郁而终，还被安了个难听的谥号"丑侯"。就连司马师的心腹石苞，也因出身低微屡次被属下轻侮并诬陷谋反，甚至险些酿成了第四次淮南之叛（见《晋书·石苞传》与《晋书·孙楚传》）。

事实上，司马氏建立的西晋王朝，之所以建国之初便暮气沉沉，纷乱不断，并很快崩溃，正与西晋统治阶层的组成有关。司马代魏，主要的支持力量就是曹魏官僚集团的贵二代贵三代，他们凭借父祖的功荫支持司马氏上位，目的就是要垄断他们的政治既得利益，为此他们同其声类，抱团排斥出身低微、后起的司马氏集团成员，从而堵塞了统治集团内部的上升渠道，造成了司马氏集团中结构性

---

[1] 见《晋书·宣帝纪》："天子使使者劳军，增封邑。"

的矛盾。这在司马懿祖孙三代的强势领导下尚能维持平衡，可一旦帝系孱弱，则各集团的矛盾纷起，这便是西晋短促灭亡的最大诱因。

顺便说一下，诸葛亮为张郃选择的死亡之地名叫木门谷，因东西两山对峙，状若天然门户，故名。此处河谷地势险要，荆棘遍地，怪石峥嵘，右侧山坡上除了春草萋萋，只孤独地立着一块"木门道"石碑，一片荒凉之中，似乎还飘荡着那个冤屈的灵魂，如泣如诉，长歌当哭。

第五十六章
木牛流马：
冷兵器时代后勤补给的巅峰之作

 诸葛亮第五次北伐，距离他上次北伐，又准备了三年。这三年中，诸葛亮不仅罢黜了李严，统一了思想，加强了季汉集团的团结；而且对北伐的准备更加充分。这一次，他不仅有诸葛连弩、木牛、八阵图，而且又发明了流马，修复了斜谷栈道，还在斜谷南口建造了储存粮食的邸阁，以减少战争爆发后的后勤压力。总结诸葛亮历次北伐，每次都补足了上次的短板，从中我们可以清晰看到一个伟大政治家正在向伟大军事家方向成长。

 所谓流马为何物，与木牛一样，史载亦不详，只有在《诸葛亮集》中，对其制造之法进行了简要文字描述，仍没有使用说明书与设计图。不过，相比木牛，流马的文字介绍更加细致些，不仅有各零件位置与尺寸大小，而且明确表示多孔，且孔径较大，这说明流马或许是由接榫组装的；不称"木马"而称"流马"，则应为滑行或水行之物。据专家推证，流马很可能是一种可拆卸组装的水陆两栖运输工具。

 这根据的是什么呢？

 路况。

 原来，诸葛亮最后一次北伐走的褒斜道，是一条非常特殊的道路。该道由古褒国（褒姒故乡）所在的褒中县出发，由褒口进入褒水（汉水支流，又称黑龙江）河谷北行，过石门、三角城、赤崖，抵达褒水源头。此处和它对应的斜水（渭水支流，今称石头河）河谷有分水岭相隔，古称五里坂。翻越五里坂，再沿斜水北行至斜峪关，出斜谷口，便是关中重镇眉县。

秦岭一般南坡较缓，北坡陡峭，①所以大多数谷道的北段都较为难行。只有褒斜道的北麓斜谷因长达51公里，又有斜水冲刷，所以道路平缓，没有大的山岭，颇为便捷易行，其出口距离长安又较近、这种得天独厚的自然条件当年也曾让西汉君臣颇为心动。

原来，西汉虽以长安为都城，高屋建瓴以控天下，但一直颇受粮食问题困扰。其实，关中盆地的粮食产量还算可以，但随着汉朝大量迁徙关东豪强至长安及其陵邑，以及西北开发河西走廊及经营西域以对抗匈奴等需求，导致关中粮食供应日益入不敷出。尽管关中一直在兴修水利，扩大灌溉面积，提高粮食产量，还在西北推广屯垦，但与激增的人口相比无异于杯水车薪。所以汉朝政府每年都必须从关东运粮食过来输血，汉武帝时最多的年度要运六百万石，这些粮食转运主要靠水路，靠渭水与黄河转运。

但黄河从来不是一条平静的河流，漕运起来有问题，最大的问题是三门峡那一段，水流湍急，河中流又有巨石将河水三分，使其更加险要，常常船毁人亡，损失很大。后来唐朝曾在三门峡旁边人工开了条路，船到了这里，把粮食装上车，绕过三门峡，再重新装船水运，但这样成本又增加了。

特别是遇到灾年，粮食需求更大，漕运跟不上，皇帝就只好带上文武百官到东都洛阳去"就食"。到洛阳有什么好处呢？粮食不用过三门峡。

正因为这样，唐朝以后再也没有朝代选择在长安建都，而是东移到了开封，以后又北移到北京。

总之，西汉建都长安，粮食供应是大问题，所以御史大夫张汤经过调查研究，给汉武帝写了一份调研报告，建议复修褒斜栈道，以开通漕运，用褒水和斜水，来沟通渭水与汉水，这样关东的物资可以由南阳经汉水漕运到汉中，再经褒水与斜水漕运到关中，完美避开黄河漕运的三门峡之险。汉武帝看了以后非常高兴，立刻任命张汤之子张卬为汉中太守，发数万民工复修褒斜栈道，并打通漕运。但由于褒水与斜水过于湍急，且多大石险滩，水路落差很大（至今当地仍有漂流娱乐的路线），而五里坂这段陆路更多巨石，难以挖通，所以漕运之事最终没有成功（见《史记·河渠书》），当然这工程也不是白弄了，汉武帝对褒斜道的扩修，让该道代替陈仓道成了秦岭的最主要干道，从而使长安到汉中两地运输便

---

① 故各谷道的雄关大多在北出口，如褒斜道的斜峪关、陈仓道的散关，以及子午道的石羊关等。

捷了四百多里。东汉永平四年（61），汉明帝又下诏修缮褒斜道并开凿石门，[①]动用劳工76万余人，用瓦近37万器，用粟近150万斛，历时五年，终于修通褒斜道南段129公里，包括桥阁623间，大桥5座，工程极为浩大。到了汉安帝、汉顺帝、汉桓帝时，褒斜道又多次得到改建与维修。总之，这是秦岭谷道中道路条件最好的一条，只有漕运一事美中不足，有点可惜。

但在诸葛亮这里，美中不足，也可变为完美。

具体方法，当然就是发明流马了。此物，应该是像变形金刚一样，可随意拆卸与重新组装，从而车船两用——在陆地上就用人力搬抬或畜力牵挽，在水中之时则变为一种特制小艇，既能划行，又能用拉纤拖行，足可适应多种运输条件。在《诸葛亮集》记载的设计资料中，流马的脚较为短小，应该是牵纤时系绳或搬抬时抓握的把手；而以"方囊两枚"盛米，是其载货的部分，有相当的密闭性，以适应在湍急的河谷间行驶，不至于溅湿而损坏米粮。这大概就是最早的微型"集装箱"吧。而按照《诸葛亮集》所说，这每个"集装箱"能装"二斛三斗"粮食，合今约140斤，当水运结束需陆运时，前后二人搬抬，其重量亦是刚好。

基本上，自诸葛亮发明了水陆两栖的流马之后，季汉北伐就再未被后勤因素掣肘过。洮西之战后，邓艾以五个方面的因素预判姜维必定再出军，其中第三点便是"彼以船行，我以陆军，劳逸不同"（《三国志·魏书·邓艾传》），可见姜维后来蚕食凉州，亦是通过西汉水水路与略阳陆路实行两栖运输，让曹魏名将都颇为头疼。

而另外一边，司马懿方面也在积极备战。事实上，早在诸葛亮三年前攻伐陇西，粮尽退走之后，司马懿的军师杜袭、督军薛悌就曾提醒他说："明年麦熟，亮必为寇，陇右无谷，宜及冬豫运。"我们上篇也说了，那次诸葛亮北伐，不仅汉军军粮不继，曹魏也因上邽麦田被蜀军收割大半，导致军粮捉襟见肘。最后还是靠雍州刺史郭淮凭借其在羌、氐间的巨大威望，挨家挨户征粮，这才让魏军惊险渡过了粮食危机。但这种事情，可一不可再，羌、氐本来就叛服无常，郭淮多年扎根陇西，好不容易积攒起来一点威望，可不能透支。

---

① 石门隧道全长16.3米，高3.4米以上，宽达4.2米，足以容纳汉朝两辆马车并排通过，是世界上最早可通行车辆的穿山隧道。这在古代没有炸药的情况下工程量极其浩大。好在古人发明了"火烧水激法"，即用火烧烤待凿的山石，然后水激或醋激被火烧烤处，再用锤子敲打，原来坚硬的山石就像切豆腐一样容易击碎。

　　所以杜袭、薛悌未雨绸缪，想赶紧从东边多运点粮食到陇西积攒起来，以备大战，这也未尝不是一个好主意，可司马懿却像个神奇老道般预测："纵诸葛亮后出，亦不复攻城，当求野战，必在陇东，不在陇西也。且其每以粮少为恨，归必积谷，以吾料之，非三年不能动矣。"所以运粮大可不必，应该作长远打算，这事儿就交给司马懿的弟弟司马孚吧！

　　要说司马家的人才还真是多。这司马孚的能力就不在司马懿之下，①当时正在朝廷担任度支尚书，专门分管曹魏的税收与军屯的统计和支调，②是一个财会专家级的人物。当他得知哥哥的困难后，立刻向朝廷建议将五千冀州农夫迁到上邽去屯田，秋冬习战阵，春夏修田桑，以实陇西。另外司马懿也上表明帝，设立了京兆、天水、南安三郡"监冶谒者"（掌管冶铁的专官，秩比六百石），大兴冶铁，更新兵器；又请准在京兆郡设立军市，筹措军饷；③并修复郑国渠与白渠，增修了渭水中游的成国渠与洛水的临晋陂，以增加灌溉面积，滋养人口，做长期及更大规模战争之准备。

　　总之，这是一场双方都准备充分的战争。公元234年二月，诸葛亮提兵十万，粮草充足，倾国而出斜谷；魏明帝则空前重视，不仅加派征蜀护军秦朗④率两万大军增援司马懿，并运送了大量粮草支援关中前线，⑤并下诏一再嘱咐司马懿坚持乌龟战术，不要怕丢人，朕坚决支持你："但坚壁拒守以挫其锋，彼进不得志，退无与战，久停则粮尽，虏略无所获，则必走矣。走而追之，以逸待劳，全胜之道也。"这就是曹魏高层总结诸葛亮数次北伐后形成的作战指导思想——我打不过你，难道还熬不过你吗？

---

① 《晋书·安平献王孚传》："及（魏）明帝嗣位，欲用（司马）孚，问左右曰：'有兄风不？'答云：'似兄。'天子曰：'吾得司马懿二人，复何忧哉！'"

② 曹魏各军区也都有专管兵屯的长官：有度支中郎将，秩二千石，与民屯的典农中郎将平级；有度支校尉，比二千石，与民屯的典农校尉平级；有度支都尉，秩六百石，与民屯的典农都尉平级。

③ 史书上关于军市的记载最早见于战国晚期的赵国，当时李牧用这种方法使得"市租皆输入莫府，为士卒费"（《史记·廉颇蔺相如列传》）。也就是说，李牧设军市收租税，用于幕府犒赏战士，赏赐都由他决定，不受朝廷限制，所以李牧深得士卒的爱戴。当然，李牧这么做是因为边郡距离邯郸太远，邯郸又屡遭秦国攻击，所以边郡必须自力更生。而司马懿这么做除有此考虑外，更多的是为了收揽关中军心，提高自己在军队中的影响力与控制力，进一步巩固自己的兵权。

④ 即曹操宠妾杜氏之子，为曹操继子。此人虽低调谨慎，却颇有军事才能，曾率军击败鲜卑大佬轲比能与步度根。

⑤ 司马懿几年来在关中自己攒的，再加上后方输送的粮草已达到了非常惊人的数目。据史书记载，此战后第二年，关东大饥，司马懿竟"运长安粟五百万斛于京师"（《晋书·宣帝纪》），据推算，这些粮食可供应十万大军一两年的开支。

第五十七章
曹魏最被低估的名将
水平在司马懿之上

公元234年四月，季汉北伐大军走出斜谷，来到渭水以南的郿县；曹魏诸将怕诸葛亮抢占渭北，都提议将大军驻扎在渭北的积石原。积石原又名北原，位于宝鸡岐山县境，就是现在蔡家坡这块地方，隔渭河与五丈原相望。

然而，司马懿却表示："百姓积聚皆在渭南，此必争之地也。"于是率大军南渡渭水，在渭南背水扎营，与诸葛亮相持。

其实，司马懿跑到渭南来，就是怕诸葛亮大军由渭南向东攻打长安，这样就会逼得曹魏军队一定要跟诸葛亮野战，这就违背了自己乌龟作战指导思想。可他到了渭南之后，却发现诸葛亮并没有向东进发，而是向西上了五丈原。这下司马懿高兴了，竟大言不惭地表示："亮若出武功，依山而东，诚为可忧；若西上五丈原，诸将无事矣。"遂令诸将严密防守渭南，坚持到蜀军粮尽撤退就行。

如果魏军真按照司马懿的指示来办，那他们就完蛋了。因为诸葛亮这次虽然兵出关中，但他的目标并不是长安，仍然还是陇西，一直都是陇西，从来没有改变。他之所以西上五丈原，也并不是见魏军势大而暂避锋芒，而是欲图迷惑魏军，然后趁机从五丈原北渡渭水，抢占对面的北原，也就是积石原，从而切断渭水，孤立陇西，然后从容取之。

只可惜，司马懿虽然没能看破诸葛亮的计策，他手下宿将郭淮却看出来了。在大家的印象中，郭淮是三国历史上一个很不起眼的角色，但事实上，他相当厉害。

郭淮可以说是季汉的老对手了（应该可以说是打交道最多的一个）。当年刘备夺汉中，曹魏主将夏侯渊被阵斩，魏军破胆，眼看就要崩溃，就是郭淮收集散卒，稳定军心，并定计远汉水而列阵，这才使得刘备心生疑虑而不敢渡水进攻，否则不等曹操来援，恐怕汉中已落入刘备掌中。

后来曹丕即位，以郭淮大功拜其为雍州刺史，主抓曹魏西北工作。郭淮的工作特色是，特别重视情报工作与戎狄关系，据史书记载，每次有羌胡来降，郭淮都能迅速而详细地说出对方资料，根本不需要查户口；少数民族都比较淳朴，还以为郭淮真有未卜先知的妙算，纷纷称其神明，对他非常敬服。

而后来诸葛亮第一次北伐，出其不意地杀入陇西，曹魏举国震惊，只有雍州刺史郭淮似乎早有先见之明，竟然在事先就从长安来到天水巡行。所以当诸葛亮杀入陇西，各郡纷纷叛魏响应的时候，郭淮却得以坚守上邽，扭转了局势，坚持到了中央援军到来，然后又抓住时机，在张郃五万大军攻打街亭的同时，果断杀出上邽，从后击破了马谡的后镇列柳城，季汉宿将高详败走。高详在事后并没有像马谡、李胜、张休、黄袭、赵云那样受到诸葛亮责罚，这说明他应当打的还算顽强，失败只是因为郭淮太厉害了。后来诸葛亮再出祁山，又是郭淮征粮有功，再次保住陇西。

而这一次，竟然又是郭淮力挽狂澜，通过缜密的分析，识破了诸葛亮的战略，最终葬送了季汉的北伐事业。

原来，就在魏军一片乐观的情绪氛围下，郭淮发现了一个可怕的疑点。据报，季汉此时正派人在一个叫兰坑的地方①屯田，这本来没啥好注意的，但问题是，此处正位于季汉武都郡与曹操天水郡交界之处，战略要地建威（即陈式取武都、阴平时诸葛亮阻挡郭淮之处）附近，与祁山近在咫尺。所以郭淮心中疑虑：如果诸葛亮意在关中，那又为何要在这关键时刻，派人去祁山道上屯田呢？

忽然，郭淮脑中神光一闪：糟了，诸葛亮此次北出关中，根本不是想夺取关中，他的目标仍然是陇西！蜀军在兰坑屯田，就是为了下一步在陇西的行动预做准备。

想到这里，郭淮立刻跑去向司马懿汇报说："亮今西上五丈原，必北渡渭水，以争北原，宜先据之。"

诸将不以为然，诸葛亮分兵渭北争夺北原干吗？这不是将兵力一分为二，让我们各个击破吗？不可能，不可能。而且领导已经定调子了，只要蜀军在五丈原

---

① 位于今甘肃成县西北，《水经注》卷二十："建安水又东径兰坑城北，建安城甫，其地故西县之历城也。"

驻军，咱们就高枕无忧了，你却又在这里危言耸听，领导面子往哪里搁？

郭淮大急，赶忙解释说："若亮跨渭登原，连兵北山，隔绝陇道，摇荡民、夷，此非国之利也。"

司马懿一听顿时一拍脑袋：哎呀我咋没想到呢，差点误了大事，赶紧派兵抢占北原，否则大事去矣！

原来，从关中增援陇西有两条通道。一条是沿着渭水河谷由陈仓狭道入陇，另一条就是从渭水与岐山（北山）之间穿越陇山的关陇大道。其中陈仓狭道太过狭窄，并不适合大规模行军；而关陇大道则宽阔平坦，是入陇的主干道，也是当年张郃入援陇西的通道。而诸葛亮一旦占据北原也就是积石原，并以少量兵力在渭水以北近20公里的岐山上筑围建立军事据点，就可以切断渭水与关陇大道，形成五丈原—北原—岐山防线；[1]甚至可以向北打通单薄的安定、北地二郡，与鲜卑轲比能相接。如此，则整个关中盆地将被诸葛亮拦腰截断，曹魏西部形势大坏。

这里必须从军事角度再解释一下。所谓"隔绝陇道"，并不是要一字排开，将整条通道全部封死，而是在关键据点建围筑垒，就足以辐射这一大片周原。[2]若陇西有事，曹魏救援，就必须拔掉这些钉子，否则即便大军通过，粮道也会受到频繁骚扰。而居高临下的围垒大多易守难攻，即便十倍兵力恐怕也无法旬月之间拿下（参见诸葛亮攻陈仓）。总之，司马懿若放着不管这些据点，陇西长久与东方隔绝，时间一久必然民心动摇，如此诸葛亮便可以以点带线，以线带面，分兵将周原、陈仓与陇西逐渐分割蚕食。而如果司马懿想要硬拔掉这些钉子，则必然牵动主力，诸葛亮得到消息后自可以倾巢而出，达到与魏军主力正面野战的目的。当然，如果魏军此前并没有听司马懿的而全军防守在渭北，那么诸葛亮就会趁势向东直捣长安，一样可以逼迫魏军主力正面野战。总之，诸葛亮选择出秦岭的地方，正是关陇之枢纽地，魏军必须分兵卡住东、北两大方向，才有办法实施他们的乌龟战术，否则只能被诸葛亮调动决战。

通过以上分析我们可以看出，司马懿已经被诸葛亮打怕了，所以第一感觉就是不能分兵，可只要不分兵，魏军就会掉进诸葛亮的陷阱；只可惜，诸葛亮这极

---

[1] 关中平原与汉中平原一样，都是东西宽南北窄，而五丈原—北原—岐山一线，正是关中平原最窄处，南北只有20多公里，而在长安一带，这一数字可以放大到73公里。

[2] 即岐山之下一片肥美地区，乃周人发源地，号称"周原膴膴，堇荼如饴"（《诗经·大雅·绵》）。

其高明的战术竟被郭淮看破了。我坚持认为，郭淮是三国时期最被低估之人，他看起来很低调，但其谋略乃至人生规划都甚为老到。不信的话，我们可以看看他的履历。

郭淮，字伯济，他出身名族，是太原郭氏的嫡长子，其祖父郭全为东汉大司农，其父郭缊为东汉雁门太守，汉末著名的人物评论领袖郭林宗亦出自其族。所以郭淮一出道便举孝廉，拥有了士族的标配。其入仕之初又选择投入五官中郎将曹丕门下担任贼曹，从此成了曹丕的嫡系；后来郭淮随从曹操出征汉中，后留驻，为夏侯渊行军司马，与夏侯氏又搭上了线。夏侯渊败亡后，他又力推张郃为临时主帅，从此与这位最后的五子良将也建立了良好的关系。另外他还与太原孙氏、王氏、温氏等同乡士族联姻结盟，达成了政治利益共同体。总之，郭淮无论在中央地方，还是军政两界都有人。

所以，无论曹真、司马懿还是后来的夏侯玄做雍凉都督，都要极力重用拉拢郭淮这位雍州刺史。高平陵之变后，司马懿更是表郭淮为征西将军，都督雍凉军事，成为对蜀统帅一把手。另外，在族长郭淮的安排下，太原郭氏家族开始更广泛地与世族联姻。郭淮有两个著名的侄女，一个嫁给河东裴氏的裴秀，另一个郭槐则嫁给河东贾氏的贾充，这两位可都是西晋的开国功臣，贾充更是晋惠帝的老丈人。[1]总之，太原郭氏通过多年的军界经营，以及僚属、同乡、婚亲等士族网络的加持，逐渐开始在军政两界平步青云，历晋、北魏、西魏、隋、唐等朝，每辈皆出高官名将。初唐以后，太原郭氏更发展成为中原八大姓族之一，名声显赫当时。唐朝中兴名将、平定安史之乱的最大功臣郭子仪，就是郭淮之后。

总之，郭淮是个低调的牛人，也是士族里的自己人，[2]对待他可不能跟张郃一样，况且当年司马懿、郭淮二人还曾同在曹丕幕府，算是多年的老交情了。于是司马懿当场宣布，就让郭淮率领精锐骑兵去抢先占领北原也就是积石原。结果，当诸葛亮派步兵强急行军去占据北原时，却起大早赶了个晚集，被郭淮骑兵捷足先登了。更糟的是，魏军已将营垒沟堑修筑了大半，双方一场激战，结果郭

---

① 矢野主税、刘增贵及彭卫等学者研究发现，汉代地方大族的通婚网络大体以郡内或邻郡为范围，太原与河东正是邻郡。

② 事实上，关陇诸将的武力资源正是支持司马氏后来控制曹魏中枢政权，进而完成魏晋嬗代的重要支撑。特别是司马懿与曹爽争权期间，雍凉都督夏侯玄本是曹爽的心腹，但由于郭淮诸将心向司马懿，导致夏侯玄在任期间基本被架空，未能发挥作用。而司马懿也投桃报李，对郭氏相当恩待。嘉平三年（251）太尉王凌谋反失败后，被司马懿下令夷族。郭淮之妻乃王凌之妹，本亦当被处死，但郭淮一求情，竟立刻没事了。

淮凭借工事将汉军击退。

诸葛亮一声长叹。此计不成，便再来一计。数日后，诸葛亮再次大规模攻打北原也就是积石原。郭淮的北原防线是一条长长的围堑，诸葛亮大军是向西运动，所以曹魏诸将都认为应该立刻向西围增兵，只有郭淮认为诸葛亮这是声西击东，咱们应该增兵于东面的阳遂才对，因为蜀军只有攻占阳遂，才能切断渭北郭淮营寨与渭南东侧司马懿大营之间的联系。司马懿再次认可了郭淮的判断，加派郭淮与将军胡遵领兵增援阳遂守将周当。[①] 果然，是夜，诸葛亮大军对阳遂发动了夜袭，但曹魏早有准备，诸葛亮又未能得逞。

这下诸葛亮没辙了。北面，郭淮居高临下，防守严密；东面，司马懿主力占据马冢，据险不战，[②] 诸葛亮欲进不得进，欲战不得战，曹魏全是属乌龟的，一个个深沟高垒，就是不跟你打，这可怎么办哪？正在挠头，诸葛亮忽然又生一计，赶紧吩咐人将辅汉将军、中军虎步监孟琰叫了过来，如此如此，这般这般。吩咐完后，诸葛亮又略带歉意地对孟琰说道："亮亦知此计划风险太大，难为将军了；但为了兴汉大业，希望将军能够谅解。"

孟琰笑道："不入虎穴，焉得虎子！南人受丞相厚恩，自当结草衔环以报，不知惧也！"

---

① 见《晋书·宣帝纪》："（司马懿）遣将军胡遵、雍州刺史郭淮共备阳遂，与亮会于积石，临原而战，亮不得进，还于五丈原。"

② 见《诸葛亮集·与步骘书》："马冢在武功东十余里，有高势，攻之不便，是以留耳。"

第五十八章
平淡无味的巅峰对决

五丈原，本是渭水南岸一个不出名的小地方，但由于一个伟大人物在此地黯然离开人世，为这片高大的黄色土塬涂上一层悲剧色彩。每个中国人在听到看到这个名字时，神色都不免一黯，心中更不由得泛起一种难言的悲怆，脑海中则会显现出那位传奇人物坐在四轮车上仰望苍穹的凄凉身影。星落秋风五丈原，我们的丞相，就是在这里结束了他传奇的一生，带着无限的惋惜、不舍与不甘。

五丈原，其实应该写作五丈塬。塬简单来说就是黄土高原，这是一种处在山地与河流冲积平原之间的过渡性地貌，这种地貌的主要特征是：山体四周因水流冲刷而切割成垂直峭壁，顶部宽阔，平坦如台。宋代《地理通鉴释》云："五丈原高平广远，行军者必争之地。"其高约20米，南北长约3500米，东西宽约1000米，地势险要且居高临下，背山依水，易守难攻，既有武功水（今石头河）可以取水运粮，又有沃土良田可以屯垦，正所谓"周原膴膴，堇荼如饴"（《诗经·大雅·棉》）。远古时期，这里养育了周人，使其后来居上，武王伐纣；如今自然也可以给季汉输血，滋养汉军，终灭曹魏。

所以，对于诸葛亮来说，此次北伐，若能速决自然最好，若是不能，他也不怕将五丈原打造成新的北伐基地，[①]与曹魏司马懿在周原一带作长期对峙之打算。

当然，丞相第一考虑还是尽快与司马懿决战。这倒不是因为他怕消耗战，而是他感觉自己的身体不太好，万一在这关键时刻突然倒下，后果不堪设想。

但是，我们前篇也说了，诸葛亮想要速决，魏明帝与司马懿却不想，更糟的

---

① 相较于水患频繁的华北平原与土丘众多的陕北高原，渭南台塬的地势远高于台下河谷，且台面平整，土质疏松。诸葛亮军队很容易在这里开荒垦田，且不用担心水患的侵扰，甚至不需要多派人力建设水利设施。

是，魏将郭淮竟然看出了诸葛亮隐藏的策略，提前抢占了渭水北岸的北原，让季汉这边可以打的牌更少了。

为今之计，诸葛亮只能兵行险着，于是他将辅汉将军、中军虎步监孟琰叫了过来，开始执行"饵兵计划"。

于是，孟琰便率领他五六千精锐中军虎步监徒步涉水①来到武功水东岸安营扎寨，逼近驻扎在十余里外的马冢魏军，同时从侧翼保护汉军的斜口粮道。

然而，过了十余日，六月雨季来临，河水突然暴涨，将孟琰部与诸葛亮主力隔开，成为一支孤军。司马懿一看不由也心动了，虽说魏军的战略是坚守不出耗走蜀军，但如今既然有机会吞掉孟琰孤军，进而威胁汉军的斜口粮道，这便宜不占就太可惜啦。

于是，在诸将的撺掇下，装惯了孙子的司马懿也准备雄起了。这次他一口气竟拉出了数万骑兵，凶猛冲向孟琰营地，真可谓"其疾如风，其徐如林，侵掠如火，不动如山"。司马懿也算是掌握了孙子兵法的真谛。不料孟琰却似乎早有准备，毫不惊慌，以八阵图布阵，坚守不动。另外，武功水西的诸葛亮似乎也早有准备，一面隔着河，用强弩射击魏骑，一面抬出了大量竹桥，准备放桥增援。还是司马懿反应快，他一看那么多竹桥，就知道自己中计了；关中很少种竹子，反而巴蜀四川很多，这说明诸葛亮早有准备。想到这里，司马懿顿觉不寒而栗，于是毫不贪功，立刻率骑撤退。诸葛亮功败垂成。

经此一役，司马懿变得更加谨慎，无论诸葛亮怎么刺激他勾搭他引诱他撩拨他，他都不为所动，这下就连诸葛亮也不由得佩服起了这位老对手的心理素质。最后没办法，诸葛亮只好分兵在五丈原与渭滨各处屯田。当然，汉军的军纪那是没的说，结果，世界战争史上最神奇最魔幻的一幕出现了：一支入侵敌国的军队，竟然在敌国的国土上安居乐业，而且与敌国的老百姓共同劳动，鱼水相亲，结成了深厚的军民情谊。至今在五丈原附近，还有诸葛田、魏延城等遗迹。

事实上，季汉与曹魏虽是敌国，但诸葛亮在北伐期间从来不以多杀魏军为乐。据史书记载，有次诸葛亮打了胜仗，大家都来庆贺，诸葛亮却说："普天之下，莫非汉民，国家威力未举，使百姓困于豺狼之吻。一夫有死，皆亮之罪，以此相贺，能不为愧。"诸葛亮鞠躬尽瘁，为的不是一家一姓的皇权，而是整个天

---

① 时值春末四五月份枯水季节，人马无须船只也可涉水而过。

下，他爱这天下每一处江山，每一个子民。而季汉北伐的目的，也不是歼敌与拓境，而是使国家统一，天下安定，百姓脱离于豺狼之口，不再死于战乱。作为一个乱世孤儿，诸葛亮从小历尽流亡离散，他本来应该恨这个世界，可是他没有，他仍然尽其所能去爱苍生，爱每一个人，这便是东晋王羲之所赞诸葛亮之"所谓命世大才，以天下为心者"。事实上，诸葛亮每次攻打城池（如打陇西游楚，打陈仓郝昭），都要先劝降，完了没办法才打，而且从不骚扰百姓；同时期的史学家、魏晋官员袁准也说诸葛亮治军"出入如宾，行不寇，刍荛者不猎，如在国中"，且其每次"兵出之日，天下震动，而人心不忧"。封建时代里，如果还有什么部队跟当代的人民部队相似，那只有两个。

除了岳武穆，就是诸葛丞相。

至于司马懿，就是个屠夫。比如他攻灭辽东公孙渊后之后，"（襄平城）男子年十五已上七千余人皆杀之，以为京观"。说屠城就屠城，屠完了还要把尸体堆起来炫耀，真可谓丧心病狂。

由此可见，诸葛亮的屯田，除了想打持久战，同时也只是一种政治策略与宣传攻势。得民心者得天下。要知道就算是最速成的小米，也需要一百天才能收成；这足足一百天，就让"魏统区"的老百姓们看看，咱们大汉的军队是人民的军队，是正义的军队；另外还可以给司马懿看看：你不出战是吧，没关系，我们就在这儿安家了，你不急我们也不急，耗着吧，大不了让汉军的小伙子们就在这里娶妻生子好了。

然而，诸葛亮这次是真碰上对手了。司马懿的心志极其坚定，管你东西南北风，我自岿然不动，说不动就不动，就算耗到地老天荒也不动。

其实司马懿用兵并非总是这么保守，更多的时候他还是喜欢搞突然袭击，神兵天降，一发必中，正如他与魏明帝论兵时所言："凡攻敌，必扼其喉而捣其心。"而在此前急攻孟达，后来远袭辽东等战役中，司马懿也都是积极寻求战机，以集中优势兵力作雷霆一击，用兵好似猛虎下山。李世民亦高度评价司马懿说他"雄略内断，英猷外决……自以兵动若神，谋无再计矣"（《晋书·宣帝纪·制曰》）。但为什么在对阵诸葛亮时，他却又变得如此小心谨慎呢？这正是战无定法，因人而异。诸葛亮心思缜密，用兵几乎滴水不漏，所以司马懿只能步步为营，避免被抓住破绽。

与大家的既定印象不同，天才的对决也往往淡然无味。这就像项羽、韩信两大军事天才之前打仗都天马行空精彩灿烂，最后的垓下巅峰对决却相当平淡，根本没有火星撞地球的感觉。当然，在这平淡无趣之中其实隐藏着天才们数十年的内力比拼，一招一式简简单单，却于无形处电闪霹雳，于无声处雷霆万钧！

然而，长久的对峙毕竟有点无聊，总得找点乐子。于是诸葛亮平生首次一改君子风范，派人给司马懿送了一套最新款的女装和一些时尚彩妆。司马懿一看大喜，孔明兄咋知道我有这嗜好的（毛批：却不想受了他巾帼女衣，是竟为孔明之妇矣）？哈哈，开玩笑，事实上司马懿还是相当生气的，因为这实在有损他的统帅尊严，但既定战略又不能变，咋办呢？司马懿只好请魏明帝配合他演一出戏。于是写了一封言之激昂的请战书给朝廷，魏明帝当时正亲自率军在东线阻击东吴军队，看了司马懿的请战书不由莞尔。真是一出好戏啊，司马导演自编自导还自演，精神可嘉，自己这位监制出品人总得全力支持才好，那派谁去配合演出呢？左看右看，还是卫尉辛毗去吧。

辛毗，字佐治，是和当年荀彧、郭嘉等人一起出道颍川了，只不过当时荀彧、郭嘉选择了曹操，而辛毗和他哥辛评一起选择了袁绍。后来曹操攻打袁绍二子时，辛毗果断反水为曹魏建国立下大功，并为此付出了全家人的性命。当初曹丕能够顺利即位，也要感谢侍中辛毗的坚决助力。总之，辛毗资格老，功劳高，脾气大，当初只有他敢当面怼那个不靠谱的曹丕而不会得罪；那就更别说关中那帮骄兵悍将了，谁敢惹这个连皇帝都怕的老头子？

于是，魏明帝以辛毗为大将军军师、使持节，去跟司马懿合演一场戏。司马影后见到辛影帝，大喜，立刻召开军事会议表示欢迎，同时在会上极力请战，一副相当冲动的样子。辛影帝对司马影后的演技大感欣慰，该配合你演出的我会尽力表演，尽管你没有底线，但我选择成全。于是二人大吵一场，然后辛毗就扛着他的牛毛棒子（旄节）像尊门神一样守在军门口，不许任何人出营。司马懿在营中吼得震天响："让我出去战，让我出去战，诸葛亮说我是女人，我受不了啦！"辛毗就举起他的牛毛棒子大喊："你要敢违陛下军令，老夫一棒子打死你！"司马懿这才委委屈屈恨恨不已地作罢。

其实这种烂俗表演骗骗中低级军官还有夏侯霸、魏平、贾嗣等年轻将领还可以，郭淮、费曜、戴凌等老江湖看了恐怕只有忍笑而已。前线指挥乃主将之事，这是常识，出战与否，何须向千里之外的朝廷请示？司马懿此举，不仅可笑，而且还因此欠了辛毗一个天大的人情，[1]总之，司马懿这是用积累了多年的政治资本来和诸葛亮对耗，付出的代价有点大了。但司马懿就司马懿，他是狼顾之鹰，他是冢中之虎，他可以忍，他可以等，因为胜利终将属于他，因为命运总会眷顾那坚持到最后的人。

季汉这边，诸葛亮自然也是看透了司马懿这套路，哭笑不得。反而是诸葛亮后来的军事接班人姜维在政治上还是稍显幼稚，在军事会议上恨恨地说："辛毗杖节而至，贼不复出矣。"

诸葛亮苦笑："彼本无战心，所以固请者，以示武于其众耳。将在军，君命有所不受，苟能制吾，岂千里而请战邪！"

告诉大家一个道理，当你碰到与你同级别乃至更高段位的高手时，你的任何奇谋妙策都不会起作用，你能做的，只是尽量不犯错，然后等着对方会不会犯错。如果对方不犯错，那你只有熬，那你只有忍，没有任何捷径。这就是司马懿与刘邦最终成功的终极密码，这也是能够对付项羽、诸葛亮这种绝世天才的唯一途径。

---

① 所以后来高平陵之变，辛毗之子辛敞虽是曹爽参军，且曾夺城门而出向曹爽通风报信，却最终没有获罪。

第五十九章
为什么千古流芳的
是诸葛亮而不是司马懿?

诸葛亮最后一次北伐五丈原,求战不得之后,此战便从军事对垒演变成了一场心理战。而汉魏两军在五丈原对峙近百日后(公元234年七月),季汉的盟友东吴也单方面撤兵了。原来孙权不肯冒险远离水路作战,所以对合肥新城仍是毫无办法,最终号称"吏士疾病",即"未攻而退"了(《三国志·吴书·朱然传》)。只有西线陆逊、诸葛瑾在荆州打了个小胜仗,斩敌千余人,但基本上没伤到曹魏筋骨。看来,这些年来,孙权的自私本性仍是不改,总希望汉军替自己火中取栗,吸引火力,而自己在后面占点便宜就好了。总之是相当滑头。

消息传到关中,司马懿大喜,这种机会不利用就太对不起孙权的自私帮助了,于是又发挥烂俗演技,派了两千多能歌善舞的群众演员在军营东南角集合,面对汉营方向大放和平鸽,大跳广场舞,并大声高呼万岁。诸葛亮派人去问咋回事儿,发啥羊角风?司马懿派人回答:"吴朝有使至,请降。"诸葛亮听了哭笑不得,孙权虽然滑头,却也不至于降魏吧!于是又派人送话给司马懿说:"计吴朝必无降法。卿是六十老翁,何烦诡诳如此!"司马懿见诸葛亮不上当,反而说自己是六十老翁,大怒:你才六十老翁,你全家都是六十老翁,人家今年才五十五,有本事在阵前比一比!

论身体,诸葛亮确实没法跟司马懿比,虽然他比司马懿还小两岁,但整个状态已经不行了,每天睡不到一两个时辰,三餐加起来吃不到一小碗饭,饮食睡眠都相当差,这种丞相,当得比小兵还可怜。

事实上,在这场龙虎斗期间,司马懿最关心的也不是战况如何(反正他下定决心不出战),而是诸葛亮的身体状况。据史书记载,两军使臣来往时,司马懿啥也不问，只问："诸葛公起居何如，食可几米？"汉使不疑有他，于是照实回答："诸葛公夙兴夜寐，罚二十（军棍）已上，皆亲览焉；所啖食不过三四升。"这里解释一下，秦汉时一升只有现在的200毫升，诸葛亮一天的饭量只有"三四升"，也就是六七两罢了，普通饭碗也就一碗多，恐怕还不够张飞的饭前点心。或许诸葛亮此时已经得了非常严重的胃病。①

司马懿听罢，既是开心又是心疼，堪比当年刘邦对韩信的"且喜且怜之"。喜的是，他终于要赢了！论民心，论后勤，论经济，论战术，论武器，论科技，司马懿都没有自信能赢过诸葛亮，但比寿命，他已赢过了多少儿孙辈，岂能赢不过一个季汉劳模诸葛亮？

可怜的是，这样一位绝世风华的人物，恐怕很快就要离世而去了。当年叱咤风云的汉末英雄，最后只剩了孙权那老小子和我司马懿，孤独啊，寂寞啊，于是又假惺惺地一发慨叹："孔明食少事烦，其能久乎！"完了还给他弟弟司马孚写了封信，大夸海口说："亮志大而不见机，多谋而少决，好兵而无权，虽提卒十万，已堕吾画中，破之必矣。"大概是觉得诸葛亮活不久了，到时候趁乱一攻，就是白捞大功一件，岂不妙哉？现在预先给后方报报喜，也显得我有先见之明不是？

唐朝发行的《晋书》编纂到这里，就连总出品人李世民都看不下去了，不由得亲自作评道："（司马懿）既而拥众西举，与诸葛相持。抑其甲兵，本无斗志，遗其巾帼，方发愤心。杖节当门，雄图顿屈，请战千里，诈欲示威。且秦蜀之人，勇懦非敌，夷险之路，劳逸不同，以此争功，其利可见。而返闭军固垒，莫敢争锋，生怯实而未前，死疑虚而犹遁，良将之道，失在斯乎！"司马懿，你可太让我失望了！

司马懿的军事水平自然没法跟李世民相比，被吐槽也是活该。但司马懿所料也不差，诸葛亮确实已经到了生命的最后时刻。公元234年八月，诸葛亮突然重病，并很快病逝。似乎，司马懿笑到了最后。

二十九年后，邓艾三万大军攻入蜀中，诸葛亮的独子诸葛瞻战败身亡，诸葛瞻的长子诸葛尚也随父战死。季汉灭亡。诸葛瞻的次子诸葛京因为年纪太小，不够资格参战，这才幸免于难。

---

① 诸葛亮最后也是呕血而死的，根据现代医学知识判断，他可能患有消化道溃疡或溃疡型胃癌。

又过了两年，司马懿的孙子司马炎篡夺曹魏政权，正式称帝。而此时，诸葛亮唯一的血脉诸葛京正流徙河东，饥寒交迫。季汉旧臣罗宪看他可怜，就恳求司马炎给诸葛京一个官儿做，司马炎于是任命其为郿县令。郿县是长安西边的门户，也是斜谷出口的关门，更是诸葛亮最后一次北伐咫尺之遥却未能攻取的城池，没想到多年后，他的孙子竟要来到此处给司马氏当官。抚今追昔，实在令人唏嘘。

总之，比起司马氏的显耀，诸葛亮及其子孙真是太可怜了。无论从哪个角度来看，诸葛亮与司马懿的龙虎斗，司马懿都是最后的赢家。

但是，成功的标准，并没有那么简单。

至少，在巴蜀之地，百姓们无时无刻不在怀念着丞相，沧海桑田，都没有改变。诸葛亮死后大概五十年，陈寿看到的景象是："至今梁、益之民，咨述（诸葛）亮者，言犹在耳，虽甘棠之咏召公，郑人之歌子产，无以远譬也。"与他同时期的史学家袁准则说："亮死至今数十年，国人歌思，如周人之思召公也。"甚至到了五百余年后的唐代，"梁、汉之民，歌道遗烈，庙而祭者如在"（《唐文萃》卷五十五上孙樵《刻武侯碑阴》）。而在九百多年后的宋代，陆游作为四川宣抚使王炎的幕僚来到汉中，仍看到这样的景象："汉中之民当春月，男女行哭，首戴白楮币，上诸葛公墓，其哭皆甚哀云。"（黎靖德《朱子语类》）就连南中乃至广西邕州、宣州的西南夷，也"其髻以白纸缚之，云犹为诸葛武侯制服也"（周去非《岭外对答》）。甚至到了明代，朱孟震著《浣水续谈》，记载他在四川任按察使时的见闻，其中也道："蜀山谷民冠制巾，相传为诸葛服，所居深远者，后遂不除。今蜀人不问有服无服，皆戴孝帽，市井中人，十常八九，谓之天孝。"

事实上，就算到了解放初，川北一带很多地方的民众仍有头缠白布的习俗，不仅冬天缠，夏天也不离，两千年来沿袭至今。这里面还有个感人的典故。原来，诸葛亮死后，益州百姓感念他的恩德，便求朝廷为诸葛亮立庙。但依封建礼秩，臣子是不能单独立庙的，能够配享在帝王的太庙里，已经是一种极大的尊荣了，所以诸葛亮立庙之事一直没被批准，人们只能自发地举行祭祀纪念活动。当时益州各地，在路边，在野外，在清晨，在夜晚，在风中，常常香烟遍布，哭声震天，颇有点十里长街祭丞相的意思。但这种哀悼祭祀活动因不符合礼秩，仍遭到了季汉政府的禁止，百姓便干脆以白布裹头常年为诸葛亮戴孝。这举动里分明有人民不满当政者禁止追悼的抗议情绪。而凡是带有群众逆反情绪的行为，一般反而会播散、推广，绵延下来，遂成习俗。直到20世纪末市场经济的浪潮下，这种习俗才渐渐消失。

其实，有些破规矩也不是不能通融，关键看你坚不坚持。据《襄阳记》记载，在季汉灭亡前夕，仍有朝廷官员建议给诸葛亮立庙，并建议可以折中一下，不在成都立庙，而在沔阳当年诸葛亮办公的行署给他立个庙，这就是今天的汉中勉县武侯祠，也是中国最早的官立武侯祠。

如今网上有很多人说刘禅对诸葛亮专权其实有意见，但事实上，帝王单独为臣子立庙，这在汉朝历史可是绝无仅有的。北宋时还专门有人批判刘禅这样是为君臣私情而破坏礼制。而且诸葛亮死后，刘禅虽仍委权于诸葛亮指定的接班人蒋琬、费祎，却从此废掉了丞相之职，让诸葛亮成了有汉一朝最后的丞相。看来，刘禅虽最终躺平而放弃了诸葛亮的理想，但他与诸葛亮仍可谓千古君臣了。

可惜，这庙修好没多久钟会就攻下了汉中，好在对于孔明前辈，钟会也是相当敬仰的，所以不仅禁止士兵毁坏该庙，还亲自到武侯祠祭祀，并安排部队为诸葛亮守墓，不准任何人在其周围放牧砍柴。

从此，为诸葛亮立庙祭祀之风开始盛行，成汉李氏政权在成都建武侯祠，东晋政权在襄樊隆中建武侯祠，到了南北朝时，从南中到巴中，从祁山到陇西，再到荆州各地，凡是诸葛亮曾生活、工作、战斗过的地方，大都修建起武侯祠（保存至今大概有十四座），仅四川一地，历史上就有过三十多座，分布在全省二十四个县市。到了明清时，各类诸葛亮的祠庙与行迹遗址更是数量大增，仅《大明一统志》和《大清一统志》记载的数量就多达二百多个，这在历史人物中是绝无仅有的。从这一点上来说，什么秦皇汉武，唐宗宋祖，全加起来也比不过诸葛亮。

而作为诸葛亮的老对手司马懿，他倒是长寿富贵，子孙殷盛，还奠定了一个王朝，真是妥妥的人生赢家！可是呢，西晋王朝只繁盛了十几年，公元291年，八王之乱爆发，司马家族"自相驱除"，[①]司马氏的好儿孙们也败亡殆尽；于是天下大乱，五胡乱华，中原陆沉，残存的司马宗室又大量被屠杀。公元307年，司马懿的曾孙晋惠帝司马衷被其堂叔司马越毒杀。四年后，公元311年，匈奴人与

---

① 见《晋书·刘聪载记》。当时匈奴皇帝刘聪问被俘的晋怀帝司马炽："卿家骨肉相残，何其甚也?"司马炽回答："此殆非人事，皇天之意也。大汉将应乾受历（匈奴称汉国），故为陛下自相驱除。"司马氏的好儿孙当真厚颜无耻。

羯人又大举进犯，仅在一次战役中，石勒就俘获杀死了三十六位宗王，司马衷的弟弟晋怀帝司马炽亦被俘虏，在饱受凌辱两年后被毒杀。得知司马炽遇害后，其侄司马邺在长安即位，但短短数年后，公元316年，匈奴人又攻入长安，正式灭亡了西晋，司马邺被俘，又被凌辱了两年，最终在公元318年被匈奴人杀死。

与此同时，司马懿的另一位曾孙晋元帝司马睿逃到了南京，建立东晋，开始了偏安的生活。司马睿的儿子晋明帝司马绍好奇先祖的光荣历史，便询问司徒王导与侍中温矫，结果，他听完司马懿、司马昭的伟大事迹后，竟羞愧得无地自容，掩面痛哭道："若如公言，晋祚复安得长远！"看来司马氏在夺权建国的过程中还有很多阴谋诡计没记在史书上，至少，晋元帝时王隐、郭璞编撰的官方史书《晋书》上并没有记载，否则司马绍与温矫不可能不知道；而王导出身于魏晋名门琅玡王氏，是西晋开国功臣王祥的从孙，所以知道得更多些。这些幕后隐秘如果流传出去，应会对晋王朝的政权合法性产生威胁，所以司马绍才会痛心疾首，对保住晋祚毫无信心。

果然，东晋小朝廷的国祚虽有一百年，但一半的皇帝二十出头就死掉了，还有一半的皇帝也是被权臣控制的。而最后两个皇帝也都被刘汉后裔宋武帝刘裕杀了，他们的子孙也被刘裕杀了个干干净净。

再之后，司马家族灰飞烟灭。到今天，谁是司马懿的后代，没人知道。司马懿的故居，没有保存。他和他子孙的皇陵，全被匈奴人捣毁，找都找不到了。

我们在新时代读史，本不应有唯心主义思想，但司马氏的命运仍是引人遐思：莫非这个世界真的有因果报应？

反观诸葛亮，谁有他的祠堂多？谁有他的故居多？到现在，襄阳人和南阳人还在争夺诸葛亮的躬耕地。可以说，从中到外，从古到今，乃至未来，诸葛亮都会有无数的拥趸，千秋万代，绵延不绝。历史是最公平的，正所谓"故国不归，山河未遂中原志；忠魂犹在，道路争瞻汉相坟"。诸葛亮生前的百般委屈，身后自有千万倍的报还。

原来，司马懿与诸葛亮的龙虎斗，还是诸葛亮笑到了最后。

在本篇的最后，我想讲一个诸葛亮粉丝的故事。那是在公元347年，东晋权臣桓温在打下成都后，志得意满，认为奋斗到这里，我可真是牛了，诸葛孔明也不过如此，千古一人，舍我其谁哉！而就在这时，部下为桓温找来一个百余岁的奇人，据说曾是季汉的一名小吏，而且还在诸葛亮身边工作过。

桓温对这位经历了四个朝代的骨灰级老同志非常感兴趣，于是问他一个小问题："诸葛丞相今谁与比？"

百岁小吏静静地看着桓温，终于，嚅动嘴唇，慢悠悠地说道："诸葛在时，亦不觉异；自公没后，不见其比。"那小吏已经一百多岁了，见惯了沧海桑田，哪怕桓温权倾朝野，名震天下，在他眼前也不过是个不知天高地厚的小朋友罢了。所以，他还是老老实实地告诉桓温：想当年，丞相在世时，不觉得有什么特别；但是当他过世后，到现在四个朝代一百年了，我还没见过谁能比得上他。

桓温沉默了，他总以为诸葛亮虽然了不起，但自己也算雄姿英发，终有一日能将其超越；但真正经历过那段历史、知晓细节的人却告诉他，诸葛亮是一个他永远无法超越的存在。

多少年后，桓温三次北伐，都功败垂成，但仍然雄武专朝，做到了权倾朝野，不过这时候他的偶像已经不是诸葛亮了，而是篡位成功的司马昭和司马师。只不过，他的权威尚不足以建立王朝，这一直让他愤恨难平。

有一次，他躺在床上，想起自己一生的光荣与遗憾，忍不住叹道："为尔寂寂，将为文景所笑（指晋景帝司马师、晋文帝司马昭）。"旁边亲信们没一个敢回话。桓温随即霍然坐起，叫道："既不能流芳后世，不足复遗臭万载邪！"

他最终还是疯了。

第六十章
诸葛亮的千古流芳与遗恨千古

公元234年八月，诸葛亮终于走到了他人生的最后时刻。算起来，季汉大军在这片五丈原上已驻扎了三个多月，曹魏统帅司马懿坚守不出，诸葛亮也拿他没办法，而他的身体这时又突然出了大问题。这一则可能是司马懿说的"食少事烦"，二则大概时至中秋，地势高耸的五丈原秋凉四起，诸葛亮一不小心受了风寒。虽然诸葛亮勉力支撑，每天都在秋风瑟瑟中坐着小车巡查各营，将苍老的身体挺得笔直，以稳定军心，但这反而让他的生命流失得更快，等到他病倒在床，发现自己时日无多了。

这正是："抛掷南阳为主忧，北征东讨尽良筹。 时来天地皆同力，运去英雄不自由。"（唐人罗隐《筹笔驿》）

人生就是如此无奈，谁也不能永远打败你，除了——时间。

事已至此，诸葛亮只好紧急安排退军事宜。虽然，他心中有太多的不甘；虽然，五丈原到长安只有130公里，放到现在坐高铁还不用一个小时，但诸葛亮却走了一辈子，直到人生的最后时刻，仍然遥不可及。

其实五丈原原本不叫五丈原，它本名破陀坡，四百年前秦二世曾西行至此，时值夏末秋初，闷热难耐，便命人取武功水（今石头河）河水冲凉；当时河水被晒得热乎乎的，虽冲澡而闷热不减，秦二世只好起驾上原，觉秋风习习，全身凉爽，接着更刮起一阵旋风，风高五丈。有人说：尘柱通天，吉祥之兆也。秦二世大喜，便将此地改名为"五丈原"。

事实证明，这并不是什么吉兆。四百年前的秋风，刮走了大秦的江山；四百年后的秋风，难道又要刮走诸葛亮兴复大汉的最后希望吗？

一种不确定的危机感，开始无时无刻噬咬着诸葛亮的灵魂。于是，在临走之前，诸葛亮费尽最后的心血，日夜沉思，希望能做出妥善的部署，能在他死后继续守护大汉，保住大汉的未来。

诸葛亮最终发现，这太难了！这些年来季汉北伐虽然取得了一些成绩，但并未伤到曹魏筋骨。而季汉虽颇有相才，但军事统帅人才匮乏。诸葛亮掰着指头数了一遍，却悲哀地发现，群臣之中，竟然一个能代替自己主持北伐的都没有。

先说文臣，这是季汉的强项。自诸葛亮拜相以来，经多年辛苦培养，季汉已出现多位优秀的理政人才。据《华阳国志·后主志》："时蜀人以诸葛亮、蒋琬、费祎及允为四相，一号四英也。"四英相中，丞相诸葛亮统管全局，并主理北伐事务，留府长史蒋琬统后方政务，足兵足食；侍中董允主宫中之事，秉心公亮，乃匡主之良臣；至于费祎，入则为侍中，出则为司马，调和文武，又办外交，频繁至吴，奉使称旨。其余邓芝、陈震、何祗、董恢，也都是诸葛亮精心培养的干才。另外还有个长史杨仪，虽然性情狷狭，却是诸葛亮北伐的好助手，《三国志》说他"规画分部，筹度粮谷，不稽思虑，斯须便了"，所以即便品性有问题诸葛亮也照用不误。

只可惜，这些文臣在军事谋略方面实在没有天分，更没有诸葛亮的魄力与热诚。比如蒋琬，在政治上算是相当出色了，却在军事上相当天真。后来竟然多作舟船，想乘水东下，沿汉水攻击东三郡。他也不想想，这方法要是有用，诸葛亮、刘备早就用了，还能等到他异想天开？事实上，汉水上游的水量相当堪忧，顺流而下尚可，逆流而上就非常困难，万一战事不利，连退都退不回去。而费祎更是相当有自知之明，甚至表示："吾等不如丞相亦已远矣；丞相犹不能定中夏，况吾等乎！"杨仪则在后来政治失意后，竟然说当初还不如举兵投降曹魏。可以说，自献帝以来，一直勉力支撑汉室天命的，除了刘备、关羽，就只有诸葛亮矢志北伐的孤绝身姿。诸葛亮走了，大家的心气也就丢了大半。

至于武将们，诸葛亮也不敢指望。左将军吴懿，只是论资排辈的皇亲国戚，难当大任；讨寇将军王平，治军严，经验足，却没有文化，难以服众；征西大将军魏延，能力强，资历深，却又性情矜高，关系处得太差，同僚们都避之唯恐不及（当时皆避下之），且战略激进，失之太急。只有护军姜维，不仅文武双全，而且与诸葛亮一样有气魄，有热诚，有眼光，可惜他此时才三十出头，资历太嫩，更可惜的是，此人缺乏谨慎细腻，恐怕终不能担当大任。总之，数来数去，一个都没法接过诸葛亮的北伐事业，为今之计，没有办法，只能退兵，且待后来人。

于是，诸葛亮将前锋魏延、长史杨仪、司马费祎、护军姜维都叫到了病床前，吩咐说："我之死后，但谨自守，慎勿复来也。"总之，近年内就不要北伐了，先休养生息一段时间，等年轻人都成长起来再讨贼吧！别看司马懿挺厉害，但此人就是曹魏最大的不稳定因素，咱们还是有机会的！接着诸葛亮又令魏延暂摄军事，主持断后事宜，姜维次之。①另外，诸葛亮对后主刘禅派来的特使、尚书仆射李福也交代了身后的一些国家大计。完了李福就准备回去向后主报告，刚走数日，忽然想起还有重要的事儿没有问，②赶紧快马奔回。诸葛亮此时已病得相当重，但面容仍然云淡风轻，仿佛明月下清风徐来的山河，而他也似乎早知道李福会回来，而且知道他是来问自己接班人人选的，于是开口就说道："君所问者，公琰（蒋琬）也。"

其实，诸葛亮对这么重要的事早有安排了，出征前他就曾密表后主说："臣若不幸，后事宜以付琬。"但是李福此来，显然是对季汉前途忧心，所以想要知道得更多："乞复请，蒋琬之后，谁可任者？"

诸葛亮回答："文伟（费祎）可以继之。"这个答案也不出人意料。当年诸葛亮南征凯旋，众官于数十里外迎接，年龄地位多高于费祎。而诸葛亮只把费祎叫上车与之同乘，众官莫不羡慕嫉妒恨，可见诸葛亮对其早有厚望。

但李福仍不罢休，又问，那费祎以后呢？这下诸葛亮没法回答了。费祎比他要小二十岁，他不是神仙，预测不了二十年之后的事，费祎的接班人，就到时让他和皇帝自己选吧。另外，诸葛亮又遗命众人，一定要将他葬在汉中的定军山，因山为坟，冢足容棺即可，并敛以时服，无须陪葬器物，只要有汉山汉水淡泊宁静地陪伴着他就足够了。正所谓"水咽波声，一江天汉英雄泪；山无樵采，十里

---

① 关于诸葛亮死后魏延与杨仪之争，这里就不详细讲了。但《三国志·蜀书·魏延传》与《魏略》对此事记载迥异，这里还是要辨析一下。《三国志》说诸葛亮因为防着魏延，所以在最后的军事会议上没叫他，却又把最关键的断后事宜托付给他，此说实在不合常理。而且还说魏延不听诸葛亮遗命想要继续北伐，却又莫名其妙地抢先撤退，还把最重要的北伐栈道烧了，更是自相矛盾，不知所谓。总之，基于种种疑点，又事关蜀汉内部政治斗争，或许敌国史料《魏略》的记载更可信，再综合《三国志》的合理记载部分，最接近事情的真相或许是这样的：诸葛亮确实有让魏延暂摄军事，但也担心魏延这个北伐激进派可能会带着军队再赌一把，让全军陷入险境，所以又吩咐了其他人便宜行事。可没想到，孤高不群的魏延最终无法接受现实，不仅不同意诸葛亮死前的撤军安排，更妄想控制全军继续北伐；杨仪又趁机公报私仇，说动费祎、王平等保守派，联兵灭掉了魏延，并诬陷其欲图投魏作搪塞，由此屠灭了魏延三族。但后来杨仪也没能得到他想要的大权，又口出怨言，最终被费祎、蒋琬当作不稳定因素除掉了。

② 李福乃朝廷重臣，多年位居枢要，应不至于如此健忘。或是在回程途中接到后主的新任务，叫他回去再问问蒋琬之后的继任者。

定军草木香"。汉中是他燃烧生命的北伐基地，也是天汉兴起的发源地。所以，他一定要葬在那里，守望在那里，他要在那开满杜鹃的山上看着季汉大军北出汉中，平定中原，重兴汉室。

接着，诸葛亮又带头公开财产制度，口述遗表给后主说：

> 臣家成都，有桑八百株，薄田十五顷，子弟衣食，自有余饶。至于臣在外任，无别调度，随身衣食悉仰于官，不别治生，以长尺寸度。若臣死之日，不使内有余帛，外有赢财，以负陛下。

对比当时的世家大族，几乎都在兼并土地，蓄养奴仆，诸葛亮简直就是一个异类。[①] 而他之所以要这么做，还是要以身作则，让季汉士大夫都要坚持不治产业、一心为公，[②] 其用心良苦，令人泣下。

安排好了一切，诸葛亮便强撑病体，令左右扶他上小车，出寨巡查各营。时值八月中秋，但见暮色四起，玉露零零，旌旗不动，刁斗无声，草木凋零，萧索一片。此时此刻，诸葛亮忽然想起了襄阳的学堂师生与青春理想，想起了隆中的鸟叫虫鸣与芳草幽幽，想起了汉中丞相府的午后阳光与春花灿烂，想起了成都家中的桑林田畴与贤妻小儿，想起了当年在茅庐中与先帝烹茶对饮、指点江山的畅快淋漓，还想起了卤城大捷时的金戈铁马与连弩飞箭，心中愈发惆怅，秋风吹过他的面颊，彻骨生寒，一种噬骨的寂寞与挥之不去的失落纠结着诸葛亮，让他禁不住长声吁叹道："亮再不能临阵讨贼矣！实有愧于先帝托付，悠悠苍天，何薄于我？"季汉的北伐事业，难道便要断送在这五丈原了吗？诸葛亮虽然是绝顶的天才与圣贤，此时也只能感觉到无助、无奈与无力。这种绝望沉痛的心情加上萧瑟凄冷的秋风，让他的病势进一步加重，结果没拖到第二天黎明，丞相便去世了。

传奇，就此终结。

与诸葛亮同年去世的还有已被废为山阳公的原汉帝刘协。诸葛亮与刘协同年

---

① 按照后来西晋的占田制度，占田十五顷，这只是一个八品官的标准。

② 正是在诸葛亮的影响下，季汉成了中国封建历史上最清廉的政权，如大将军费祎"家不积财，儿子皆令布衣素食，无异凡人"，姜维则"据上将之重，处群臣之右。宅舍弊薄，财资无余"，还有邓芝"为大将军二十余年，终不治私产，妻子不免饥寒，死之日家无余财"。

出生，又同年死亡，他们都只活了五十四岁。但你绝对想不到，这刘协已算是东汉王朝第二长寿的皇帝了，第一名是开国皇帝刘秀。

汉帝与汉相死于同年，这似乎已代表了汉祚从精神到肉体上的消亡，剩下的那个失去了宝贵理想主义光辉的刘禅政权，大概只能被称为蜀，总之不重要了。甚至，就连此后整个两晋王朝在中国历史上好像都不太重要，都没什么存在感，毕竟，理想才是人们眼中的光，如果没有理想，那么这个世界就没有了光。

另据东晋史学家孙盛《晋阳秋》记载，在诸葛亮去世的那天夜晚出现了一颗流星，显现出红色的光芒，从东北向西南方向落下，投落在季汉大营内，落下来又腾起，腾起又落下，如此来回三次，一次比一次更低，其挣扎与不甘，一如诸葛亮的理想与生命。而三次之后，那流星就像力量耗尽一般，再也没有腾起。

据史书记载，孙盛本人是特别讨厌谶纬星象灾异之说的，再加上晋武帝司马炎曾在泰始三年（267）禁星气谶纬之学，并将其列入《太始律》，作为法律条款颁布天下。可见孙盛所记载的这次天文异象，应为众多在场人所见证，而非他信口杜撰。

诸葛亮这一生，拼尽了自己的全力，去改变他所应该改变的，拯救他所认为应该拯救的，哪怕最终遗恨千古，也为这个世界留下了最亮的光芒，并在所有中国人的精神内核中种下了一颗充满了希望的种子，这就足够了。

八阵通神明，二表贯穹苍。大星陨渭南，万古一悲伤。

——元·揭侯斯《诸葛村谒武侯庙》

问从来谁是英雄？一个农夫，一个渔翁。晦迹南阳，栖身东海，一举成功。八阵图名成卧龙，六韬书功在飞熊。霸业成空，遗恨无穷。蜀道寒云，渭水秋风。

——元·查德卿《蟾宫曲·怀古》

第六十一章
靠着敌国宣传，
他成了中国名气最大的历史人物

公元234年八月，一颗巨星陨落在了五丈原。这位巨星，就是季汉丞相诸葛亮。

诸葛亮临死前已有安排，由征西大将军魏延暂摄军事，主持殿后事宜，姜维次之。但由于魏延跟长史杨仪闹起了矛盾，魏延率部率先撤了，殿后事宜便由姜维和杨仪负责。姜维于是隐藏消息，秘不发丧，然后烧毁营寨，开始撤退。曹魏统帅司马懿得到消息，立刻出兵追击，不料姜维、杨仪早有准备，返旗鸣鼓，作出反击的态势。司马懿大惊：糟糕，诸葛亮还没死，这是他的诡计，他想让我做第二个张郃啊！于是掉转马头，急令撤退，一路上风声鹤唳，草木皆兵，好不容易逃回大营，赶紧关门，坚守不出。杨仪等人也不追赶，只率军徐徐退入斜谷之中。

第二天，司马懿不见汉军回攻，这才鼓起勇气进入汉军丢弃的营寨，捡了一堆破烂，也包括一些粮草与军书，司马懿翻看了军书的内容，又见其布置，营垒、井灶、圊溷（厕所）、藩篱、障塞皆应规有度，不由得恍然自失，自愧不如道："诸葛亮真天下奇才也。所幸如今死矣！"旁边军师辛毗还不信，司马懿说："军家所重，军书密计、兵马粮谷，今皆弃之，岂有人捐其五藏而可以生乎？宜急追之。"于是赶紧追，但耽搁了这么久，汉军不仅走远了，而且已在沿路布置了大量铁蒺藜（即扎马钉），司马懿便派两千人穿着软木平底的木屐在前面开道。面对密密麻麻一望无际的铁蒺藜，这两千多"排雷兵"也傻眼了，顷刻之间，他们的木屐底已经扎满铁蒺藜，接下来只得换下木屐，再摘再换，等到把蒺藜排除，汉军又不知跑多远了。但司马懿不甘心，仍一路追到赤岸（今陕西省太白县王家堎乡红岩村附近，因山石呈红色，故名），询问当地百姓，这才得到确切消息，数日前汉军进入褒谷之后，忽然齐刷刷地升起白幡，哭声震天，终于为诸葛亮举哀发丧了。

到这里，司马懿这才确认自己这位老对手真的死了。但汉军已退入骑兵无法奔驰的褒谷数日，魏军再怎么追也追不上了，司马懿索性放弃。这就是武侯的遗威所被，虽然身死，其强大的威慑力仍能守护季汉，乃至余荫数十年。

而关中老百姓听闻此事，在敬仰、惋惜武侯之余，也替司马懿感到害臊，于是编了个谚语嘲笑他说："死诸葛走生仲达。"司马懿也不恼，自我打趣说："吾便料生，不便料死故也。"其实，就算诸葛亮活着，司马懿也从没能算过他，但现在诸葛亮死了，他想怎么吹牛都行。

当然，司马懿也可趁此机会稍作准备，然后大举伐蜀，为曹魏永绝后患。但司马懿虽是军事家，却更是个权谋家。他心里很清楚，皇帝对自己并不信任，只是被逼无奈而已，所以他必须养寇自重，积累权威。故对内，他要提拔亲信，铲除异己；而对外，则既要避免惨败，也要避免大胜，此时就灭蜀而开启统一，对司马代魏并无半点好处。

事实上，司马氏在这一年已经开始谋划代魏了，司马师的妻子夏侯徽甚至因为发觉了他们的谋反计划，而在这一年遭到了毒杀（见《晋书·晋怀夏侯皇后传》）。而司马懿之所以对曹魏缺乏忠诚度，或与他的仕途经历有关。司马懿一生有三位贵人，他们对司马懿不遗余力地品评、提携，才使得司马懿知名天下，身价倍增。但他们三人，最终却都被曹氏所杀。其中清河崔琰与颖川荀彧被曹操所杀；另一人为河内杨俊，被曹丕所杀。

当诸葛亮的死讯终于传到成都，季汉君臣百姓们伤心欲绝，刘禅更下诏痛惜，称诸葛亮"神武赫然，威震八荒，将建殊功于季汉，参伊、周之巨勋"，如今眼看大事将成，却撒手人寰，这实在让他万分"伤悼，肝心若裂"。刘禅的悲伤是真诚的，说实话，没了诸葛亮，他真不知该怎么维系这个弱小而人才凋零的偏安政权。

泰山坏乎！

梁柱催乎！

圣贤萎乎！

而吴国人听说诸葛亮死了，也感觉到了一股唇亡齿寒的悲哀，吴国大鸿胪张俨更是叹道："孔明起巴、蜀之地，蹈一州之土，方之大国，其战士人民，盖有九分之一也，而以贡赞大吴，抗对北敌，至使耕战有伍，刑法整齐，提步卒数万，长驱祁山，慨然有饮马河、洛之志。（司马）仲达据天下十倍之地，仗兼并之众，据牢城，拥精锐，无禽敌之意，务自保全而已，使彼孔明自来自去。若此人不亡，终其志意，连年运思，刻日兴谋，则凉、雍不解甲，中国不释鞍，胜负之势，亦已决矣。昔子产治郑，诸侯不敢加兵，蜀相其近之矣。"翻译成白话文，用一句话足矣："诸葛亮用一州之地就打得司马懿抬不起头，胜负如此明显，如今早亡实在太可惜啦！"

诸葛亮的传奇至此也就结束了。接下来的故事发生在四十年后，也就是晋武帝泰始九年，公元273年，此时季汉与曹魏都已被司马氏灭亡多年了，新晋的晋武帝司马炎虽然顶着开国之君的名义，实际却是个凭着父祖的功业上位的公子哥儿，所以对上两辈人的事迹不太清楚。恰好他的给事中（侍从皇帝左右的顾问职务，算是近臣宠臣）樊建曾担任过诸葛亮的令史，也算是经历过大时代的季汉遗老，于是司马炎就问樊建这诸葛亮到底是何等人物。樊建并不因为投降了司马氏就诋毁老上司，他想起丞相的音容笑貌，处事风度，不由深感怀念地说道："诸葛丞相，圣人也。闻恶必改，而不矜过；赏罚之信，足感神明。"时过境迁，司马炎当然也不会再去纠结两家早年的那些恩怨，反而对诸葛亮的事迹相当向往，[1]于是一声长叹："善哉！使我得此人以自辅，岂有今日之劳乎！"当然，司马炎大力宣扬诸葛亮的善政，也由于诸葛亮和刘禅是一对庸主贤臣的典范，而司马炎的继承人司马衷恰恰是个比刘禅还差劲的废物。

不管怎么说，最高领导都开始追星诸葛亮了，晋朝的文人们当然也要改改风向。自魏晋以来，各类史书如傅玄的《傅子》、陆机的《晋三祖传》、王沈的《魏书》、鱼豢的《魏略》，对季汉和诸葛亮不乏诋毁污蔑之语，这也就是唐代刘知几《史通》说的"多为时讳，殊非实录"，以及"陆机《晋史》虚张拒葛之锋"。[2]但以公元273年为转折，诸葛亮的官方评价开始转向，西晋惠帝永兴元年（公元304年），镇南将军刘弘甚至在隆中为诸葛亮立碑，碑文盛赞孔明是"先哲""大器""通人"，其"大德"不仅在管仲、乐毅之上，甚至超过了上古圣人周公和许由。刘弘乃司马炎的邻居发小，两人私交甚厚，这碑文能这么写，恐怕也代表了

---

① 樊建此言，也是以诸葛亮为例，劝皇帝为邓艾平反。司马炎一听，咱偶像诸葛亮都能"闻恶必改，赏罚之信"，朕又岂能做不到呢？于是不顾士族们反对，坚持为邓艾平反。

② 陆机著有《晋三祖纪》，其中不乏夸张司马懿抗诸葛亮取胜立功之词。

司马炎的观点。另外晋惠帝年间的官员张辅也认为诸葛亮的才能超过了乐毅，可与上古圣人伊尹、姜尚相比。

衣冠南渡之后，东晋臣民饱受颠沛动乱与思念故国之苦，又痛恨朝廷软弱偏安，所以对诸葛亮于逆境中北伐曹魏、兴复汉室的事迹更加向往，甚至有人希望"再生孔明"，重振汉人荣耀；东晋皇帝甚至不得不追封诸葛亮为武兴王（祝穆《方舆胜览》），比关羽封王要早七百年。

在这种历史背景下，诸葛亮的历史地位终于开始逐级走高，在史书中也愈发显现其真实的光芒。比如司马炎另一位给事中袁准的《袁子》，还有东晋人习凿齿《汉晋春秋》、王隐的《蜀纪》、常璩的《华阳国志》都以其端正的治史精神，"访彼流俗，询诸故老"，一步步开始为历史还原真相，这正是刘知几说的"蜀老犹存，知葛亮之多枉"。

于是，到了隋唐时，诸葛亮的军事才能与道德水平被大加赞颂。隋朝经学家王通说："若诸葛亮不死，则礼乐大兴。"唐初名臣虞世南说："彼孔明者，命世之奇才，伊吕之俦匹。"唐太宗说："诸葛亮冠代奇才，志图中夏。卿等岂可不企慕及之？"中唐名臣裴度更称他为"道德城池，礼义干橹"，"若其人存，其政举，则四海可平，五服可倾。而陈寿之评，未极其能事"。而唐人对诸葛亮的崇拜亦溢于诗篇，翻检清代编撰《全唐诗》，咏及诸葛亮事迹的诗人不下五十余名，成诗一百余篇，另有以诸葛典故的咏怀诗四十余首。光杜甫一位，就曾在蜀地写下《蜀相》《八阵图》《咏怀古迹》等十八篇咏怀诸葛亮的诗文。

到了南宋，宋人又偏安江南，人们更加怀念诸葛亮。朱熹甚至表示："三代而下，以义为之，只有一个诸葛孔明。"（《朱子语类》卷一三六《历代三》）大家与其说是敬仰丞相的品德与才华，不如说是把一种身处逆境而冀图复兴的希望投注在了诸葛亮身上。这正如民初史学家李岳瑞所言，一个英雄，"其出师不必有赫赫之功，然实能转移一国之风俗，使懦者立而勇奋，使国虽小而不可侮，其众虽寡而不可败也"。

这就是诸葛亮的文化价值所在，他已逐渐成了一个不屈的民族的精神教父，而不是一个简单的智谋与忠君的形象。我们今天谈论诸葛亮，绝不能仅仅局限于史料，而应扩展开来，探寻他那种不计利害的独立精神，那种不计成败的人生态度，那种践行道义的伟大信念。如此丞相此生虽未实现其理想，却能引导我等后世子孙实现民族复兴的中华梦，那么丞相死而有知，当笑慰九泉矣！